GLOBAL ECONOMY AND KOREA

세계 경제구조와 한국

생산구조·시장구조·경쟁구도

김완중 지음

Σ 시그마프레스

세계 경제구조와 한국 : 생산구조 · 시장구조 · 경쟁구도

발행일 | 2019년 3월 5일 1쇄 발행

지은이 | 김완중
발행인 | 강학경
발행처 | (주)시그마프레스
디자인 | 고유진
편 집 | 김은실, 류미숙, 문승연, 이지선, 이호선

등록번호 | 제10-2642호
주소 | 서울특별시 영등포구 양평로 22길 21 선유도코오롱디지털타워 A401~402호
전자우편 | sigma@spress.co.kr
홈페이지 | http://www.sigmapress.co.kr
전화 | (02)323-4845, (02)2062-5184~8
팩스 | (02)323-4197

ISBN | 979-11-6226-166-8

* 책값은 뒤표지에 있습니다.
* 이 도서의 국립중앙도서관 출판예정도서목록(CIP)은 서지정보유통지원시스템 홈페이지
  (http://seoji.nl.go.kr)와 국가자료공동목록시스템(http://www.nl.go.kr/kolisnet)에서
  이용하실 수 있습니다.(CIP제어번호 : CIP2019005517)

저자 서문

2004년 유학을 마치고 귀국하여 모 대기업 연구소에 4년 넘게 근무한 적이 있다. 기업의 수요에 맞추어 많은 보고서를 작성했는데, 그중에 그룹 CEO들을 대상으로 한 연수회에 발표할 목적으로 작성했던 한 보고서가 유독 기억에 남는다. 참고자료 부족 등으로 작성 과정에 많은 어려움을 겪었기 때문이기도 하지만, 또 한편으로는 나로 하여금 세계 산업구조 변화에 대해 다시 한 번 관심을 갖게 만든 계기가 되었기 때문이다.

국가의 장기적인 정책방향을 수립해야 하는 정부는 물론 기업들에게 있어서도 산업구조를 이해하고 그 변화를 예측하는 것은 매우 중요하다. 정부 입장에서는 향후 국가의 역량을 어떤 산업에 집중시켜 나갈 것인가를 결정할 때 세계적인 산업구조 변화를 정확히 파악하는 것이 필수 요건이라 하겠고, 기업의 주요 의사결정권자들에게는 자기 기업이 속해 있는 산업이 장기적으로 성장성이 높을 것인지, 아니면 정체될 것인지를 제대로 파악하는 것이 기업의 생존을 결정할 주요 관심사일 것이다. 즉 향후 비즈니스 포트폴리오를 어떻게 가져갈 것인가, 향후 어떤 업종에 주력하고 어떤 업종에서 철수할 것인가는 기업에 있어서 대단히 중요한 이슈라 할 수 있다.

경제성장률이 낮아지고 양질의 일자리 창출이 어려워지면서 요즘 대학생들은 많은 고민에 빠져 있다. 재학 중이거나 졸업을 앞둔 학생들에게는 취업 여부도 중요하지만, 어떤 분야에 취업할 것인가도 큰 고민거리 중 하나이다. 요즘 대학교수는 예전과 달리 학생들의 취업 지도에 있어서 적극적인 역할을 요구받고 있다. 필자는 학생의 진로상담을 하는 과정에서 은행에 취업하고 싶지만 제4차 산업혁명이 진전되면 은행원이 제일 먼저 사라질 직종으로 분류되고 있다는 점을 두고 고민하는 학생을 만난 적이 있다. 산업구조의 방향을 파악하는 것은 취업을 앞둔 학생들에게도 매우 중요하다는 생각이 떠오르는 순간이었다.

그러므로 정부와 기업뿐만 아니라 학생 및 주식투자자 등 개인에게 있어서도 산업구조의 변화를 잘 파악하는 것은 매우 중요하다 할 수 있다. 국내에서 어떤 산업의 비중이 확대되고 어떤 산업의 비중이 축소될 것인가 하는 예측을 하는 것도 중요하지만, 내가 또는 우리 기업이 속해 있는 산업이 다른 산업과 어떻게 영향을 주고받고 있는지, 우리 기업이 속해 있는 산업의 글로벌 생산분할은 어떻게 되어 있고 어떻게 변화하고 있는지, 그리고 어떤 국가가 어떤 산업에 있어서 경쟁력을 키워 가고 있는지 등도 주요한 이슈라 할 수 있다.

필자가 민간연구소에서 산업구조 변화에 대한 보고서 작성을 요청받았던 것도 기업차원에서 미래 먹거리를 탐색하기 위한 차원이 아니었나 생각이 든다. 그러나 당시 보고서 작성을 하면서 가장 힘들었던 점은 세계의 산업구조를 파악할 수 있는 통일된 산업자료를 확보하는 것이었다. 각국의 산업 통계는 조금씩 상이한 산업분류를 따르고 있어 국가 간 비교에 어려움이 있었고, 부분적으로 통일된 자료를 확보한다 해도 산업구조 변화를 파악하는 데 필요한 중장기 시계열 자료를 확보하는 데도 어려움을 겪었다.

필자가 이 책을 저술하겠다고 생각한 것은 EU 위원회의 7th Framework Programme의 일환으로 World Input Output Database(WIOD)가 2012년 세상에 공개되어 국가 간 통일된 산업자료를 확보할 수 있게 되었고, 평소 학생들을 지도하면서 학생들에게 우리가 살고 있는 세계의 산업구조를 이해하고 그 큰 틀 안에서 한국 경제를 바라볼 수 있도록 하고 싶다는 생각이 발동했기 때문이다.

기존의 세계경제론 책들은 2008년 글로벌 금융위기 등 주로 세계경제의 주요 이슈들을 중심으로 구성되어 있다. 그래서 개별 이슈를 이해하는 데는 도움이 될 수 있으나, 세계경제 전체를 조망하고 이해하는 데에는 부족함이 많았다. 물론 국책연구소 등에서 개별국가 또는 지역단위의 산업구조를 분석한 보고서가 다수 발간되기는 하였으나, 동일한 산업분류에 기초하여 세계 산업구조와 그 변화를 파악하고 국가 간 산업구조를 비교 분석한 보고서는 아직 없었다.

필자는 이 책에서 기존 문헌들의 이러한 한계를 극복하고, 독자들에게 세계경제가 어떻게 구성되어 있고, 어떤 방향으로 변해 가고 있으며, 국가 간 산업구조는 어떻게 다른지를 보여주고자 노력했다. 이 책을 통해 독자들은 세계의 산업별 생산구조, 산업별 시장구조, 그리고 시장에서 국가 간 경쟁구도가 어떻게 되어 있고, 어떻게 변화했는지를 이해할 수 있을 것이다. 그러한 점에서 이 책은 세계경제론에 대한 새로운 접근이라 할 수 있다.

이 책은 세계 산업구조와 세계 무역구조를 이해하고자 하는 대학생, 정부기관 관계자, 기업인들에게 조금이나마 도움을 주는 것을 목적으로 했다. 세계 산업구조와 세계 무역구조와 관련된 자료(표와 그림)를 최대한 많이 보여주고자 하는 욕심에 때로는 내용이 다소 산만하고 지루할 수도 있지만 해당 분야에 관심이 있는 연구자들에게는 기초자료로서도 충분한 의미가 있을 것이라 생각한다.

이 책은 크게 두 개의 부(部)로 구성되어 있다. 제1부(세계 산업구조와 한국)는 제1~6장으로 구성되어 있는데, 제1장에서는 산업분류 방법에 따라 산업이 어떻게 정의되는지 그리고 그러한 산업분류의 목적과 의의는 무엇인지를 살펴본다. 제2장에서는 산업구조를 결정하는 요인들은 어떠한 것들이 있는지 다양한 이론을 통해 살펴본다. 이러한 산업구조 결정이론은 산업구조 변화를 전망하는 데 도움이 될 것이다. 제3장에서는 생산과 부가가치를 기준으로 세계의 산업구조가 어떻게 형성되어 있으며 어떻게 변화했는지 살펴본다. 세계 산업구조에 대한 이해를 바탕으로 제4장과 제5장에서는 주요 선진국(미국, 일본, 독일, 프랑스, 영국), 그리고 BRICs(브라질, 러시아, 인도, 중국) 및 한국의 산업구조가 어떻게 다른지를 파악한다. 제6장에서는 한국의 산업구조에 대해 보다 집중하여 산업구조의 특징 및 산업구조 관련 최근 주요 이슈를 정리함으로써 한국 산업구조에 대한 독자들의 이해력을 제고시키고자 했다. 제2부(세계 무역구조와 한국)는 제7~10장으로 구성되어 있는데, 제7장에서는 주요 국가의 생산물에 대한 국내외 수요구조가 어떠하며 어떻게 변화했는지, 제8장에서는 주요 국가의 생산과정에서 국가 간 상호의존 관계(글로벌 생산분할 관계)를 집중 분석한다. 제9장에서는 세계의 산업별 수출 및 수입구조를 분석하고, 주요국들의 수출구조 및 수출산업의 국제경쟁력 변화를 비교분석하고, 나아가 수입구조를 산업별 및 국가별로 분석한다. 특히 기존 수입시장 분석과 달리, 수입상품으로 구성된 산업별 수입시장 분석뿐만 아니라 수입수요처별 분석을 추가하였다. 마지막 제10장에서는 주요국의 수입시장에서 국가 간 경쟁구도가 어떻게 변화하고 있는지를 분석하였다.

이 책이 세상에 나올 수 있는 기회를 주신 (주)시그마프레스 강학경 사장님과 관계자분들에게 진심으로 감사드린다. 또한 나를 이 세상에 나오게 해주시고 믿고 사랑해주신 어머니, 그리고 연구활동 전반에 걸쳐서 언제나 쓰디쓴 충고와 함께 반짝이는 아이디어를 아끼지 않는 아내 문아, 존재만으로 나에게 새로운 힘을 끊임없이 충전해주는 딸 예지에게 사랑과 감사를 전한다.

2019년 1월 19일
해운대 장산 기슭에서 김완중

차례

제2부 세계 무역구조와 한국

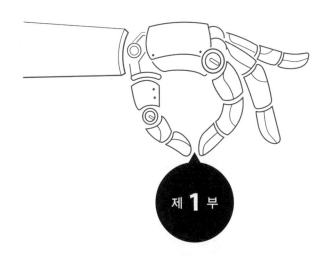

제 **1** 부

세계 산업구조와 한국

01 산업분류

산업분류는 생산주체들이 수행하는 각종 상품과 서비스의 생산활동을 일정한 분류기준과 원칙을 적용하여 체계적으로 분류한 것이다. 이때의 '산업'이란 유사한 성질을 갖는 산업 활동에 주로 종사하는 생산단위의 집합을 의미한다. 또한 산업활동이란 각 생산단위가 노동, 자본, 원료 등 자원을 투입하여, 재화 또는 서비스를 생산 또는 제공하는 일련의 활동과정을 가리킨다. 산업활동의 범위에는 영리적 활동뿐만 아니라 비영리적 활동도 포함되나 가정 내 가사활동은 제외된다(2014년 통계청 통계기준과, p. 3). 요약하면 산업분류란 어떤 한 국가에서 이루어지는 상품과 서비스의 생산 및 제공과 관련 다양한 활동들을 일정한 기준에 따라 유사성이 높은 것들끼리 분류한 것이라 할 수 있다. 산업분류에는 국제연합(UN)에 의한 산업분류인 **국제표준산업분류**(International Standard Industrial Classification, ISIC)와 각 국가의 산업분류가 있다. ISIC는 그동안 4번에 걸쳐 개정되었다(ISIC Revision 2, Revision 3, Revision 3.1, Revision 4). 개별 국가들은 국제표준산업분류 체계를 준용하여 각 국가의 상황과 필요에 맞게 산업을 분류하여 사용하고 있다.

1 산업분류 방법

1.1 국제산업분류

UN의 국제표준산업분류(ISIC, Revision 4) 체계는 다음과 같다. 즉 ISIC는 대분류(Section, 알파벳 A~U로 표기) 아래에 중분류(Division, 두 자리 숫자 01~99로 표기), 중분류 아래에 소분류(Group, 세 자리 숫자로 표기), 그리고 소분류 아래에 세분류(Class, 네 자리 숫자로 표기)로 총 4단계로 되어 있다. 전체 산업이 21개 대분류(Section)로 구분되어 있으며, 대분류를 구성하고 있는 하위 단위인 중분류(Division)에는 88개 산업(코드와 코드명에 대한 구체적인 내용은 〈부표 1〉 참조)이 있다. ISIC 산업분류 체계를 대분류 중 하나인 농업·임업·어업(Agriculture, forestry and fishing, Section A)을 기준으로 살펴보면 아래 〈표 1-1〉과 같다.

표 1-1 ─○ ISIC 분류 체계 예시(농림어업)

Section	Division	Group	Class
A - Agriculture, forestry and fishing	01 - Crop and animal production, hunting and related service activities	011 - Growing of non-perennial crops	0111-Growing of cereals (except rice), leguminous crops and oil seeds
			0112-Growing of rice
			0113-Growing of vegetables and melons, roots and tubers
			0114-Growing of sugar cane
			0115-Growing of tobacco
			0116-Growing of fibre crops
			0119-Growing of other non-perennial crops
		012 - Growing of perennial crops	0121 - Growing of grapes 0122 - Growing of tropical and subtropical fruits 0123 - Growing of citrus fruits 0124 - Growing of pome fruits and stone fruits 0125 - Growing of other tree and bush fruits and nuts 0126 - Growing of oleaginous fruits 0127 - Growing of beverage crops 0128 - Growing of spices, aromatic, drug and pharmaceutical crops 0129 - Growing of other perennial crops
		013 - Plant propagation	0130 - Plant propagation
		014 - Animal production	0141 - Raising of cattle and buffaloes 0142 - Raising of horses and other equines 0143 - Raising of camels and camelids 0144 - Raising of sheep and goats 0145 - Raising of swine/pigs 0146 - Raising of poultry 0149 - Raising of other animals

(계속)

Section	Division	Group	Class
A – Agriculture, forestry and fishing	01 – Crop and animal production, hunting and related service activities	015 – Mixed farming	0150 – Mixed farming
		016 – Support activities to agriculture and post– harvest crop activities	0161 – Support activities for crop production 0162 – Support activities for animal production 0163 – Post–harvest crop activities 0164 – Seed processing for propagation
		017 – Hunting, trapping and related service activities	0170 – Hunting,trapping and related service activities
	02 – Forestry and logging	021 – Silviculture and other forestry activities	0210 – Silviculture and other forestry activities
		022 – Logging	0220 – Logging
		023 – Gathering of non–wood forest products	0230 – Gathering of non–wood forest products
		024 – Support services to forestry	0240 – Support services to forestry
	03 – Fishing and aquaculture	031 – Fishing	0311 – Marine fishing 0312 – Freshwater fishing
		032 – Aquaculture	0321 – Marine aquaculture 0322 – Freshwater aquaculture

미국, 유럽 등 주요국들의 산업분류 역시 국제표준산업분류를 기준으로 하고 있으나, 각 국의 상황을 반영하여 약간의 변화를 두고 있다. 그에 따라 세부분류에 있어서는 각국의 표준산업분류(북미 산업분류는 North American Industry Classification System, NAICS; 유럽은 General Industrial Classification of Economic Activities within the European Communities, NACE)는 국제표준산업분류와 다소 차이가 있다. UN통계국(UN Statistics Division)은 주요 국가들의 표준산업분류와 국제표준산업분류 간 연계표를 제공하고 있어 국가 간 산업통계를 비교분석할 수 있도록 지원하고 있다.

1.2 한국표준산업분류[1]

한국 통계청에서는 유엔의 국제표준산업분류(ISIC)에 기초하여 국내의 산업구조 및 기술변화를 반영한 **한국표준산업분류**(Korean Standard Industrial Classification, KSIC)를 제정·고시하고 있다. 한국표준산업분류는 1963년(제조업), 1964년(비제조업)에 걸쳐 최초 제정한 이후, 2017년까지 10차례 개정하여 운영 중이다(〈표 1-2〉 참조). 2017년 고시된 제10차 개정분 한국표준산업분류는 제4차 개정분 국제표준산업분류(ISIC Revision 4)에 기초하여 작성되었다(통계청 통계설명 자료).

한국표준산업분류는 통계작성 목적으로 제정되었으나 현실적으로는 산업단지 입주, 세금 및 공공요금 부과, 정책자금 및 금융지원 등과 관련한 각종 법령에서 행정 목적으로 준용하는 사례(2004년 48개 ⇒ 2014년 89개)가 많아지고 있다(통계청 통계설명 자료). 산업분류 이외에도 한국의 경제분류(생산물분류, 무역분류)는 UN 등 국제기구의 분류체계를 준용하되 한국의 실정에 맞게 수정하여 사용하고 있다(〈그림 1-1〉 참조). 미국, EU, 일본 등 다른 국가들 역시 산업분류 시 국제기구의 분류체계를 준용하여 분류하고 있으나 세부분류에 있어서는 국가 간 다소 차이가 있다.

한국의 산업분류는 통계청에 의해서 이루어진다. 통계청이 산업을 분류할 때 분류의 범위는 경제활동에 종사하고 있는 단위에 대한 분류로 국한된다. 어떤 단위(예를 들면 기업)가 어떤 산업에 해당되는가는 그 단위가 수행하는 주된 산업 활동(판매 또는 제공되는 재

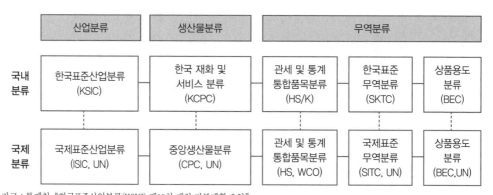

자료 : 통계청, "한국표준산업분류(KSIC) 제10차 개정 기본계획 요약"

그림 1-1 통합 경제분류 연계 체계

---

[1] 한국표준산업분류 관련 내용은 주로 통계청 자료에 기초하여 기술하였음을 밝혀둔다.

표 1-2 ─○ 한국표준산업분류 신구 단계별 분류 항목 수

대분류	중분류		소분류		세분류		세세분류	
	9차	10차	9차	10차	9차	10차	9차	10차
A. 농업, 임업 및 어업	3	3	8	8	21	21	34	34
B. 광업	4	4	7	7	12	10	17	11
C. 제조업	24	25	83	85	180	183	461	477
D. 전기, 가스, 증기 및 공기 조절 공급업	2	1	4	3	6	5	9	9
E. 수도, 하수 및 폐기물 처리, 원료 재생업	3	4	5	6	11	14	15	19
F. 건설업	2	2	7	8	14	15	42	45
G. 도매 및 소매업	3	3	20	20	58	61	164	184
H. 운수 및 창고업	4	4	11	11	20	19	46	48
I. 숙박 및 음식점업	2	2	4	4	8	9	24	29
J. 정보통신업	6	6	11	11	25	24	42	42
K. 금융 및 보험업	3	3	8	8	15	15	33	32
L. 부동산업	2	1	6	2	13	4	21	11
M. 전문, 과학 및 기술 서비스업	4	4	13	14	19	20	50	51
N. 사업시설 관리, 사업 지원 및 임대 서비스업	2	3	7	11	13	22	21	32
O. 공공 행정, 국방 및 사회보장 행정	1	1	5	5	8	8	25	25
P. 교육 서비스업	1	1	7	7	16	17	29	33
Q. 보건업 및 사회복지 서비스업	2	2	6	6	9	9	21	25
R. 예술, 스포츠 및 여가관련 서비스업	2	2	4	4	17	17	43	43
S. 협회 및 단체, 수리 및 기타 개인 서비스업	3	3	8	8	18	18	43	41
T. 가구 내 고용활동 및 달리 분류되지 않은 자가 소비 생산활동	2	2	3	3	3	3	3	3
U. 국제 및 외국기관	1	1	1	1	1	1	2	2
21	76	77	228	232	487	495	1,145	1,196

자료 : 통계청, 한국표준산업분류 개요

화 및 서비스)의 종류에 따라 결정된다. 이때 어떤 활동이 주된 산업활동인가 하는 것은 산출물(재화 또는 서비스)에 대한 부가가치(액)의 크기에 따라 결정되나, 부가가치(액)의 측

정이 어려운 경우에는 산출액에 의하여 결정된다(통계청 한국표준산업분류, 2017).

한편 생산단위(기업 등)를 어떤 산업으로 분류할 것인가를 결정할 때는 산출물의 특성(산출물의 물리적 구성 및 가공 단계, 산출물의 수요처, 산출물의 기능 및 용도)뿐만 아니라 투입물의 특성(원재료, 생산공정, 생산기술 및 시설 등)과 생산활동의 일반적인 결합형태 등을 함께 고려하여 판단한다. 또한 복합적인 활동단위는(하나의 사업체가 여러 가지 산업활동을 할 경우) 우선적으로 최상급 분류단계(대분류)를 정확히 결정하고, 순차적으로 중·소·세·세세분류 단계 항목을 결정하여 하나의 주된 산업으로 분류(Top-Down 방식)한다. 특히 산업활동이 결합되어 있는 경우에는 그 활동단위의 주된 활동에 따라 산업을 분류한다(통계청 한국표준산업분류, 2017).

한국표준산업분류 구조는 대분류(알파벳 문자 사용/Section), 중분류(2자리 숫자 사용/Division), 소분류(3자리 숫자 사용/Group), 세분류(4자리 숫자 사용/Class), 세세분류(5자리 숫자 사용/Sub-Class) 5단계로 구성된다(구체적인 산업분류 내용은 통계청의 한국표준산업분류 2017[2] 참조). 국제표준산업분류는 세분류까지만 하고 있는 데 반해 한국표준산업분류는 세세분류까지 하고 있다. 한국표준산업분류 구조는 권고된 국제분류 ISIC Rev.4를 기본체계로 하였으나, 국내 실정을 고려하여 국제분류의 각 단계 항목을 분할, 통합 또는 재그룹화하여 독자적으로 분류 항목과 분류 부호를 설정하였다.

〈부표 1〉과 〈부표 2-1〉에서 볼 수 있듯이 한국표준산업분류는 대분류에 있어서 국제표준산업분류와 같다. 그러나 한국표준산업분류에 있어서 중분류 수는 77개로 국제산업분류 중분류 수 88보다 더 작다. 중분류 이하부터는 한국표준산업분류와 국제산업분류에는 다소 차이가 있으나 대체적으로 비슷한 구조를 가지고 있다고 할 수 있다.

한국표준산업분류에서 중분류의 번호는 01부터 99까지 부여하였으며, 대분류별 중분류 추가 여지를 남겨놓기 위하여 대분류 사이에 번호 여백을 두었다. 소분류 이하 모든 분류의 끝자리 숫자는 "0"에서 시작하여 "9"에서 끝나도록 하였으며 "9"는 기타 항목을 의미하며 앞에서 명확하게 분류되어 남아 있는 활동이 없는 경우에는 "9" 기타 항목이 필요 없는 경우도 있다. 또한 각 분류 단계에서 더 이상 하위분류가 세분되지 않을 때는 "0"을 사용한다(예를 들면 중분류 02/임업, 소분류/020)(통계청, 한국표준산업분류, 2017).

----

2   통계청, 한국표준산업분류(제10차개정분류해설서), 2017.

| 표 1-3 | 한국표준산업분류 : 농림어업 중분류 및 소분류 |

중분류		소분류	
01	농업	011	작물재배업
		012	축산업
		013	작물재배 및 축산 복합농업
		014	작물재배 및 축산관련 서비스업
		015	수렵 및 수렵관련 서비스업
02	임업	020	임업
03	어업	031	어로어업
		032	양식어업 및 어업관련 서비스업

아래에서는 한국표준산업분류에 따른 산업별 정의를 대분류를 중심으로 살펴본다(중분류 이하 단위에 대한 정의는 통계청 한국표준산업분류 자료 참조).[3]

1.2.1 농업, 임업 및 어업(A : 01~03)

농업·임업·어업(A) 대분류에는 농업, 임업, 어업 및 관련 서비스업이 포함된다. **농업 및 관련 서비스업(01)**에는 작물재배업, 축산업, 작물재배 및 축산 복합농업, 작물재배 및 축산관련 서비스업과 수렵 및 수렵관련 서비스업이 포함된다. 각 산업의 내용은 〈표 1-3〉과 같다.

임업 및 관련 서비스업(02)은 영림, 산림용 종자 및 묘목생산, 벌목 활동과 야생 임산물 채취 및 임업관련 서비스활동을 말한다. 야생 딸기 및 견과 등과 같은 식용 가능한 야생 식물을 채취하는 활동도 포함한다. **어업 및 관련 서비스업(03)**에는 어로어업, 양식어업 및 어업관련 서비스업이 포함된다. 한편 구입한 농·임·수산물을 가공하여 특정 제품을 제조하는 경우에는 제조업으로 분류한다. 또한 농업 생산성을 높이기 위한 지도·조언·감독 등의 활동을 수행하는 정부기관은 "84 공공 행정, 국방 및 사회보장 행정"의 적합한 항목에 분류하며, 수수료 및 계약에 의하여 기타 기관에서 농업 경영상담 및 관련 서비스를 제공하는 경우는 "71531 경영컨설팅업"에 분류한다.

---

3 이하 한국표준산업분류 중 대분류에 대한 내용은 통계청, 한국표준산업분류 자료를 토대로 하였음을 밝힌다.

1.2.2   광업(B : 05~08)

광업은 지하 및 지표, 해저 등에서 고체, 액체 및 기체 상태의 천연광물을 채굴·채취·추출하는 산업활동을 말한다. 이러한 광업활동에 종사하는 사업체에서는 광물을 채굴 및 추출하기 위한 탐사·개발·시굴활동을 직접 수행할 수 있으며, 채굴활동에 통상적으로 관련된 마쇄 및 파쇄활동과 체질, 선별, 부유, 용해 등의 선광 및 정리활동, 손질 및 품질 개선 등의 작업을 수행할 수 있다. 수수료 또는 계약에 의한 각종 광물의 정광 및 선광활동은 채굴활동에 결합 수행되는지의 여부를 불문하고 여기에 분류되며, 광업은 생산되는 주요 광물의 종류에 따라 분류한다. 또한 수수료 또는 계약에 의하여 광물 굴착 및 시험 굴착, 유정 장치물 설치활동, 광산 배수활동, 채굴 목적의 광물 탐사활동 등 광물 채굴·채취·추출에 수반되는 광업 지원 서비스를 제공하는 활동을 포함한다. 한국표준산업분류에 따른 광업의 분류는 〈표 1-4〉와 같다. 한편 채광, 채석활동을 직접 수행하지 않고 구입한 특정 산업용 비금속광물(연료용 제외)을 분쇄, 마쇄 또는 기타 가공하는 산업활동은 "23993 비금속광물 분쇄물 생산업"에 분류된다.

석탄, 원유 및 천연가스 광업(05)은 무연탄, 유연탄, 갈탄 등의 석탄(토탄 제외)을 채굴하는 산업활동과 각종 형태의 유전, 천연가스전 또는 역청광물 채굴장에서 원유, 천연가스 또는 역청질 광물, 석유 함유 혈암, 타르 모래를 채굴·추출·채취하는 산업활동을 말한다.

금속 광업(06)은 철 및 철 이외의 금속(비철금속)을 함유한 금속광물을 채굴하는 산업활동을 말한다. 통상적으로 금속광물 채광활동에 부수되는 광물의 파쇄, 마쇄, 자성 및 중력

표 1-4 ──○ **한국표준산업분류 : 광업 중분류 및 소분류**

	중분류		소분류
05	석탄, 원유 및 천연가스 광업	051	석탄 광업
		052	원유 및 천연가스 채굴업
06	금속 광업	061	철 광업
		062	비철금속 광업
07	비금속광물 광업; 연료용 제외	071	토사석 광업
		072	기타 비금속광물 광업
08	광업 지원 서비스업	080	광업 지원 서비스업

에 의한 분리, 선별, 체질, 부유, 분말의 응집처리(입상, 구형상, 원통상 등), 건조, 배소, 자화 또는 산화하기 위한 하소 등과 같이 기본적인 화학적 구조를 변화시키지 않는 범위 내에서 수행되는 각종 금속광물의 정광활동은 채광활동과의 결합 여부를 불문하고 여기에 포함한다. 우라늄 및 토륨 채굴활동도 포함한다.

비금속광물 광업(연료용 제외)(07)은 석탄, 석유 및 천연가스, 금속광물을 제외한 비금속 광물의 채굴 또는 채취활동과 채광활동에 부수되는 파쇄, 마쇄, 절단, 세척, 건조, 분리, 혼합 등의 활동을 포함한다. 토탄 채굴활동도 포함한다.

광업 지원 서비스업(08)은 수수료 또는 계약에 의하여 광물 탐사, 지질 조사 및 표본 채취, 채굴, 천공, 채취, 추출, 광산 배수 및 양수, 관련 장치물 설치·수리·폐기 등의 광업 지원 서비스를 제공하는 활동을 말한다.

1.2.3 제조업(C : 10~34)

제조업이란 원재료(물질 또는 구성요소)에 물리적·화학적 작용을 가하여 투입된 원재료를 성질이 다른 새로운 제품으로 전환시키는 산업활동을 말한다. 따라서 단순히 상품을 선별·정리·분할·포장·재포장하는 경우 등과 같이 그 상품의 본질적 성질을 변화시키지 않는 처리활동은 제조활동으로 보지 않는다. 한국표준산업분류에 따른 제조업의 분류는 〈표 1-5〉와 같다.

이러한 제조활동은 공장이나 가내에서 동력기계 및 수공으로 이루어질 수 있으며, 생산된 제품은 도매나 소매 형태로 판매될 수도 있다. 자본재(고정자본 형성)로 사용되는 산업용 기계와 장비를 전문적으로 수리하는 경우도 제조업으로 분류한다. 단, 컴퓨터 및 주변기기, 개인 및 가정용품 등과 자동차를 수리하는 경우는 수리업(95)으로 분류한다.

제조업체가 사용하는 원재료에는 농·임·수산물, 광물뿐만 아니라 다른 제조업체에서 생산한 제품(중간제품 또는 반제품)이 포함될 수 있다. 예를 들면 제련한 동은 동선 제조용 원재료가 되며, 동선은 전기용품 제조용의 원재료가 된다. 이러한 원재료는 생산자로부터 직접 구입하거나 시장을 통하여 획득할 수 있으며, 동일 기업 내에 소속되는 사업체 간에 생산품을 이전함으로써도 확보할 수 있다. 이러한 제조업체의 생산은 일반소비자의 주문에 의하여 이루어질 수도 있으나 통상적으로 관련 물품 도·소매업체, 공장 간 이동, 산업 사용자의 주문 등에 의하여 이루어진다.

표 1-5 ──○ 한국표준산업분류 : 제조업 중분류 및 소분류

	중분류		소분류
10	식료품 제조업	101	도축, 육류 가공 및 저장 처리업
		102	수산물 가공 및 저장 처리업
		103	과실, 채소 가공 및 저장 처리업
		104	동물성 및 식물성 유지 제조업
		105	낙농제품 및 식용 빙과류 제조업
		106	곡물 가공품, 전분 및 전분제품 제조업
		107	기타 식품 제조업
		108	동물용 사료 및 조제식품 제조업
11	음료 제조업	111	알코올 음료 제조업
		112	비알코올 음료 및 얼음 제조업
12	담배 제조업	120	담배 제조업
13	섬유제품 제조업; 의복 제외	131	방적 및 가공사 제조업
		132	직물 직조 및 직물제품 제조업
		133	편조 원단 제조업
		134	섬유제품 염색, 정리 및 마무리 가공업
		139	기타 섬유제품 제조업
14	의복, 의복 액세서리 및 모피제품 제조업	141	봉제의복 제조업
		142	모피제품 제조업
		143	편조의복 제조업
		144	의복 액세서리 제조업
15	가죽, 가방 및 신발 제조업	151	가죽, 가방 및 유사제품 제조업
		152	신발 및 신발 부분품 제조업
16	목재 및 나무제품 제조업; 가구 제외	161	제재 및 목재 가공업
		162	나무제품 제조업
		163	코르크 및 조물제품 제조업
17	펄프, 종이 및 종이제품 제조업	171	펄프, 종이 및 판지 제조업
		172	골판지, 종이 상자 및 종이 용기 제조업

(계속)

	중분류		소분류
17	펄프, 종이 및 종이제품 제조업	179	기타 종이 및 판지 제품 제조업
18	인쇄 및 기록매체 복제업	181	인쇄 및 인쇄관련 산업
		182	기록매체 복제업
19	코크스, 연탄 및 석유정제품 제조업	191	코크스 및 연탄 제조업
		192	석유정제품 제조업
20	화학물질 및 화학제품 제조업; 의약품 제외	201	기초 화학물질 제조업
		202	합성고무 및 플라스틱 물질 제조업
		203	비료, 농약 및 살균 · 살충제 제조업
		204	기타 화학제품 제조업
		205	화학섬유 제조업
21	의료용 물질 및 의약품 제조업	211	기초 의약 물질 및 생물학적 제제 제조업
		212	의약품 제조업
		213	의료용품 및 기타 의약 관련제품 제조업
22	고무 및 플라스틱제품 제조업	221	고무제품 제조업
		222	플라스틱제품 제조업
23	비금속 광물제품 제조업	231	유리 및 유리제품 제조업
		232	내화, 비내화 요업제품 제조업
		233	시멘트, 석회, 플라스터 및 그 제품 제조업
		239	기타 비금속 광물제품 제조업
24	1차 금속 제조업	241	1차 철강 제조업
		242	1차 비철금속 제조업
		243	금속 주조업
25	금속 가공제품 제조업; 기계 및 가구 제외	251	구조용 금속제품, 탱크 및 증기발생기 제조업
		252	무기 및 총포탄 제조업
		259	기타 금속 가공제품 제조업
26	전자 부품, 컴퓨터, 영상, 음향 및 통신장비 제조업	261	반도체 제조업
		262	전자 부품 제조업
		263	컴퓨터 및 주변장치 제조업

(계속)

	중분류		소분류
26	전자 부품, 컴퓨터, 영상, 음향 및 통신장비 제조업	264	통신 및 방송장비 제조업
		265	영상 및 음향기기 제조업
		266	마그네틱 및 광학매체 제조업
27	의료, 정밀, 광학기기 및 시계 제조업	271	의료용 기기 제조업
		272	측정, 시험, 항해, 제어 및 기타 정밀기기 제조업; 광학기기 제외
		273	사진장비 및 광학기기 제조업
		274	시계 및 시계 부품 제조업
28	전기장비 제조업	281	전동기, 발전기 및 전기 변환 · 공급 · 제어 장치 제조업
		282	일차전지 및 축전지 제조업
		283	절연선 및 케이블 제조업
		284	전구 및 조명장치 제조업
		285	가정용 기기 제조업
		289	기타 전기장비 제조업
29	기타 기계 및 장비 제조업	291	일반 목적용 기계 제조업
		292	특수 목적용 기계 제조업
30	자동차 및 트레일러 제조업	301	자동차용 엔진 및 자동차 제조업
		302	자동차 차체 및 트레일러 제조업
		303	자동차 신품 부품 제조업
		304	자동차 재제조 부품 제조업
31	기타 운송장비 제조업	311	선박 및 보트 건조업
		312	철도장비 제조업
		313	항공기, 우주선 및 부품 제조업
		319	그 외 기타 운송장비 제조업
32	가구 제조업	320	가구 제조업
33	기타 제품 제조업	331	귀금속 및 장신용품 제조업
		332	악기 제조업
		333	운동 및 경기용구 제조업
		334	인형, 장난감 및 오락용품 제조업

(계속)

	중분류		소분류
33	기타 제품 제조업	339	그 외 기타 제품 제조업
34	산업용 기계 및 장비 수리업	340	산업용 기계 및 장비 수리업

한편 구입한 기계 부품의 조립활동도 제조업으로 분류한다. 그러나 교량, 물탱크, 저장 및 창고 설비, 철도 및 고가도로, 승강기 및 에스컬레이터, 배관, 소화용 살수장치, 중앙난 방기, 통풍 및 공기 조절기, 조명 및 전기배선 등과 같은 건물 조직 및 구조물의 규격제품 이나 구성 부분품을 구입하여 건설현장에서 조립, 설치하는 산업활동은 "F : 건설업"의 적합한 항목에 각각 분류한다. 그러나 사업체에 산업용 기계 및 장비의 조립 및 설치를 전 문적으로 수행하는 산업활동은 해당 기계 및 장비를 제조하는 산업과 같은 항목에 분류한 다. 또한 인쇄 및 인쇄 관련 서비스업은 제조업으로 분류한다.

1.2.4 전기, 가스, 증기 및 공기 조절 공급업(D : 35)

이 대분류에는 전력의 발전 및 송·배전사업, 연료용 가스 제조 및 배관 공급업, 증기, 온 수, 냉수, 냉방 공기의 생산·공급사업을 포함한다. 한국표준산업분류에 따른 해당 산업의 분류는 〈표 1-6〉과 같다. 단, 정유공장에서의 석유 정제 가스 생산활동(이는 산업분류 192 에 해당), 차량용 가스 충전소 운영활동(이는 산업분류 47712에 해당) 등은 이 산업에 포함 하지 않는다.

표 1-6 ──○ 한국표준산업분류 : 전기, 가스, 증기 및 공기 조절 공급업 중분류 및 소분류

	중분류		소분류
35	전기, 가스, 증기 및 공기 조절 공급업	351	전기업
		352	연료용 가스 제조 및 배관 공급업
		353	증기, 냉 · 온수 및 공기 조절 공급업

1.2.5 수도, 하수 및 폐기물 처리, 원료 재생업(E : 36~39)

이 대분류에는 수요자에게 생활용수 및 공업용수를 공급하기 위하여 취수·집수·정수하 고, 이를 배관시설에 의하여 급수하는 활동, 하수처리 활동, 고형 혹은 비고형 등 각종 형

태의 산업 또는 생활 폐기물의 수집, 운반 및 처리활동, 원료 재생활동과 환경 정화 및 복원활동을 포함한다. 폐기물 처리공정이나 하수 처리공정의 산출물은 처분되거나 혹은 다른 생산 과정의 투입물로 사용될 수 있다. 한국표준산업분류에 따른 이 산업의 분류는 〈표 1-7〉과 같다. 한편 아래 활동 등은 이 산업에 포함되지 않고 괄호 안에 있는 산업으로 분류된다 : 1) 재생된 원료로 특정의 제품을 제조하는 경우(제조업), 2) 폐지, 고철 등 재생용 재료를 수집만 하여 판매하는 경우[도매업(46)], 건축물 청소와 공원 등 공공장소 청소[건물 및 산업설비 청소업(7421)].

표 1-7 ─○ 한국표준산업분류 : 수도, 하수 및 폐기물 처리, 원료 재생업 중분류 및 소분류

	중분류		소분류
36	수도업	360	수도업
37	하수, 폐수 및 분뇨 처리업	370	하수, 폐수 및 분뇨 처리업
38	폐기물 수집, 운반, 처리 및 원료 재생업	381	폐기물 수집, 운반업
		382	폐기물 처리업
		383	해체, 선별 및 원료 재생업
39	환경 정화 및 복원업	390	환경 정화 및 복원업

1.2.6 건설업(F : 41~42)

이 산업은 계약 또는 자기계정에 의하여 지반조성을 위한 발파·시굴·굴착·정지 등의 지반공사, 건설용지에 각종 건물 및 구축물을 신축 및 설치, 증축·재축·개축·수리 및 보수·해체 등을 수행하는 산업활동으로서 임시건물, 조립식 건물 및 구축물을 설치하는 활동도 포함한다. 이러한 건설활동은 도급·자영 건설업자, 종합 또는 전문 건설업자에 의하여 수행된다.

직접 건설활동을 수행하지 않더라도 건설공사에 대한 총괄적인 책임을 지면서 건설공사 분야별로 도급 또는 하도급을 주어 전체적으로 건설공사를 관리하는 경우에도 건설활동으로 본다. 건설공사에 대한 총괄적인 책임 및 전체 건설공사를 관리하는 활동은 건설공사와 관련한 인력·자재·장비·자금·시공·품질·안전관리 부문 등을 전체적으로 책임지고 관리하는 경우를 나타낸다. 한국표준산업분류에 따른 건설업의 분류는 〈표 1-8〉과 같다.

표 1-8 ──○ 한국표준산업분류 : 건설업 중분류 및 소분류

	중분류		소분류
41	종합 건설업	411	건물 건설업
		412	토목 건설업
42	전문직별 공사업	421	지반조성 및 시설물 축조관련 전문공사업
		422	건물설비 설치 공사업
		423	전기 및 통신 공사업
		424	실내건축 및 건축마무리 공사업
		425	시설물 유지관리 공사업
		426	건설장비 운영업

한편 아래 활동 등은 건설업에 포함되지 않고 괄호 안에 있는 산업으로 분류된다 : 1) 공원 및 정원 조성을 위한 조경수 식재 및 유지·관리활동(74300), 2) 계약에 의한 원유 및 천연가스 채굴에 직접 관련된 시굴 및 건설활동(08000), 3) 직접 건설활동을 수행하지 않고 전체 공사를 건설업자에게 일괄 도급하여 건축물 또는 부동산을 개발하고 판매·임대·분양하는 경우(681), 4) 건축 설계, 감리, 기획, 조사, 측량 및 기타 건축공학 관련서비스를 제공하는 경우[건축 기술, 엔지니어링 및 기타 과학기술 서비스업(72)]. 단, 건축활동을 직접 수행하는 사업체가 건설할 건축물을 직접 설계하는 경우에는 그 주된 활동에 따라 건설업에 분류한다.

1.2.7 도매 및 소매업(G : 45~47)

이 대분류에는 구입한 각종 신상품 또는 중고품을 변형하지 않고 구매자에게 재판매하는 도매 및 소매활동, 판매상품에 대한 소유권을 갖지 않고 구매자와 판매자를 위하여 판매 또는 구매를 대리하는 상품 중개, 대리 및 경매활동을 포함한다. 한국표준산업분류 따른 이 산업의 내용은 〈표 1-9〉와 같다.

표 1-9 ○── 한국표준산업분류 : 도매 및 소매업 중분류 및 소분류

	중분류		소분류
45	자동차 및 부품 판매업	451	자동차 판매업
		452	자동차 부품 및 내장품 판매업
		453	모터사이클 및 부품 판매업
46	도매 및 상품 중개업	461	상품 중개업
		462	산업용 농·축산물 및 동·식물 도매업
		463	음·식료품 및 담배 도매업
		464	생활용품 도매업
		465	기계장비 및 관련 물품 도매업
		466	건축 자재, 철물 및 난방장치 도매업
		467	기타 전문 도매업
		468	상품 종합 도매업
47	소매업; 자동차 제외	471	종합 소매업
		472	음·식료품 및 담배 소매업
		473	가전제품 및 정보통신장비 소매업
		474	섬유, 의복, 신발 및 가죽제품 소매업
		475	기타 생활용품 소매업
		476	문화, 오락 및 여가용품 소매업
		477	연료 소매업
		478	기타 상품 전문 소매업
		479	무점포 소매업

1.2.8 운수 및 창고업(H : 49~52)

이 대분류에는 각종 운송시설에 의한 여객 및 화물 운송업, 창고업 및 기타 운송관련 서비스업을 수행하는 산업활동을 포함한다. 운전자와 운송장비를 함께 임대하여 운전자가 운전 방법·일정·경로·기타 운전상 고려 사항 등을 결정하는 경우도 포함한다. 한국표준산업 분류에 따른 운수 및 창고업 분류는 〈표 1-10〉과 같다.

표 1-10 ──◦ 한국표준산업분류 : 운수 및 창고업 중분류 및 소분류

	중분류		소분류
49	육상 운송 및 파이프라인 운송업	491	철도 운송업
		492	육상 여객 운송업
		493	도로 화물 운송업
		494	소화물 전문 운송업
		495	파이프라인 운송업
50	수상 운송업	501	해상 운송업
		502	내륙 수상 및 항만 내 운송업
51	항공 운송업	511	항공 여객 운송업
		512	항공 화물 운송업
52	창고 및 운송관련 서비스업	521	보관 및 창고업
		529	기타 운송관련 서비스업

　운송업(49-51)은 노선 또는 정기 운송 여부를 불문하고 철도, 도로, 관로(파이프라인), 해상 및 항공 등으로 여객 및 화물을 운송하는 산업활동을 말한다. 한편 운송관련 서비스업(52)은 여객 및 화물 운송업을 지원·보조하는 화물 취급업, 창고업, 터미널시설 운영업, 화물 운송 주선 및 기타 운송관련 서비스업을 수행하는 산업활동을 말한다.

　한편 특정 산업활동에 결합된 운송활동은 그 산업의 주된 활동에 따라 다른 산업에 분류되나, 동일 기업체를 위하여 운송에 종사하는 사업체가 독립적으로 운영될 경우에는 운수업에 분류한다. 또한 자동차 유지 및 수리는 개인 및 소비용품 수리업(95)에 분류하나, 철도 역사, 항구, 비행장에서 철도 차량, 선박, 항공기 운행과 관련하여 경상적으로 수행하는 유지·보수 활동은 각각의 운송지원 서비스에 분류한다. 또한 여행관련 서비스나 여행보조 서비스를 수행하는 경우에는 "여행사 및 기타 여행보조 서비스업(752)"에 분류한다.

1.2.9 숙박 및 음식점업(I : 55~56)

이 대분류에는 숙박업과 음식점업을 포함한다. 숙박업은 일반 대중 또는 특정 회원에게 각종 형태의 숙박시설, 캠프장 및 캠핑시설 등을 단기적으로 제공하는 산업활동을 말하며, 음식 제공 설비가 결합된(음식을 함께 제공하는) 숙박시설을 운영하는 경우와 철도 운송

업을 수행하지 않는 별개의 사업체가 침대차만을 운영하는 경우도 포함한다.

음식점 및 주점업은 구내에서 직접 소비할 수 있도록 접객시설을 갖추고 조리된 음식을 제공하는 식당, 음식점, 간이식당, 카페, 다과점, 주점 및 음료점 등을 운영하는 활동과 독립적인 식당차를 운영하는 산업활동을 말한다. 또한 여기에는 접객시설을 갖추지 않고 고객이 주문한 특정 음식물을 조리하여 즉시 소비할 수 있는 상태로 주문자에게 직접 배달(제공)하거나 고객이 원하는 장소에 가서 직접 조리하여 음식물을 제공하는 경우도 포함한다(〈표 1-11〉 참조). 구체적으로 아래와 같은 업종들이 음식점업에 해당된다 : 1) 접객시설을 갖추고 즉시 소비할 수 있는 음식을 조리하여 고객에게 제공하는 경우(회사 등 기관과 계약에 의하여 구내식당을 운영하는 산업활동을 포함한다), 2) 접객시설을 갖추고 구입한 음식을 즉시 소비할 수 있는 상태로 고객에게 제공하는 경우, 3) 접객시설 없이 고객이 주문한 특정 음식을 즉시 소비할 수 있는 상태로 직접 조리하여 고객에게 제공(배달)하는 경우(접객시설 없이 즉석식 빵, 케이크, 커피 등을 직접 만들어 일반 소비자에게 판매하는 산업활동을 포함한다), 4) 접객시설 없이 개별 행사(연회) 시에 그 장소에 출장하여 소비할 음식을 직접 조리하여 제공하는 경우.

한편 아래 활동들은 숙박 및 음식점업에 포함되지 않고 괄호 안에 있는 산업으로 분류된다 : 1) 접객시설 없이 음식을 구입하여 판매만 하는 경우(46 또는 47), 2) 즉시 소비할 수 있는 음식을 직접 제조하여 음식점 및 유통 사업체에 공급하는 경우(10), 3) 철도 운수 사업체에서 철도 침대차 및 식당차를 직접 운영하는 경우(4910), 4) 장기적인 숙박설비의 임대활동(6811).

표 1-11 ─○ 한국표준산업분류 : 숙박 및 음식점업 중분류 및 소분류

	중분류		소분류
55	숙박업	551	일반 및 생활 숙박시설 운영업
		559	기타 숙박업
56	음식점 및 주점업	561	음식점업
		562	주점 및 비알코올 음료점업

1.2.10 정보통신업(J : 58~63)

이 산업은 1) 정보 및 문화상품을 생산하거나 공급하는 산업활동 2) 정보 및 문화상품을 전송하거나 공급하는 수단을 제공하는 산업활동, 3) 통신 서비스 활동, 4) 정보기술, 자료 처리 및 기타 정보 서비스를 제공하는 산업활동을 말한다. 여기에는 출판, 소프트웨어 제작·개발·공급, 영상 및 오디오 기록물 제작·배급, 라디오 및 텔레비전 방송, 방송용 프로그램 공급, 전기통신, 정보기술 및 기타 정보 서비스 활동 등을 포함한다. 한국표준산업분류에 따른 이 산업의 분류는 〈표 1-12〉와 같다.

컴퓨터 프로그래밍, 시스템 통합 및 관리업(62)은 컴퓨터 시스템을 통합 구축하는 산업활동과 컴퓨터 시스템의 관리 및 운영관련 기술 서비스를 주로 제공하는 산업활동을 말한다. 또한 정보 서비스업(63)은 정보 처리, 호스팅 서비스 및 온라인 정보 제공 서비스를 제공하는 산업활동을 포함하며, 뉴스 제공 등의 기타 정보 서비스를 제공하는 활동도 포함한다.

한편 아래 활동들은 정보통신업에 포함되지 않고, 괄호 안에 있는 산업으로 분류된다 : 1) 출판권 없이 각종 서적이나 정기 간행물을 인쇄하는 산업활동(1811), 2) 소프트웨어 및 오디오 기록물을 복제하는 산업활동(1820), 3) 온라인 방법을 통하여 특정한 산업활동을

표 1-12　　한국표준산업분류 : 정보통신업 중분류 및 소분류

	중분류		소분류
58	출판업	581	서적, 잡지 및 기타 인쇄물 출판업
		582	소프트웨어 개발 및 공급업
59	영상 · 오디오 기록물 제작 및 배급업	591	영화, 비디오물, 방송 프로그램 제작 및 배급업
		592	오디오물 출판 및 원판 녹음업
60	방송업	601	라디오 방송업
		602	텔레비전 방송업
61	우편 및 통신업	611	공영 우편업
		612	전기 통신업
62	컴퓨터 프로그래밍, 시스템 통합 및 관리업	620	컴퓨터 프로그래밍, 시스템 통합 및 관리업
63	정보 서비스업	631	자료 처리, 호스팅, 포털 및 기타 인터넷 정보 매개 서비스업
		639	기타 정보 서비스업

수행하는 경우는 해당 산업의 특성에 따라 온라인 증권 중개(66121), 온라인 부동산 중개 (68221), 온라인 인력 알선(75110) 등으로 분류한다.

1.2.11   금융 및 보험업(K : 64~66)

이 대분류에는 금융업, 보험업 및 연금업과 관련 서비스업을 포함한다. 금융업(64)은 자금 을 여·수신하는 활동을 수행하는 각종 은행 및 저축기관, 증권 발행 및 신탁 등으로 모집 한 자금을 자기계정으로 유가증권 및 기타 금융자산에 투자하는 기관, 금융 리스·개발 금 융·신용카드 및 할부 금융 등을 수행하는 여신 전문 금융기관, 그 외 공공기금 관리·운용 기관과 지주 회사 등이 수행하는 산업활동을 포함한다. 한편 금융, 보험, 연금관련 서비스 업(66)은 금융업, 보험업 및 연금업의 원활한 수행을 위하여 제공되는 각종 관련 서비스활 동을 포함한다.

한편 운용 리스는 금융 및 보험업에 포함되지 않고 "임대업(76)"에 분류한다. 또한 특정 사업용 기금을 조성하여 이를 관리하는 경우 금융업에 포함되나, 그 사업을 운영하는 경우 에는 운영하는 사업의 종류에 따라 각각 분류한다.

표 1 - 13 ─○ 한국표준산업분류 : 금융 및 보험업 중분류 및 소분류

	중분류		소분류
64	금융업	641	은행 및 저축기관
		642	신탁업 및 집합 투자업
		649	기타 금융업
65	보험 및 연금업	651	보험업
		652	재보험업
		653	연금 및 공제업
66	금융 및 보험관련 서비스업	661	금융 지원 서비스업
		662	보험 및 연금관련 서비스업

1.2.12   부동산업(L : 68)

이 산업은 1) 직접 건설, 개발하거나 구입한 각종 부동산(묘지 제외)을 임대, 분양 등으로

운영하는 산업활동, 2) 수수료 또는 계약에 의하여 타인의 부동산 시설을 유지, 관리하는 산업활동, 3) 부동산 구매, 판매 과정에서 중개, 대리, 자문, 감정 평가 업무 등을 수행하는 산업활동을 말한다.

한편 이 산업과 연관된 아래 활동들은 부동산업에 포함되지 않고 괄호 안에 있는 산업으로 분류된다 : 1) 직접 건설활동을 수행하지 않더라도 건설공사에 대한 총괄적인 책임을 지면서 건설공사 분야별로 하도급을 주어 전체적으로 건설공사를 관리하는 경우[종합건설업(41)], 2) 단기적인 숙박시설 운영[일반 및 생활 숙박시설 운영업(551)].

표 1-14 ○ **한국표준산업분류 : 부동산업 중분류 및 소분류**

	중분류		소분류
68	부동산업	681	부동산 임대 및 공급업
		682	부동산관련 서비스업

1.2.13 전문, 과학 및 기술 서비스업(M : 70~73)

이 산업은 다른 사업체를 위하여 전문, 과학 및 기술적 업무를 계약에 의하여 수행함으로써 경영의 전문성과 효율성을 올리도록 지원하는 산업활동을 주로 포함한다. 이러한 전문, 과학 및 기술 서비스는 동일 기업 내의 다른 사업체에 의하여 수행될 수 있다. 이 산업은 고도의 전문지식과 훈련을 받은 인적 자본이 서비스 생산의 주요 요소로서 투입된다. 여기에는 연구개발 활동과 법무, 회계, 광고, 시장 조사, 회사 본부, 경영 컨설팅, 건축 설계, 엔지니어링, 수의업, 디자인 및 기타 전문·과학·기술 서비스를 제공하는 산업활동을 포함한다.

연구개발업(70) 자연과학, 인문과학 및 사회과학 등의 각 연구 분야에서 새로운 지식을 얻기 위한 기초 탐구, 실용적 목적으로 연구하는 응용 연구, 제품 및 공정개발을 위한 실험 개발 등의 연구개발 활동을 말한다. 기타 전문, 과학 및 기술 서비스업(73)은 인테리어 디자인, 제품 디자인, 시각 디자인 등의 디자인 전문 서비스활동과 축산 동물 및 애완 동물 대상의 수의 서비스, 사진 촬영 및 처리, 번역 및 통역, 매니저업, 물품 감정·계량 및 견본 추출업 등의 기타 전문기술 서비스를 제공하는 산업활동을 말한다. 한국표준산업분류에 따른 이 산업의 주요 내용은 〈표 1-15〉와 같다.

표 1 - 15 ━○   한국표준산업분류 : 전문, 과학 및 기술 서비스업 중분류 및 소분류

	중분류		소분류
70	연구개발업	701	자연과학 및 공학 연구개발업
		702	인문 및 사회과학 연구개발업
71	전문 서비스업	711	법무관련 서비스업
		712	회계 및 세무관련 서비스업
		713	광고업
		714	시장 조사 및 여론 조사업
		715	회사 본부 및 경영 컨설팅 서비스업
		716	기타 전문 서비스업
72	건축기술, 엔지니어링 및 기타 과학기술 서비스업	721	건축기술, 엔지니어링 및 관련 기술 서비스업
		729	기타 과학기술 서비스업
73	기타 전문, 과학 및 기술 서비스업	731	수의업
		732	전문 디자인업
		733	사진 촬영 및 처리업
		739	그 외 기타 전문, 과학 및 기술 서비스업

1.2.14 사업시설 관리, 사업 지원 및 임대 서비스업(N : 74~76)

이 산업은 사업시설 청소, 방제 등을 포함한 사업시설 유지·관리활동, 고용 지원 서비스, 보안 서비스, 여행보조 서비스, 기타 사무지원 서비스 등과 같은 사업 운영과 밀접하게 관련된 지원 서비스 제공 활동, 각종 산업용 기계·장비 또는 개인 및 가정용 기계·장비 및 용품 등을 임대하는 산업활동을 말한다. 한국표준산업분류에 따른 이 산업의 주요 내용은 〈표 1-16〉과 같다.

한편 다음 활동 등은 이 산업에 포함되지 않고 괄호 안 산업으로 분류된다 : 1) 법률 자문, 회계 서비스, 경영 컨설팅 등 전문 서비스 제공활동(M), 부동산(주거용 및 비주거용) 관리활동(6821), 조경수를 재배하는 산업활동(01122), 건설공사에서 결합하여 수행되는 조경수 식재활동(41226).

표 1-16 **한국표준산업분류 : 사업시설 관리, 사업 지원 및 임대 서비스업 중분류 및 소분류**

	중분류		소분류
74	사업시설 관리 및 조경 서비스업	741	사업시설 유지 · 관리 서비스업
		742	건물 · 산업설비 청소 및 방제 서비스업
		743	조경 관리 및 유지 서비스업
75	사업 지원 서비스업	751	고용 알선 및 인력 공급업
		752	여행사 및 기타 여행보조 서비스업
		753	경비, 경호 및 탐정업
		759	기타 사업 지원 서비스업
76	임대업; 부동산 제외	761	운송장비 임대업
		762	개인 및 가정용품 임대업
		763	산업용 기계 및 장비 임대업
		764	무형 재산권 임대업

1.2.15 공공 행정, 국방 및 사회보장 행정(O : 84)

이 대분류에는 국가 및 지방 행정기관이 일반 대중에게 제공하는 공공 행정, 국방·산업 및 사회보장 행정 업무를 포함한다. 이러한 활동은 비정부기관에 의해 수행되는 경우도 있다.

공공 행정 및 국방(841~844)은 입법 사무, 통치 행정, 중앙 및 지방 행정기관의 일반 공공 행정, 정부기관 일반 보조 행정, 교육·환경·노동·보건·문화 및 기타 사회 서비스 관리 행정, 산업 진흥 행정, 외교 및 국방 행정, 사법 및 공공질서 행정을 수행하는 정부기관 등을 포함한다. 사회보장 행정(845)은 정부가 제공하는 사회보장 계획을 위한 기금 조성 및 행정 사무를 말하며, 질병, 사고, 실직, 퇴직 및 기타 수입 결손을 유발할 수 있는 명백한 위험에 대하여 정부가 이전지출 방식으로 수행하는 사회보장 행정을 포함한다(〈표 1-17〉 참조).

한편 일반 행정에 관한 규제와 집행 사무를 제외한 운수, 통신, 교육, 보건, 제조, 유통 및 금융 등의 특정 사업을 운영하는 정부기관은 그 산업활동에 따라 해당 특정 산업에 각각 분류된다.

표 1 - 17 ─○ 한국표준산업분류 : 공공 행정, 국방 및 사회보장 행정 중분류 및 소분류

	중분류		소분류
84	공공 행정, 국방 및 사회보장 행정	841	입법 및 일반 정부 행정
		842	사회 및 산업정책 행정
		843	외무 및 국방 행정
		844	사법 및 공공질서 행정
		845	사회보장 행정

1.2.16 교육 서비스업(P : 85)

이 대분류에는 교육 수준에 따른 초등(학령 이전 유아 교육기관 포함), 중등 및 고등 교육 수준의 정규 교육기관, 특수학교, 외국인학교, 대안학교, 일반 교습학원, 스포츠 및 레크리에이션 등 기타 교육기관, 직원 훈련기관, 직업 및 기술 훈련학원, 성인 교육기관 및 기타 교육기관과 교육 지원 서비스업을 포함한다(〈표 1- 18〉 참조).

고등 교육기관(853)은 전문대학, 대학교 및 대학원의 교육과정을 담당하는 교육기관을 말한다. 기타 교육기관(9856)은 성인 또는 특정인을 대상으로 교육하기 위하여 설립된 교육기관으로서 특수학교, 외국인학교, 대안학교, 직업훈련기관, 사회교육기관, 스포츠 및 레크리에이션 교육기관, 일반 또는 전문학원 등을 포함한다. 또한 교육 지원 서비스업(857)은 교육 상담, 평가 등 교육과정이나 시스템을 지원하는 교육 지원 서비스 활동을 말

표 1 - 18 ─○ 한국표준산업분류 : 교육 서비스업 중분류 및 소분류

	중분류		소분류
85	교육 서비스업	851	초등 교육기관
		852	중등 교육기관
		853	고등 교육기관
		854	특수학교, 외국인학교 및 대안학교
		855	일반 교습학원
		856	기타 교육기관
		857	교육 지원 서비스업

한다. 한편 개인교사를 고용한 가구의 활동은 교육 서비스업에 포함되지 않고 "가구 내 고용활동(97000)"에 분류된다.

1.2.17 보건업 및 사회복지 서비스업(Q : 86~87)

이 대분류에는 보건업과 사회복지 서비스 활동을 포함한다. 보건업(86)은 인간의 건강 유지를 위한 각종 질환의 예방과 치료를 위한 보건 서비스를 제공하는 병원, 의원 및 기타 의료기관과 의료관련 서비스를 제공하는 기관을 포함한다.

사회복지 서비스업(87)은 아동, 노령자, 장애자 등과 같이 자립 능력에 제약을 받는 특정 범주 내의 사람을 보호하기 위한 각종 사회복지 서비스를 제공하는 거주 복지시설 또는 비거주 복지시설을 운영하는 산업활동을 말한다(〈표 1-19〉 참조).

한편 다음 산업들은 이 산업에 포함되지 않고 괄호 안의 산업으로 분류된다 : 1) 치과의사가 아닌 독립적으로 운영하는 인조 치아 및 인체 교정장치 생산활동(27192), 사회보장 행정 사무(84500), 수의 서비스 활동(73100).

표 1-19 ─○ 한국표준산업분류 : 보건업 및 사회복지 서비스업 중분류 및 소분류

	중분류		소분류
86	보건업	861	병원
		862	의원
		863	공중보건 의료업
		869	기타 보건업
87	사회복지 서비스업	871	거주 복지시설 운영업
		872	비거주 복지시설 운영업

1.2.18 예술, 스포츠 및 여가관련 서비스업(R : 90~91)

이 대분류에는 창작, 예술 및 여가관련 서비스업과 스포츠 및 오락관련 서비스업을 포함한다(〈표 1-20〉 참조). 다만 다음 활동들은 이 산업에 포함되지 않고 괄호 안의 산업으로 분류된다 : 1) 연극 제작설비 임대[기타 산업용 기계 및 장비 임대업(76390)], 2) 연예인 매니저업[매니저업(73901)], 스포츠 및 레크리에이션 관련 교육[스포츠 및 레크리에이션 교

육기관(8561)], 영화 제작, 배급, 상영 및 관련 서비스[영화, 비디오물, 방송 프로그램 제작 및 배급업(591)].

표 1-20 ──○ 한국표준산업분류 : 예술, 스포츠 및 여가관련 서비스업 중분류 및 소분류

	중분류		소분류
90	창작, 예술 및 여가관련 서비스업	901	창작 및 예술관련 서비스업
		902	도서관, 사적지 및 유사 여가관련 서비스업
91	스포츠 및 오락관련 서비스업	911	스포츠 서비스업
		912	유원지 및 기타 오락관련 서비스업

1.2.19 협회 및 단체, 수리 및 기타 개인 서비스업(S : 94~96)

이 대분류에는 협회 및 단체, 수리, 세탁 및 개인 대상의 기타 서비스를 제공하는 산업활동을 포함한다. 협회 및 단체(94) 산업은 회원 상호 간의 복리 증진과 특정 목적 실현을 위하여 조직된 각종 협회 및 단체를 말하며 산업, 노동 및 전문가 단체 또는 조합, 연합회, 종교, 정치 및 기타 협회 및 단체를 말한다. 수리업(95)은 컴퓨터 및 주변기기, 통신장비, 자동차 및 소비용품의 경상적인 유지·수리를 전문적으로 수행하는 산업활동을 말한다. 기타 개인 서비스업(96)은 세탁소, 이·미용실, 장의업 및 기타 개인 서비스를 제공하는 산업활동을 말한다(〈표 1-21〉 참조).

한편 다음 활동은 이 산업에 포함되지 않고 괄호 안의 산업으로 분류된다 : 1) 가사 서비스 종사자를 고용한 가구의 활동[가구 내 고용활동(97000)], 2) 협회 및 단체가 출판, 교육, 금융 및 기타 특정 사업을 주된 산업으로 수행하는 경우(해당 사업 내용에 따라 각각 분류), 3) 기계·장비의 재생, 개조 및 개량 활동(그 제품 제조업).

표 1-21 ──○ 한국표준산업분류 : 협회·단체, 수리·기타 개인 서비스업 중분류 및 소분류

	중분류		소분류
94	협회 및 단체	941	산업 및 전문가 단체
		942	노동조합

(계속)

	중분류		소분류
94	협회 및 단체	949	기타 협회 및 단체
95	개인 및 소비용품 수리업	951	컴퓨터 및 통신장비 수리업
		952	자동차 및 모터사이클 수리업
		953	개인 및 가정용품 수리업
96	기타 개인 서비스업	961	미용, 욕탕 및 유사 서비스업
		969	그 외 기타 개인 서비스업

1.2.20 가구 내 고용활동 및 달리 분류되지 않은 자가 소비 생산활동(T : 97~98)

이 대분류에는 각종 가사 담당자를 고용한 가구의 활동과 달리 분류되지 않은 자가 소비를 위한 가구의 재화 및 서비스 생산활동을 포함한다.

1.2.21 국제 및 외국기관(U : 99)

이 대분류에는 국제연합 및 전문기구, 아주기구, 구주기구, 경제협력개발기구, 유럽공동체, 국제 대사관 및 기타 외국 지역 단체 등의 공무를 수행하는 국제 및 외국기관을 포함한다.

표 1-22 ──○ 한국표준산업분류 : 국제 및 외국기관 중분류 및 소분류

	중분류		소분류
97	가구 내 고용활동	970	가구 내 고용활동
98	달리 분류되지 않은 자가 소비를 위한 가구의 재화 및 서비스 생산활동	981	자가 소비를 위한 가사 생산 활동
		982	자가 소비를 위한 가사 서비스 활동
99	국제 및 외국기관	990	국제 및 외국기관

❷ 산업분류 목적 및 의의

한국표준산업분류는 생산단위(사업체단위, 기업체단위 등)가 주로 수행하는 산업활동을 그 유사성에 따라 체계적으로 유형화한 것이다. 이러한 한국표준산업분류는 산업활동에 의한 통계 자료의 수집, 제표, 분석 등을 위해서 활동 분류 및 범위를 제공하기 위한 것으

로 통계법에서는 산업통계 자료의 정확성, 비교성을 위하여 모든 통계작성기관이 이를 의무적으로 사용하도록 규정하고 있다. 한국표준산업분류는 통계작성 목적 이외에도 일반 행정 및 산업정책 관련 법령에서 적용대상 산업영역을 한정하는 기준으로 준용되고 있다.[4]

일반적으로 산업분류는 개별 생산주체가 수행하는 산업활동의 유형(업종)을 결정(분류)하는 데 사용될 뿐만 아니라 각종 산업정책(진흥, 규제 및 관리) 관련 법령에서 그 적용대상이 되는 산업영역을 명확히 한정하는 기준으로도 준용된다. 또한 산업분류는 조사하고자 하는 산업대상의 범위와 그 사업내용을 구체적으로 명확하게 한정하는 기준이 될 뿐만 아니라 이를 사용하여 개별 생산주체로부터 얻은 산업활동 관련 통계 자료를 동질적인 활동별로 종합하는 데 사용되는 준거(framework)가 된다는 점에서 매우 중요하다.[5]

정부의 각종 산업정책 수립 및 추진 시 해당 정책이 어떤 산업을 대상으로 할 것인가는 전적으로 산업분류에 의존하게 된다. 예를 들면 외국인투자기업을 적극 유치하기 위해 외국인투자기업에 대해 세제상 혜택 등 여러 가지 유인책이 제공되는데, 그러한 혜택 제공 여부는 해당 기업이 어떤 산업에 속하느냐에 따라 결정된다.

---

4   통계청, 한국표준산업분류 개요.

5   한국콘텐츠진흥원, 국제표준산업분류(ISIC) 개정에 따른 국내 미디어문화산업의 지형변화와 대응방향(2010) 참조.

02 산업구조 이론

'구조'란 전체와 부분, 부분과 부분과의 관계라 할 수 있다. 그러한 맥락에서 산업구조는 어떤 국가의 전체 경제와 산업, 산업과 산업, 산업 내 관계를 특징적으로 추상화한 것이라 할 수 있다. 어떤 국가의 경제구조는 그 국가의 생산구조와 분배구조를 아우르는 개념이다. 한편 산업구조는 주로 생산구조를 의미한다(이갑수, 1992, p. 92). 이러한 점에서 산업구조는 경제구조의 한 부분이라 할 수 있다. 산업구조는 생산 과정에 투입되는 노동력을 중심으로 한 고용구조를 통해서 파악되기도 하며, 생산의 결과물인 산출량 구조로 파악될 수도 있으며, 생산물이 판매되는 구조인 무역구조를 통해서도 파악할 수 있다. 이러한 맥락에서 어떤 국가의 산업구조가 어떻게 변화하고 있는가는 고용의 구조변화, 산출량의 구조변화, 무역의 구조변화를 통해서 분석할 수 있다.

Peters(1988)는 산업구조 변동 요인을 내부적 요인과 외부적 요인으로 구분하여 설명하였다(이갑수, 1992 재인용). 그는 산업구조 변동의 내부적 요인으로 수요, 공급, 기술을, 그리고 외부적 요인으로 이데올로기, 경제정책, 규제, 자연적 요인을 꼽았다. 먼저 내부적 요인으로 수요가 산업구조에 미치는 효과를 살펴보자. 어떤 국가의 경제가 성장하고 그에 따라 국민들의 소득이 증가할 경우 소비구조가 바뀌게 되고 그 결과 산업구조의 변화를 야기한다는 것이다. 즉 소득증가에 따라 그 국가의 전반적으로 소비가 증가하지만 소비의 소득탄력성이 재화에 따라 차이가 있어 소비구조의 변화를 가져오고 결국 생산구조 변화를 야기한다는 것이다. 다음으로 공급이 산업구조에 미치는 영향에 대해서는 다음과 같이 설명한다. 즉 기업이 경영환경 변화에 대응하여 공급량이나 공급재화의 조합을 변화시키는 과정에서 산업구조(생산구조)가 바뀔 수 있다는 것이다. 다음은 기술이 산업구조에 미치는 영향이다. 기술의 발전으로 새로운 소재나 제품이 발명되거나, 또는 생산공정상 혁신이 발생하게 되면 생산구조와 고용구조 역시 변화될 수 있다는 것이다. 다음으로 산업구조의 외부적 변동 요인에 대해 살펴보자. Peters(1988)에 따르면 경제 사상(자유주의, 마르크스주의, 신자유주의 등)의 변화에 따라 국가의 경제정책 역시 변화하게 되고, 규제를 포함한 경제정책의 변화는 특정산업을 발전시키기도 하고 또 다른 산업의 발전을 저해하기도 하여 한 국가 전체적 차원에서 생산 및 고용구조에 영향을 미칠 수 있다는 것이다. 또한 석유의 발견이 자동차와 항공산업을 가능케 했듯이 자연적 요인도 산업구조에 영향을 미칠 수 있다. Peters는 한 국가의 산업구조는 다양한 요인들에 의해서 영향을 받을 수 있음을 보여주었다.

그동안 산업구조 변화에 대한 여러 이론이 등장했다. 산업구조 변화에 대한 분석은 Fisher(1939)와 Clark(1940)로부터 시작되었다. 그들의 연구는 경제성장에 있어서 생산요소의 재배치 과정에 대한 첫 번째 관심이었다는 점에서뿐만 아니라 산업을 1차·2차·3차 산업으로 구분했다는 점에서 큰 의미를 가진다. 경제구조를 측정하는 가장 전통적인 방법은 노동력(또는 고용)의 산업별 비중이라 할 수 있다. Kuznets(1966)는 경제구조 측정 방법을 노동력의 산업별 비중뿐만 아니라 GDP에서의 산업별 비중으로 확대했다. 산업구조 변화 과정에 대한 첫 번째 계량적 분석은 Chenery와 Lance(1968), 그리고 Chenery와 Syrquin(1975)에 의해서 이루어졌다. 그들의 연구에 따르면, 선진국들의 경제발전과정에 있어서 공통적 패턴이 발견되었다. 즉 경제가 발전하면서 총생산에서 농업의 생산 비중이 지속적으로 감소하고, 대신 제조업 비중은 상당히 오랜 기간 확대되다가 축소되었다(1950년대 선진국들의 총생산 중 제조업 비중은 50%대로 최고점에 달한 이후 점차 하락). 즉 총생산에서 제조업 비중은 경제가 발전함에 따라 역U자(hump-shaped)를 보였다(Kuznets, 1966).[6] 반면 서비스업 비중은 꾸준히 증가하다가 제조업 비중이 감소하기 시작한 20세기 후반 이후 그 증가속도가 가속화되었다. 바로 이 시기가 선진국들에 있어 종종 탈공업화(deindustrialization) 시기라 불린다. 한편 산업구조 변화에 있어서 시점과 변화 속

----

6 21세기 초반 선진국들에 있어서 총생산에서 제조업 비중은 20%대로 거의 같았다.

도는 국가에 따라 차이를 보였다. 그러나 국가에 따라 산업구조 변화 시점과 속도에 있어서의 차이에도 불구하고, 대부분 선진국들에 있어서 농업비중은 20세기 중반까지 15% 이하로 하락했으며, 20세기 말에는 5% 이하로 축소되었다. 반면 서비스업 비중은 대부분 선진국에 있어 60~70%대를 기록했다(2002년 기준 미국 75%, 영국 73%, 프랑스 72%, 일본 68%)(M.R.Singariya, 2014).[7] 본 절에서는 산업구조 변화에 대한 기존의 주요 이론을 살펴보기로 한다.

1 클라크의 산업구조 이행설[8]

영국의 경제학자 클라크(C. G. Clark)는 1940년 그의 저서 경제진보의 제조건(*The Conditions of Economic Progress*, 1940)에서 처음으로 산업을 1차·2차·3차산업으로 분류하였다. 클라크는 1차산업(primary industry)을 토지나 바다 등의 자연환경에 노동력을 동원하여 필요한 물품을 얻거나 생산하는 산업으로 정의하였다. 즉 자연환경을 이용하여 물자를 생산하는 산업(원시산업 또는 채취산업)을 1차산업으로 분류하였다. 여기에는 농업, 임업, 축산업, 수산업 등이 포함된다. 그는 1차산업에서 얻은 생산물이나 천연자원을 가공하여 인간 생활에 필요한 물건이나 에너지 등을 생산하는 산업(제조가공산업)을 2차산업(secondary industry)으로 정의하였다. 2차산업의 특징은 자연환경의 영향을 적게 받으며 분업이나 일관 작업 등이 발달한다는 것이다. 클라크는 공업(제조업, 건설업), 광업 등을 2차산업으로 분류하였다. 이때 광업이란 광물을 채굴하거나 제련하는 산업을, 공업은 원료에 인공을 가하여 새로운 물품을 만드는 산업을 의미한다. 광업과 공업은 산업구조상 맞물려 움직이는 경우가 많다. 왜냐하면 제조업이나 건설업 등 공업에 기초 원료를 제공해주는 기반산업이 광업이기 때문이다. 이러한 이유로 광업과 공업을 붙여서 일반적으로 '광공업'이라고 부르고 있다. 클라크가 광업을 2차산업으로 분류한 것은 1차산업의 경우 최종 생산물(농수산물) 그 자체에 가치가 있는 것에 반해, 석탄·우라늄 등의 기초 원료들은 어떠한 가공단계를 거쳐야 하기 때문이다. 클라크는 1·2차산업에서 생산된 물품을 소비자에게 판매하거나 각종 서비스를 제공하는 산업(서비스산업)을 3차산업(trinary industry)으로 정의했다.

---

7 M. R. Singariya(2014), "Links between Structural Changes and Economic Growth in India", *Growth* Vol.1, No.1, pp.1-9, 참조.

8 클라크 산업분류 내용은 KDI 교육정보센터, 교육콘텐츠를 인용한 것임.

3차산업은 유통업·운수통신업·금융업 등과 같이 1차 및 2차산업에서 채취하고 가공된 물자를 필요한 장소나 사람에게 운송, 공급하고 도와주는 산업을 의미한다. 3차산업으로는 상업, 운수업, 통신업, 금융업, 서비스업(금융, 교육 등) 등이 포함된다.

그의 연구에 따르면 어떤 한 경제가 발달할수록 그 국가의 산업구조의 중심이 1차산업에서 2차산업, 3차산업으로 옮겨간다. 클라크는 각 산업의 취업인구비율을 계산하여, 경제발전 정도가 높아질수록 1차산업 → 2차산업 → 3차산업의 순으로 산업의 비중이 커지는 것을 증명하였다(〈그림 2-1〉 참조). 실제로 세계 각국의 산업별 비중은 각 나라의 자원분포, 경제발전 단계 등에 따라 다르지만 대체적으로 보면 선진국의 경우 1차산업의 비중이 가장 낮은 반면 3차산업의 비중은 훨씬 높게 나타나고 있다. 이는 1차산업의 생산물이 주로 생활필수품으로 소득의 증가만큼 수요가 증대되지 않고, 2차산업과 3차산업에 비해 생산성 향상의 정도가 낮기 때문이다.[9] 이러한 클라크의 3분류법은 페티(17세기 영국의 경제학자)가 산업을 농업, 제조업 및 상업으로 분류한 것을 확장시킨 것이라 할 수 있다.

실제로 세계투입산출표 자료(이하 WIOD)을 이용하여 전체 43개국을 대상으로 각국의 1인당 소득과 각국의 부가가치 중 산업별 비중 간 관계를 보면, 클라크의 주장이 틀리지

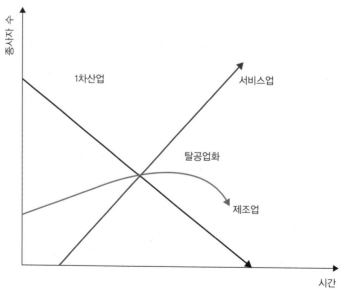

그림 2-1 ▶ 클라크의 산업구조 이행설

9   한국은행 경제교육 내용 인용.

않았음을 확인할 수 있다(〈Box 2-1〉 참조). 다만, 제조업에 있어서는 클라크의 산업구조 이행설과 달리 역U자 모습이 뚜렷이 보이지 않았다.

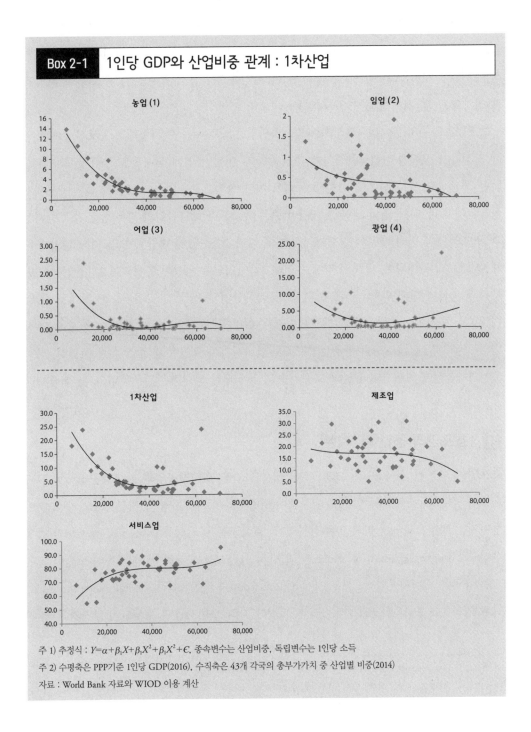

Box 2-1 1인당 GDP와 산업비중 관계 : 1차산업

주 1) 추정식 : $Y = \alpha + \beta_1 X + \beta_2 X^2 + \beta_3 X^3 + \varepsilon$, 종속변수는 산업비중, 독립변수는 1인당 소득
주 2) 수평축은 PPP기준 1인당 GDP(2016), 수직축은 43개 각국의 총부가가치 중 산업별 비중(2014)
자료 : World Bank 자료와 WIOD 이용 계산

2   쿠즈네츠의 산업구조 이행설

쿠즈네츠(Kuznets, 1966)[10]에 따르면, 일반적으로 1차산업 부문은 소득탄력성과 노동생산성이 낮아 총고용에서 농업노동력 비중이 낮아진다. 반면 2차산업은 소득탄력성이 높고 규모의 경제로 인한 생산비용의 체감으로 생산이나 고용의 비중이 확대된다. 그러나 3차산업은 일부 서비스(운수, 보험, 금융 등)를 제외하고는 국제 간 이동이 활발하지 않아 크게 신장할 수 없다(이갑수, 1992 재인용).

쿠즈네츠의 논리를 다시 해석해보면, 1차산업은 낮은 소득탄력성과 노동생산성으로 인해 경제가 성장함에 따라 1차산업에 대한 수요가 여타 산업에 상대적으로 적게 확대되고, 낮은 생산성으로 1차산업에 속한 노동력이 여타 산업으로 이동하게 되기 때문에, 경제가 성장함에 따라 1차산업의 생산 및 고용비중은 축소된다. 2차산업의 경우 높은 소득탄력성과 규모의 경제 이점 때문에 경제가 성장함에 따라 2차산업에 대한 수요가 여타 산업에 비해 더 빠르게 확대되며, 규모의 경제로 인해 2차산업의 수익성이 향상되어 2차산업에 대한 투자와 생산이 확대되면서 경제 전체적으로 2차산업의 생산 및 고용비중도 확대될 수 있게 된다. 쿠즈네츠는 산업구조 변동 요인으로 수요를 특히 강조하고 있으며, 동시에 각 산업의 공급측면에서의 특성 역시 산업구조를 변화시키는 요인이 될 수 있음을 보였다. 다만 그는 3차산업에 있어서의 생산과 고용비중 확대에 대한 통찰력은 부족했다고 할 수 있다.

3   호프만의 공업화단계설[11]

호프만(W. G. Hoffmann)은 그의 저서[12]에서 공업을 소비재공업과 자본재공업으로 크게 나누어 공업화는 자본재공업의 순생산액비율(공업의 부가가치액 중 자본재공업의 비중)이 높아지는 방향으로 발전한다고 주장하였다. 호프만은 공업성장(industrial growth)과 공업생산구조(industry-pattern of output)의 일반적인 관계를 통계적 분석을 통해 도출하였다. 그는 공업을 소비재공업(consumer goods industries)과 자본재공업(capital goods industries)으로 양분(〈표 2-1〉 참조)할 때, 공업화과정에 따라 소비재공업 순생산액(부가가치)의 자

---

10   *Mordern Economic Growth: Rate, Structure and Spread*, 1966, Yale University.

11   한국은행, 『조사월보』 제25권 제6호(1971), '우리나라 공업화와 산업구조의 추이'를 인용한 것임.

12   *The Growth of Industrial Economies*, 1958, Manchester University Press.

본재공업에 대한 비율(이 비율을 호프만 비율이라 함)에 있어 뚜렷한 차이가 있다고 주장
했다. 그에 따르면 공업화는 호프만지수 기준으로 4단계과정을 밟게 된다. 공업화1단계는
소비재공업이 훨씬 중요하여 그 부가가치는 자본재공업 부가가치보다 평균 5배 크다(소비
재공업 : 자본재공업=5 : 1). 공업화2단계에서는 소비재공업과 자본재공업 부가가치 비율
이 약 2.5로 축소된다(2.5 : 1). 공업화3단계에서는 소비재공업과 자본재공업 부가가치 비
율이 동일해진다(1 : 1). 마지막 4단계에서는 자본재공업의 급격한 성장으로 소비재공업의
부가가치액은 자본재공업의 부가가치에 비해 훨씬 뒤처진다(〈표 2-2〉 참조).

호프만은 제조업 내에서 이루어지는 구조변화를 규명하고자 했다. 그는 어떤 국가의 제
조업 구조는 일정한 단계를 통해서 고도화된다고 보았다. 그는 어떤 국가의 경제가 발전할
수록 제조업은 순차적인 단계를 통해서 고도화된다고 주장했다. 그는 제조업이 그렇게 순
차적으로 고도화되는 이유를 수요 측면과 공급 측면을 통해서 설명한다. 먼저 수요 측면
에서는 소비재와 자본재에 있어서 수요의 소득탄력성에 있어서의 차이에서 그 이유를 찾
았다. 그는 소비자의 소득이 증가함에 따라 소비구조가 생활필수품에서 내구소비재 중심
으로 이동하고, 수요의 소득탄력성도 내구소비재에 있어서 더 높다고 보았다. 그러한 맥락
에서 소비자의 소득이 증가함에 따라 소비에서 내구소비재 비중이 더 확대되고, 내구소비

표 2-1 ──○ 호프만의 소비재 및 자본재 제조업 분류

소비재 제조업	자본재 제조업
음 · 식료품 제조업	철강 및 금속 제조업
섬유 및 의류 제조업	기계 제조업
가죽 및 신발 제조업	자동차 및 수송기계 제조업
목재가공 제조업	화학제품 제조업

자료 : 이갑수(1992) 〈표 5-4〉 재인용

표 2-2 ──○ 호프만의 공업화단계

	1단계	2단계	3단계	4단계
소비재 제조업	4.5±2	2±0.5	1±0.5	0.4±0.25
자본재 제조업	1	1	1	1

자료 : 이갑수(1992) 〈표 5-5〉 재인용

재 비중이 확대될수록 제조업 중 자본재산업의 비중이 소비재 제조업 비중보다 높아진다는 것이다.

다시 말하면 소비재 제조업보다는 자본재 제조업에 있어서 수요의 소득탄력성이 높은데, 그 결과 경제가 성장함에 따라 소비재보다는 자본재에 대한 수요가 더 빠르게 확대되고, 그에 따라 제조업 내에서 생산요소가 소비재 부문에서 자본재 부문으로 이동하게 되어 고용과 생산에 있어서 자본재 비중이 소비재 비중보다 점차 더 높아진다는 것이다. 그뿐만 아니라 공급측면에서도 기업들이 학습효과와 기술진보 등을 경험하면서 생산방식을 보다 더 자본집약적으로 변경하면서 자본재에 대한 수요가 점차 확대되어 제조업 전체적으로 자본재 비중이 확대된다는 것이다. 그의 이론은 산업구조를 1차산업, 2차산업, 3차산업으로만 구분하는 3부문 모델에서 벗어나 제조업 내에서의 구조변화 요인을 규명하고자 했다는 측면에서 의의가 크다 하겠다.

일반적으로 공업화의 측정지표로서 중화학공업의 순생산액(부가가치) 비율을 이용하는데, 이는 호프만의 **공업화단계설**에 따른 것이라 할 수 있다. 호프만의 공업화단계설은 자본재와 소비재 구분에 있어서 자의성, 자본재와 소비재 이외 중간재(원재료)를 고려하지 않고 있는 점, 양적인 비율에만 치중하여 질적인 차이(예 : 생산성 차이)를 고려하지 못하고 있다는 점 등에서 한계가 있으나, 그러한 약점에도 불구하고 공업화단계를 총괄적으로 잘 설명하고 있다는 점에서 널리 이용되고 있다.

４ 체너리의 소득수준과 공업구조 분석[13]

체너리(Chenery, 1960)는 산업성장탄력성(＝산업생산증가율÷1인당소득증가율)을 기준으로 산업을 소비재산업, 자본재산업, 중간재산업으로 구분하고, 소비재산업에서 중간재산업, 중간재산업에서 자본재산업으로 고도화되는 산업구조 이행경로를 제안했다. 그의 논리에 따르면 소득이 증가함에 따라 산업 전체에서 산업성장탄력성이 높은 산업의 비중이 커지게 마련이므로 한 국가의 산업구조 역시 성장탄력성이 높은 산업을 중심으로 고도화되도록 유도해야 한다는 것이다. 그의 연구에 따르면 산업성장탄력성이 가장 높은 산업은

---

13 한국은행, 『조사월보』 제25권 제6호(1971), '우리나라 공업화와 산업구조의 추이'를 인용한 것임.

| 표 2-3 | 체너리의 산업별 산업성장탄력성 |

산업			산업성장탄력성	특징
농업			0.47	–
제조업	소비재산업	목재제품, 인쇄, 의류, 피혁, 담배	1.31	초기산업
	중간재산업	종이, 석유제품, 고무, 화학, 섬유	1.50	중기산업
	자본재산업	기계, 운송장비, 금속, 요업	2.16	후기산업
건설업			1.15	–
서비스업	운수 · 통신업		1.29	–
	기타 서비스업		1.07	–

제조업이고, 다음이 서비스업이었으며, 농업의 탄력성이 가장 낮았다. 또한 제조업 내에서도 산업별로 산업성장탄력성에 차이가 있는데, 전반적으로 중화학공업제품에 있어서 더 탄력적인 것으로 나타났다(〈표 2-3〉 참조). 이에 따르면 경제발전으로 1인당 소득이 증가할수록 중화학공업제품에 대한 수요가 더 빠르게 확대되어 해당 산업의 비중이 상대적으로 더 확대된다는 것을 유추할 수 있다.

그의 연구는 소득수준 향상에 따른 제조업 내 산업구조 변화를 규명하고자 했다는 점에서, 특히 호프만(1969)과 달리 제조업 중 중간재산업을 고려했다는 점에서 의의가 있으나, 산업구조 요인을 수요에 국한하고 있다는 한계가 있다. 또한 그의 논리에 따른다면 소득수준이 높아질수록 한 국가의 산업구조에서 제조업의 비중이 높아져야 하는데, 이는 현실과 정확히 부합되지 않는다(〈Box 2-1〉 참조).

5 제조업 내 산업구조 변화[14]

개발도상국들의 총부가가치에서 제조업은 1970년 이래 20~23%를 차지해 오고 있다. 제조업으로부터 여타 산업으로의 **후방연관효과**(backward linkages effect)까지 고려하면, 이들 국가 경제에서 제조업의 전체적인 기여도는 더 클 것이다. 전체적인 경제구조에서 제조업

---

14 Nobuya Haraguchi(2015), "Patterns of structural change and manufacturing development," *Routledge Handbook of Industry and Development*[John Weiss, Michael Tribe(2015)]를 참조하여 정리한 것임을 밝힌다.

이 갖는 중요성을 고려하여, 본 절에서는 제조업 내 구조변화에 대해 보다 자세히 논의한다. Chenery와 Syrquin(1975)은 어떤 국가의 경제구조 변화는 다음 세 가지 요인에 의존한다고 주장한다. 첫째, 소득수준과 관련되어 있는 범세계적으로 보편적인 요인들[15], 둘째, 정부가 통제하기 어려운 지리학적 및 인구구조학적 조건들(천연자원부존도, 국가규모, 인구밀집도와 같은 여타 요인들), 셋째, 개별 국가의 역사·정치 및 사회적 목표, 그리고 그러한 목적을 달성하기 위한 정부의 정책들. 아래에서는 제조업 내 산업구조가 이들 요인들에 의해서 어떻게 영향을 받는지 살펴볼 것이다.

Nobuya Haraguchi(2015)는 소득수준에 따라 달라지는 수요와 공급측면에서의 역량이 특정 산업의 부상을 주도한다는 점에서 제조업 내 산업구조 변화의 가장 근본적인 요인은 경제발전단계라 주장한다. 그에 따르면 어떤 국가가 경제발전 초기단계에 있을 경우 식품, 음료, 섬유 및 의류 제조업과 같이 낮은 수준의 기술을 요하는 산업이 발전한다. 이러한 산업들은 노동집약적 산업들로서 그 국가의 소득수준이 중상위단계(upper middle income stage)에 도달하기 전까지 제조업 고용에 있어서 주도적 역할을 한다. 국가의 소득수준이 중상위단계를 넘어 상위단계(high income)에 도달하는 과정에서 제조업에서 주도적인 산업은 초기발전단계 산업들에서 기초금속과 같은 중간발전단계 산업들로 바뀌게 되고, 나아가 전기기계와 전기기기와 같은 선진(또는 후기)발전단계 산업들로 이동하게 된다(〈표

표 2-4 ─○ 경제발전단계별 주요 제조업

발전단계	산업
초기발전단계 산업[1]	음식 및 음료, 담배, 섬유, 의류, 목재제품, 출판, 가구, 비철금속 제조
중간발전단계 산업[2]	코크스 및 정유, 제지, 기초금속제조, 조립금속 제조
선진(후기)발전단계 산업[3]	고무 및 플라스틱, 자동차, 화학제품 제조, 기계 및 장비 제조, 전기기계 및 전기기기 제조, 정밀기기 제조

주 : 1) 1인당 GDP(PPP, 2005년 불변가격)가 $6,500에 도달하기 이전에 GDP 비중이 최정점에 달하는 산업들
2) 1인당 GDP(PPP, 2005년 불변가격)가 $6,500~$15,000 사이에 있을 때 GDP 비중이 최정점에 달하는 산업들
3) 1인당 GDP(PPP, 2005년 불변가격)가 $15,000 이상에 도달했을 때 GDP 비중이 최정점에 달하는 산업들
자료 : Nobuya Haraguchi(2015), Table 3.1 인용

---

15 이러한 소득효과는 수요 측면의 효과와 공급 측면의 효과를 포함한다. 수요 측면의 효과는 소득이 증가하면 수요구성 역시 변화하게 된다는 점(예 : 소득 증가에 따른 식품수요의 비중 감소)과 관련된다. 한편 공급 측면의 효과에는 소득 증가에 따른 노동자당 자본장비율 상승, 교육 및 기술(skills)의 향상과 관련된다. 노동, 자본, 기술의 결합은 산업에 따라 달리 이루어지는데, 이들 생산요소의 결합이 변화하면 한 경제의 비교우위 구조가 변화하게 되어 산업구조 역시 바뀌게 된다(Chenery 1960).

2-4〉 참조). 그리고 소득수준이 높아질수록 이들 제조업의 생산은 전반적으로 보다 더 자본집약적이고 기술집약적으로 이루어진다. 그에 따르면 제조업 내 이러한 구조변화는 국가별 조건과 분석 시기에 관계없이 대부분의 국가에서 발견된다. Chenery와 Syrquin(1975)은 산업구조 변화에 있어 이러한 변화를 범세계적으로 발견되는 보편적인 패턴이라고 주장하였다.

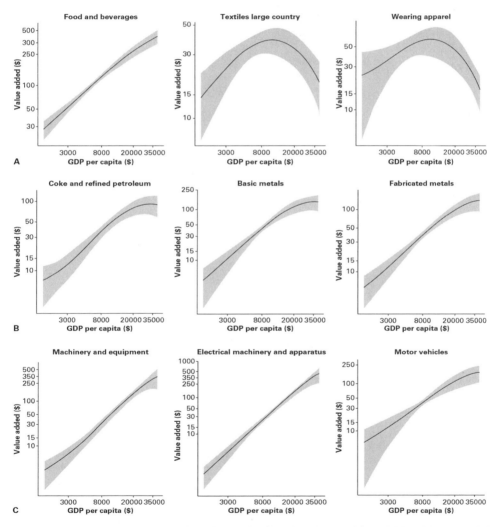

주 : 추정치의 신뢰구간은 90% 신뢰수준 기준. (A) 초기발전단계 산업, (B) 중간발전단계 산업, (C) 선진발전단계 산업. 수직축은 산업별 총부가가치를 인구수로 나눈 1인당 부가가치임
자료 : Nobuya Haraguchi(2015), Figure 3.6 인용

그림 2-2 〉 경제발전단계별 산업별 1인당 실질부가가치 추정치 및 추정치의 신뢰구간

Nobuya Haraguchi(2015)는 1인당 소득과 산업별 1인당 부가가치 관계를 추정하였는데, 두 변수 간 관계는 산업발전단계에 따라 산업별로 다른 패턴을 보이는 것을 발견하였다 (〈표 2-2〉 참조). 특히 1인당 소득수준과 산업별 고용비중 관계에서는 산업발전단계에 따라 산업별로 보다 더 뚜렷한 다른 패턴이 발견되었다(〈그림 2-3〉 참조).

소득요인과 더불어 개별국가 특유의 요인들 역시 제조업 발전에 영향을 미치는데, 개별국가 특유 요인들로 인해 각 국가는 산업구조 변화에 있어 고유의 경로를 보이게 된다. Nobuya Haraguchi(2015)는 국가들이 통제하기 어려운 지리적 및 인구학적 요인들도 제조업 발전에 영향을 미친다는 것을 보였다. 즉 작은 국가는 큰 국가에 비해 초기발전단계에서 노동집약적인 산업을 발전시키는 경향이 있다. 작은 국가들은 특히 자동차산업의 지속적인 성장에 있어 한계를 보였다. 또한 풍부한 천연자원은 거의 모든 분야의 제조업 발전에 부정적으로 작용한 반면, 높은 인구밀도는 자본집약적이고 기술집약직 제조업 발전에 긍정적으로 작용한 것으로 분석되었다(〈표 2-5〉 참조). 반면 같은 소득수준의 국가라 하더라도 국가별 또 다른 요인들에 의해서 제조업 발전 수준에 있어 차이를 보였다. 이는 한 국가의 전체적인 사업환경은 그 국가의 제조업이 발전할 수 있는 잠재력에 영향을 미친다

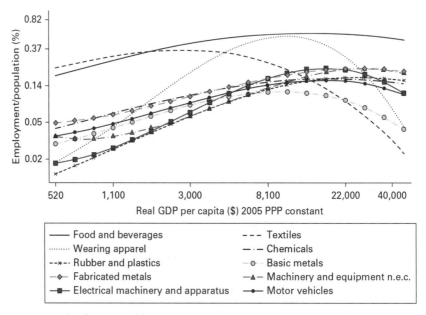

자료 : Nobuya Haraguchi(2015), Figure 3.6 인용

그림 2-3 제조업 내 구조변화 유형 : 소득수준별 각 산업의 고용비중

표 2-5 ─○ 인구와 천연자원이 제조업별 발전에 미치는 영향

영향	고인구밀도	천연자원 풍부
긍정적 (+)	전기기계 및 전기기기 제조 전기기계 고무 및 플라스틱 제조 화학제품 제조 정밀기기 제조 비금속제품 제조 목재제품 제조 조립금속 제조 자동차 제조	기초금속 제조
부정적 (−)	의류 제조 섬유제품 제조 인쇄 및 출판 담배 제조	식품 및 음료 제조 목재제품 인쇄 및 출판 자동차 제조 조립금속 제조 담배 제조 화학제품 제조 가구 제조 비철금속 제조 고무 및 플라스틱 제조 기계 및 장비 제조 전기기계 제조

자료 : Nobuya Haraguchi(2015), Table 3.10 인용.

는 것을 의미한다. 그러한 점에서 대부분 제조업 분야에 있어 1인당 부가가치가 기대치보다 낮은 국가들의 초기 정책은 특정 산업별 정책보다는 전반적인 사업환경(단위당 임금, 인프라 수준, 거시경제 및 정치적 안정)을 개선하는 방향으로 설정되는 것이 바람직하다 (Nobuya Haraguchi, 2015).

6 탈공업화 이론[16]

Schumpeter(1939), Kuznets(1966), Chenery(1960)에 따르면, 경제가 발전할수록 국가의 산업구조는 제조업 중심으로 변화하게 된다. 그러나 현실은 그렇지 않았다. 1970년을 기점으로 주요 선진국들은 제조업 비중 축소와 서비스업 비중 확대를 경험했다. 한 국가의 생산

---

[16] 오준병(2004), '한국경제의 산업구조 변화 요인 분석─탈공업화 논의를 중심으로─', 이갑수(1992) 등을 참조함.

과 고용에서 제조업의 비중이 축소되는 현상인 탈공업화(deindustrialisation)에 대한 연구
가 선진국을 중심으로 이루어져 왔다.

　　탈공업화(deindustrialization)는 일반적으로 선진국에서 먼저 발생하기 시작한 경제 현상
으로서 경제 전체에서 차지하는 제조업의 고용 및 생산 비중이 감소하고 서비스가 차지하
는 비중이 점차적으로 증가하는 현상을 의미한다. 이는 주로 제조업 부문에서의 투자 및
생산의 감소, 고용감소, 그리고 제조업 부문의 무역수지 악화와 같은 형태로 나타나는데,
영국의 경우 광공업의 비중이 급격히 감소하던 1970년대에, 미국의 경우는 일본과 EU에
의한 국제경쟁이 심화되던 1980년대 초기에 본격적인 논의가 진행되었다.

　　탈공업화 요인에 대한 여러 논의가 있는데 여기에서는 주요 논의를 중심으로 살펴보도
록 한다. Clark(1957)는 탈공업화를 경제의 발전과 더불어 농업에서 제조업으로, 제조업에
서 서비스업으로 수요의 구조적인 변화가 불가피한 데 따른 자연적인 현상으로 이해하였
다. 즉 선진국의 경우처럼 1인당 국민소득이 증가하거나 높은 수준을 나타내는 경우는 서
비스 수요에 대한 소득탄력성이 제조업 제품에 대한 소득탄력성보다 커져 제조업의 비중
이 상대적으로 감소할 수밖에 없다는 것이다.

　　Rowthorn과 Ramaswamy(1997, 1998)는 탈산업화의 원인으로 지적된 부문 간 수요 구성
의 변화를 탈공업화의 주요 요인으로 인정하면서도 동시에 제조업과 서비스업의 상대적인
생산성 격차를 강조한다. 즉 지속적인 기술개발과 혁신 등으로 제조업 부문의 생산성이 크
게 증가하면, 이는 제조업의 노동 수요를 감소시킴으로써 제조업의 고용을 감소시키는 요
인으로 작용한다. 반면 제조업의 기술혁신으로 인하여 제조업의 상대가격은 하락하게 되
는데, 이는 제조업에 대한 수요를 증가시킴으로써 제조업의 고용을 증가시키는 요인으로
작용하고, 이러한 상반된 두 가지 효과 중 제조업의 생산성 증가에 따른 고용감소 효과가
제조업의 상대가격 하락에 따른 고용증가 효과를 상회함으로써 탈공업화 현상이 발생한
다고 주장한다.

　　한편 1970년대 영국과 1980년대 미국에 있어서 제조업 비중이 축소되면서, 위에서 언
급된 탈공업화 요인에 대한 논의 외에도 그 원인과 그에 대한 인식 측면에서 다양한 논의
가 있었다. 비슷한 소득수준의 일본이나 독일에 비해 영국과 미국에 있어서 제조업 비중이
더 축소된 것이 이들 국가의 국제경쟁력 저하에 기인했다는 주장이 있었으며, 또 한편으로
는 미국과 영국의 다국적기업들의 해외직접투자 확대가 제조업 비중의 축소 요인 중 하나

라는 주장들도 있었다. 그러한 주장들은 부분적으로 타당한 측면이 있을 수 있으나, 영국과 미국뿐만 아니라 독일과 일본기업들도 적극적인 해외직접투자를 해왔고, 해외직접투자는 모기업의 해외 수출(해외직접투자 관련 자회사에 대한 중간재 수출 등)을 촉진함으로써 오히려 투자국 제조업 활성화에 기여한 측면이 있다는 점을 고려할 때 그러한 주장이 전적으로 맞다고 할 수는 없다. 또한 미국과 영국뿐만 아니라 독일과 일본을 포함한 주요 선진국들 역시 장기적 추세에서 제조업 비중이 축소되고 있다는 점을 고려할 때 더욱더 그러하다. 탈공업화가 자연스러운 것인지 아니면 우려해야 할 것인지에 대한 물음은 달리 말하면 경제의 서비스화가 바람직한 것인지에 대한 물음과 맥을 같이한다고 할 수 있다. 아래에서는 경제의 서비스화에 대해 살펴보도록 한다.

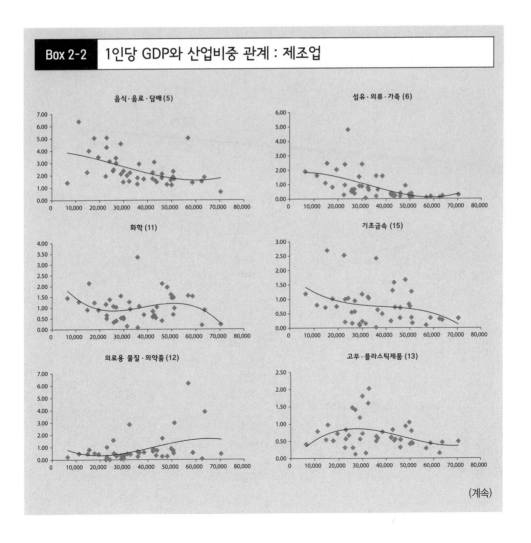

Box 2-2 1인당 GDP와 산업비중 관계 : 제조업

(계속)

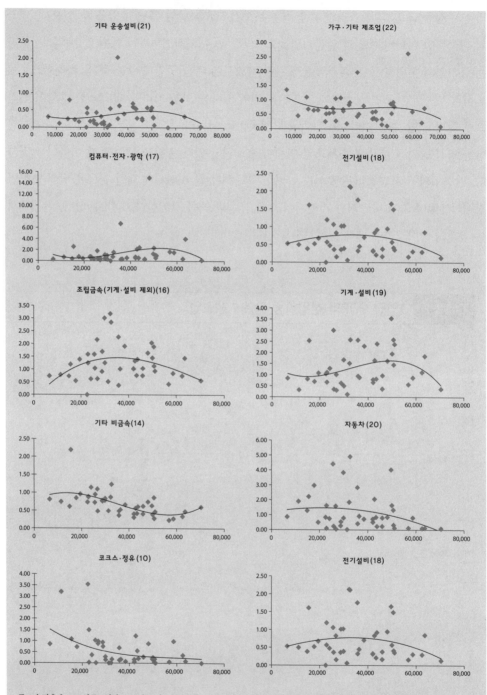

주 : 수평축은 PPP기준 1인당 GDP(2016), 수직축은 WIOD에 포함된 43개 각국의 총부가가치 중 산업별 비중(2014)
자료 : World Bank 자료와 WIOD 이용 계산.

7 경제의 서비스화

7.1 경제의 서비스화 개념 및 요인

산업구조 변화관련 이론 중 3부문 모델(Clark, 1940; Fisher 1939; Fourastie 1954; Baumol 1967)을 살펴보면, 산업구조 변화의 주요 동인에 대한 견해는 모델에 따라 다소 차이가 있다. 그러나 한 국가의 경제가 발전함에 따라 장기적인 산업구조가 1차산업 → 2차산업 → 3차산업 중심으로 변화한다는 점에서는 동일하다. Clark(1951)는 서비스산업에 대한 수요의 소득탄력성이 1보다 크기 때문에 1인당 소득이 증가함에 따라 GDP에서 서비스산업의 비중이 확대된다고 주장했다. 경제가 발전하고 소득이 증가함에 따라 수요구조가 서비스 중심으로 변화하게 되어 경제에서 서비스 비중이 확대된다는 것이다. Boumal(1967)은 산업간 생산성의 차이에 의해 산업구조가 변화한다고 보았는데, 제조업에 비해 서비스업의 생산성증가율이 더 낮아 결국 경제에서 제조업보다 서비스 비중이 점차 확대된다고 주장했다. 즉 제조업은 서비스업에 비해 생산성증가율이 높아 제조업 수요증가율이 제조업 생산성증가율을 앞지르지 않는 한 제조업 생산 과정에 투입되는 노동은 서비스산업에 비해 상대적으로 축소된다는 것이다. 이를 Clark(1967)의 주장과 연결시켜 보면, 경제가 발전함에 따라 소득증가로 서비스업에 대한 수요가 제조업에 대한 수요보다 더 빠르게 확대되는 상황에서 제조업이 서비스업에 비해 생산성증가율이 더 빨라지고 노동에 대한 수요는 제조업보다 서비스업에 있어서 더 빠르게 확대되어 결국 총고용에서 서비스업의 비중은 증가하고 제조업의 비중은 축소하게 된다는 것이다. 한편 Fixler와 Siegel(1999)은 산업에서 서비스업의 외주화가 점차 확대되는 것도 경제에서 서비스업의 비중을 확대시키는 요인으로 파악했다. 즉 원래 가구 내 또는 기업 내에서 자체적으로 이루어졌던 서비스활동이 점차 외부화(outsourcing)되면서 해당 서비스활동이 독자적인 산업활동이 되고 서비스산업의 범위에 포함되면서 경제에서 서비스업의 비중이 더욱 확대되었다는 것이다.

실제 대부분 국가들은 경제가 발전함에 따라 서비스업의 비중이 확대되는 '경제의 서비스화'를 경험했다(〈Box 2-3〉 참조). 경제가 발전하여 일정 단계에 도달하면, 국민들의 물질적 욕구는 거의 충족되고 이후에는 비물질적인 서비스에 대한 수요가 확대된다. 즉 가계지출에서 교육, 관광, 취미활동, 의료서비스 등 서비스 지출 비중이 높아지게 되고 생산과 고용에서 서비스 비중이 확대된다. 즉 경제가 발전함에 따라 소비구조가 서비스 소비 중심

| Box 2-3 | 경제의 서비스화 |

경제의 서비스화란 일반적으로 서비스산업*의 생산증가 및 자본·지식집약화, 제조업 내 서비스 업무의 외주화 (outsourcing) 등으로 인해 생산·소비·고용 등 국민경제에서 차지하는 서비스산업의 비중이 높아지는 현상을 말한다.

* 서비스산업은 분석의 목적에 따라 (ⅰ) 지식기반 서비스업과 기타 서비스업으로 구분하거나, (ⅱ) 기업수요의존형 서비스업과 최종수요의존형 서비스업 등으로 구분할 수 있다.

(ⅰ) 지식기반 서비스업과 기타 서비스업 구분

지식기반 서비스업은 인간의 창의성에 기반을 둔 지식을 주된 생산요소로 활용하는 지식기반산업 중 다음과 같은 5개 서비스업 부문이 해당된다: ① 정보통신 서비스(우편, 전신·전화, 부가통신, 방송), ② 금융보험 서비스(통화·비통화 금융기관, 생명·손해보험, 금융 및 보험관련 서비스), ③ 정보처리 및 컴퓨터관련 서비스(건축 및 토목공학 서비스, 기타 공학관련 서비스, 컴퓨터관련 서비스, 광고, 여론조사 및 뉴스공급), ④ 교육·연구·의료 서비스(교육기관, 연구기관, 기업 내 연구개발, 의료 및 보건), ⑤ 기타 서비스업[부동산관련 서비스(감정 등), 법무 및 회계 서비스, 농림어업 서비스, 문화 서비스, 영화, 연극, 음악 및 기타 예술, 산업 및 전문단체, 기타 사업 서비스].

기타 서비스업은 위의 지식기반 서비스업 이외의 서비스업 부문으로 도소매, 음식점·숙박, 운송·보관, 공공 행정·국방 등 주로 노동집약적 서비스업이 해당된다.

(ⅱ) 기업수요의존형 서비스업과 최종수요의존형 서비스업 구분

기업수요의존형 서비스업이란 서비스 수요대상이 기업인 서비스업 부문을 의미하며, 여기에는 ① 유통 서비스업(도·소매, 운수·보관)과 ② 생산자 서비스[통신 및 방송, 금융보험(생명보험 제외), 부동산 및 사업서비스(주택소유 제외), 교육 및 연구(연구기관, 기업 내 연구개발)]이 포함된다.

최종수요의존형 서비스업이란 서비스 수요대상이 일반소비자인 서비스업 부문을 의미하며 여기에는 ① 사회 서비스업[교육 및 보건(연구기관, 기업내 연구개발 제외), 공공 행정 및 국방]과 ② 개인 서비스업(사회 및 기타 서비스, 음식·숙박, 생명보험, 주택소유)이 포함된다.

자료 : 한국은행, 「우리 경제의 서비스화 현황과 특징」(1999.10)

으로 변화한다. 주요 선진국들은 이미 이러한 단계에 진입했는데, 이는 이들 국가의 서비스 중심의 산업구조를 통해서 확인할 수 있다.

또한 최근 IT기술 발전을 기반으로 한 정보화가 크게 진전되면서 대부분의 국가에서 관련 서비스업 자체 비중이 확대되었으며, 나아가 이러한 정보화 진전은 제조업의 질적 측면에서의 발전(제품의 고급화, 고부가가치화 등)을 촉진시키고 있다. 또한 제조업 등 모든 생산 과정에서 물질적 투입물뿐만 아니라 지식과 정보를 크게 요구하는 비물질적 투입물(연구개발, 디자인, 마케팅, 광고 등)의 투입이 확대되고 있다. 이에 따라 제조업 등 비서비스업과 서비스업의 상호보완적 관계는 더욱 강화되는 등 경제의 서비스화가 더욱 진전되고 있다. 서비스는 최종소비재로서의 서비스와 중간투입물로서의 서비스(기술, 디자인, 광고 등)로 구분하여 살펴볼 필요가 있는데(후자와 같은 유형의 서비스업을 생산자 서비스업이라 칭함), 경제의 서비스화란 경제에서 서비스업 비중의 확대를 의미할 뿐만 아니라 1차산업과 제조업, 여타 서비스업 생산 과정에 투입되는 중간투입물로서의 서비스업의 역할이 확대되는 것까지를 포함한다 하겠다(이갑수 등, 1992).

7.2 생산자 서비스의 발전

특히 제품의 고급화 내지 고부가가치화 과정에서 지식기반의 **생산자 서비스**(producer service)에 대한 수요가 확대된다. 아래에서는 생산자 서비스에 대해 보다 자세히 살펴본다. 생산자 서비스는 제조업 등 생산물이나 서비스의 생산을 하는 과정에 투입되는 중간재로서의 서비스를 의미한다. 여기에는 연구개발, 금융·보험, 물류, 경영 및 엔지니어링 자문, 법률 서비스, 회계, 정보·통신, 전시, 마케팅, 엔지니어링 및 제품유지관리(product maintenance), 훈련, 부동산 등을 포함된다. 생산자 서비스의 급속한 발전은 서비스 외주화에 따른 것으로 이는 예전에 비해 보다 많은 기업들이 생산 과정에 필요한 중간재 서비스를 자체적으로 생산하지 않고 외부시장에서 조달하고 있다는 것을 의미한다. 생산 과정에 필요한 중간재 서비스를 기업 내부적으로 생산하는 것까지 생산자 서비스에 범주에 포함시키는 일부 연구가 있기는 하나 일반적으로 생산자 서비스라 함은 기업의 외주화된 서비스를 의미한다. 생산자 서비스의 특징 중 하나는 정보기술과 고급화된 경영수단을 널리활용하고 있다는 것이다. 그러한 이유로 여러 학자들은 생산자 서비스를 **지식집약적 사업서비스**(Knowledge Intensive Business Services, KIBS)라 일컫기도 한다. 1970년대 이후 선진국들은 GDP에서 서비스 비중이 급속히 확대되는 '서비스 혁명(service revolution)'을 경험했는데, 이러한 변화는 서비스 중심으로의 소비구조 변화, 제조업과 서비스업의 생산성증가율 차이와 같은 요인 이외에 생산자 서비스업의 발전에도 기인한 것으로 보인다. 특히 Guerrieri와 Meliciani(2005)와 같은 최근 연구들은 생산자 서비스업의 발전이 서비스업 성장의 주요 요인이라고 주장한다. 1970년대 중반부터 1990년대까지 OECD 국가들의자료를 대상으로 한 Guerrieri와 Meliciani(2005)의 연구에 따르면 생산자 서비스의 한 분야인 금융·통신·사업 서비스(financial, telecommunications, business services, FCB)의 경우 최종재로서는 연 1.0% 성장한 반면, 중간재로서는 연 5.12% 성장한 것으로 나타났다.

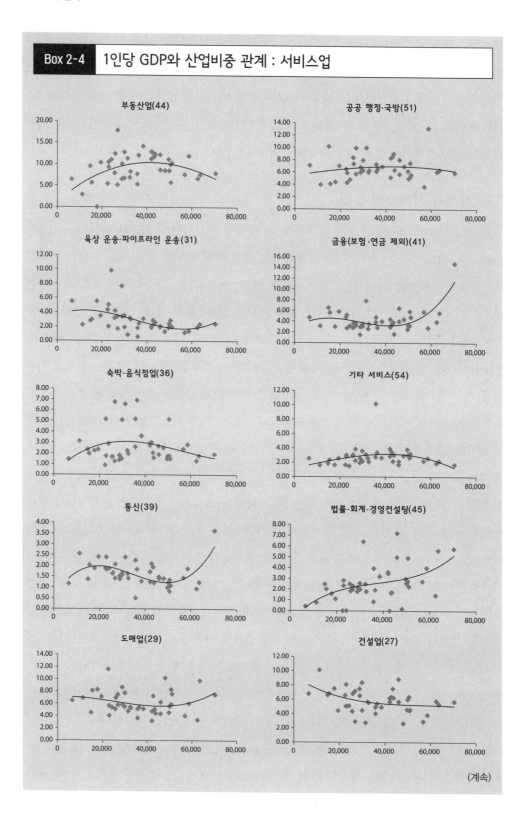

Box 2-4   1인당 GDP와 산업비중 관계 : 서비스업

(계속)

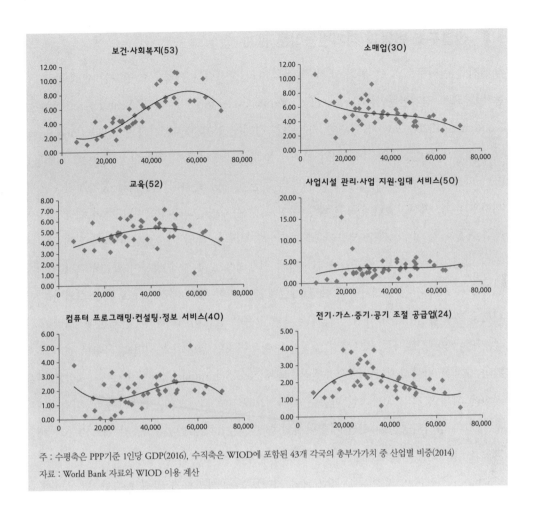

주 : 수평축은 PPP기준 1인당 GDP(2016), 수직축은 WIOD에 포함된 43개 각국의 총부가가치 중 산업별 비중(2014)

자료 : World Bank 자료와 WIOD 이용 계산

UNCTAD 보고서에 따르면, 생산자 서비스업의 발전은 경제의 여타 부문 특히 제조업의 발전에 긍정적인 영향을 미치는 것으로 알려져 있다.[17]

　　Riddle(1986)은 서비스 혁명이 산업혁명(Industrial revolution)의 견인차 역할을 했다고 주장한다. 예를 들면 전문적인 연구활동 출현, 교육 시스템의 발전, 교통망, 금융혁신의 출현 등이 산업혁명의 견고한 토대가 되었다는 것이다. 그에 따르면 경제에서 서비스업의 비중 확대는 경제발전의 결과이기보다는 경제성장의 중요한 한 요인이다. 특히 그는 생산자 서비스의 역할을 강조했다.

---

17 Xiaojing Zhang(2009), "Producer Service and the Added Value of Manufacturing Industries, An Empirical Research Based on Various Industries of Different Countries," *International Journal of Economics and Finance*, 1(2).

🔳 산업구조 변동과 경기변동이론 관계

세계적인 산업구조의 큰 변화 내지 특정 국가의 장기적인 산업구조 변화를 설명할 수 있는 이론으로 **경기변동이론**(theory of economic cycle)을 들 수 있다. Schumpeter(1939)는 Kondratiev(1926, 1935)가 발견한 자본주의 경제에 있어서의 장기적 구조파동(long wave)을 기업가의 혁신, 기술진보에서의 변동을 통해서 규명하고자 했다(이갑수, 1992 재인용). 그에 따르면 특정분야에 있어서 한 기업의 혁신이 해당 분야의 생산력을 증가시키는 기폭제가 되는데, 혁신기업의 성공은 해당 분야로 많은 기업들의 진입을 유도하여 해당 분야에 대규모 투자가 이루어지고 생산이 크게 증가하게 된다. 해당 기술혁신이 점차 경제 전반에 걸쳐 파급되면 해당 분야뿐만 아니라 경제 전체적으로 투자와 생산이 확대되면서 경기가 호황을 맞으나 시간이 지나면서 해당 기술혁신에 의한 투자 메리트가 모두 소진되면 다른 새로운 기술혁신이 등장하기 전까지 투자와 고용은 감소하여 경기는 침체된다. 그러나 다른 기업에 의해 또 다른 새로운 기술혁신이 이루어지면 앞에서 논의한 방식대로 경기가 호황과 침체를 반복하게 된다. 신슘페터주의자(Neo-Schumpeterian)에 따르면 그러한 기술혁신에 의해 경기의 장기적인 파동이 역사적으로 반복되었으며, 18세기 중엽 산업혁명이후 경기의 장기파동을 야기한 기술혁신의 대진전은 4차례 있었는데, 각 경기파동과 해당 파동을 야기했던 기술혁신들은 〈표 2-6〉과 같다는 것이다.

　Schumpeter(1939)의 이론은 장기적인 경기변동을 설명하기 위해 등장했지만, 혁신 내지 기술진보 과정에서 경기의 장기변동뿐만 아니라 산업의 장기적인 구조변화를 야기할 수 있다는 것을 보여주고 있다. 즉 〈표 2-6〉에서 제시되었듯이 경기의 장기적 파동은 해

표 2-6 ─○　Kondratiev의 장기주기와 Schumpeter의 기술혁신

경기파동 주기	기술혁신 분야
1780~1850	방적, 증기기관
1860~1890	철강, 철도, 내연기관
1890~1950	전기, 화학, 자동차, 나일론
1950~2000	컴퓨터, 정밀전자, 정밀화학
2000~?	해양, 우주, 생명공학, 에너지

자료 : 이갑수(1992) 〈표 5-1〉 재인용

당 기간에 등장한 특정분야에서의 기술혁신에 의해서 주도되었는데, 그 파동과정에서 해당 분야를 중심으로 생산과 고용이 확대되어 경제 전체적인 생산과 고용에 있어서 해당 분야의 비중이 확대되는 방향으로 산업구조가 변화했다고 할 수 있다. Schumpeter(1939)의 이론을 산업구조 변동이론 측면에서 보면 산업구조의 주요한 변동요인을 기술 내지 기술혁신에서 찾고 있다고 할 수 있다. Schumpeter의 이론을 산업구조 변동이론 측면에서 보면 어떤 한 국가의 산업구조는 신산업군과 구산업군 간의 구성이라 할 수 있으며, 그 국가의 경제성장은 그 국가의 산업구조가 어떤 산업군에 의해 주도되고 있느냐에 달려 있다고 할 수 있다. 이러한 맥락에서 보면 한 국가의 경제가 성장하는 과정에서 그 국가의 산업구조가 변동하기도 하지만, 또 한편으로는 산업구조의 변화가 경제성장에 영향을 미칠 수 있다. 이러한 점에서 한 국가의 경제성장과 산업구조 변화는 상호의존적이라 할 수 있다.

9 산업구조와 경제성장 관계[18]

Syrquin(2007)은 구조변화를 총지표(총생산, 총인구, 총부가가치 등)의 장기적인 구성의 변화로 정의한다. 그러한 변화는 농업에서 제조업, 底기술산업에서 高기술산업, 底자본집약적산업에서 高자본집약적산업, 底인적자본산업에서 高인적자본산업, 식료품 등 기초생필품 중심 소비산업에서 다양한 상품과 서비스를 포함한 광범위한 소비산업, 인구의 농촌중심에서 도시중심으로의 변화 등을 포함한다.[19]

한편 Ocampo(2005), Ocampo와 Vos(2008), UNDESA(2006)는 어떤 경제가 높은 생산성과 규모의 수확체증(increasing returns to scale)으로 특징되는 새로운 동태적 활동을 지속적으로 발생 시킬 수 있는 능력을 구조변화로 정의하였다. 그러한 의미에서 경제성장과 구조변화는 긴밀한 관계에 있다. 쿠즈네츠(1966)에 따르면 구조변화 없이 지속적인 경제성장은 발생할 수 없다. 즉 산업구조 변화가 너무 느리거나 변화방향이 비효율적이게 되면 산업구조가 경제성장을 지연시킬 수도 있다. 반면 산업구조 변화로 자원배분의 효율성이 향상된다면 산업구조는 경제성장에 기여할 수 있다(Syrquin, 2007). Kuznets(1966) 이외에도 Rostow(1971), Chenery와 Syrquin(1975) 역시 경제성장은 경제구조 변화에 의해 가

---

18 M. R. Singariya(2014), "Links between Structural Changes and Economic Growth in India" *Growth* Vol.1, No.1, pp.1-9. 참조.

19 Alcorta, L., N. Haraguchi, G. Rezonja(2013), "Industrial Structural Change, Growth Patterns, and Industrial Policy," 참조

능하다고 주장하며, 경제구조(또는 산업구조)는 경제발전과정에 있어서 중요하다고 강조했다. 이러한 점에서 이들의 주장은 경제가 발전함에 따라 경제구조가 1차에서 2차, 2차에서 3차로 변화한다는 클라크(1940)의 주장과 인과관계에 있어서 상당한 차이가 있다. 클라크와 이들의 논의를 모두 수용한다면, 경제구조와 경제성장은 쌍방향으로 영향을 미칠 수 있음을 알 수 있다.

Kuznets(1971)는 경제구조 변화의 주요 요인을 수요의 소득탄력성에 있어서의 산업별 차이로 보았다. 그러나 그는 기술변화와 제도변화 같은 다른 요인 역시 경제구조 변화를 가속화시키는 또 다른 요인들로 인식했다. 한편 Kaldor(1966)는 주로 공급측면을 강조하면서 제조업을 성장의 핵심 동력으로 고려했다. 그는 규모의 수확체감을 보이는 농업은 생산과 소득수준을 지속적으로 증가시킬 수 없고, 서비스업의 성장도 제조업 확대와 소득수준 증가에 의해서만 가능하다고 생각했다. 이 같은 맥락에서 그는 생산확대에 있어 그러한 제한이 없는 제조업이 지속적인 경제성장의 핵심적인 요인이라고 판단했다.

Victor(1968)는 미국에서 서비스업의 주요 산업으로의 부상을 연구하는 과정에서 산업 간 수요의 소득탄력성에 큰 차이가 없다는 것을 발견했다. 그의 연구에 따르면, 수요의 소득탄력성은 서비스업에 있어서 1.07, 제품에 있어서 0.93으로 별 차이가 없었으며, 비식품 제품에 있어서도 수요의 소득탄력성이 서비스업과 거의 같았다. 이러한 분석 결과에 의하면, 미국에 있어서 서비스업의 주요산업으로의 부상을 수요의 소득탄력성을 가지고 설명할 수 없게 된다. 이는 경제발전 패턴변화가 여전히 지속되고 있는 상황에서 경제발전 과정을 이해하기 위해서는 기술변화와 제도변화와 같은 구조적 차이에 대한 검토가 여전히 유효하다는 것을 보여준다.

Ⅲ   산업구조와 국제무역구조 관계[20]

국제무역이 산업구조, 특히 부문 간 고용비중에 미치는 영향에 관한 이론적 논의는 전통적인 헥셔-오린 정리와 스톨퍼-사무엘슨 정리로부터 출발한다. 이 이론에 따르면, 비숙련노동이 상대적으로 풍부한 국가와 교역을 시작하는 국가에서는 교역이 비숙련노동을 집약적으

---

20   최용재(2009), "국제무역이 산업구조에 미치는 효과 분석," 국제통상연구, 14권 1호, pp.1-24. 참조(내용 중 일부를 요약).

로 사용하는 재화의 상대가격을 하락시켜 비숙련노동자의 상대임금을 하락시킨다. 이 경우 비숙련노동을 집약적으로 사용하는 부문의 생산은 감소하고 노동은 숙련노동을 집약적으로 사용하는 다른 부문으로 이동하거나 서비스업과 같은 비교역재 부문으로 이동한다.

한편, 비숙련노동을 집약적으로 사용하는 생산을 개도국으로부터 외주화(out-sourcing)하는 것은 탈공업화의 다른경로를 제공한다. 즉 이 경우에는 재화의 상대가격 변화 없이 생산요소의 이동을 통하여 비숙련노동을 집약적으로 사용하여 생산하는 부문의 고용과 생산은 줄게 되고 잉여 노동은 구조적 실업에 직면하거나 비교역재 부문으로 이동하게 된다.

Saeger(1997)는 OECD 21개국을 대상으로 실증분석을 통해 제조업 고용비중 감소로 정의된 탈공업화가 제조업과 서비스업 간의 생산성 격차, 비OECD국들과의 교역에 의해 각각 40%, 25~30%가 설명된다는 점을 보였다. Sachs와 Shatz(1994)는 1978년과 1990년 사이 미국의 131개 제조업과 150개 교역국을 대상으로 분석한 결과, 개도국과의 교역 증가는 미국 제조업의 고용, 특히 비숙련 노동자의 비중을 감소시킨다는 점을 밝혔다.

한편, Boulhol과 Fontagne(2006), Rowthorn과 Coutts(2004), Rowthron과 Ramaswamy(1997) 등의 OECD 국가를 대상으로 한 실증분석 결과에 따르면, 개도국으로부터의 수입증가는 OECD 국가에서 제조업의 고용 또는 실질부가가치의 비중을 유의하게 감소시키는 것으로 나타났으나, 서비스업에 비해 빠른 제조업의 생산성 증가, 1인당 국민소득의 변화가 교역의 증가에 비해 제조업의 고용비중 감소에 더 큰 영향을 미치는 것으로 나타났다. 그러나 Lawrence(1983), Krugman과 Lawrence(1994)는 국제무역이 제조업의 고용비중에 미치는 영향은 없으며, 만약 있다고 할지라도 무시할 정도로 미미하다고 강조하고 있다.

03 세계 생산 및 부가가치 구조

1 세계의 생산과 부가가치에서 산업별 비중

세계투입산출표(World Input Output Database, WIOD)는 세계 주요국(43개국)의 산업별 생산과 부가가치 자료(56개 산업)를 국제표준산업분류(2-digit ISIC Revision 4,) 기준에 따라 제공하고 있다. WIOD의 생산액 자료를 이용하여 3부문 산업분류 기준으로 세계 산업을 분류하면, 서비스업 비중이 60%대로 압도적으로 높게 유지되고 있다. 생산액이 아닌 부가가치액을 기준으로 하면 그 비중은 70%대로 더 높아진다(〈표 3-1〉 참조). 다음으로 높은 비중을 차지하는 산업은 제조업으로 생산액 기준으로 약 30%대이지만, 부가가치액 기준으로는 10%대 중반 정도를 유지하고 있다. 제조업의 비중이 생산액에 있어서보다 부가가치액에 있어서 크게 낮은 것은 전반적으로 서비스업에 비해 제조업의 부가가치 창출 정도가 더 낮다는 것을 보여준다. 생산과 부가가치에 있어서 제조업 비중은 각 국가의 경제발전수준에 따라 차이를 보인다. 한 국가의 경제에서 제조업 비중은 미국, 일본, EU 등 선진국보다는 중국, 인도 등 개발도상국들에 있어서 더 높다(2014년 생산액 기준 인도의 제조업 비중은 36.4%, 중국은 50.0%). 반면 서비스업의 비중은 개발도상국보다는 선진국에 있어서 더 높다(2014년 생산액 기준 미국의 서비스업 비중은 76.2%, 영국은 82.2%, 일본은 66.9%). 이는 클라크의 산업구조 이행설과 부합되는 것이라 할 수 있다.

ISIC(Revision 4) 두 자리 생산액 기준으로 세계에서 가장 비중이 높은 산업은 건설(WOID 기준 27), 공공 행정 및 국방(51), 부동산(44), 도매업(29), 식품·음료·담배(5), 보

표 3-1 ──○ 세계의 산업구조 변화(대분류 기준)

	생산			부가가치		
	2000	2007	2014	2000	2007	2014
농수산물	3.1	3.0	3.5	3.5	3.6	4.5
광업	1.8	2.9	3.7	2.3	3.7	4.5
제조업	29.2	29.5	30.9	18.4	16.9	16.7
서비스업	65.9	64.7	61.9	75.9	75.8	74.3

주 : 서비스업에 55(가구 내 고용활동 등), 56(국제 및 외국기관) 포함
자료 : World Input-Output Table DB 이용 계산

건 및 사회복지(53) 순이다(〈그림 3-1〉 참조). 부가가치 기준으로는 부동산(44), 공공 행정 및 국방(51), 도매업(29), 건설(27), 보건 및 사회복지(53), 광업 및 채석업(4) 순이다. 순위에 있어서는 생산과 부가가치에 있어서 차이가 있으나, 상위 5대 산업의 구성에는 변화가 없다. 즉 상기 언급된 산업이 세계의 주요 산업이라 할 수 있다. 그리고 이러한 순위는 2000년 이후 2014년까지 거의 변화가 없다. 다만 세계 주요 생산 중 비중이 빠르게 확대되고 있는 산업이 있는데, 바로 광업 및 채석업(4)이다. 이 산업의 2000년 세계 생산과 부가가치 비중은 약 2% 정도에 불과했으나, 이후 지속적으로 높아져 2014년에는 약 4%로 높아졌다. 세계 산업구조에서 발견되는 특징 중 하나는 세계 생산 및 부가가치가 상위 5대 산업에 집중되어 있다는 점이다. 전체 56개 산업(WIOD 기준) 중 이들 상위 5대 산업의 생산액 기준 비중은 2000년 28.3%, 2014년 27.5%에 달했다.

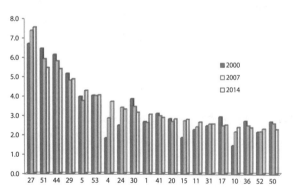
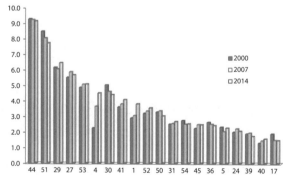

주 : 각 산업의 산업코드별 산업명과 구체적인 비중은 〈표 3-2〉와 〈표 3-3〉 참조

그림 3-1 ▷ 세계 주요산업의 산업구조 변화(중분류) : 생산 비중(좌), 부가가치 비중(우)

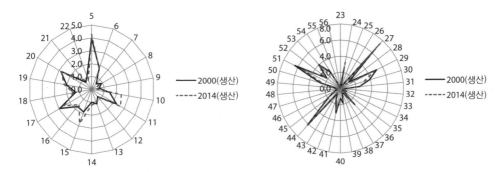

주 : 산업코드별 산업명은 〈부표 2-2〉 참조
자료 : WIOD 이용 계산

그림 3-2 세계의 산업구조 변화(생산 기준) : 제조업(좌), 서비스업(우)

물론 위에서 언급한 상위 5대 산업들이 전체적으로 세계의 주요 산업이기는 하나, 그렇다고 모든 국가에서 이들 산업이 주요 산업인 것은 아니다(각국의 산업구조에 대해서는 후술). 즉 세계의 산업구조는 세계경제에서 큰 비중을 차지하고 있는 미국과 중국의 산업구조를 많이 반영하고 있는 것이다. 즉 2014년 기준으로 미국과 중국은 세계 생산의 38.9%(중국 19.7%, 미국 19.2%), 부가가치액의 37.4%(미국 23.5%, 중국 13.9%)를 차지하고 있어, 세계의 산업구조는 미국과 중국의 산업구조를 크게 반영하고 있다(〈표 3-4〉 참조).

생산과 부가가치에 있어 세계 주요 산업 중 하나인 건설업(27)은 중국과 미국이 주도하고 있는데, 특히 중국이 2014년 세계 건설업의 25%(생산액 기준)를 차지하여 가장 높은 비중을 차지했다(미국은 9.9%). 공공 행정 및 국방(51)에 있어서도 미국, 중국 그리고 일본이 주요국이었다(〈표 3-5〉 참조). 특히 이 분야에 있어서는 미국의 비중이 2014년 39.3%(생

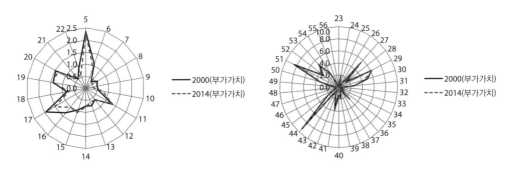

주 : 산업코드별 산업명은 〈부표 2-2〉 참조

그림 3-3 세계의 산업구조 변화(부가가치 기준) : 제조업(좌), 서비스업(우)

산액 기준)로 압도적으로 높았으며, 다음으로 중국 8.7%, 일본 6.3% 순이었다. 부동산업 (44)에서는 미국(32.1%), 중국(8.1%), 일본(7.6%), 독일(5.9%) 순이었으며, 도매업(29)에 있

표 3-2 ──○ 세계의 산업구조 변화(중분류) : 1차 및 2차산업

		생산			부가가치		
		2000	2007	2014	2000	2007	2014
농림어업	1. 농업	2.7	2.6	3.1	2.9	3.1	3.8
	2. 임업	0.3	0.2	0.2	0.3	0.3	0.3
	3. 어업	0.2	0.2	0.3	0.2	0.2	0.4
광업	4. 광업	1.8	2.9	3.7	2.3	3.7	4.5
제조업	5. 식료품, 음료, 담배	4.0	3.7	4.3	2.4	2.1	2.3
	6. 섬유제품, 의복, 가죽 · 가방 · 신발	1.8	1.5	1.7	1.1	0.8	0.9
	7. 목재제품	0.6	0.6	0.6	0.4	0.3	0.4
	8. 종이 및 종이제품	0.9	0.7	0.6	0.6	0.4	0.4
	9. 인쇄 및 기록매체 복제업	0.6	0.4	0.3	0.5	0.4	0.3
	10. 코크스, 연탄 및 석유정제품	1.5	2.2	2.4	0.6	0.8	0.7
	11. 화학물질 및 화학제품	2.3	2.4	2.6	1.4	1.3	1.3
	12. 의료용 물질 및 의약품	0.7	0.8	0.8	0.6	0.6	0.6
	13. 고무 및 플라스틱제품	1.2	1.1	1.1	0.8	0.6	0.6
	14. 비금속광물제품	1.0	1.1	1.2	0.7	0.7	0.8
	15. 1차금속제품	1.9	2.7	2.8	0.9	1.2	1.1
	16. 금속가공제품	1.7	1.7	1.5	1.3	1.2	1.0
	17. 컴퓨터, 전자 · 광학제품	2.9	2.5	2.5	1.9	1.5	1.5
	18. 전기장비	1.3	1.2	1.5	0.8	0.7	0.7
	19. 기타 기계 및 장비	2.0	2.2	2.2	1.4	1.4	1.4
	20. 자동차 및 트레일러	2.8	2.7	2.8	1.5	1.3	1.4
	21. 기타 운송장비	0.7	0.8	0.9	0.5	0.5	0.6
	22. 가구, 기타 제품	1.1	0.9	0.8	0.9	0.7	0.6
	23. 산업용 기계 및 장비 수리업	0.3	0.3	0.2	0.2	0.2	0.2

주 : World Input-Output Table DB 이용 계산

어서도 미국(20.2%), 중국(17.7%), 일본(6.0%) 순이었다. 식품·음료·담배업(5)에 있어서는 중국이 26.3%로 가장 높았고, 이어 미국이 14.1%로 뒤를 이었다. 이 산업뿐만 아니라 건설업에 있어서 중국의 높은 비중은 세계 인구에서 중국의 높은 비중을 반영하고 있다. 보건 및 사회복지(53)에 있어서는 미국의 비중이 32.1%로 압도적으로 높았으며, 이어 중국(8.4%), 일본(7.8%), 독일(5.9%) 순이었다.

세계 생산 및 부가가치 산업별 및 국가별의 비중을 볼 때 세계경제는 상위 주요 국가(미국과 중국 중심)와 주요 산업(서비스업 중심)에 의해서 주도되고 있음을 알 수 있다. 또한 전체적으로 세계의 산업구조는 장기적으로 큰 변화가 없으나, 제조업과 서비스업 중에서 상대적으로 비중이 더 높아지고 더 낮아지는 모습을 발견할 수 있다.

제조업에 있어서 2014년 생산 기준으로 세계의 주요 산업은 식품·음료·담배(5), 자동차 및 트레일러(20), 1차금속제품(15), 화학물질 및 화학제품(11), 컴퓨터·전자·광학제품(17), 코크스, 연탄 및 석유정제품(10) 순이며, 부가가치 기준으로는 식품·음료·담배(5), 컴퓨터·전자·광학제품(17), 자동차 및 트레일러(20), 기계·설비(19), 화학물질 및 화학제품(11) 순이다(〈표 3-2〉 참조). 2000~2014년 사이 주요 제조업 중 생산과 부가가치 비중이 확대된 산업은 1차금속제품(15)과 코크스, 연탄 및 석유정제품(10)이었다. 한편 서비스업에 있어서 2014년 생산 기준으로 세계의 주요 산업은 건설업(27), 공공 행정 및 국방(51), 부동산업(44), 도매업(29), 보건 및 사회복지(53), 부가가치 기준으로는 부동산업(44), 공공 행정 및 국방(51), 도매업(29), 건설업(27), 보건 및 사회복지(53) 순이다(〈표 3-3〉 참조). 2000~2014년 기간 생산과 부가가치 비중이 증가한 산업은 건설업(27)이었는데, 이는

표 3-3 ─○ 세계의 산업구조 변화(중분류) : 3차산업

		생산			부가가치		
		2000	2007	2014	2000	2007	2014
서비스업	24. 전기, 가스, 증기 및 공기 조절 공급업	2.5	3.4	3.3	2.0	2.3	2.1
	25. 수도업	0.2	0.3	0.2	0.2	0.3	0.3
	26. 하수, 폐수 및 분뇨 처리업	0.4	0.4	0.3	0.3	0.4	0.3
	27. 건설업	6.7	7.4	7.5	5.5	5.9	5.7
	28. 자동차 판매 및 수리업	1.3	1.1	0.9	1.5	1.3	1.1

(계속)

		생산			부가가치		
		2000	2007	2014	2000	2007	2014
서비스업	29. 도매업(자동차 제외)	5.1	4.8	4.9	6.2	6.1	6.5
	30. 소매업(자동차 제외)	3.8	3.4	3.1	5.0	4.6	4.4
	31. 육상 운송 및 파이프라인 운송업	2.5	2.6	2.6	2.5	2.6	2.7
	32. 수상 운송업	0.4	0.5	0.4	0.3	0.4	0.3
	33. 항공 운송업	0.6	0.5	0.5	0.4	0.4	0.3
	34. 창고 및 운송관련 서비스	0.9	1.1	1.0	0.8	1.0	1.0
	35. 우편, 배달업	0.3	0.3	0.2	0.4	0.3	0.3
	36. 숙박, 음식점 및 주점업	2.7	2.5	2.4	2.7	2.5	2.5
	37. 출판업	0.8	0.6	0.4	0.7	0.6	0.5
	38. 영상·오디오 기록물 제작 및 배급업	0.7	0.5	0.4	0.6	0.6	0.5
	39. 통신업	1.9	1.7	1.5	1.9	2.0	1.8
	40. 컴퓨터 프로그래밍, 시스템 통합 및 관리업, 정보 서비스	1.3	1.2	1.3	1.3	1.5	1.6
	41. 금융업(보험 및 연금 제외)	3.1	3.0	2.9	3.6	3.8	4.1
	42. 보험 및 연금업	1.6	1.6	1.3	1.6	1.5	1.3
	43. 금융 및 보험관련 서비스	0.8	0.8	0.5	0.7	0.7	0.6
	44. 부동산업	6.1	5.8	5.4	9.3	9.2	9.1
	45. 법률·회계·경영자문	1.9	2.2	2.2	2.3	2.5	2.5
	46. 건축기술, 엔지니어링 및 기타 기술과학 서비스	0.8	0.9	0.7	1.0	1.0	0.9
	47. 과학 연구개발	0.5	0.5	0.5	0.6	0.5	0.6
	48. 광고 및 시장 조사업	0.6	0.5	0.3	0.5	0.4	0.3
	49. 기타 전문, 과학 및 기술 서비스	0.7	0.6	0.7	0.9	0.8	0.9
	50. 사업시설 관리, 사업 지원 및 임대 서비스	2.7	2.6	2.3	3.3	3.4	3.1
	51. 공공 행정, 국방 및 사회보장 행정	6.4	5.9	5.4	8.5	8.0	7.7
	52. 교육 서비스	2.2	2.2	2.3	3.2	3.4	3.6
	53. 보건업 및 사회복지 서비스업	4.0	4.0	4.0	4.9	5.1	5.1
	54. 기타 서비스업	2.4	2.1	2.1	2.8	2.5	2.6
	55. 가구 내 고용활동 등*	0.2	0.2	0.1	0.2	0.2	0.2
	56. 국제 및 외국기관	0.0	0.0	0.0	0.0	0.0	0.0

주 : *가구 내 고용활동 및 달리 분류되지 않은 자가 소비 생산활동
자료 : World Input-Output Table DB 이용 계산

해당 기간 중국 경제의 고도성장 과정에서 중국의 건설부문이 매우 빠르게 성장한 데 기인한다.

☑ 세계의 생산과 부가가치에서 국가별 비중

세계의 생산과 부가가치에서 국가별 비중을 살펴보면, 여전히 미국이 세계경제에서 중심적인 역할을 하고 있음을 확인할 수 있다. 생산액 기준으로 미국의 비중은 2000년 29.8%에 달했으나, 2014년에는 19.2%로 하락했다. 부가가치액을 기준으로 할 때도 미국의 비중은 32.5%에서 23.5%로 하락했으나, 미국은 여전히 세계 부가가치액의 약 1/4을 창출하고 있다(〈표 3-4〉 참조).

 중국은 2001년 WTO에 가입하면서 세계경제에 빠르게 편입되었다. WTO 가입 후 중국에 대한 외국인투자가 급속도로 확대되었고, 중국은 세계의 공장으로서 역할을 하기 시작했다. WTO 가입 직전인 2000년 세계 생산에서 중국의 비중은 5.2%에 불과했으나, 이후 외국인직접투자 확대 등에 힘입어 그 비중이 빠르게 확대되었는데, 2014년에는 무려 19.7%로 급상승했다. 세계 생산에서 중국의 비중이 급속도로 확대되면서 부가가치 비중 역시 3.8%에서 13.9%로 상승했다. 그러나 중국이 세계 생산에서 차지하는 비중에 비해 부가가치에서 차지하는 비중이 약 6%포인트 낮은데, 이는 생산이 빠르게 확대되는 과정에서 부가가치 창출도 증가되었으나 부가가치 창출이 생산증가 속도에 정확히 비례해서 증가하지는 못했다는 것을 의미하는 것으로, 중국의 생산단위당 부가가치 창출능력이 미국 등 선진국에 비해 여전히 낮다는 것을 보여준다. 이는 미국과 비교할 때, 중국에 있어서 부가

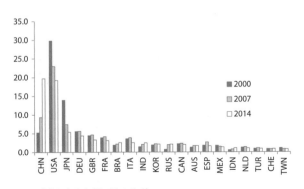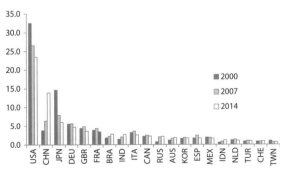

주 : 국가기호별 국가명은 〈부표 4〉 참조
자료 : World Input-Output Table DB 이용 계산

그림 3-4 ▶ 세계 산업의 국가별 구조 변화(좌측 : 생산액, 우측 : 부가가치 기준)

표 3-4 ─○ 세계 산업의 국가별 구조(비중) 변화

국가	생산			국가	부가가치		
	2000	2007	2014		2000	2007	2014
CHN	5.2	9.4	19.7	USA	32.5	26.6	23.5
USA	29.8	23.0	19.2	ROW	9.4	11.6	14.5
ROW	10.1	12.7	15.9	CHN	3.8	6.4	13.9
JPN	14.0	7.5	5.4	JPN	14.7	7.9	6.0
DEU	5.6	5.6	4.4	DEU	5.6	5.7	4.7
GBR	4.4	4.7	3.3	GBR	4.4	4.9	3.6
FRA	3.9	4.2	3.1	FRA	3.9	4.4	3.4
BRA	1.8	2.2	2.5	BRA	1.8	2.2	2.8
ITA	3.6	3.9	2.5	IND	1.4	2.1	2.7
IND	1.4	2.1	2.5	ITA	3.2	3.6	2.6
KOR	1.9	2.2	2.1	CAN	2.2	2.5	2.3
RUS	0.7	2.0	2.1	RUS	0.7	2.0	2.2
CAN	2.2	2.3	2.0	AUS	1.2	1.7	1.8
AUS	1.3	1.7	1.7	KOR	1.6	1.9	1.7
ESP	1.8	2.7	1.6	ESP	1.7	2.4	1.7
MEX	1.8	1.5	1.3	MEX	1.9	1.8	1.7
IDN	0.6	0.8	1.1	IDN	0.6	0.8	1.2
NLD	1.2	1.4	1.0	NLD	1.2	1.4	1.1
TUR	0.9	1.1	0.9	TUR	0.8	1.1	1.0
CHE	0.8	0.8	0.9	CHE	0.8	0.8	0.9
TWN	1.1	0.8	0.8	TWN	1.0	0.7	0.7
BEL	0.8	0.9	0.7	SWE	0.7	0.8	0.7
POL	0.5	0.8	0.7	POL	0.5	0.7	0.7
SWE	0.8	0.8	0.6	BEL	0.7	0.8	0.6
NOR	0.4	0.6	0.5	NOR	0.5	0.7	0.6
AUT	0.5	0.6	0.5	AUT	0.6	0.6	0.5

(계속)

국가	생산			국가	부가가치		
	2000	2007	2014		2000	2007	2014
DNK	0.4	0.5	0.4	DNK	0.4	0.5	0.4
FIN	0.4	0.4	0.3	FIN	0.3	0.4	0.3
IRL	0.3	0.5	0.3	IRL	0.3	0.4	0.3
CZE	0.2	0.4	0.3	GRC	0.4	0.5	0.3
PRT	0.4	0.4	0.3	PRT	0.3	0.4	0.3
ROU	0.1	0.3	0.2	CZE	0.2	0.3	0.3
GRC	0.3	0.5	0.2	ROU	0.1	0.3	0.2
HUN	0.2	0.3	0.2	HUN	0.1	0.2	0.2
SVK	0.1	0.2	0.1	SVK	0.1	0.1	0.1
LUX	0.1	0.1	0.1	LUX	0.1	0.1	0.1
BGR	0.0	0.1	0.1	BGR	0.0	0.1	0.1
HRV	0.1	0.1	0.1	HRV	0.1	0.1	0.1
SVN	0.1	0.1	0.1	LTU	0.0	0.1	0.1
LTU	0.0	0.1	0.1	SVN	0.1	0.1	0.1
LVA	0.0	0.1	0.0	LVA	0.0	0.1	0.0
EST	0.0	0.0	0.0	EST	0.0	0.0	0.0
CYP	0.0	0.0	0.0	CYP	0.0	0.0	0.0
MLT	0.0	0.0	0.0	MLT	0.0	0.0	0.0

주 : 국가기호별 국가명은 〈부표 4〉 참조
자료 : World Input-Output Table DB 이용 계산

가치가 낮은 제조업들이 전체 산업에서 차지하는 비중이 상대적으로 높은 산업구조를 반영하고 있다고 할 수 있다.

세계 생산과 부가가치에서 국가별 비중을 살펴보면, 세계경제의 절반 이상이 상위 5대 국가에 의해 주도되고 있음을 확인할 수 있다. 세계경제에서 중국 경제가 본격적으로 부상되기 전인 2000년에 생산액 기준으로 상위 5대 국가(미국, 일본, 독일, 중국, 영국)의 비중은 59%에 달했고, 2014년에도 52.0%를 기록했다. 상위 5대 국가의 비중이 2000~2014년 기간에 다소 하락하기는 하였으나, 세계 생산에서 이들 국가의 역할이 절대적임을 확인할 수 있다.

다만 이들 5대 국가 내에서 각국의 위상에는 큰 변화가 있었다. 중국의 비중이 빠르게 확대되면서 상위 5대 국가 중 미국, 일본, 독일, 영국의 비중은 하락하였는데, 특히 미국과 일본의 비중 하락 폭이 컸다(〈표 3-4〉 참조). 이는 부가가치액을 기준으로 해도 마찬가지이다. 중국의 비중이 확대되면서 독일과 영국의 비중도 역시 축소되었으나, 그 하락 폭은 크지 않았던 반면 미국과 일본의 비중은 크게 하락한 바, 이는 생산지로서 그리고 부가가치 창출지역으로서 이전까지 미국과 일본이 가지고 있던 세계경제에서의 위상이 중국의 부상으로 크게 약화되었음을 보여준다. 그러나 여기서 한 가지 주의해야 할 것은 중국의 생산확대 과정에서 미국, 일본 등 주요 국가들의 중국에 대한 직접투자가 큰 역할을 하였다는 점이다. 즉 확대된 중국의 생산과 부가가치액의 상당 부분은 미국, 일본 등에 속하는 다국적기업들에 의한 것이었다. 이는 중국의 세계경제에서의 위상이 크게 확대된 것은 분명한 사실이나, 중국의 세계경제에서의 실질적인 영향력이 생산액과 부가가치액 비중과 동일하지는 않다는 것을 의미한다. 중국의 세계경제에서의 실제적인 위상을 제대로 평가하기 위해서는 세계 국가 간 생산분업관계를 살펴보아야 한다(이에 대해서는 후술). 한편 세계의 생산과 부가가치에서 차지하는 비중이 상위 5대 국가에 비해서는 아직까지 크게 낮으나 그 비중이 점차 확대되는 국가들이 있다. 바로 BRICs(브라질, 러시아, 인도, 중국) 국가 중 브라질, 러시아, 인도가 그러한 국가들이며, 이 외에도 한국과 인도네시아의 비중 역시 소폭 확대되었다.

앞에서 살펴보았듯이 세계 생산과 부가가치에서 미국과 중국의 비중이 절대적으로 높으나, 이들 국가의 세계경제에서의 비중은 산업별로 큰 차이를 보인다. 세계 생산과 부가가치에서 미국의 비중이 높은 산업은 주로 서비스업인 반면, 중국의 경우 제조업에서 높은 비중을 차지하고 있다. 세계 주요 산업의 국가별 비중을 중심으로 세계 산업에 있어서 각국의 위상을 살펴보면 다음과 같다(〈표 3-5〉 참조).

세계 주요 산업(2014년 생산액 기준) 중 미국의 비중이 20% 이상인 산업은 공공 행정 및 국방(51), 부동산업(44), 도매업(29), 보건 및 사회복지(53), 소매업(30), 코크스 및 정유업(10), 숙박, 음식점 및 주점업(36), 사업시설 관리·사업 지원·임대 서비스업(50)인데, 이 중 공공 행정 및 국방(51), 부동산업(44), 보건업 및 사회복지 서비스업(53)의 경우 그 비중이 무려 30% 이상이었다. 이들 산업 중 코크스 및 정유업(10)을 제외하고는 모두 서비스업에 속하는 산업들이다. 한편 세계 주요 산업 중 중국의 비중이 20% 이상인 산업은 건

표 3-5 세계 주요 산업(생산액 기준)의 국가별 비중 변화

(계속)

순위	산업	CHN 2000	CHN 2014	USA 2000	USA 2014	ROW 2000	ROW 2014	JPN 2000	JPN 2014	DEU 2000	DEU 2014	GBR 2000	GBR 2014	FRA 2000	FRA 2014	BRA 2000	BRA 2014	ITA 2000	ITA 2014	IND 2000	IND 2014	KOR 2000	KOR 2014
1	27	6.0	25.0	21.9	9.9	10.5	20.0	17.4	5.2	5.1	3.0	4.9	3.4	3.8	3.0	1.7	2.4	4.1	2.2	1.9	3.2	2.0	1.6
2	51	2.4	8.7	48.8	39.3	6.9	9.8	11.2	6.3	3.9	3.7	3.1	2.9	3.4	3.3	2.0	3.4	2.2	2.0	1.0	1.6	1.1	1.5
3	44	1.9	8.1	39.5	32.1	4.9	8.0	15.7	7.6	7.0	5.9	4.2	4.8	4.5	4.7	1.8	2.5	3.2	3.5	0.8	1.6	1.6	1.5
4	29	5.6	17.7	27.6	20.2	10.3	16.1	17.8	6.0	4.1	3.5	4.2	2.4	4.0	3.5	0.9	1.9	4.0	2.8	0.7	2.0	1.0	1.0
5	5	6.0	26.3	22.4	14.1	10.4	13.8	14.3	4.9	4.9	3.6	3.8	2.2	4.6	3.0	2.7	3.6	3.8	2.5	1.7	2.9	1.9	1.5
6	53	1.9	8.4	38.7	32.1	4.9	7.9	15.3	7.8	6.5	5.9	6.1	5.7	4.7	4.8	1.5	2.2	3.2	3.0	0.5	0.7	1.0	1.6
7	4	8.8	20.6	19.1	11.2	34.9	44.2	2.8	0.6	1.1	0.2	4.6	1.2	0.4	0.1	2.1	2.1	0.8	0.2	1.2	0.9	0.2	0.1
8	24	7.3	19.2	23.0	7.6	23.9	37.7	11.6	3.5	3.7	3.2	4.5	3.2	2.8	2.7	1.9	1.4	2.9	2.1	1.8	1.3	1.5	2.0
9	30	1.5	5.7	33.3	25.6	8.4	12.0	14.1	6.3	5.4	4.2	5.5	5.0	3.6	3.6	1.9	4.2	3.7	3.1	1.9	4.9	1.9	2.0
10	1	15.4	28.4	12.3	8.9	23.1	26.6	6.1	1.9	2.2	1.3	1.6	0.9	3.7	2.1	2.7	3.5	2.6	1.5	7.2	7.5	1.8	1.0
11	41	2.9	16.7	29.2	15.1	9.2	16.6	14.8	5.3	5.0	4.2	6.3	4.9	4.1	3.3	3.3	4.9	3.1	2.6	1.3	2.4	1.9	2.0
12	20	3.5	27.5	27.4	13.2	7.3	13.3	19.6	7.8	11.5	9.8	2.9	1.8	3.7	1.6	1.8	2.7	2.5	1.4	1.3	2.3	2.1	3.3
13	15	13.6	40.2	13.4	6.3	13.9	17.1	18.7	7.7	4.9	3.0	2.1	0.7	2.4	1.0	1.8	1.5	3.0	1.6	2.5	3.7	3.6	3.3
14	11	9.6	31.9	23.1	14.0	12.1	14.5	12.6	5.0	6.6	4.3	3.2	1.4	3.6	2.1	2.7	2.6	2.9	1.6	2.3	3.1	4.3	4.7
15	31	5.0	14.4	18.9	12.4	16.3	21.1	14.0	4.9	4.2	3.2	4.0	2.5	3.7	2.6	2.2	3.2	3.7	2.9	3.7	6.6	1.5	1.6
16	17	7.1	39.2	28.9	9.6	8.6	15.7	19.6	6.2	3.9	2.4	2.8	1.0	2.3	0.7	0.8	0.9	1.2	0.7	0.4	0.7	6.2	7.7
17	10	4.5	22.3	25.5	21.2	10.8	12.2	12.2	4.3	4.0	2.7	2.3	1.2	3.7	1.7	4.3	3.6	3.5	1.8	3.1	4.0	3.8	3.4
18	36	4.3	14.0	30.5	23.4	9.6	14.2	17.2	8.0	3.4	2.9	4.9	4.0	3.4	3.3	1.4	2.5	3.9	3.5	1.0	2.3	1.6	1.8
19	52	5.1	16.3	10.7	8.6	12.8	16.8	16.3	5.0	6.9	5.5	7.4	5.9	5.9	4.5	2.8	4.3	4.0	2.6	1.5	2.5	2.5	2.7
20	50	0.0	2.6	37.8	29.5	9.3	7.7	4.1	1.6	7.3	7.6	6.9	6.3	6.6	6.4	1.8	3.3	3.5	3.4	0.0	0.1	1.0	1.4
	전산업	5.2	19.7	29.8	19.2	10.1	15.9	14.0	5.4	5.6	4.4	4.4	3.3	3.9	3.1	1.8	2.5	3.6	2.5	1.4	2.5	1.9	2.1

순위	산업	RUS 2000	RUS 2014	CAN 2000	CAN 2014	AUS 2000	AUS 2014	ESP 2000	ESP 2014	MEX 2000	MEX 2014	IDN 2000	IDN 2014	NLD 2000	NLD 2014	TUR 2000	TUR 2014	CHE 2000	CHE 2014	TWN 2000	TWN 2014
1	27	0.7	2.0	2.1	2.4	1.7	3.2	3.2	1.3	2.2	1.4	0.6	2.1	1.5	0.9	0.8	0.7	0.7	0.7	0.8	0.4
2	51	0.6	2.4	2.9	3.2	1.0	1.4	1.0	1.3	0.8	0.9	0.2	0.6	1.1	1.1	0.5	0.7	0.6	0.8	1.0	0.6
3	44	0.3	1.5	2.9	2.9	1.4	2.7	1.2	2.0	0.0	0.0	0.1	0.3	1.1	1.1	0.8	1.1	0.7	0.8	0.9	0.6
4	29	1.6	4.2	1.5	1.7	1.3	1.6	1.3	1.6	1.9	1.7	0.7	1.1	1.6	1.5	0.7	0.8	1.5	1.7	1.3	0.9
5	5	1.2	2.0	1.9	1.3	1.4	1.2	2.4	2.6	3.2	2.3	1.5	2.5	1.6	1.2	1.8	1.4	0.7	0.6	0.7	0.4
6	53	0.4	1.8	2.3	2.3	1.1	2.0	1.6	1.9	0.7	0.6	0.1	0.3	1.4	1.7	0.3	0.4	0.9	1.2	0.6	0.4
7	4	2.9	4.4	4.5	3.4	3.0	2.9	0.3	0.1	3.9	1.8	2.1	2.0	0.9	0.5	0.4	0.3	0.1	0.0	0.1	0.0
8	24	1.3	3.1	1.7	0.9	0.9	1.1	1.4	2.3	1.0	0.6	0.4	0.8	0.7	0.4	0.9	0.8	1.2	0.9	0.8	0.5
9	30	1.0	3.2	1.7	2.0	1.4	2.1	1.8	2.0	2.3	2.3	0.5	1.0	1.1	0.9	1.0	1.3	0.8	0.9	1.4	0.9
10	1	1.9	2.3	1.7	1.2	1.7	1.4	2.0	1.1	2.0	1.2	1.6	2.3	1.2	0.8	2.6	1.8	0.4	0.2	0.7	0.3
11	41	0.4	2.4	2.9	2.8	1.4	2.4	1.4	1.4	0.7	1.1	0.5	0.8	1.4	1.5	1.5	0.8	1.8	1.4	1.2	0.7
12	20	0.7	1.7	2.1	1.5	0.6	0.3	2.6	1.2	3.7	3.0	0.3	0.7	0.4	0.2	0.6	0.5	0.0	0.0	0.6	0.4
13	15	2.4	3.2	1.9	1.4	2.3	1.0	1.8	1.2	1.6	0.9	0.7	0.5	0.5	0.2	1.2	0.7	0.3	0.1	1.9	1.4
14	11	0.7	1.5	0.8	0.6	0.6	0.4	1.6	1.5	2.5	1.3	0.5	0.8	1.8	1.4	1.1	0.8	0.4	0.4	2.1	2.2
15	31	1.3	3.4	2.8	2.7	1.2	1.5	1.9	1.6	3.8	2.6	0.4	1.0	1.1	0.9	2.5	3.1	0.8	1.1	0.6	0.3
16	17	0.3	1.0	1.2	0.5	0.2	0.1	0.6	0.2	2.9	1.5	0.3	0.5	0.9	0.9	0.3	0.3	1.1	1.8	5.1	5.1
17	10	1.3	5.1	2.6	2.1	1.5	0.6	2.2	1.6	2.2	1.9	1.6	1.6	1.5	1.1	1.0	0.5	0.1	0.1	1.8	1.2
18	36	0.2	0.8	2.0	1.9	1.5	2.0	4.0	3.9	1.7	1.1	0.8	1.6	0.9	0.7	0.9	1.2	0.8	0.7	0.7	0.7
19	52	0.6	2.0	3.5	3.1	1.8	2.5	2.4	2.3	1.9	1.6	0.6	1.2	1.6	1.4	0.6	1.0	1.3	1.2	1.2	0.7
20	50	1.0	5.9	2.6	2.8	1.5	2.6	1.6	1.8	6.7	5.8	0.2	0.3	1.9	1.9	0.4	0.8	0.6	0.9	0.3	0.3
전산업		0.7	2.1	2.2	2.0	1.3	1.7	1.8	1.6	1.8	1.3	0.6	1.1	1.2	1.0	0.9	0.9	0.8	0.9	1.1	0.8

주 : 주요 산업 순위 및 국가 순위는 2014년 기준. 산업코드는 〈부표 2-2〉, 국가기호별 국가명은 〈부표 4〉 참조
자료 : World Input-Output Table DB 이용 계산

설업(27), 식품·음료·담배업(5), 광업 및 채석업(4), 농림어업(1), 자동차 및 트레일러(20), 1차금속제품(15), 화학물질 및 화학제품(11), 컴퓨터·전자·광학제품(17), 코크스, 연탄 및 석유정제품(10)이었으며, 그중 비중이 30%를 넘는 산업도 3개[1차금속제품(15), 화학물질 및 화학제품(11), 컴퓨터, 전자·광학제품(17)]나 되었다. 이들 산업 중 광업 및 채석업(4) 과 농림어업(1)을 제외하면 모두 제조업이었다. 한편 일본의 경우 세계 주요 산업 중 비중 이 10%를 상회하는 산업은 존재하지 않으나, 7~8% 비중을 차지하는 산업은 숙박, 음식 점 및 주점업(36), 자동차 및 트레일러(20), 보건업 및 사회복지 서비스업(53), 1차금속제 품(15), 부동산업(44)을 들 수 있다. 독일의 경우 역시 일본과 마찬가지로 동 비중이 10%를 넘는 산업은 없으나, 상대적으로 높은 비중을 차지하고 있는 산업으로 자동차 및 트레일러 (20), 사업시설 관리, 사업 지원 및 임대 서비스(50), 부동산업(44), 보건업 및 사회복지 서 비스업(53), 교육 서비스(52)를 들 수 있다. 독일의 이러한 구조는 세계시장에서 자동차 강 국으로서의 면모를 보여준다 하겠다. 미국, 중국, 일본, 독일에 이어 생산과 부가가치에 서 세계 5위인 영국에 있어서도 세계 생산과 부가가치의 10% 이상을 차지하는 산업은 없 다. 다만 사업시설 관리, 사업 지원 및 임대 서비스(50), 교육 서비스(52), 보건업 및 사회 복지 서비스업(53), 소매업(자동차 제외)(30)에 있어서 점유율이 5~6%대로 여타 산업에 비 해 상대적으로 높은 비중을 보이고 있을 뿐이다. 프랑스에 있어서도 마찬가지로 세계 점유 율이 10%를 상회하는 산업은 없으며, 단지 사업시설 관리, 사업 지원 및 임대 서비스(50), 보건업 및 사회복지 서비스업(53), 부동산업(44), 교육 서비스(52)에 있어 점유율이 4~6% 대를 기록하였다. 중국을 제외한 BRICs 국가 중 러시아와 인도, 그리고 아시아신흥공업 국가(ANIEs) 중 한국과 대만의 경우 전체적으로는 세계 생산과 부가가치에서 이들 국가 의 비중이 높지 않으나 특정 산업에 있어서는 상대적으로 높은 점유율을 보이고 있다. 이 들 국가의 산업 중 세계 생산 점유율이 5%를 상회하는 산업들을 살펴보면, 인도는 농업(1) (7.5%), 육상 운송 및 파이프라인 운송업(31)(6.6%), 러시아는 코크스, 연탄 및 석유정제품 (10)(5.1%), 사업시설 관리, 사업 지원 및 임대 서비스(50)(5.9%), 한국과 대만은 컴퓨터, 전 자·광학제품(17)(각각 7.7%, 5.1%)을 들 수 있다. 이는 이들 국가들이 해당 산업에 그만큼 비교우위에 있으며, 특화되어 있다는 것을 의미한다. 다만 인도에 있어서 상기 2개 산업에 서의 높은 비중은 경쟁력 우위를 반영했다기보다는 인도 자체의 큰 경제규모를 반영한 것 이라 할 수 있다.

04 주요 선진국의 생산 및 부가가치 구조

1 주요 선진국의 산업구조 특징 비교

선진국의 산업구조는 전반적으로 서비스업 비중이 확대되는 방향으로 변해 가고 있는데, 특히 미국은 영국, 프랑스와 마찬가지로 전체 경제에서 서비스업이 차지하는 비중이 매우 높다(〈그림 4-1〉, 〈그림 4-2〉 참조). 2000~2014년 기간 미국의 서비스업 비중은 생산 기준으로 74.7%에서 76.2%로 확대되었으며, 부가가치 기준으로는 82.7%에서 84.0%로 확대 되었다. 즉 미국의 부가가치는 대부분 서비스업에서 창출되고 있으며, 그 추세는 더욱 강화되고 있음을 알 수 있다. 이러한 추세는 영국과 프랑스에서도 마찬가지인데, 부가가치 기준으로 영국 경제에서 서비스업 비중은 2000년 80.8%에서 2014년 87.1%로 상승했으며,

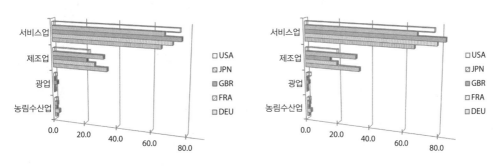

주 : 국가기호별 국가명은 〈부표 4〉 참조

그림 4-1 주요 선진국의 생산구조 변화(좌측 : 2000, 우측 : 2014)

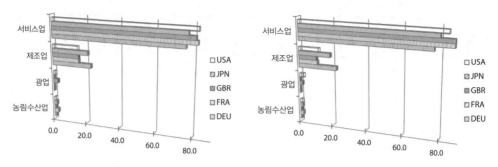

주 : 국가기호별 국가명은 〈부표 4〉 참조
자료 : WIOD 이용 계산

그림 4-2   주요 선진국의 부가가치구조 변화(좌측 : 2000, 우측 : 2014)

프랑스의 경우 81.8%에서 87.0%로 높아졌다. 한편 주요 선진국 중 일본과 독일에 있어서
도 서비스업 비중이 높고 또한 확대되고 있으나 미국, 영국, 프랑스에 비해서는 상대적으
로 그 비중이 낮다. 즉 부가가치 기준으로 일본에서 서비스업 비중은 2000년 76.9%에서
79.5%로, 독일에서는 75.7%에서 76.5%로 상승했으나 영국과 프랑스에 비해서는 약 10%
포인트 정도 낮았다.

　일본과 독일은 여타 주요 선진국들에 비해 상대적으로 제조업 비중이 높게 유지되고 있
다는 특징을 보인다. 이러한 산업구조는 이들 국가가 세계 제조업에 있어서 강국이라는 것
을 다시 한 번 확인시켜 주는 것이라 할 수 있다. 일본과 독일에서 부가가치 기준 제조업
비중은 약 20%(생산액 기준으로 30%대)에 달하는데, 특히 독일의 경우 그 비중이 22.6%
로 2000~2014년 기간 거의 변함없이 유지되고 있다. 반면 일본은 제조업 비중이 2000
년 21.3%에서 2014년 18.9%로 다소 하락하였으나 미국, 영국에 비해서는 높았다. 미국,
영국, 프랑스에 있어서 부가가치 기준 제조업 비중은 2014년 각각 12.2%(2000년 15.2%),
10.6%(15.6%), 11.2%(15.7%)로 독일과 일본에 비해 10%포인트나 더 낮았으며, 2000년과
비교해서도 큰 폭으로 그 비중이 하락하였다. 이상을 통해서 주요 선진국들은 점차 탈공업
화(deindustrialization)되고 있다는 것을 확인할 수 있다. 주요 선진국 산업구조에서 제조업
이 축소되고 있는 것은 분명하지만, 이것이 반드시 세계 제조업에서 이들 선진국의 영향력
이 약화되고 있다는 것을 의미하지는 않는다. 왜냐하면 각국의 경제가 빠르게 글로벌화되
면서 주요 선진국들의 개발도상국들에 대한 직접투자가 확대되고 그 과정에서 선진국들의
생산과 부가가치 창출이 해외 각국으로 분산된 측면이 강하기 때문이다. 개발도상국들뿐

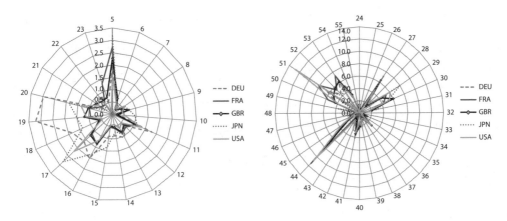

주 : 산업코드별 산업명은 〈부표 2-2〉, 국가기호별 국가명은 〈부표 4〉 참조

그림 4-3 주요 선진국의 부가가치 기준 제조업(좌측)과 서비스업(우측) 구조 비교 : 2000년

만 아니라 이들 선진국들도 여전히 제조업의 중요성을 강조하면서 각국의 제조업 경쟁력 강화를 위한 다양한 정책들을 추진하고 있다(이에 대해서는 〈Box 4-1〉~〈Box 4-4〉 참조).

주요 선진국들의 산업구조 변화에 있어서 눈에 띄는 점은 미국의 경우 광업의 비중이 2배 이상 확대되었다는 점이다. 미국은 석유생산 세계 3위, 액화천연가스(LNG) 생산 세계 1위를 기록하고 있는데, 풍부한 천연자원을 토대로 이러한 에너지 분야에서의 강점이 산업구조에 그대로 반영된 것이라 할 수 있다.

미국, 일본, 독일, 영국, 프랑스 등 주요 선진국(이하 선진 5개국)의 산업구조는 전체적

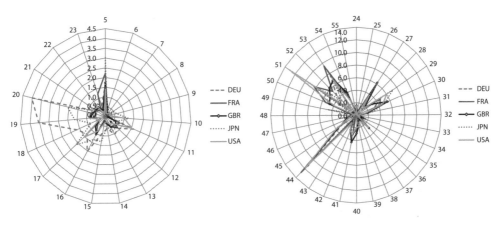

주 : 산업코드별 산업명은 〈부표 2-2〉, 국가기호별 국가명은 〈부표 4〉 참조
자료 : WOID 이용 계산

그림 4-4 주요 선진국의 부가가치 기준 제조업(좌측)과 서비스업(우측) 구조 비교 : 2014년

으로 볼 때 비슷하다(〈그림 4-2〉 참조). 그러나 국가별로 분명한 차이도 존재한다(〈그림 4-3〉, 〈그림 4-4〉 참조). 즉 부가가치 기준으로 제조업의 경우 미국, 영국, 프랑스의 산업구조는 대체로 비슷하나 독일과 일본의 경우 미국, 영국, 프랑스에 비해 일부 산업의 비중이 상대적으로 높게 나타났다. 즉 독일에 있어서 자동차 및 트레일러(20), 기타 기계 및 장비(19), 식료품, 음료, 담배(5), 금속가공제품(16) 비중이 높은데, 특히 자동차 및 트레일러(20)과 기타 기계 및 장비(19)의 비중이 매우 높았고, 일본에 있어서 식료품, 음료, 담배(5), 컴퓨터, 전자·광학제품(17), 자동차 및 트레일러(20), 기타 기계 및 장비(19) 비중이 높았다. 제조업의 경우에서와 마찬가지로 서비스업에 있어서도 주요 선진국들의 구조가 대체적으로 유사했다. 즉 선진 5개국 모두 부동산업(44), 공공 행정, 국방 및 사회보장 행정(51), 보건업 및 사회복지 서비스업(53), 건설업(27), 도매업(자동차 제외)(29), 소매업(자동차 제외)(30)의 비중이 높았는데 공공 행정, 국방 및 사회보장 행정(51)의 경우 미국에 있어서 그리고 도매업(자동차 제외)(29)의 경우 일본에 있어서 그 비중이 압도적으로 높았다.

2   국가별 산업구조 특징 및 변화

2.1   미국

다음으로 2000~2014년 기간 국가별 산업구조에 있어서 발생한 변화를 중심으로 살펴보자. 미국은 전체적으로 제조업 비중(부가가치 기준)이 축소(〈표 4-1〉 참조)되는 가운데 제조업 내 산업구조에도 변화가 발생했다(〈그림 4-6〉, 〈그림 4-8〉 참조). 즉 코크스, 연탄

표 4-1 ○── 미국의 산업구조 변화 : 대분류

		농림수산업	광업	제조업	서비스업
생산	2000	1.3	1.2	22.9	74.7
	2007	1.3	1.8	20.6	76.3
	2014	1.6	2.2	20.0	76.2
부가가치	2000	1.0	1.1	15.2	82.7
	2007	1.0	2.2	12.9	83.9
	2014	1.2	2.6	12.2	84.0

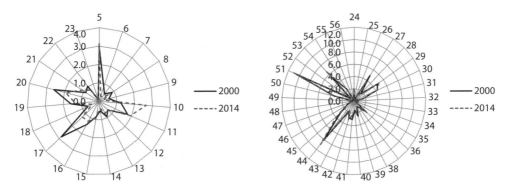

주 : 산업코드별 산업명은 〈부표 2-2〉 참조

그림 4-5 미국의 산업구조 변화(생산 기준) : 제조업(좌), 서비스업(우)

및 석유정제품(10)과 화학물질 및 화학제품(11)의 비중이 확대되고 나머지 제조업들의 비중은 축소되었는데, 특히 컴퓨터, 전자·광학제품(17)의 비중 축소 폭이 상대적으로 컸다. 2014년 기준으로 미국 제조업은 컴퓨터, 전자·광학제품(17), 식료품, 음료, 담배(5), 화학물질 및 화학제품(11)이 중심을 이루고 있다. 동 기간 미국의 서비스업 비중이 전체적으로 1.3%포인트 확대되었으나 서비스업 내 구조에 많은 변화가 있었다. 즉 보건업 및 사회복지 서비스업(53), 부동산업(44), 컴퓨터 프로그래밍, 시스템 통합 및 관리업, 정보 서비스(40), 법률·회계·경영자문(45), 교육 서비스(52)의 비중이 확대되었는데, 특히 주요 산업인 보건업 및 사회복지 서비스업(53)과 부동산업(44)의 비중 확대가 컸다. 반면 건설업(27), 자동차 판매 및 수리업(28), 소매업(자동차 제외)(30), 금융업(보험 및 연금 제외)(41),

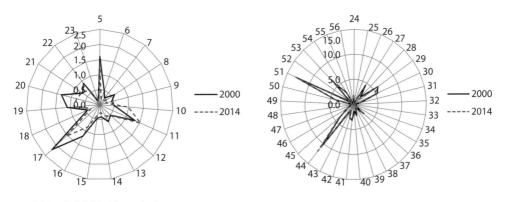

주 : 산업코드별 산업명은 〈부표 2-2〉 참조

그림 4-6 미국의 산업구조 변화(부가가치 기준) : 제조업(좌), 서비스업(우)

표 4-2 ──○ 미국의 주요 산업구조 변화 : 중분류

산업	생산			산업	부가가치		
	2000	2007	2014		2000	2007	2014
51	10.5	11.3	11.1	51	12.9	13.2	13.1
44	8.1	9.1	9.0	44	10.7	11.5	11.9
53	5.2	5.9	6.7	53	5.8	6.4	7.1
29	4.8	4.9	5.1	29	6.1	5.9	6.0
30	4.3	4.2	4.2	30	5.3	4.9	4.7
27	4.9	5.1	3.9	45	3.6	4.0	4.0
45	3.0	3.4	3.7	50	3.8	3.9	3.9
50	3.4	3.3	3.5	27	4.5	4.9	3.8
42	2.9	3.1	3.2	42	2.8	2.9	2.8
5	3.0	2.7	3.1	41	3.2	2.9	2.8
36	2.8	2.7	2.9	36	2.8	2.7	2.8
10	1.2	2.3	2.6	4	1.1	2.2	2.6
54	2.4	2.3	2.4	54	2.8	2.6	2.6
41	3.0	2.8	2.3	40	1.3	1.6	1.9
4	1.2	1.8	2.2	39	2.3	2.1	1.9
39	2.6	2.0	2.1	24	1.7	1.6	1.6
11	1.8	2.0	1.9	17	2.2	1.6	1.5
20	2.6	2.0	1.9	11	1.3	1.3	1.5
40	1.5	1.4	1.8	46	1.6	1.6	1.5
31	1.6	1.6	1.7	28	2.1	1.6	1.5
43	1.9	1.9	1.5	5	1.6	1.3	1.4
46	1.4	1.6	1.4	43	1.3	1.4	1.4
1	1.1	1.2	1.4	31	1.5	1.3	1.4
19	1.6	1.3	1.3	37	1.1	1.3	1.2
24	1.9	1.6	1.3	38	1.0	1.0	1.2
17	2.8	1.6	1.2	52	0.8	1.0	1.1
16	1.4	1.3	1.2	1	0.7	0.8	1.0
28	1.6	1.2	1.2	10	0.5	1.1	1.0
21	0.9	1.0	1.1	19	1.1	0.9	0.9
37	1.4	1.2	1.1	16	1.2	0.9	0.8

주 : 산업코드별 산업명은 〈부표 2-2〉 참조
자료 : WIOD 이용 계산

통신업(39) 등의 비중이 축소되었는데, 특히 건설업(27)의 축소 폭이 컸다. 미국 서비스업의 주요 산업은 공공 행정, 국방 및 사회보장 행정(51), 부동산업(44), 보건업 및 사회복지 서비스업(53), 도매업(자동차 제외)(29), 소매업(자동차 제외)(30) 등이다.

2000~2014년 기간 미국 산업구조 변화의 특징은 비중이 높은 산업들에 있어서 비중이 더욱 확대되고 비중이 낮은 산업들의 비중은 오히려 더 낮아지는 경향이 있다는 점이다(〈그림 4-7〉, 〈그림 4-8〉 참조). 이러한 특징은 부가가치 기준에 있어서뿐만 아니라 생산 기준의 경우에 있어서도 마찬가지였다. 그 결과 미국 경제의 특정산업으로의 집중도 또는 특정산업에 대한 의존도는 확대되었다(〈표 4-2〉 참조). 부가가치 기준으로 미국에서 상위 2위 산업의 누적점유율은 2000년 23.6%에서 2014년 25%로 확대되었으며, 상위 4위 산업의 누적점유율 역시 35.5%에서 38.1%로 확대되었다(〈표 4-2〉 참조). 그리고 상위 4위 산업은 모두 서비스업이었다. 제조업만을 대상으로 할 때도 역시 제조업 상위 2위 산업의 비중이 2014년 전체 제조업 부가가치의 1/3을 차지할 만큼 특정산업[컴퓨터, 전자·광학제품

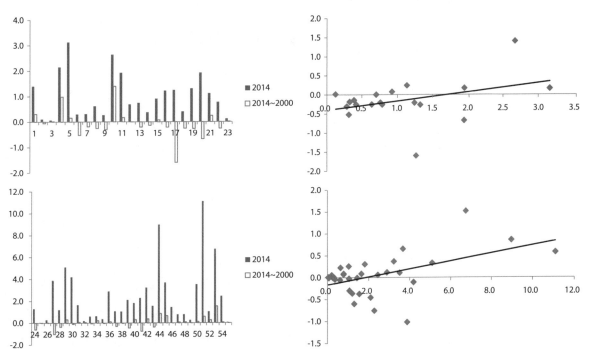

주 : 좌측의 수평축 산업명은 〈부표 2-2〉 참조. 우측의 수평축은 산업별 비중(2014). 수직축은 비중 변화(2014~2000). 2사분면에서는 1차산업 제외
자료 : WIOD 이용 계산

그림 4-7   미국의 생산 기준 산업구조 변화 : 산업별 비중(2014) 및 비중 변화(2014~2000)

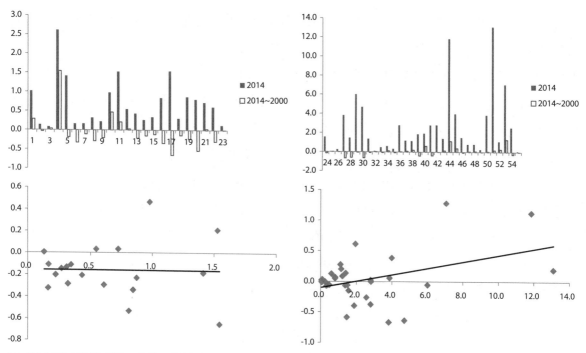

주 : 상단 수평축 산업명은 〈부표 2-2〉 참조, 하단 수평축은 산업별 비중(2014), 수직축은 비중 변화(2014~2000). 3사분면에서는 1차산업 제외
자료 : WIOD 이용 계산

그림 4-8 미국의 부가가치 기준 산업구조 변화 : 산업별 비중(2014) 및 비중 변화(2014~2000)

(17), 화학물질 및 화학제품(11)]에 대한 의존도가 높았다. 특히 서비스업 중 하나인 공공
행정, 국방 및 사회보장 행정(51)은 미국 모든 산업 중 가장 높은 비중을 보였을 뿐만 아니
라 여타 주요 선진국(일본, 독일, 영국, 프랑스)에 있어서 해당 산업의 비중과 비교할 때도
미국이 월등히 높았다.

한편 같은 기간 미국 경제에서 비중이 하락한 산업들 중 유독 제조업에 속한 산업들이
많았다는 점도 두드러진 점이라 할 수 있다. 이는 미국에서 제조업이 전반적으로 약화되고
있다는 것을 보여준다. 또한 미국은 주요 선진국임에도 불구하고 광업의 비중이 높고 해
당 산업의 비중이 여타 산업들에 비해 더 크게 확대되고 있는 것도 두드러진 점이라 할 수
있다. 이는 미국이 석유 등 에너지 자원이 풍부한 상태에서 유가상승과 같은 요인으로 해
당 산업의 경제성이 개선된 데 따른 것이라 할 수 있다. 에너지 채굴관련 광업뿐만 아니라
에너지 자원 연관 제조업인 코크스, 연탄 및 석유정제품(10)의 비중 확대 역시 같은 맥락에
서 이해할 수 있다.

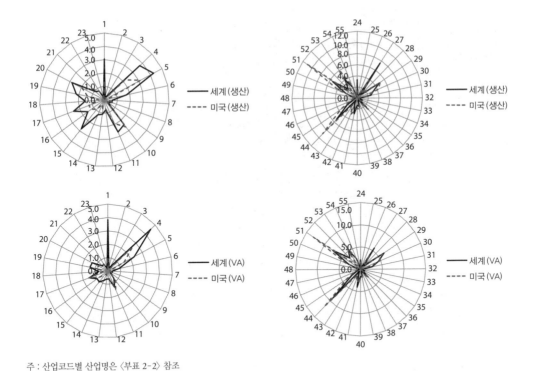

주 : 산업코드별 산업명은 〈부표 2-2〉 참조
자료 : WIOD 이용 계산

그림 4-9 세계와 미국의 산업구조 비교(2014) : 생산 기준(상), 부가가치 기준(하)

2014년을 기준으로 할 때 미국의 산업구조는 대체적으로 세계 산업구조와 비슷한 구조라 할 수 있으나, 제조업에 속한 산업들에 있어서의 비중은 세계수준에 비해 낮았으나, 서비스업에 있어서는 세계수준에 비해 더 높았다. 이는 생산과 부가가치 기준 모두에 있어서 마찬가지였다(〈그림 4-9〉 참조).

통합 유사성 지수(Integrated Similarity Index, ISI)[21]를 기준으로 미국의 산업구조를 세계 투입산출표에 포함된 43개 국가의 산업구조와 비교하여, 미국이 여타 어떤 국가들과 유사한 산업구조를 가지고 있는지 살펴보자. 미국 산업구조는 부가가치 기준으로 2000년에는 프랑스, 캐나다, 독일, 네덜란드 등 주요 선진국들과 유사했다. 또한 2014년 기준으로도 미국의 산업구조는 프랑스, 이탈리아, 포르투갈, 캐나다, 일본 등 주로 주요 선진국들과

---

21 ISI는 $\sqrt{\sum\limits_{j=1}^{n}(S_{ij}-S_{kj})^2}/(\sqrt{\sum\limits_{j=1}^{n}S_{ij}^2}+\sqrt{\sum\limits_{j=1}^{n}S_{kj}^2})$로 정의된다. S_{ij}와 S_{kj}는 각각 i와 k국의 총생산(또는 총부가가치)에서 j산업의 비중이다. ISI는 0과 1 사이의 값을 가지며 0에 가까울수록 i국과 k국의 구조가 유사함을 의미한다.

Box 4-1 미국 제조업의 현주소와 국제 비교

국제 제조업 생산에서 미국이 차지하는 입지는 지난 40년간 급격히 약화되었으며, 미국 국내 GDP에 대한 제조업의 비중도 대폭 하락하는 추세이다. 1970~90년대까지만 해도 전 세계 제조업 생산의 25~30%가 미국으로부터 창출되었지만 2000년대 들어와 그 비중이 지속 하락하였고 최근에는 20% 이하까지 떨어졌다. 이와 대조적으로 중국은 2000년대 중반부터 '세계의 공장'으로 불리며 미국을 앞질러 제조업 생산의 핵심 기지로 부상하였다(전 세계 제조업의 20% 비중).

지난 40년 사이 미국 전체 GDP에 기여하는 비중이 점차 늘어난 금융업이나 서비스업과 달리, 제조업 비중은 1970년대 24%, 2000년 이후 15% 이하로 하락한 데 이어 글로벌 금융위기 직후인 2009년에는 사상 최저수준인 12.0%를 기록한 바 있다. GDP는 1997년 대비 2013년 95.2%(8조 6천억 달러 → 16조 7천억 달러) 상승한 반면, 같은 기간 제조업에서 창출되는 부가가치는 단 49.6%(1조 3천억 달러 → 2조 달러) 성장에 그쳤는데, 이는 금융업과 전문 서비스업의 부가가치가 같은 기간 각각 102.9%와 137.2% 상승한 것과는 대조적이었다.

2000년대 이후 제조업의 위축은 고용 측면에서 더욱 두드러지게 나타났는데 1990년 기준 1,769만 명이던 제조업의 피고용자 수가 2010년에는 1,152만 명 수준까지 대폭 감소했고, 제조업이 미국 전체 비농업부문 고용에서 차지하는 비중도 1990년 16.2%에서 2000년 12.4%, 2010년 8.8%까지 낮아졌다. 1980년과 1990년대 미국 모든 산업의 고용은 20%에 육박하는 증가율을 보였으며, 제조업도 고용이 감소하긴 했지만 감소율은 5% 미만에 불과했다. 그러나 2000년대에 이르러 미국의 총고용은 무려 30% 이상의 감소를 기록한 제조업으로 인해 더 이상 고용 순증가를 기록할 수 없게 되었다.

컴퓨터 및 전자제품군은 미국 제조업 생산대비 비중이 점차 감소하여 2012년 12.7%까지 떨어졌고, 한때 전체 제조업 생산의 9.4%를 차지했다. 자동차 · 차체 · 트레일러 · 부품산업은 자동차산업의 극심한 부진으로 2009년 그 비중이 2.8%까지 떨어졌다.

세계 각국의 제조업 경쟁력을 평가하는 UN산업개발기구의 Competitive Industrial Performance(CIP) 조사결과, 일본, 독일, 미국이 상위 3위를 지속 유지하는 가운데, 일본은 2007~09년 독일에 1위를 내주었던 기간을 제외하고 세계 최고의 제조업 경쟁력을 가진 국가로 선정되었고, 미국은 일본과 독일에 이어 2위 또는 3위를 기록하였다. 2010년 기준 미국은 CIP 3위를 기록했다. 미국의 제조업은 CIP 상위 5개국의 제조업 총부가가치 중에서 절반을 차지하였지만 미국의 1인당 제조업제품 수출액은 일본, 독일, 한국, 중국 등 CIP 상위국가들의 평균보다 다소 낮은 수준이었다. 한편 미국 국가경쟁력위원회(U.S. Council on Competitiveness)가 지표 선정에 참여하는 '글로벌 제조업 경쟁력지수(Global Manufacturing Competitiveness Index)' 결과, 2010년 발표에서 미국은 중국, 인도, 한국에 이어 세계 4위에 올랐으나 2013년 보고서에서는 중국과 독일에 이어 3위를 기록하였다. 미국은 인건비 및 재료비, 그리고 내수시장 매력도 항목에 있어서 중국이나 인도와 같은 신흥시장보다 낮은 점수를 받았지만, 인재기반혁신, 인프라시설, 법률 및 규제 등 항목에서는 이들보다 월등히 높은 평가를 받았다.

자료 : 김보민 · 한민수 · 김종혁 · 고희채 · 이성희(2014), 『미국의 제조업 경쟁력 강화정책과 정책 시사점』, KIEP 정책연구 브리핑(보고서 내용 중 일부를 편집하여 요약함).

Box 4-2 오바마 대통령 당시 미국 제조업 육성 정책

글로벌 금융위기 이후 미국의 민주당과 공화당은 제조업 경쟁력 강화가 중요한 경제이슈임에 공감하고 있으나 구체적인 실현방향에 있어서는 차이를 보였다. 공화당은 당시 35%인 법인세율을 25%로 대폭 낮추고 비즈니스하기 좋은 환경을 제공하는 데 초점을 맞추어야 한다고 주장하는 반면 민주당은 첨단 제조업 부문에 대한 지원을 확대하고, 리쇼어링 기업에게 다양한 혜택을 제공하여 제조업부문을 활성화시킨다는 방침이었다. 오바마 정부 당시 제조업 육성 정책은 공화당뿐만 아니라 전통적인 민주당의 입장과 비교해서도 보다 적극적으로 국내 제조업을 보호하고 지원하는 데 초점이 맞추어져 있었다.

오바마 대통령은 2009년에 '미국 제조업 부흥을 위한 기틀(A Framework for Revitalizing American Manufacturing)', 2011년에 첨단 제조업 분야에서 미국이 리더십을 확보하기 위한 '첨단 제조업 구상(Advanced Manufacturing Initiative, AMI)' 등 제조업 경쟁력을 강화하기 위한 체계적인 계획안을 수립하여 추진하였다. 첨단 제조업 구상(AMI)에 의하면 첨단 제조업(advanced manufacturing)이란 정보, 소프트웨어, 네트워킹 등의 기술을 조합·사용하거나 물리학, 생물과학을 통해 새로운 물질을 만들고 활용도를 높이는 일련의 활동을 의미한다. 2012년에는 첨단 제조업 연구개발 분야의 5대 목표와 제조업 분야의 혁신을 가져올 수 있는 기술 11가지 분야를 선정하였다. 5대 목표에는 △중소기업 투자 촉진 △전문인력 양성 △파트너십 구축 △연방정부 투자의 최적화 △첨단 제조 R&D 부문의 투자 확대가 제시되었고, 11개 혁신 제조 기술 분야로는 3D 프린팅, 첨단 감지(sensing) 기술, 신소재 디자인·합성·프로세싱, 디지털 제조 기술, 제조 공정 효율화 기술, 나노소재·구조·시스템 생산 공정, 생물정보학(bioinformation), 첨단 검사 기술, 산업용 로봇, 기타 첨단 복합 기술 등이 선정되었다. 2013년 1월에는 앞서 선정된 11가지 기술 분야 관련 연구소를 각 지역별로 설치하고 이를 네트워크로 연결하는 것을 주요 내용으로 하는 로드맵을 발표하였다.

오바마 당시 정부는 수출과 수입을 포함하는 무역 확대가 아닌 '수출' 확대를 강조하였으며 환태평양경제동반자협정(TPP) 협상 등을 주도함으로써 해외시장 확대를 모색하였다. 당시 오바마 대통령은 2010년 연두교서를 통해 향후 5년간 수출을 2배 늘려 200만 개 이상의 일자리를 창출하겠다는 국가수출구상(National Export Initiative, NEI)을 밝혔다. 수출을 지원하기 위해 구성된 수출진흥내각(Export Promotion Cabinet)은 기존의 수출촉진대책기구(Trade Promotion Coordinating Committee)와 협력하여 수출 관련 정책 및 이슈를 논의하고 이를 대통령에 보고하였다. 정부기관 대표와 민간기업 대표를 위원으로 구성된 대통령 직속 수출위원회(President's Export Council)를 40년 만에 다시 운영하여 민간의 의견이 최대한 반영될 수 있는 여건을 마련하기도 했다.

한편 기술혁신과 양질의 일자리 창출에 미치는 파급효과가 큰 R&D에 대한 투자확대를 도모하고 첨단 제조업 기술에 대한 산업계·학계 간 네트워크 구축을 강조하였다. 또한 제조혁신을 위한 국가 네트워크(National Network for Manufacturing Innovation, NNMI) 구축을 적극 추진하였다.

또한 오바마 정부는 Workforce Innovation and Opportunity Act(WIOA)를 통과시키는 등 숙련된 전문인력을 육성하기 위한 정책방안을 마련하기도 했다. 그뿐만 아니라 해외에 생산기지를 이전한 미국 기업의 본국 이전(리쇼어링)을 장려하기 위한 정책에는 법인세 인하 추진, 해외 아웃소싱 자회사에 대한 중과세 부과, 리쇼어링 기업의 이전비용 보조 등이 있었다. 리쇼어링뿐 아니라 외국기업의 미국 내 공장설립과 투자를 장려하기 위해 2011년 최초의 연방정부단위 투자유치기관인 'Select USA'를 설치하여, 외국기업들의 미국 투자관련 애로사항을 최소화하도록 지원하고 있다.

자료: 김보민·한민수·김종혁·고희채·이성희(2014), 『미국의 제조업 경쟁력 강화정책과 정책 시사점』, KIEP 정책연구 브리핑(보고서 내용 중 일부를 편집하여 요약함)

유사했다(〈부표 8〉 참조). 이는 부가가치뿐만 아니라 생산을 기준을 했을 때에도 비슷했다. 산업구조의 유사성을 제조업과 서비스업으로 구분하여 살펴보면, 2014년 미국의 제조업 산업구조는 스웨덴, 영국, 네덜란드, 그리고 서비스업 산업구조는 프랑스, 캐나다, 이탈리아와 가장 많이 유사했다. 미국의 산업구조가 여타 주요 선진국들의 산업구조와 유사한 것은 소득수준이 이들 국가와 비슷하여 수요구조 역시 비슷한 측면 등이 반영된 것이라 할 수 있다.

2.2 일본

일본의 제조업 비중(부가가치 기준)도 2000~2014년 기간 전체적으로 2.4%포인트 축소되었으나(〈표 4-3〉 참조), 일부 산업의 경우 비중이 오히려 확대되기도 했다. 구체적으로 살

표 4-3 ─○ 일본의 산업구조 변화 : 대분류

		농림수산업	광업	제조업	서비스업
생산	2000	1.5	0.4	31.7	66.4
	2007	1.3	0.3	33.7	64.7
	2014	1.4	0.4	31.3	66.9
부가가치	2000	1.6	0.3	21.3	76.9
	2007	1.3	0.1	20.7	77.8
	2014	1.4	0.2	18.9	79.5

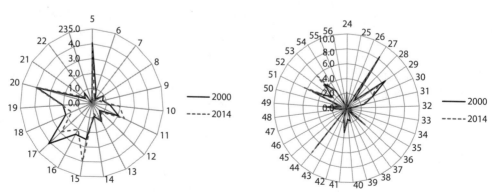

주 : 산업코드별 산업명은 〈부표 2-2〉 참조

그림 4-10 일본의 산업구조 변화(생산 기준) : 제조업(좌), 서비스업(우)

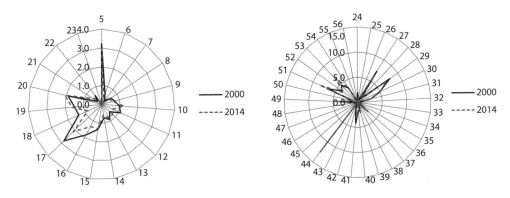

주 : 산업코드별 산업명은 〈부표 2-2〉 참조

그림 4-11 일본의 산업구조 변화(부가가치 기준) : 제조업(좌), 서비스업(우)

펴보면 제조업 중 코크스, 연탄 및 석유정제품(10), 기타 운송장비(21), 의료용 물질 및 의약품(12), 기타 기계 및 장비(19), 자동차 및 트레일러(20) 등의 비중이 확대되었는데, 특히 기타 운송장비(21)와 코크스, 연탄 및 석유정제품(10)의 비중 확대 폭이 상대적으로 높았다

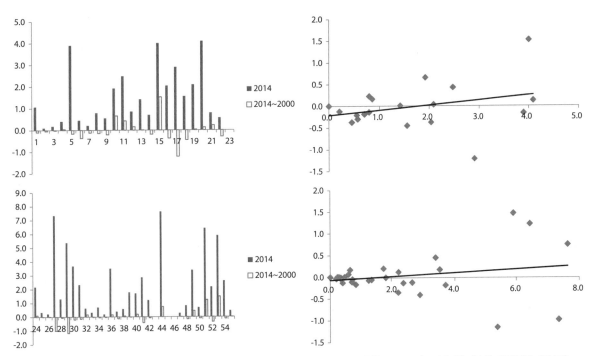

주 : 좌측 수평축 산업명은 〈부표 2-2〉 참조, 우측의 수평축은 산업별 비중(2014), 수직축은 비중 변화(2014~2000). 2사분면은 제조업, 4사분면은 서비스업
자료 : WIOD 이용 계산

그림 4-12 일본의 생산 기준 산업구조 변화 : 산업별 비중(2014) 및 비중 변화(2014~2000)

표 4-4 ──○ 일본의 주요 산업구조 변화 : 중분류

산업	생산			산업	부가가치		
	2000	2007	2014		2000	2007	2014
44	6.9	6.8	7.6	44	11.0	11.6	12.6
27	8.3	7.0	7.3	51	6.5	7.6	8.5
51	5.2	5.5	6.4	29	8.0	8.2	7.2
53	4.4	4.8	5.9	53	4.7	5.5	6.6
29	6.5	6.2	5.4	27	7.3	6.1	6.4
20	4.0	4.9	4.1	30	5.0	4.4	5.0
15	2.5	4.1	4.0	49	3.8	4.8	4.8
5	4.1	3.6	3.9	54	3.4	3.3	3.5
30	3.9	3.4	3.7	52	4.0	3.7	3.4
36	3.3	3.4	3.5	41	4.2	4.5	3.4
49	2.9	3.2	3.4	5	3.2	2.8	3.1
17	4.1	3.4	2.9	36	2.8	3.0	3.0
41	3.3	3.4	2.9	31	2.9	2.7	2.9
54	2.7	2.5	2.6	17	2.8	2.5	2.1
11	2.1	2.4	2.5	39	1.8	1.7	2.1
31	2.5	2.3	2.3	20	1.9	2.7	2.1
24	2.1	2.0	2.2	40	1.7	1.8	2.0
52	2.5	2.2	2.2	19	1.5	1.8	1.6
19	2.1	2.4	2.1	16	1.8	1.6	1.3
16	2.4	2.4	2.0	42	1.5	1.6	1.3
10	1.3	2.1	1.9	15	1.3	1.6	1.3
39	1.8	1.6	1.8	10	1.0	1.3	1.2
40	1.5	1.7	1.7	28	1.1	1.1	1.1
18	2.0	1.9	1.6	1	1.2	1.0	1.1
13	1.4	1.5	1.4	24	2.0	1.2	1.0
28	1.4	1.3	1.3	50	0.9	1.0	0.9
42	1.3	1.4	1.2	18	1.4	1.2	0.8
1	1.2	1.0	1.1	13	0.9	0.9	0.8
12	0.7	0.7	0.9	12	0.6	0.5	0.8
48	1.0	0.9	0.8	34	0.8	0.8	0.7

주 : 산업코드별 산업명은 〈부표 2-2〉 참조
자료 : WIOD 이용 계산

(〈그림 4-13〉 참조). 반면 컴퓨터, 전자·광학제품(17), 전기장비(18), 금속가공제품(16) 등
의 비중이 축소되었는데, 특히 일본의 주력 제조업인 컴퓨터, 전자·광학제품(17)의 비중
이 상대적으로 크게 축소되었다. 2014년 부가가치 기준으로 일본 제조업의 중심은 자동차
및 트레일러(20), 1차금속제품(15), 식료품, 음료, 담배(5), 컴퓨터, 전자·광학제품(17), 기
타 운송장비(21)이다(〈그림 4-11〉 참조). 일본 서비스업 비중은 2000~2014년 기간 전체적
으로 2.6%포인트 상승하는 가운데 주요 산업인 공공 행정, 국방 및 사회보장 행정(51), 보
건업 및 사회복지 서비스업(53), 부동산업(44), 기타 전문, 과학 및 기술 서비스(49)의 비중
증가가 두드러졌는데, 특히 공공 행정, 국방 및 사회보장 행정(51)의 비중 확대가 가장 컸
다. 반면 비중이 축소된 산업 중 건설업(27), 도매업(자동차 제외)(29), 금융업(보험 및 연
금 제외)(41), 교육 서비스(52)의 비중 축소 폭이 상대적으로 컸다. 일본의 주요 서비스업은
부동산업(44), 공공 행정, 국방 및 사회보장 행정(51), 도매업(자동차 제외)(29), 보건업 및
사회복지 서비스업(53), 건설업(27)이다.

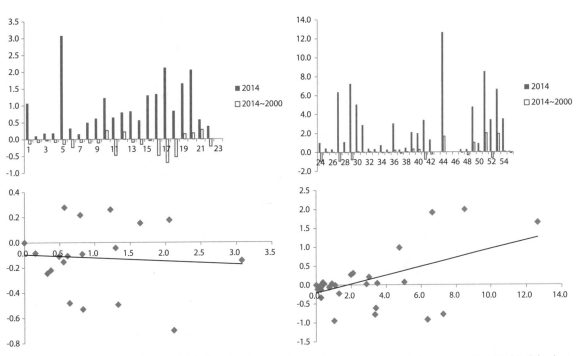

주 : 상단 수평축의 산업명은 〈부표 2-2〉 참조, 하단 수평축은 산업별 비중(2014), 수직축은 비중 변화(2014~2000). 3사분면은 제조업, 4사분면은 서비스업
자료 : WIOD 이용 계산

그림 4-13 일본의 부가가치 기준 산업구조 변화 : 산업별 비중(2014) 및 비중 변화(2014~2000)

미국에서와 마찬가지로 일본 제조업(부가가치 기준)에 있어서도 산업별 비중 크기와 비중 변화 간에는 상관관계가 낮았으나, 일본 서비스업에 있어서는 비중이 높은 산업의 비중이 더 확대되고 상대적으로 비중이 낮은 산업의 비중은 축소되었다(〈그림 4-13〉 참조). 또한 일본 제조업에서는 2014년 기준으로 식료품, 음료, 담배(5)와 컴퓨터, 전자·광학제품(17)의 비중이 여타 산업들에 비해 크게 높았다. 미국 제조업에 있어서도 식료품, 음료, 담배(5)와 컴퓨터, 전자·광학제품(17)의 비중이 높았다는 점에서 이는 비슷하다 할 수 있다. 그러나 식료품, 음료, 담배(5)와 컴퓨터, 전자·광학제품(17) 이외에도 일본 제조업에서는 기타 기계 및 장비(19)와 자동차 및 트레일러(20)의 비중도 높았는데, 이는 미국과 다른 점이라 할 수 있다. 일본 서비스업에 있어서는 부동산업(44)과 공공 행정, 국방 및 사회보장 행정(51)의 비중이 가장 높았는데, 이는 미국에 있어서도 같았다.

부가가치 비중을 기준으로 할 때 일본경제의 특정산업에 대한 의존도(또는 산업집중도)는 2000년과 2014년 사이에 더 심화되었다. 상위 56개 산업 중 2위(4위) 산업의 누적비중

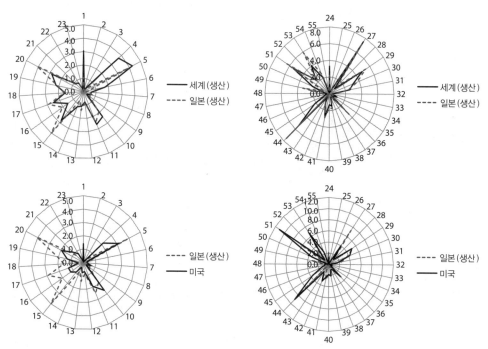

주 : 산업코드별 산업명은 〈부표 2-2〉 참조
자료 : WIOD 이용 계산

그림 4-14 일본 산업구조의 세계 및 미국 산업구조와 비교(2014) : 생산 기준

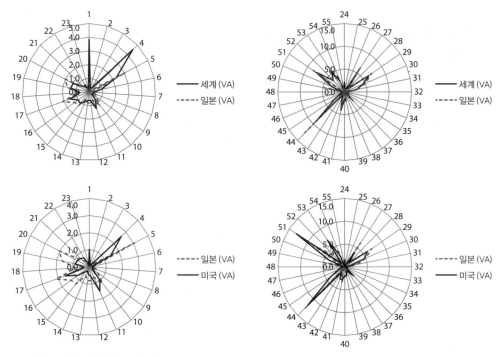

주 : 산업코드별 산업명은 〈부표 2-2〉 참조
자료 : WIOD 이용 계산

그림 4-15 일본 산업구조의 세계 및 미국 산업구조와 비교(2014) : 부가가치 기준

이 2000년 19.0%(32.8%)에서 2014년 21.1%(34.9%)로 확대되었다(〈표 4-4〉 참조). 이는 미국에서와 마찬가지 현상이다. 일본 전체에 있어서는 제조업 상위 4위 산업의 누적비중이 2000년 9.7%에서 2014년 8.9%로 축소되었으나, 제조업 내에서 이들 상위 4위 산업의 누적 비중은 2000년 45.5%에서 47.1%로 오히려 확대되었다.

일본의 제조업과 서비스업의 구조는 미국과 유사한 측면도 있으나(〈그림 4-14〉, 〈그림 4-15〉 참조), 차이점도 적지 않았다. 한편 일본의 전체적인 산업구조를 통합 유사성 지수 (ISI)를 기준으로 여타 국가들과 비교해보면, 2014년 부가가치 기준으로 일본은 미국보다 는 이탈리아, 포르투갈, 스페인 등 여타 선진국과 더 많이 유사했다. 제조업만 놓고 보면 일본의 산업구조는 폴란드, 스웨덴과 비슷했으며, 서비스업에 있어서는 캐나다와 이탈리 아와 유사했다(〈부표 9〉 참조). 부가가치 기준으로 세계 전체의 산업구조와 비교해보면, 1차산업을 제외하고는 대체적으로 일본의 산업구조는 세계 산업구조와 크게 다르지 않았 다(〈그림 4-15〉 참조).

Box 4-3   일본의 성장전략 : 일본재흥전략

일본재흥전략(2013~2016)은 아베노믹스를 실현하기 위해 만들어진 일본의 국가전략이다. 일본재흥전략은 아베노믹스로 불리는 일본경제 재건정책으로 내각에서 매년 각의 결정한다. 2016년에도 아베노믹스 성장전략인 「2016 일본재흥전략(再興戰略)」을 발표하였다. 이는 명목 GDP 600조엔 달성을 위한 전략으로 민관전략프로젝트*, 생산성 혁명을 실현하는 규제ㆍ제도 개혁, 이노베이션 창출ㆍ도전정신이 넘치는 인재육성, 해외시장 확보(TPP를 계기로 중견ㆍ중소기업의 해외진출 지원, 대내 직접투자 유치 강화 등), '개혁 2020 프로젝트**'를 주요 내용으로 하였다.

3대 부문	전략분야(목표 부가가치 창출액)
새로운 유망시장 창출	① 제4차 산업혁명 실현: IoT, 빅데이터, AI, 로봇(30조엔, '20년)
	② 세계 최첨단 건강입국(26조엔, '20년)
	③ 환경 에너지 제약 극복 및 투자 확대(28조엔, '30년)
	④ 스포츠산업 확대(15조엔, '25년)
	⑤ 기존 주택유통ㆍ리모델링 시장 활성화(20조엔, '25년)
로컬 아베노믹스 발전	⑥ 서비스산업 생산성 향상 (410조엔, '20년)
	⑦ 중견ㆍ중소기업 사업자 혁신
	⑧ 농림수산업 개혁 및 수출 촉진(10조엔, '20년)
	⑨ 관광입국 실현(15조엔, '30년)
국내소비 진작	⑩ 민관협력을 통한 소비진작

한편 일본은 2016년 아베 총리를 의장으로 하는 '미래투자회의'를 신설(2016. 9.)하고, 「미래투자전략 2017」(부제 : 'Society 5.0의 실현을 향한 개혁')을 발표(2017. 6.)하였다. 2013년부터 시작한 「일본재흥전략」에서 좀 더 미래지향적인 정책실현을 위해 2017년부터 「미래투자전략」으로 명칭은 바꿨지만 내용은 지속적이다. 「미래투자전략 2017」은 1) 건강수명 연장, 2) 이동혁명 실현, 3) 공급망 첨단화, 4) 쾌적한 인프라 도시 만들기, 5) 핀테크를 5대 신성장 전략으로 육성하겠다는 계획이다. 동 전략에서 일본은 정책자원을 집중투자 할 분야를 선정하였다: 1) 제조업 강화, 2) 고령화, 환경문제, 노동력 인구 부족과 같은 사회과제, 3) 현실 데이터의 획득과 활용이 그것이다.

일본정부는 이러한 차원에서 다섯 가지 신성장 전략 분야에 데이터를 활용한 기반구축이라는 일관된 정책을 추진하고, 새로운 미래기술을 위한 '실증에 의한 정책형성'인 '샌드박스(Sandbox)' 규제제도 도입을 추진하기로 했다. 구체적으로 국가전략 특구의 자동주행, 드론 등 미래기술의 실증실험을 위한 사전규제 및 수속을 근본적으로 수정하고자 한다. 또한 일본은 '이동혁명의 실현'을 위해 무인자율주행, 드론에 의한 물품배송이나 자율운항선 등에 의한 물류의 효율적 이동 서비스를 고도화하여 교통사고의 감소, 지역인력 부족이나 이동약자 문제를 해소하고자 한다.

* 민관전략프로젝트 : 3대 부문 10대 전략분야으로 구성되었다(아래 참조).
** 성장전략 가속화를 위한 자동주행기술, 분산형 에너지, 첨단 로봇, 의료 서비스, 관광입국, 대일직접투자 확대 등 6개의 민관 프로젝트로 구성되어 있다.

자료 : 최혜옥(2017), 「일본 미래전략 2017」 대응정책과 시사점', 과학기술정책연구원 등을 참고하여 정리함

2.3 독일

독일의 경우 2000~2014 기간 제조업 비중(부가가치 기준)이 전체적으로 큰 변화 없이 안정적으로 유지되고 있는데(〈표 4-5〉 참조), 제조업 중에서는 주력산업인 자동차 및 트레일러(20), 기타 기계 및 장비(19) 비중이 확대되었는데, 특히 자동차 및 트레일러(20) 비중이 크게 확대되었다. 반면 식료품, 음료, 담배(5), 인쇄 및 기록매체 복제업(9), 컴퓨터, 전자·광학제품(17) 등을 중심으로 비중이 축소되었다(〈그림 4-19〉 참조). 2014년 부가가치 기준으로 독일의 주력 제조업은 자동차 및 트레일러(20), 기타 기계 및 장비(19), 금속가공제품(16), 전기장비(18), 식료품, 음료, 담배(5)이다(〈그림 4-17〉 참조). 독일의 전체적인 서비스업 비중에는 큰 변화가 없으나, 서비스업 내 구조에 변화가 나타났다. 즉 보건업 및

표 4-5 ──○ 독일의 산업구조 변화 : 대분류

		농림수산업	광업	제조업	서비스업
생산	2000	1.1	0.3	33.8	64.7
	2007	1.0	0.3	35.8	62.9
	2014	1.0	0.2	33.4	65.4
부가가치	2000	1.1	0.3	23.0	75.7
	2007	0.8	0.2	23.5	75.5
	2014	0.7	0.2	22.6	76.5

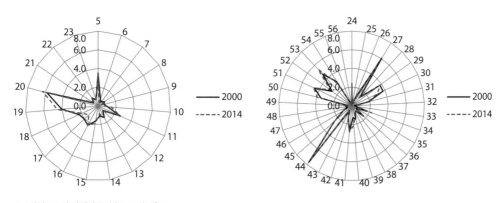

주 : 산업코드별 산업명은 〈부표 2-2〉 참조

그림 4-16 ▶ 독일의 산업구조 변화(생산 기준) : 제조업(좌), 서비스업(우)

표 4-6 ○ 독일의 주요 산업구조 변화 : 중분류

산업	생산			산업	부가가치		
	2000	2007	2014		2000	2007	2014
44	7.7	7.3	7.2	44	11.0	11.5	11.1
20	5.8	6.8	6.3	53	6.2	6.3	7.5
53	4.7	4.5	5.4	51	6.5	5.9	6.2
27	6.1	4.5	5.2	50	4.0	4.5	4.9
51	4.5	4.1	4.6	27	5.1	3.9	4.6
19	4.0	4.7	4.5	29	4.0	4.7	4.5
50	3.5	3.5	3.9	52	4.3	4.2	4.5
29	3.8	4.0	3.9	20	3.0	3.7	4.0
5	3.5	3.3	3.5	54	4.0	3.8	3.8
30	3.8	3.2	3.0	19	3.2	3.6	3.5
52	2.7	2.6	2.9	30	4.5	3.7	3.2
54	3.0	2.7	2.8	45	3.3	3.5	3.0
41	2.8	2.8	2.7	40	1.6	2.0	2.6
11	2.7	2.6	2.6	41	2.8	2.8	2.5
45	2.5	3.0	2.5	16	2.0	2.1	2.0
24	1.6	2.4	2.4	24	1.6	2.0	1.9
16	2.4	2.6	2.4	31	1.8	1.8	1.8
34	1.8	2.1	2.3	34	1.2	1.8	1.8
40	1.3	1.6	2.1	18	1.8	1.6	1.7
18	2.3	2.0	1.9	5	1.9	1.7	1.6
15	1.6	2.4	1.9	11	1.8	1.7	1.6
31	1.9	1.8	1.8	28	1.7	1.8	1.5
36	1.7	1.4	1.6	36	1.6	1.5	1.5
10	1.0	1.3	1.5	46	1.5	1.3	1.5
13	1.4	1.4	1.4	17	1.6	1.6	1.3
42	1.4	1.5	1.4	13	1.1	1.0	1.0
17	2.1	2.0	1.4	42	1.0	1.1	1.0
46	1.1	1.1	1.2	39	1.6	1.5	1.0
39	1.5	1.7	1.2	12	0.7	0.9	0.9
28	1.3	1.3	1.1	22	0.9	0.9	0.9

주 : 산업코드별 산업명은 〈부표 2-2〉 참조
자료 : WIOD 이용 계산

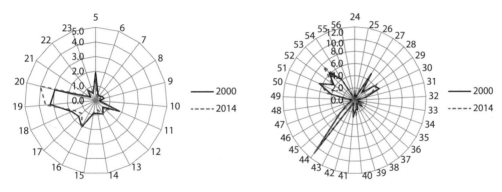

주 : 산업코드별 산업명은 〈부표 2-2〉 참조

그림 4-17 독일의 산업구조 변화(부가가치 기준) : 제조업(좌), 서비스업(우)

사회복지 서비스업(53), 컴퓨터 프로그래밍, 시스템 통합 및 관리업, 정보 서비스(40), 사업시설 관리, 사업 지원 및 임대 서비스(50), 도매업(자동차 제외)(29)의 비중이 높아졌는데, 특히 보건업 및 사회복지 서비스업(53)의 비중 확대가 컸다. 반면 소매업(자동차 제외)

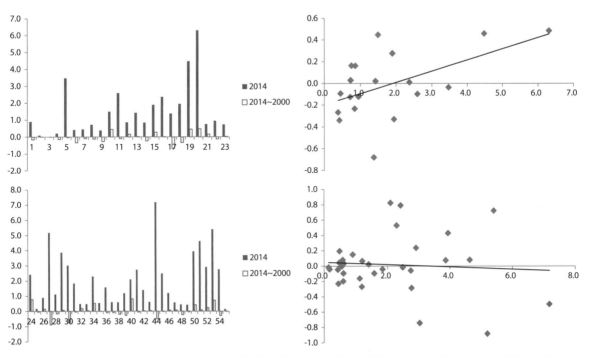

주 : 좌측 수평축의 산업명은 〈부표 2-2〉 참조, 우측의 수평축은 산업별 비중(2014), 수직축은 비중 변화(2014~2000). 2사분면은 제조업, 4사분면은 서비스업
자료 : WIOD 이용 계산

그림 4-18 독일의 생산 기준 산업구조 변화 : 산업별 비중(2014) 및 비중 변화(2014~2000)

(30), 통신업(39), 건설업(27), 공공 행정, 국방 및 사회보장 행정(51) 등의 비중은 축소되었
는데, 특히 소매업(자동차 제외)(30)의 비중이 크게 축소되었다. 독일의 주요 서비스업은
부동산업(44), 보건업 및 사회복지 서비스업(53), 공공 행정, 국방 및 사회보장 행정(51),
사업시설 관리, 사업 지원 및 임대 서비스(50), 건설업(27)인데, 특히 부동산업(44)의 비중
이 높다.

　　부가가치 기준으로 독일의 산업비중과 비중 변화 간 관계를 살펴보면, 독일은 미국 및
일본과 비슷한 측면이 있었으나 차이점도 발견되었다. 즉 독일 서비스업의 경우 비중이 높
은 산업의 비중은 더 높아지고, 비중이 낮은 산업의 비중은 낮아지는 경향이 있었다. 이는
미국과 일본에 있어서도 동일했다. 그뿐만 아니라 독일 제조업의 경우에 있어서도 같은 양
상을 보였으며, 그러한 경향이 서비스업에 있어서 보다 더 강하였는데(〈그림 4-19〉 참조),
이는 제조업에 있어서 그러한 경향을 보이지 않았던 일본 및 미국과 크게 다른 점이라 할
수 있다. 독일의 제조업 중 기타 기계 및 장비(19)와 자동차 및 트레일러(20)가 제조업 중

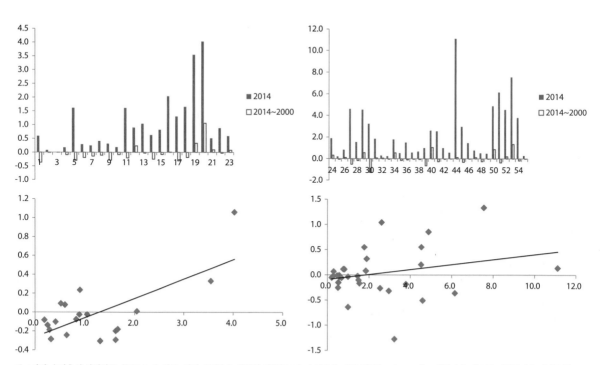

주 : 상단 수평축의 산업명은 〈부표 2-2〉 참조, 하단 수평축은 산업별 비중(2014), 수직축은 비중 변화(2014~2000). 3사분면은 제조업, 4사분면은 서비스업
자료 : WIOD 이용 계산

그림 4-19 ▶ 독일의 부가가치 기준 산업구조 변화 : 산업별 비중(2014) 및 비중 변화(2014~2000)

높은 비중을 보였는데, 이는 일본에 있어서도 마찬가지였다. 독일은 일본과 함께 자동차, 기계 산업 등 세계의 주요 제조업에서 선도적 역할을 하고 있는데, 이들 국가는 제조업에서의 강점을 유지하기 위해 적극적인 정책을 추진하고 있다(〈Box 4-3〉, 〈Box 4-4〉 참조). 또한 서비스업에 있어서도 부동산업(44), 공공 행정, 국방 및 사회보장 행정(51), 보건업 및 사회복지 서비스업(53)의 비중이 높았는데 이 역시 미국과 일본에 있어서도 동일했다.

부가가치 비중을 기준으로 할 때 독일의 특정산업에 대한 의존도(또는 산업집중도)는 2000년과 2014년 사이에 더 심화되었다. 상위 56개 산업 중 2위(4위) 산업의 누적비중이 2000년 17.2%(28.8%)에서 2014년 18.6%(34.3%)로 확대되었다(〈표 4-6〉 참조). 이는 미국과 일본에서와 마찬가지 현상이다. 독일 전체에 있어서 제조업 상위 4위 산업의 누적비중이 2000년 10.0%에서 2014년 11.2%로 확대되었으며, 제조업 내에서 이들 상위 4위 산업의 누적비중 역시 2000년 43.5%에서 49.6%로 확대되었다. 일본 제조업과 마찬가지로 독일 제조업 역시 상위 산업에 대한 의존도가 더욱 심화되었다 할 수 있다.

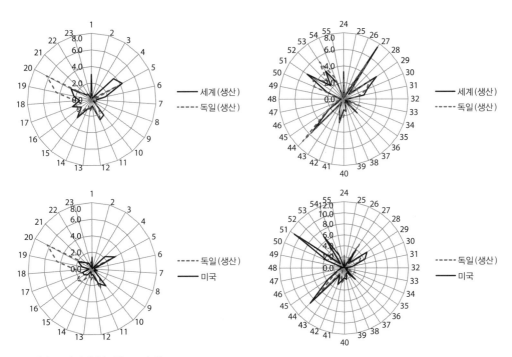

주 : 산업코드별 산업명은 〈부표 2-2〉 참조
자료 : WIOD 이용 계산

그림 4-20 ▶ 독일 산업구조의 세계 및 미국 산업구조와 비교(2014) : 생산 기준

    2014년 부가가치 기준으로 독일의 서비스업 구조는 미국 및 일본과 유사한 측면도 있다. 그러나 제조업 구조에 있어서 독일은 미국과 상이한 측면이 많았으며, 오히려 일본과 보다 더 비슷하였다(〈그림 4-15〉, 〈그림 4-21〉 참조). 그러나 통합 유사성 지수(ISI)를 기준으로 독일의 전체적인 산업구조를 여타 국가들과 비교해보면, 2014년 부가가치 기준으로 독일은 미국이나 일본보다는 오스트리아, 핀란드, 프랑스, 스웨덴, 이탈리아, 영국 등 여타 유럽 선진국과 더 많이 유사했다(〈부표 10〉 참조). 제조업만 놓고 보면 독일의 산업구조는 헝가리, 체코, 슬로바키아, 오스트리아, 스웨덴, 일본 순으로 유사성이 높았으며, 서비스업에 있어서는 프랑스, 핀란드, 영국, 오스트리아, 이탈리아 순으로 유사성이 높았다. 2014년 부가가치 기준으로 세계 전체의 산업구조와 비교해보면, 독일의 서비스업 구조는 세계 전체와 어느 정도 비슷한 모습을 보였으나 1차산업과 제조업에 있어서는 상당한 차이를 보였다(〈그림 4-21〉 참조).

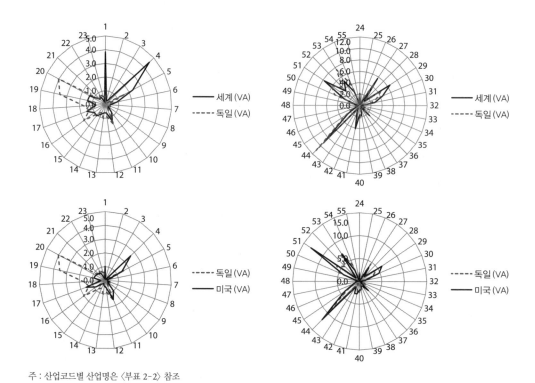

주 : 산업코드별 산업명은 〈부표 2-2〉 참조
자료 : WIOD 이용 계산

그림 4-21   독일 산업구조의 세계 및 미국 산업구조와 비교(2014) : 부가가치 기준

| Box 4-4 | 독일의 인더스트리 4.0과 제조업 |

독일은 디지털 기술의 빠른 발전, 중국 등 신흥국 부상에 따른 선진국 내 제조업 생산감소, 제품 중심에서 서비스 중심으로의 소비자 선호 변화, 미국 등 선진국들의 제조업 재부흥정책(미국 : 재산업화전략, 일본 : 산업재흥플랜)에 대응하여 자국 제조업의 경쟁력을 유지하고 증진시킬 필요성을 느꼈다. 특히 디지털 기술이 빠르게 발전하고 있는 상황에서 이를 기반으로 한 잠재적 경쟁자들이 독일이 높은 경쟁력을 가지고 있는 기계 및 장비산업 등에 진출할 것으로 예상했다. 이러한 상황에서 독일은 선제적으로 디지털 기술(AI, IoT, Big Data, Robot 등)을 자신들이 전통적으로 강점을 가지고 있는 산업에 결합시키는 전략이 필요했다. 이 전략이 바로 독일의 인더스트리 4.0이라 할 수 있다.

독일은 전통적으로 제조업, 자동화에 강점이 있었을 뿐만 아니라 소프트웨어 기반 임베디드시스템에 있어 선도적 지위에 있다는 점에서 4차산업의 핵심인프라라 할 수 있는 사이버물리시스템(Cyber-Physical Systems) 구축에 강점을 가질 수 있었다. 이것이 독일의 '인더스트리 4.0'이 성과를 낼 수 있는 토대가 되었다. 독일은 '인더스트리 4.0' 전략을 통해 생산성을 제고시킬 뿐만 아니라, '인더스트리 4.0' 시장의 선도적 공급자 및 솔루션(S/W, IT-Services, Hardware) 선도시장으로 발전하고자 한다. 실제로 독일의 인더스트리 4.0 솔루션 매출이 2015년 40.6억 유로에서 2016년 48.6억 유로로 증가했고, 2018년에는 71.9억 유로로 상승할 것으로 전망된다.

'인더스트리 4.0'의 핵심은 제조업의 가상화를 위한 스마트공장을 실현하는 것으로 이전까지 사용하였던 하드웨어 중심의 자동화를 소프트웨어 중심의 자동화로 전환하는 것이다. 스마트공장은 공장설계에서부터 최적 생산과 생산제품의 유통 등 물류까지 포함하여 최적화된 생산 플랫폼인 가상물리시스템을 기반으로 한다. 사물인터넷과 서비스인터넷을 통하여 인간, 제조과정, 제품 간 양방향의 정보교환이 이루어지고 이 과정에서 생성되는 빅데이터의 분석으로 생산 시뮬레이션이 최적화된다. 그 결과 원료투입, 생산, 물류, 서비스까지 전 생산체계가 내장제어시스템(Embedded System)을 통해 네트워크에 연결된다. 이와 같은 스마트공장 시스템에서는 원거리에서 가상물리체제를 이용하여 실제 생산현장에서 수행하는 생산활동을 통제할 수 있다. 2017년 현재 스마트팩토리는 독일에서 실험 중에 있다.

독일은 2011년 '인더스트리 4.0'을 정부의 '미래 프로젝트' 가운데 하나인 하이테크 2020(High Technology Strategy 2020)* 실행계획의 일환으로 추진하기로 하였다. 이후 2015년에 '인더스트리 4.0' 구현전략이 발표되었으며, 2017년에는 '인더스트리 4.0'을 위한 10강령이 발표되었다.

* HTS 2020 : 독일연방정부는 2012년 말 당시 기준으로 임기 동안 수행할 5대 수요분야(기후/에너지, 보건/식량, 정보통신, 이동성, 안전)의 세부계획을 마련하고, 이들 분야의 핵심기술 지원을 위한 10대 미래프로젝트를 개발하였다. 인더스트리 4.0은 이 중 정보통신 수요분야의 미래 프로젝트 2개(인터넷 경제서비스, 인더스트리 4.0) 중 하나로 선정되었다(HTS 2020에 대한 자세한 설명은 KIAT 산업기술정책 브리프(2013~17) '독일 첨단기술전략의 10대 프로젝트 및 실행방안' 참조).

자료 : 김계환 · 박상철(2017), '독일의 인더스트리 4.0과 제조업의 변화'; KIET 정책자료; 김은(2017), '독일 인더스트리 4.0 최근 동향 및 시사점' 내용 정리(보고서 내용 중 일부를 편집하여 요약함).

2.4 영국

영국의 경우 2000~2014년 부가가치 기준으로 제조업 비중이 5.0%포인트나 감소(〈표 4-7〉 참조)한 가운데 한 산업[의료용 물질 및 의약품(12)]을 제외한 모든 제조업의 비중이 하락했다(〈그림 4-23〉, 〈표 4-8〉 참조). 특히 식료품, 음료, 담배(5), 화학물질 및 화학제품(11), 컴퓨터, 전자·광학제품(17)의 비중 축소 폭이 컸다. 영국의 주요 제조업은 2014

표 4 - 7		농림수산업	광업	제조업	서비스업
생산	2000	1.0	1.9	21.4	75.7
	2007	0.8	1.7	16.1	81.4
	2014	0.9	1.3	15.5	82.2
부가가치	2000	0.9	2.6	15.6	80.8
	2007	0.6	2.3	10.7	86.3
	2014	0.7	1.6	10.6	87.1

표 4 - 7 영국의 산업구조 변화 : 대분류

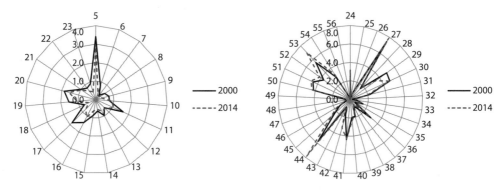

주 : 산업코드별 산업명은 〈부표 2-2〉 참조

그림 4 - 22 영국의 산업구조 변화(생산 기준) : 제조업(좌), 서비스업(우)

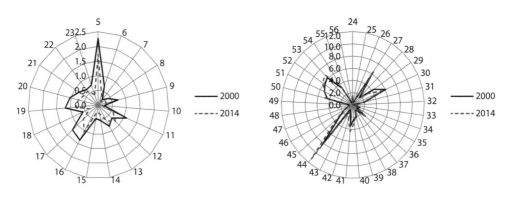

주 : 산업코드별 산업명은 〈부표 2-2〉 참조

그림 4 - 23 영국의 산업구조 변화(부가가치 기준) : 제조업(좌), 서비스업(우)

표 4-8 ─○ 영국의 주요 산업구조 변화 : 중분류

산업	생산			산업	부가가치		
	2000	2007	2014		2000	2007	2014
27	7.4	8.5	7.9	44	8.4	8.9	11.2
44	5.8	6.2	7.8	53	6.2	7.1	6.8
53	5.5	6.7	7.0	27	6.4	7.2	6.2
51	4.6	5.1	4.8	52	5.7	6.3	6.2
30	4.8	4.7	4.7	30	6.1	5.6	5.6
50	4.2	4.1	4.4	51	5.2	5.3	5.1
41	4.4	4.9	4.3	50	4.4	4.4	4.8
52	3.6	4.2	4.2	41	3.4	5.7	4.4
29	4.9	4.0	3.5	54	3.2	3.4	3.9
24	2.5	2.6	3.2	45	2.9	3.5	3.6
42	1.8	3.9	3.2	29	4.4	4.0	3.2
54	2.8	2.9	3.2	40	2.3	2.8	2.9
36	3.0	2.9	2.9	36	2.8	2.7	2.9
5	3.4	2.6	2.8	42	1.3	2.1	2.5
45	2.3	2.8	2.8	28	1.6	1.9	1.9
40	2.0	2.2	2.3	31	2.1	1.8	1.9
31	2.2	2.0	2.0	46	1.6	1.6	1.8
28	1.6	1.7	1.7	5	2.3	1.6	1.7
46	1.3	1.6	1.7	39	2.1	1.9	1.7
39	1.9	1.7	1.6	4	2.6	2.3	1.6
20	1.9	1.5	1.6	24	1.4	1.2	1.5
34	1.5	1.3	1.4	43	0.9	1.2	1.3
4	1.9	1.7	1.3	34	1.3	1.0	1.1
11	1.7	1.5	1.1	16	1.4	1.0	1.0
43	0.9	1.1	1.1	38	1.0	0.9	0.9
16	1.4	1.2	1.1	49	0.7	0.7	0.8
19	1.5	1.0	1.1	12	0.6	0.7	0.8
21	1.0	0.8	1.0	19	1.2	0.8	0.8
38	0.8	0.8	0.9	20	1.0	0.6	0.7
10	0.8	0.8	0.9	26	0.7	0.9	0.7

주 : 산업코드별 산업명은 〈부표 2-2〉 참조
자료 : WIOD 이용 계산

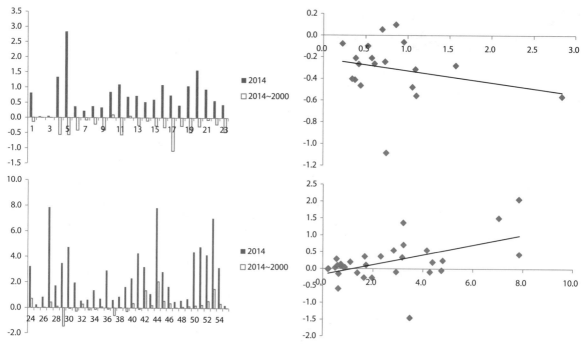

주 : 좌측 수평축의 산업명은 〈부표 2-2〉 참조, 우측의 수평축은 산업별 비중(2014), 수직축은 비중 변화(2014~2000). 2사분면은 제조업, 4사분면은 서비스업
자료 : WIOD 이용 계산

그림 4-24   **영국의 생산 기준 산업구조 변화 : 산업별 비중(2014) 및 비중 변화(2014~2000)**

년 부가가치 기준으로 식료품, 음료, 담배(5), 금속가공제품(16), 의료용 물질 및 의약품
(12), 기타 기계 및 장비(19), 자동차 및 트레일러(20)이다. 영국 전체적인 서비스업 비중
은 2000~2014년 기간 6.3%포인트나 확대되었다. 부동산업(44), 보험 및 연금업(42), 금융
업(보험 및 연금 제외)(41), 금융 및 보험관련 서비스(43), 컴퓨터 프로그래밍, 시스템 통합
및 관리업, 정보 서비스(40), 보건업 및 사회복지 서비스업(53)을 중심으로 비중이 확대되
었는데, 특히 부동산업(44)의 비중 확대가 컸다. 반면 도매업(자동차 제외)(29), 소매업(자
동차 제외)(30), 창고 및 운송관련 서비스(34), 통신업(39) 중심으로 비중 축소가 나타났는
데, 특히 도매업(자동차 제외)(29)의 비중이 상대적으로 크게 축소되었다. 영국의 주요 서
비스산업으로는 부동산업(44), 보건업 및 사회복지 서비스업(53), 건설업(27), 교육 서비스
(52), 소매업(자동차 제외)(30), 공공 행정, 국방 및 사회보장 행정(51) 등을 들 수 있다.

부가가치 기준으로 영국의 산업비중과 비중 변화 간 관계를 살펴보면, 영국 서비스업에
있어서는 미국, 일본, 독일과 마찬가지로 비중이 높은 산업의 비중이 더 높아지고, 비중이

낮은 산업의 비중은 더 낮아졌다. 그러나 제조업에 있어서는 전체적으로 비중이 축소되는 가운데 독일과 반대로 비중이 높은 산업들의 비중이 더 크게 축소되는 양상을 보였다(〈그림 4-25〉 참조).

미국, 일본, 독일에 있어서와 달리 영국 제조업 중에서 가장 높은 비중을 보인 산업은 식료품, 음료, 담배(5)였다. 영국과 마찬가지로 이들 선진국들의 제조업에 있어 식료품, 음료, 담배(5)가 상대적으로 높은 비중을 보인 것은 같으나 특히 영국에 있어서 그 비중이 높았는데, 이는 영국에 있어서 상대적으로 여타 제조업이 크게 위축된 결과라 할 수 있다. 서비스업에 있어서뿐만 아니라 영국 전체 산업에 있어서도 부동산업(44) 비중이 월등히 높았는데, 이는 영국에서만 발견되는 현상이 아니라 미국, 독일, 일본 등 주요 선진국에서도 동일하였다. 영국 서비스업에 있어서 특징은 부동산업(44) 이외에도 공공 행정, 국방 및 사회보장 행정(51), 교육 서비스(52), 보건업 및 사회복지 서비스업(53)의 비중이 높을 뿐만 아니라, 건설업(27)과 소매업(자동차 제외)(30) 비중 역시 높다는 점이다. 영국에 있어

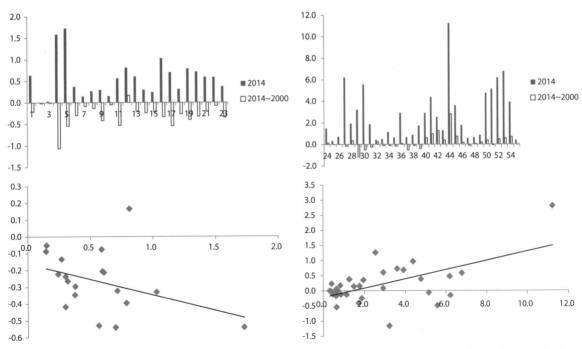

주 : 상단 수평축의 산업명은 〈부표 2-2〉 참조, 하단 수평축은 산업별 비중(2014), 수직축은 비중 변화(2014~2000). 3사분면은 제조업, 4사분면은 서비스업
자료 : WIOD 이용 계산

그림 4-25 ▶ **영국의 부가가치 기준 산업구조 변화 : 산업별 비중(2014) 및 비중 변화(2014~2000)**

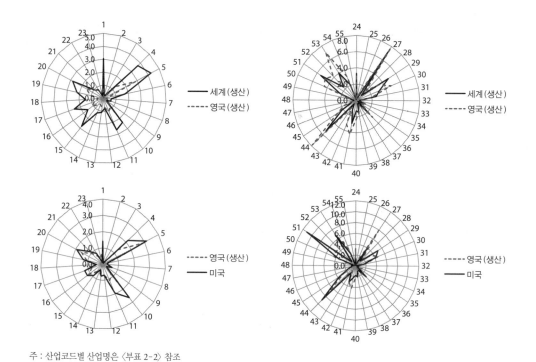

주 : 산업코드별 산업명은 〈부표 2-2〉 참조
자료 : WIOD 이용 계산

그림 4-26 ▶ **영국 산업구조의 세계 및 미국 산업구조와 비교(2014) : 생산 기준**

서 건설업(27), 공공 행정, 국방 및 사회보장 행정(51), 보건업 및 사회복지 서비스업(53)의
비중이 높은 것은 여타 주요 선진국들에 있어서와 마찬가지라 할 수 있으나, 영국에 있어
서는 특히 소매업(30)의 비중이 크게 높았다. 또한 서비스업 중 금융업(보험 및 연금 제외)
(41)의 비중 역시 여타 주요 선진국들에 비해 높았는데, 이 역시 영국만의 특징이라 할 수
있다. 영국은 자국이 강점을 가지고 있는 금융분야에서의 경쟁력을 유지하기 위해 정책적
노력을 지속하고 있다(〈Box 4-5〉 참조).

부가가치 비중을 기준으로 할 때 영국의 특정산업에 대한 의존도(또는 산업집중도)는 미
국, 독일, 일본 등 주요 선진국에 있어서와 마찬가지로 2000년에 비해 2014년에 더욱 심화
되었다. 상위 56개 산업 중 2위(4위) 산업의 누적비중이 2000년 14.6%(27.1%)에서 2014년
18.0%(30.4%)로 확대되었다(〈표 4-8〉 참조). 그리고 미국, 일본, 독일에서와 마찬가지로
이들 상위 4위 산업은 모두 서비스업이었다. 영국 전체에 있어서는 제조업 상위 2위 산업
의 누적비중이 2000년 3.7%에서 2014년 2.7%로 축소되었으나, 제조업 내에서 이들 상위
2위 산업의 누적비중은 23.7%에서 25.5%로 오히려 확대되었는데, 이는 영국 내 제조업 중

여타 제조업의 비중이 더 빠르게 축소된 결과라 할 수 있다. 즉 영국의 제조업은 전체적으로 축소되고 있는 가운데, 여타 주요 선진국들과 마찬가지로 특정 제조업에 대한 의존도가 더 심화되었다고 할 수 있다.

영국 서비스업의 구조는 미국, 일본 등 주요 선진국들과 유사한 측면도 있다(〈그림 4-27〉 참조). 그러나 제조업 구조에 있어서 영국은 미국, 일본, 독일과 상이한 측면이 많았다. 한편 영국의 전체적인 산업구조를 통합 유사성 지수(ISI)를 기준으로 여타 국가들과 비교해보면, 2014년 부가가치 기준으로 영국은 미국이나 일본보다는 프랑스, 오스트리아, 이탈리아, 스페인, 핀란드, 독일 등 여타 유럽 선진국과 더 많이 유사했다(〈부표 12〉 참조). 또한 제조업만 놓고 볼 때도 영국의 산업구조는 프랑스, 스페인, 네덜란드 순으로 유사성이 높았으며, 서비스업에 있어서 역시 독일, 오스트리아, 프랑스 순으로 유사성이 높았다. 즉 영국의 산업구조는 전체적으로 유럽의 여타 선진국들과 유사하다 할 수 있다. 2014년 부가가치 기준으로 세계 전체의 산업구조와 비교해보면, 영국의 서비스업 구조는

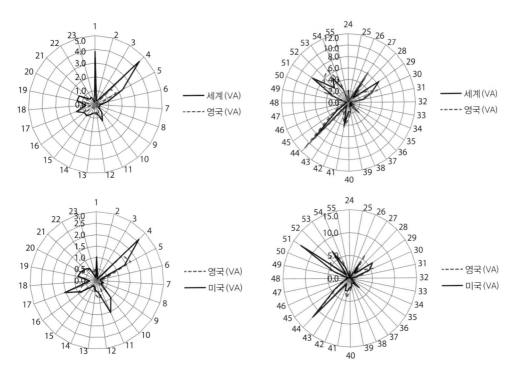

주 : 산업코드별 산업명은 〈부표 2-2〉 참조
자료 : WIOD 이용 계산

그림 4-27 ▷ 영국 산업구조의 세계 및 미국 산업구조와 비교(2014) : 부가가치 기준

Box 4-5 | **영국의 핀테크 산업**

핀테크(FinTech)는 금융(finance)과 기술(technology)의 합성어로, 전통적 금융서비스에 ICT를 적용함으로써 혁신적 형태의 금융서비스를 제공하는 산업 및 서비스 분야를 지칭한다. 영국의 핀테크 산업은 2008년 글로벌 금융위기 이후 급속히 성장해왔으며, 글로벌 금융시장에의 인접성, 정부의 적극적 규제환경 조성, 핀테크 허브 간의 우수한 네트워크 등을 바탕으로 글로벌 핀테크 산업을 선도하고 있다.

영국의 핀테크 시장은 2015년 기준 66억 파운드 규모(뉴욕 56억 파운드, 캘리포니아 47억 파운드, 독일 18억 파운드 순)이며, 핀테크 관련 고용 인력은 약 6만 1천여 명으로, 영국은 미국(캘리포니아가 7만 4천 명으로 가장 많음)에 이어 전 세계에서 두 번째로 큰 규모의 핀테크 시장이 조성되어 있다.

2008년 글로벌 금융위기 이후 영국의 핀테크 산업은 급속도로 성장해왔으며, 2008년부터 핀테크 관련 거래 규모는 매년 74%씩 증가했고, 투자 규모는 2008년에서 2013년 사이 약 8배 증가하였다. 같은 기간 영국의 핀테크 관련 투자 규모는 매년 약 51%씩 증가해왔는데, 이는 전 세계 핀테크 투자 평균 증가율(26%) 및 캘리포니아(Silicon Valley)의 증가율(23%)을 훨씬 넘는 비율이다.

2016년 영국의 EU 탈퇴 결정에 따른 불확실성 증가에도 불구하고 런던은 2016년 파이낸셜 타임즈(Financial Times)에서 발표한 국제금융센터(IFCs : international financial centres) 순위에서 2015년에 이어 부동의 1위를 차지하였다. 런던은 해외직접투자 프로젝트 건수, 대형 은행 수, 금융서비스 관련 기업 수 등을 반영한 금융서비스 시장의 규모 면에 있어서 다른 지역에 비해 여전히 독보적인 지위를 유지하고 있다. 런던 소재 금융서비스 관련 기관은 총 4만 7,977개로 다른 국제금융센터에 비해 압도적으로 많다.

브렉시트(Brexit)에 따른 영국 금융시장의 불확실성은 여전히 위험요소로 잠재되어 있으나, 핀테크 기업에 대한 투자에 미치는 영향은 아직 크게 나타나지 않고 있다. 브렉시트 국민투표 이후 약 1,200명의 영국 내 주요 핀테크 기업 임원 및 CEO를 상대로 한 설문조사 결과에 따르면, 영국 디지털 경제의 급격한 성장세와 유럽 내 수십억 달러 규모의 신생 핀테크 기업의 약 40%가 영국 내에 소재해 있다는 점 등을 들어 브렉시트가 핀테크 산업계에 미치는 부정적 영향은 크지 않을 것으로 전망되었다.

자료 : 양효은(2016), '영국의 핀테크 산업 지원정책 및 시사점', KIEP 오늘의 세계경제(보고서 내용 중 일부를 편집하여 요약함)

세계 전체의 서비스업 구조와 어느 정도 비슷한 모습을 보였으나 1차산업과 제조업 구조에 있어서는 상당한 차이를 보였다(〈그림 4-27〉 참조).

2.5 프랑스

프랑스 역시 영국과 마찬가지로 2000~2014년 기간 제조업 비중이 4.5%포인트나 축소되었는데(〈표 4-9〉 참조), 기타 운송장비(21)를 제외한 모든 제조업 비중이 축소되었다. 특히 컴퓨터, 전자·광학제품(17), 자동차 및 트레일러(20), 식료품, 음료, 담배(5)의 축소 폭이 컸다. 2014년 부가가치 기준으로 프랑스의 주요 제조업은 식료품, 음료, 담배(5), 산업용 기계 및 장비 수리업(23), 금속가공제품(16), 화학물질 및 화학제품(11), 기타 운송장비

표 4-9 ─○ 프랑스의 산업구조 변화 : 대분류

		농림수산업	광업	제조업	서비스업
생산	2000	2.8	0.2	26.2	70.9
	2007	2.2	0.2	22.3	75.3
	2014	2.3	0.1	19.7	77.8
부가가치	2000	2.3	0.2	15.7	81.8
	2007	1.8	0.1	12.7	85.4
	2014	1.7	0.1	11.2	87.0

(21) 정도이다(〈그림 4-29〉, 〈그림 4-31〉 참조). 프랑스도 영국과 마찬가지로 2000~2014
년 기간 전체적인 서비스업 비중이 5.2%포인트나 증가했다. 서비스업 중 비중이 확대된 산
업은 보건업 및 사회복지 서비스업(53), 부동산업(44), 법률·회계·경영자문(45), 건설업
(27) 등을 들 수 있는데, 특히 보건업 및 사회복지 서비스업(53)의 비중이 크게 확대되었
다. 반면 비중이 축소된 산업은 도매업(자동차 제외)(29), 통신업(39), 사업시설 관리, 사업
지원 및 임대 서비스(50) 등을 들 수 있는데, 그중 도매업(자동차 제외)(29)의 축소 폭이 상
대적으로 컸을 뿐이고 나머지 산업의 비중 축소 폭은 그리 크지 않았다. 프랑스의 주요 서
비스업은 부동산업(44), 보건업 및 사회복지 서비스업(53), 공공 행정, 국방 및 사회보장
행정(51), 건설업(27), 교육 서비스업(52)으로 주요 산업 구성이 영국과 거의 같았다.

부가가치 기준으로 프랑스의 산업비중과 비중 변화 간 관계를 살펴보면 영국과 같았다.

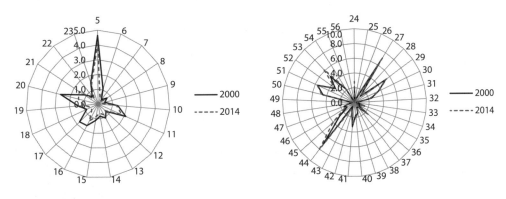

주 : 산업코드별 산업명은 〈부표 2-2〉 참조

그림 4-28 프랑스의 산업구조 변화(생산 기준) : 제조업(좌), 서비스업(우)

표 4-10 ○── 프랑스의 주요 산업구조 변화 : 중분류

산업	생산			산업	부가가치		
	2000	2007	2014		2000	2007	2014
44	7.2	7.7	8.0	44	11.4	13.2	12.9
27	6.5	7.8	7.3	53	7.3	8.3	9.5
53	4.9	5.3	6.2	51	8.2	7.8	8.3
51	5.7	5.3	5.7	27	4.9	6.1	5.7
29	5.3	5.7	5.5	52	5.3	5.1	5.4
50	4.5	4.8	4.7	50	5.7	5.7	5.4
5	4.7	4.2	4.1	29	5.3	5.0	4.7
45	2.8	3.5	4.0	30	4.3	4.2	4.2
30	3.6	3.5	3.6	45	2.5	3.3	3.5
52	3.3	3.1	3.4	41	2.9	2.1	2.9
41	3.3	2.7	3.1	54	2.6	2.7	2.9
24	1.8	2.6	2.8	36	2.6	2.6	2.7
36	2.4	2.4	2.5	40	2.3	2.3	2.4
54	2.2	2.3	2.4	5	2.7	2.3	2.2
31	2.3	2.3	2.2	31	2.1	2.1	2.1
1	2.5	2.0	2.1	24	1.9	1.5	1.7
40	1.7	1.7	1.9	47	1.7	1.5	1.7
11	2.1	1.8	1.8	34	1.5	1.5	1.7
46	1.2	1.5	1.6	1	2.1	1.6	1.5
47	1.5	1.4	1.6	46	1.1	1.4	1.4
21	1.1	1.2	1.6	28	1.4	1.3	1.3
39	1.5	1.7	1.6	39	1.6	1.8	1.2
34	1.5	1.4	1.5	23	1.3	1.1	1.2
42	1.3	1.6	1.5	16	1.4	1.2	1.0
20	2.7	2.1	1.4	11	1.1	0.8	0.8
23	1.5	1.3	1.4	43	0.7	0.9	0.8
16	1.6	1.5	1.3	42	0.6	0.9	0.7
10	1.4	1.4	1.3	21	0.6	0.6	0.7
28	1.2	1.2	1.2	19	0.9	0.8	0.7
43	0.6	1.0	1.0	12	0.8	0.8	0.7

주 : 산업코드별 산업명은 〈부표 2-2〉 참조
자료 : WIOD 이용 계산

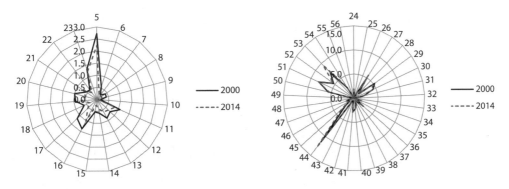

주 : 산업코드별 산업명은 〈부표 2-2〉 참조

그림 4 - 29 프랑스의 산업구조 변화(부가가치 기준) : 제조업(좌), 서비스업(우)

즉 서비스업에 있어서는 미국, 일본, 독일, 영국과 마찬가지로 비중이 높은 산업의 비중이 더 높아지고, 비중이 낮은 산업의 비중은 더 낮아졌다. 그러나 제조업에 있어서는 전체적으로 비중이 축소되는 가운데 영국에 있어서와 마찬가지로 비중이 높은 산업의 비중이 더 크

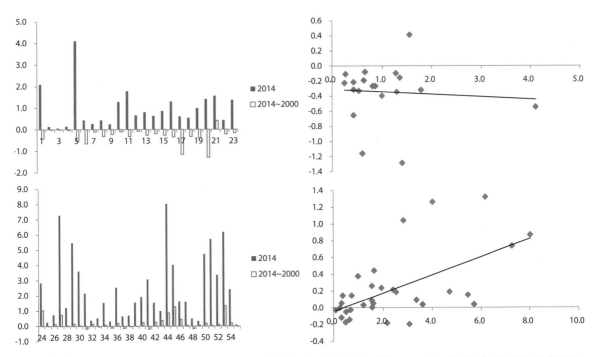

주 : 좌측 수평축의 산업명은 〈부표 2-2〉 참조, 우측의 수평축은 산업별 비중(2014), 수직축은 비중 변화(2014~2000). 2사분면은 제조업, 4사분면은 서비스업
자료 : WIOD 이용 계산

그림 4 - 30 프랑스의 생산 기준 산업구조 변화 : 산업별 비중(2014) 및 비중 변화(2014~2000)

게 축소되는 양상을 보였다(〈그림 4-31〉 참조). 이는 앞에서 본 독일 제조업에 있어서의 변
화 방향과는 반대라 할 수 있다. 즉 영국 및 프랑스의 제조업 구조 변화 방향은 독일과 상
이한 측면이 많다.

영국과 마찬가지로 프랑스 제조업 중에서 가장 높은 비중을 보인 산업은 식료품, 음료,
담배(5)였다. 이는 영국과 마찬가지로 프랑스에 있어서 상대적으로 여타 제조업이 보다 크
게 위축된 결과라 할 수 있다. 영국에서와 마찬가지로 서비스업에 있어서뿐만 아니라 전체
산업에 있어서도 부동산업(44)의 비중이 월등히 높았으며, 이 외에 사업시설 관리, 사업 지
원 및 임대 서비스(50), 공공 행정, 국방 및 사회보장 행정(51), 교육 서비스(52), 보건업 및
사회복지 서비스업(53), 건설업(27), 도매업(자동차 제외)(29), 소매업(자동차 제외)(30)의
비중도 높았다. 서비스업 중 이들 산업의 비중이 높은 것은 여타 주요 선진국들에 있어서
와 마찬가지라 할 수 있으나, 프랑스에 있어서는 특히 보건업 및 사회복지 서비스업(53)의
비중이 크게 높았다. 또한 프랑스 제조업 중 산업용 기계 및 장비 수리업(23)의 비중 역시

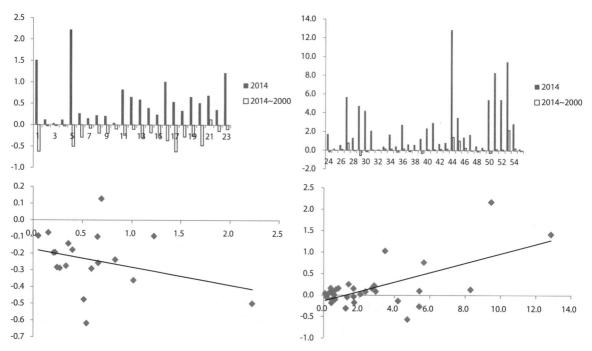

주 : 상단 수평축의 산업명은 〈부표 2-2〉 참조, 하단 수평축은 산업별 비중(2014), 수직축은 비중 변화(2014~2000). 3사분면은 제조업, 4사분면은 서비스업
자료 : WIOD 이용 계산

그림 4-31   프랑스의 부가가치 기준 산업구조 변화 : 산업별 비중(2014) 및 비중 변화(2014~2000)

여타 주요 선진국들에 비해 높았는데, 이 역시 프랑스만의 특징이라 할 수 있다.

부가가치 비중을 기준으로 할 때 프랑스의 특정산업에 대한 의존도(또는 산업집중도)는 미국, 독일, 일본, 영국 등 주요 선진국에 있어서와 마찬가지로 2000년에 비해 2014년에 더 심화되었다. 상위 56개 산업 중 2위(4위) 산업의 누적비중이 2000년 18.7%(32.6%)에서 2014년 22.4%(36.4%)로 확대되었다(〈표 4-10〉 참조). 그리고 미국, 일본, 독일, 영국에서와 마찬가지로 이들 상위 4위 산업은 모두 서비스업이었다. 프랑스 전체에 있어서는 제조업 상위 2위 산업의 누적비중이 2000년 4.1%에서 2014년 3.4%로 축소되었으나, 제조업 내에서 이들 상위 2위 산업의 누적비중은 26.1%에서 30.4%로 오히려 확대되었는데, 이는 프랑스 제조업 중 여타 제조업의 비중이 더 빠르게 축소된 결과라 할 수 있다. 즉 영국에서와 마찬가지로 프랑스의 제조업은 전체적으로 축소되고 있는 가운데, 여타 주요 선진국들과 마찬가지로 특정 제조업에 대한 의존도가 더 심화되었다고 할 수 있다.

프랑스 서비스업의 구조는 미국, 일본, 영국 등 주요 선진국들과 유사한 측면도 있었다(〈그림 4-33〉 참조). 그러나 제조업 구조에 있어서 프랑스의 산업구조는 미국, 일본, 독일

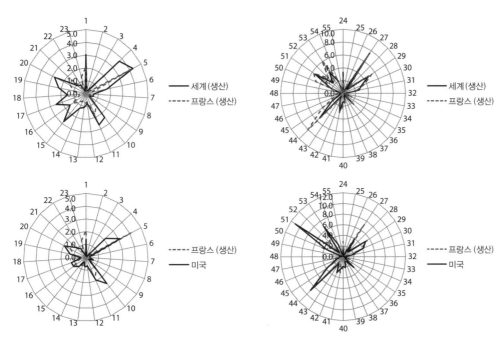

주 : 산업코드별 산업명은 〈부표 2-2〉 참조
자료 : WIOD 이용 계산

그림 4-32 **프랑스 산업구조의 세계 및 미국 산업구조와 비교(2014) : 생산 기준**

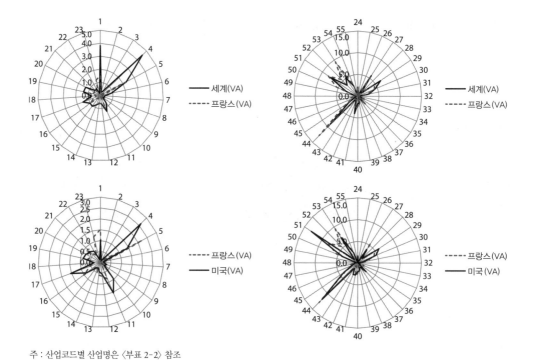

주 : 산업코드별 산업명은 〈부표 2-2〉 참조
자료 : WIOD 이용 계산

그림 4-33 프랑스 산업구조의 세계 및 미국 산업구조와 비교(2014) : 부가가치 기준

과 상이한 측면이 많았다. 한편 프랑스의 전체적인 산업구조를 통합 유사성 지수(ISI)를 기준으로 여타 국가들과 비교해보면, 2014년 부가가치 기준으로 프랑스는 미국이나 일본보다는 핀란드, 이탈리아, 영국, 스페인, 포르투갈, 독일 등 여타 유럽 선진국과 더 많이 유사했다(〈부표 11〉 참조). 또한 제조업만 놓고 볼 때도 프랑스의 산업구조는 스페인, 영국, 네덜란드 순으로 유사성이 높았으며, 서비스업에 있어서 역시 핀란드, 독일, 이탈리아 순으로 유사성이 높았다. 즉 프랑스의 산업구조는 전체적으로 유럽의 여타 선진국과 유사하다 할 수 있다. 2014년 부가가치 기준으로 세계 전체의 산업구조와 비교해보면 프랑스 서비스업 구조는 세계 전체 산업구조와 어느 정도 비슷한 모습을 보였으나 1차산업과 제조업에 있어서는 상당한 차이를 보였다(〈그림 4-33〉 참조).

05 BRICs의 생산 및 부가가치 구조

1 산업구조 특징 비교

주요 신흥국(한국, BRICs) 역시 선진 5개국과 마찬가지로 서비스업 중심이나 점차 1차산업이 축소되고 서비스업이 더욱 확대되어 왔다(〈그림 5-1〉, 〈그림 5-2〉 참조). 이들 신흥국에 있어서 제조업 산업구조는 선진국에 있어서의 제조업 산업구조와 다소 다른 모습을 보인다. 한국의 경우 선진 5개국과 마찬가지로 금속가공제품(16), 컴퓨터, 전자·광학제품(17), 기타 기계 및 장비(19), 자동차 및 트레일러(20) 비중이 높지만 선진 5개국에 비해 화학물질 및 화학제품(11)의 비중이 상대적으로 더 높다. 중국 제조업의 경우 의료용 물질 및 의약품(12), 고무 및 플라스틱제품(13), 기타 운송장비(21), 가구, 기타 제품(22), 산업용 기계 및 장비 수리업(23)에 있어서만 비중이 낮았을 뿐 나머지 산업들은 비슷한 비중을 보

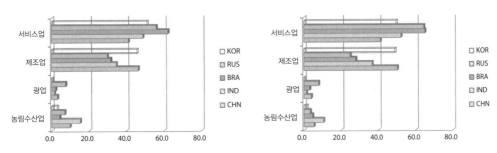

주 : 국가기호별 국가명은 〈부표 4〉 참조
자료 : WIOD 이용 계산

그림 5-1 신흥국의 생산구조 비교(좌측 : 2000, 우측 : 2014)

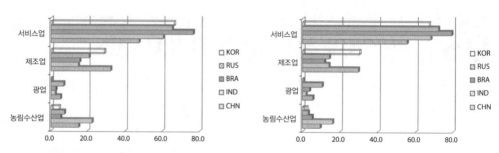

주 : 국가기호별 국가명은 〈부표 4〉 참조
자료 : WIOD 이용 계산

그림 5-2 신흥국의 부가가치구조 비교(좌측 : 2000, 우측 : 2014)

였는데 대체적으로 한국을 제외한 여타 주요 신흥국에 비해 높은 비중을 보였다. 특히 중국 제조업에서는 식료품, 음료, 담배(5)의 비중이 높은 것이 두드러진다(〈그림 5-3〉, 〈그림 5-4〉 참조). 한편 브라질, 인도, 러시아의 제조업 구조는 서로 유사한 모습을 보였으나, 한국과 중국에 비해 대체적으로 제조업 비중이 크게 낮았다. 특히 러시아의 경우 코르크 및 정유제조업(10)이 높은 비중을 나타냈는데, 이는 석유 및 천연가스 등 에너지 자원이 풍부한 러시아의 강점이 제조업 산업구조에 그대로 반영된 것이라 할 수 있다.

서비스업에 있어서도 주요 신흥국의 산업구조는 선진 5개국과 유사한 측면도 있으나 다소 다른 모습도 보였다(〈그림 4-4〉, 〈그림 5-4〉 참조). 즉 주요 신흥국은 서비스업에

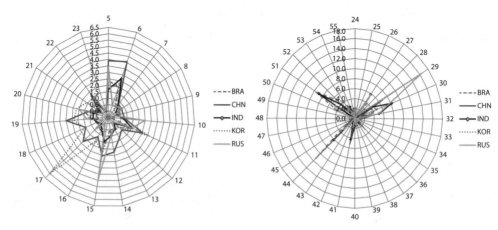

주 : 산업코드별 산업명은 〈부표 2-2〉, 국가기호별 국가명은 〈부표 4〉 참조
자료 : WIOD 이용 계산

그림 5-3 주요 신흥국의 부가가치 기준 제조업(좌측)과 서비스업(우측) 구조 비교 : 2000년

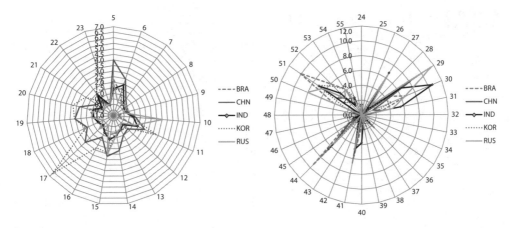

주 : 산업코드별 산업명은 〈부표 2-2〉, 국가기호별 국가명은 〈부표 4〉 참조
자료 : WIOD 이용 계산

그림 5-4 주요 신흥국의 부가가치 기준 제조업(좌측)과 서비스업(우측) 구조 비교 : 2014년

서 부동산업(44), 공공 행정, 국방 및 사회보장 행정(51), 건설업(27), 도매업(자동차 제외)(29), 소매업(자동차 제외)(30)의 비중이 높았으며, 이는 선진 5개국과 동일하였으나, 선진 5개국에 비해 금융업(보험 및 연금 제외)(41)의 비중이 상대적으로 더 높은 것이 두드러졌다. 특히 서비스업 중 러시아는 도매업(자동차 제외)(29)에서, 인도는 소매업(자동차 제외)(30)에서 여타 국가들에 비해 높은 비중을 보였다(〈그림 5-3〉, 〈그림 5-4〉 참조).

② 국가별 산업구조 특징 및 변화

2.1 중국

중국은 2000~2014년 생산액 기준으로 농림수산업 비중이 크게 축소되는 가운데 제조업 비중은 3.8%포인트 상승하여 2014년에는 비중이 50%에 달했다(〈표 5-1〉 참조). 그러나 부가가치 기준으로 동 기간 제조업 비중이 오히려 2.6%포인트 감소하였는데 이는 중국의 제조업 부가가치 창출능력이 오히려 하락하였음을 보여준다. 부가가치 기준으로 제조업 중 비중이 확대된 산업으로는 자동차 및 트레일러(20), 기타 운송장비(21) 정도를 들 수 있는데, 특히 자동차 및 트레일러(20)의 비중 확대 폭이 가장 컸다. 중국 제조업 중 비중이 축소된 산업은 섬유제품, 의복, 가죽·가방·신발(6), 가구, 기타 제품(22) 등을 들 수 있는데, 특히 섬유제품, 의복, 가죽·가방·신발(6)의 비중 축소 폭이 컸다. 제조업 내에서의 이

표 5-1 ○ 중국의 산업구조 변화 : 대분류

		농림수산업	광업	제조업	서비스업
생산	2000	9.7	3.1	46.2	41.0
	2007	6.0	3.5	51.0	39.5
	2014	5.3	3.9	50.0	40.9
부가가치	2000	15.2	5.0	32.2	47.6
	2007	10.8	5.1	32.9	51.3
	2014	9.5	5.5	29.6	55.4

러한 구조 변화는 중국 경제의 발전단계가 초기 발전단계를 지나 중간 발전단계 또는 선진 발전단계로 나아가고 있다는 것을 보여준다(〈그림 5-8〉, 〈표 2-4〉 참조). 중국은 제조업 고도화를 위해 적극적으로 정책적 노력을 기울이고 있다(〈Box 5-1〉 참조). 중국의 주요 제조업으로는 식료품, 음료, 담배(5), 1차금속제품(15), 컴퓨터, 전자·광학제품(17), 기타 기계 및 장비(19), 섬유제품, 의복, 가죽·가방·신발(6), 자동차 및 트레일러(20) 등을 들 수 있다. 제조업과 반대로 동 기간 서비스업의 비중은 부가가치 기준으로 전체적으로 7.8% 나 신장되었다. 서비스업 중 금융업(보험 및 연금 제외)(41), 부동산업(44), 건설업(27), 도매업(자동차 제외)(29), 법률·회계·경영자문(45), 기타 전문, 과학 및 기술 서비스(49)의 비중이 확대되었는데 특히 금융업(보험 및 연금 제외)(41)과 부동산업(44)의 비중 확대가 두드러졌다. 반면 서비스업 중 비중이 축소된 산업은 수상 운송업(32), 육상 운송 및 파이

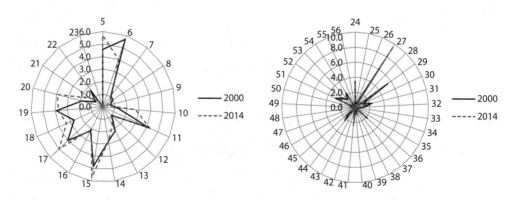

주 : 산업코드별 산업명은 〈부표 2-2〉 참조

그림 5-5 중국의 산업구조 변화(생산 기준) : 제조업(좌), 서비스업(우)

표 5-2 ─○ 중국의 주요 산업구조 변화 : 중분류

산업	생산			산업	부가가치		
	2000	2007	2014		2000	2007	2014
27	7.6	8.2	9.6	1	12.3	9.3	8.2
15	4.8	6.9	5.7	29	6.8	6.5	8.1
5	4.6	4.7	5.7	27	5.6	5.8	6.8
17	4.0	5.6	5.0	44	4.2	5.2	5.7
1	7.9	5.0	4.4	41	3.7	4.2	5.6
29	5.5	3.6	4.4	4	5.0	5.1	5.5
11	4.2	4.3	4.3	51	3.5	4.1	4.1
6	5.7	4.9	4.0	5	3.9	3.5	4.0
20	1.9	2.8	3.9	52	3.0	2.9	3.3
4	3.1	3.5	3.9	31	3.8	3.1	3.0
19	3.9	4.5	3.7	15	2.6	4.1	2.7
18	2.7	3.1	3.3	17	2.3	2.9	2.5
24	3.5	5.1	3.2	19	3.0	3.1	2.5
14	2.8	2.6	2.8	6	4.1	3.1	2.5
10	1.2	2.4	2.7	54	2.3	2.1	2.3
41	1.7	1.8	2.4	20	1.2	1.6	2.2
51	2.9	2.4	2.4	14	2.3	2.2	2.2
44	2.3	2.0	2.2	11	2.5	2.5	2.1
16	2.2	2.0	2.0	39	1.6	2.4	2.0
45	1.1	1.9	1.9	24	2.4	3.1	2.0
52	2.1	1.7	1.9	45	1.3	1.7	2.0
31	2.4	2.0	1.9	36	2.2	2.1	1.9
53	1.5	1.4	1.7	53	1.5	1.5	1.8
36	2.2	1.8	1.7	30	1.4	1.4	1.7
13	2.2	1.9	1.7	18	1.5	1.6	1.6
54	2.3	1.5	1.6	49	0.6	1.0	1.3
7	1.1	1.2	1.3	16	1.2	1.3	1.2
21	0.7	0.9	1.2	10	0.8	1.3	1.1
39	0.9	1.2	1.0	13	1.3	1.1	1.0
12	1.0	0.8	1.0	3	1.5	1.0	0.9

주 : 산업코드별 산업명은 〈부표 4〉 참조
자료 : WIOD 이용 계산

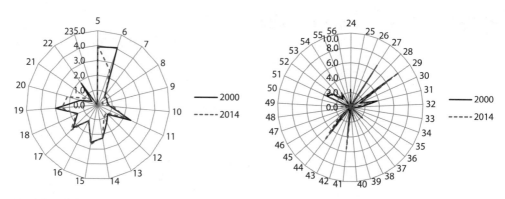

주 : 산업코드별 산업명은 〈부표 2-2〉 참조
자료 : WIOD 이용 계산

그림 5-6 중국의 산업구조 변화(부가가치 기준) : 제조업(좌), 서비스업(우)

프라인 운송업(31) 등으로 축소 폭은 그리 크지 않았다. 중국의 주요 서비스업은 도매업(자
동차 제외)(29), 건설업(27), 부동산업(44), 금융업(보험 및 연금 제외)(41), 공공 행정, 국방

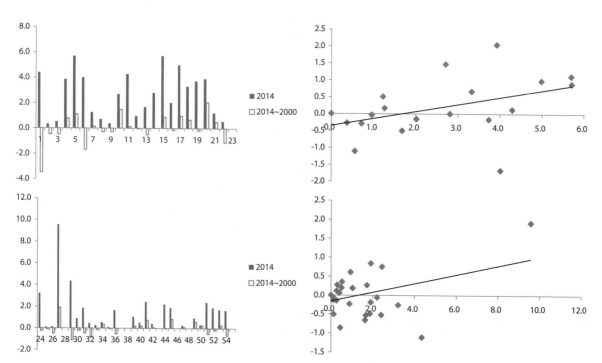

주 : 좌측 수평축의 산업명은 〈부표 2-2〉 참조, 우측의 수평축은 산업별 비중(2014), 수직축은 비중 변화(2014-2000), 2사분면은 제조업, 4사분면은 서비스업
자료 : WIOD 이용 계산

그림 5-7 중국의 생산 기준 산업구조 변화 : 산업별 비중(2014) 및 비중 변화(2014~2000)

및 사회보장 행정(51) 등을 들 수 있다.

중국의 산업구조는 앞에서 살펴본 주요 선진국들의 산업구조와 큰 차이를 보였다. 기본적으로 전체 경제에서 제조업 비중이 선진국에 비해 크게 더 높을 뿐만 아니라, 제조업과 서비스업 내 구조 역시 선진국에 있어서와 여러 측면에서 다른 모습을 보였다. 중국의 산업구조 변화에 있어서 주요 선진국과 큰 차이점은 2000~2014년 기간에 산업구조가 주요 선진국들에 비해 더 크게 변화했다는 것이다. 이는 경제발전단계에 있어 저개발단계에 있던 중국 경제가 급속하게 발전하면서 양적으로 크게 성장했을 뿐만 아니라 산업구조 역시 빠르게 변화하고 있다는 것을 의미한다. 부가가치 기준으로 2000년 15.2%에 달했던 농림수산업 비중이 2014년에는 9.5%로 크게 축소된 대신 서비스업의 비중이 47.6%에서 55.4%로 크게 확대되었다(〈표 5-1〉 참조). 그러나 여전히 경제에 있어서 서비스업 비중은 주요 선진국에 비해 크게 낮은 상태이다. 이는 경제발전단계에 있어서 중국과 주요 선진국 간에 여전히 큰 차이가 있음을 극명히 보여준다.

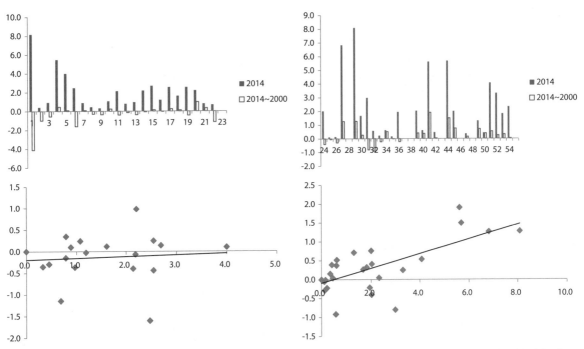

주 : 상단 수평축의 산업명은 〈부표 2-2〉 참조, 하단 수평축은 산업별 비중(2014), 수직축은 비중 변화(2014~2000). 3사분면은 제조업, 4사분면은 서비스업
자료 : WIOD 이용 계산

그림 5-8 중국의 부가가치 기준 산업구조 변화 : 산업별 비중(2014) 및 비중 변화(2014~2000)

부가가치 기준으로 중국 산업구조의 또 다른 특징은 제조업 중 식료품, 음료, 담배(5), 섬유제품, 의복, 가방·신발(6)의 비중이 높다는 점이다. 섬유제품, 의복, 가방·신발(6)의 경우 2000~2014년 기간 비중이 크게 축소되었음에도 불구하고 여전히 높은 비중을 유지하였다. 제조업 중 컴퓨터, 전자·광학제품(17), 기타 기계 및 장비(19), 자동차 및 트레일러(20)의 비중이 높은 것은 주요 선진국과 마찬가지인데, 중국의 경우 일본, 독일 등 주요 선진국들에 비해 컴퓨터, 전자·광학제품(17)의 비중이 상대적으로 낮았다. 서비스업에 있어서도 중국은 주요 선진국들과 마찬가지로 건설업(27)과 도매업(자동차 제외)(29)에 있어서 높은 비중을 보였는데, 주요 선진국들에 비해 중국의 해당 산업 비중이 크게 더 높았다. 반면 주요 선진국들의 경우 서비스업 중 부동산업(44)과 공공 행정, 국방 및 사회보장 행정(51)의 비중이 아주 높은 편인데, 중국의 경우에도 해당 산업의 비중이 높기는 하나 주요 선진국들에 비해서는 상대적으로 크게 더 낮은 편이다. 반면 중국 산업 중 금융업(41) 비중은 주요 선진국들에 비해 더 높은 비중을 보였는데, 이 점 역시 중국 산업구조에서 발견되

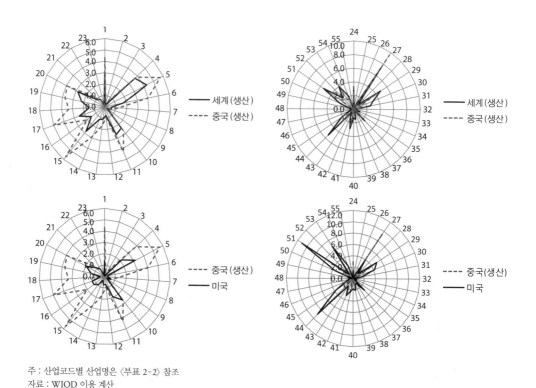

주 : 산업코드별 산업명은 〈부표 2-2〉 참조
자료 : WIOD 이용 계산

그림 5-9   중국 산업구조의 세계 및 미국 산업구조와 비교(2014) : 생산 기준

는 특징이라 할 수 있다.

부가가치 기준으로 각 산업의 비중과 비중 변화관계를 살펴보면, 서비스업에 있어서는 선진국과 마찬가지로 비중이 높은 산업일수록 비중 확대 폭이 더 컸다(〈그림 5-8〉 참조). 그러나 제조업에 있어서는 그러한 분명한 패턴이 나타나지 않았다. 한편 앞에서 살펴보았듯이 주요 선진국들의 경우 경제의 특정 산업에 대한 의존도가 점차 심화되고 있었으나, 중국에 있어서는 그 반대였다. 즉 부가가치 기준 상위 2위 산업의 누적비중이 2000년 19.1%에서 2014년 16.3%로 하락하였으며, 상위 4위 산업의 누적비중 역시 29.7%에서 28.8%로 떨어졌다(〈표 5-2〉 참조). 즉 중국 경제는 주요 선진국들과 달리 특정 산업에 대한 의존도가 심화되지 않았다. 제조업 상위 4위 누적비중은 2000년 13.6%에서 2014년 11.7%로 하락했으며, 이들 제조업 내 상위 4위 산업의 비중 역시 42.2%에서 39.5%로 하락하였다.

중국의 경제발전단계를 반영하듯 통합 유사성 지수(ISI)를 기준으로 할 때 중국의 산업

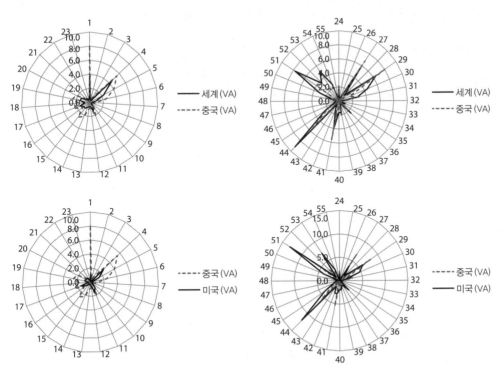

주 : 산업코드별 산업명은 〈부표 2-2〉 참조
자료 : WIOD 이용 계산

그림 5-10 ▶ 중국 산업구조의 세계 및 미국 산업구조와 비교(2014) : 부가가치 기준

Box 5-1 중국제조 2025

'중국제조 2025'는 독일에서부터 시작된 제4차 산업혁명에 영향을 받아 2년간 다양한 전문가와 기술자, 연구자들에 의해 작성되었다. 즉 '중국제조 2025'는 중국판 제4차 산업혁명 전략이라고 할 수 있다.

중국 정부는 2015년 이후 30년을 3단계로 나누어 산업구조를 고도화하겠다는 내용의 '중국제조 2025'를 발표하였다. 중국은 '중국제조 2025'에서 단계별 목표와 향후 성장동력이 될 10대 핵심산업을 선정하였다.

1단계(2015~2025)에서는 제조업 노동생산성 제고, IT와 제조업융합, 그리고 친환경성장(에너지소모율 및 오염배출량을 선진국 수준으로 감축)을 통해 중국을 세계제조 강국(세계제조업 제2강국* 대열 진입)에 진입시킨다. 2단계(2025~2035)에서는 중국의 제조업 수준을 세계제조 강국 중위권(세계제조 강국의 중간수준)에 진입시킨다. 3단계(2035~2045)에서는 중국을 주요 산업에서 선진적인 경쟁력을 갖춘 세계제조 제1강국으로 만든다는 것이다.

중국은 '중국제조 2025'에서 10대 핵심산업을 선정하고, 향후 집중적으로 육성하기로 했다. 10대 핵심산업에는 1) 차세대정보기술(반도체, 정보통신, OS 및 산업용 S/W), 2) 고정밀수치제어 및 로봇, 3) 항공ㆍ우주장비, 4) 해양장비 및 첨단기술선박, 5) 선진궤도 교통 설비, 6) 에너지절약 및 신에너지 자동차, 7) 전력설비, 8) 농업기계장비, 9) 신소재, 10) 바이오의약 및 고성능 의료기기가 포함되었다.

'중국제조 2025'에는 제조업 혁신역량을 강화하고 제조업의 효율성을 제고하기 위해 2025년까지 연구개발(R&D) 투자를 지속적으로 확대한다는 내용도 포함되어 있다. 구체적으로 일정 규모 이상 제조업체의 매출액 대비 R&D 지출 비중을 2013년 0.88%에서 2025년에는 1.68%로 확대하고 발명특허 건수도 2013년에는 매출 1억 위안당 0.36건이었으나, 2025년에는 1.1건으로 증가시킬 계획이다. 또한 IT와 제조업의 융합 발전을 위해 목표를 구체화했다. 즉 일정 규모 이상 기업의 핵심 공정에 사용되는 컴퓨터 수치제어(CNC) 비중을 2013년 27%에서 2020년 50%, 2025년 64%로 확대할 계획이다.

한편 '중국제조 2025'에는 중국 제조업 발전과 관련하여 2015년부터 2025년까지 달성할 구체적인 지표가 설정되었다[구체적인 내용은 강지연(2015) 참조].

* 중국공업국은 2012년에 제조업종합지수를 참고하여 제조업 강국들을 총 3그룹(제1강국 : 미국, 제2강국 : 독일, 일본, 제3강국 : 영국, 프랑스, 한국, 중국)으로 구분하였다.

자료 : 강지연(2015), 「중국제조 2025」 전략', KIET 산업경제분석 등 정리(보고서 내용 중 일부를 편집하여 요약함).

구조는 주요 선진국들보다는 개발도상국의 산업구조와 더 유사했다. 2014년 부가가치 기준으로 중국의 전체적인 산업구조는 인도네시아, 불가리아, 루마니아, 크로아티아, 폴란드, 인도 순으로 높은 유사성을 보였다(〈부표 7〉 참조). 제조업만 놓고 볼 때도 중국 제조업 구조는 루마니아, 일본, 멕시코, 헝가리, 체코 등과 유사했으며, 서비스업 구조는 인도네시아, 체코, 불가리아, 루마니아 등과 유사했다.

중국의 산업구조를 세계 전체의 산업구조와 비교해보면, 2014년 부가가치 기준으로 중국 제조업 및 서비스업 구조는 세계 전체와 다른 측면이 많았다(〈그림 5-10〉 참조). 특히 중국은 제조업에 있어서는 세계 전체 비중보다 높았지만, 서비스업에 있어서는 세계 전체에 비해 크게 낮았다. 이러한 양상은 미국과의 비교에서도 마찬가지였다.

2.2 인도

인도도 중국과 마찬가지로 2000~2014년 기간 생산 기준으로는 제조업 비중이 확대(1.9%
포인트)되었으나 부가가치 기준으로는 비중이 오히려 소폭 하락(0.9%포인트)했다(〈표
5-3〉 참조). 인도의 제조업 구조는 동 기간 크게 변하지 않았는데, 가구, 기타 제품(22)의
비중이 소폭 확대되고 섬유제품, 의복, 가죽·가방·신발(6), 전기, 가스, 증기 및 공기 조
절 공급업(24)의 비중이 소폭 축소되었을 뿐이다(〈그림 5-12〉, 〈표 5-4〉 참조). 인도의 주
요 제조업은 섬유제품, 의복, 가죽·가방·신발(6), 화학물질 및 화학제품(11), 식료품, 음
료, 담배(5), 전기, 가스, 증기 및 공기 조절 공급업(24), 가구, 기타 제품(22), 1차금속제품
(15) 등을 들 수 있다. 한편 서비스업은 부가가치 기준으로 동 기간 전체적으로 7.6%포인트

표 5-3 ─○ 인도의 산업구조 변화 : 대분류

		농림수산업	광업	제조업	서비스업
생산	2000	15.2	1.5	34.5	48.8
	2007	11.2	1.7	37.5	49.6
	2014	10.4	1.3	36.4	51.9
부가가치	2000	22.4	2.2	14.9	60.4
	2007	17.9	2.7	15.6	63.8
	2014	16.1	1.9	14.0	68.0

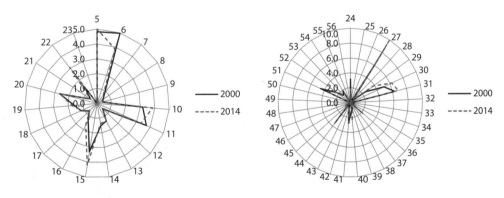

주 : 산업코드별 산업명은 〈부표 2-2〉 참조
자료 : WIOD 이용 계산

그림 5-11 ▶ 인도의 산업구조 변화(생산 기준) : 제조업(좌), 서비스업(우)

표 5-4 ── 인도의 주요 산업구조 변화 : 중분류

산업	생산			산업	부가가치		
	2000	2007	2014		2000	2007	2014
27	8.7	11.5	9.9	1	19.3	15.3	13.8
1	13.5	10.0	9.3	30	8.2	8.9	10.6
31	6.3	6.6	6.8	51	8.9	7.2	7.1
30	5.1	5.1	6.3	27	5.8	8.3	6.8
5	4.8	5.2	5.0	29	4.1	5.4	6.5
15	3.3	5.0	4.2	44	6.1	5.3	6.4
6	5.0	4.1	3.9	31	5.1	5.6	5.5
10	3.2	4.5	3.8	41	4.3	4.4	4.7
29	2.5	3.1	3.8	52	4.0	3.6	4.2
51	4.6	3.5	3.5	40	1.6	2.8	3.8
44	3.3	2.8	3.5	54	2.5	2.2	2.5
11	3.7	3.2	3.3	4	2.2	2.7	1.9
22	1.4	2.4	3.1	6	2.7	2.1	1.9
41	2.8	2.5	2.8	53	1.6	1.5	1.5
20	2.6	2.1	2.6	36	1.3	1.7	1.4
52	2.3	1.9	2.3	11	1.6	1.5	1.4
40	1.2	1.8	2.3	5	1.7	1.6	1.4
36	2.0	2.4	2.2	24	2.1	1.6	1.4
24	3.1	1.9	1.8	2	2.1	1.7	1.4
19	1.6	1.9	1.7	22	0.8	0.9	1.4
16	1.3	2.0	1.7	15	1.5	1.9	1.2
54	1.9	1.3	1.6	39	1.5	1.4	1.2
14	1.5	1.5	1.4	46	0.5	0.8	1.1
13	1.3	1.2	1.3	42	1.0	1.0	1.1
4	1.5	1.7	1.3	3	1.0	0.8	0.9
53	1.3	1.2	1.2	20	0.7	0.8	0.9
18	1.2	1.4	1.2	10	0.7	1.4	0.9
46	0.5	0.8	1.0	19	0.7	0.9	0.8
2	1.2	0.9	0.7	28	0.6	0.7	0.8
17	0.7	0.9	0.7	14	0.9	1.0	0.8

주 : 산업코드별 산업명은 〈부표 2-2〉 참조
자료 : WIOD 이용 계산

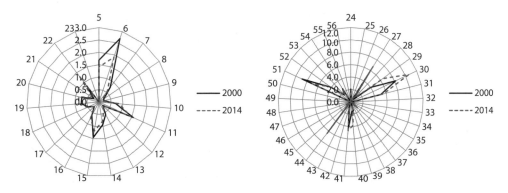

주 : 산업코드별 산업명은 〈부표 2-2〉 참조
자료 : WIOD 이용 계산

그림 5-12 인도의 산업구조 변화(부가가치 기준) : 제조업(좌), 서비스업(우)

나 증가하였는데, 이는 서비스업이 농림수산업과 제조업, 특히 농림수산업에 비해 상대적
으로 더 빠르게 성장했다는 것을 의미한다. 서비스업 중 비중이 확대된 산업은 도매업(자

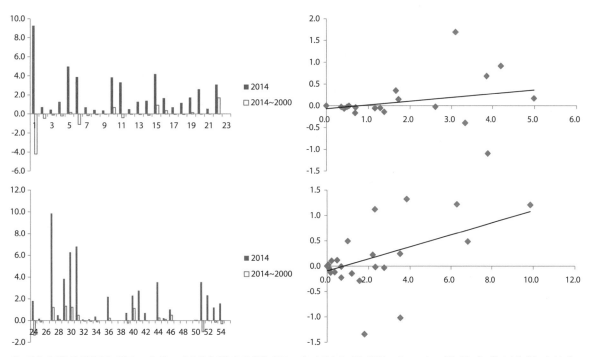

주 : 좌측 수평축의 산업명은 〈부표 2-2〉 참조, 우측의 수평축은 산업별 비중(2014), 수직축은 비중 변화(2014~2000). 2사분면은 제조업, 4사분면은 서비스업
자료 : WIOD 이용 계산

그림 5-13 인도의 생산 기준 산업구조 변화 : 산업별 비중(2014) 및 비중 변화(2014~2000)

동차 제외)(29), 소매업(자동차 제외)(30), 컴퓨터 프로그래밍, 시스템 통합 및 관리업, 정
보 서비스(40), 건설업(27) 등을 들 수 있는데 특히 도매업(자동차 제외)(29)과 소매업(자동
차 제외)(30)의 비중 확대가 두드러졌다. 반면 서비스업 중 비중이 축소된 산업은 공공 행
정, 국방 및 사회보장 행정(51), 통신업(39) 정도인데 특히 공공 행정, 국방 및 사회보장 행
정(51)의 축소 폭이 컸다. 부가가치 기준으로 인도의 주요 서비스업은 소매업(자동차 제외)
(30), 공공 행정, 국방 및 사회보장 행정(51), 건설업(27), 도매업(자동차 제외)(29), 부동산
업(44), 육상 운송 및 파이프라인 운송업(31) 등을 들 수 있다(〈그림 5-14〉 참조). 인도 경
제에서 농림수산업 비중이 점차 축소되고 있으나, 여전히 BRICs 국가 중 농림수산업 비중
이 월등히 높다.

인도는 1차산업이 축소되고 3차산업 비중이 확대되는 방향으로 산업구조에 있어 큰 변
화를 보이고 있으나, 주요 선진국뿐만 아니라 중국에 비해서도 여전히 1차산업(특히 농림
수산업)에 대한 의존도가 높게 유지되고 있다. 중국 역시 2000년까지만 해도 농림수산업

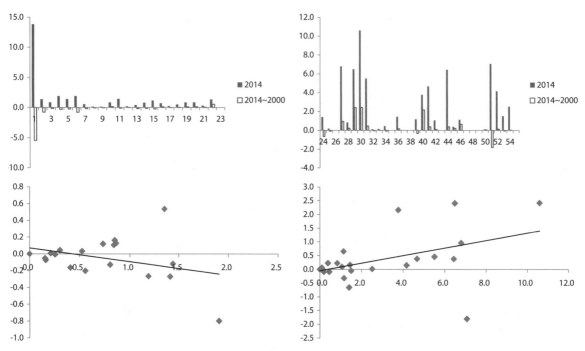

주 : 상단 수평축의 산업명은 〈부표 2-2〉 참조, 하단 수평축은 산업별 비중(2014), 수직축은 비중 변화(2014~2000). 3사분면은 제조업, 4사분면은 서비스업
자료 : WIOD 이용 계산

그림 5-14 ▶ 인도의 부가가치 기준 산업구조 변화 : 산업별 비중(2014) 및 비중 변화(2014~2000)

비중이 15.2%에 달했으나 급속한 경제개발을 거치면서 2014년 9.5%까지 축소되었는데, 인도의 경우 농업비중이 2014년에도 16.1%로 높게 유지되었다. 즉 소득수준뿐만 아니라 경제구조 측면에 있어서 인도는 여전히 선진국들이 예전에 경험했던 발전단계상 초기 단계에 머물러 있다. 인도는 경제발전단계상 도약기에 있어 앞에서 살펴본 산업구조 변화이론에 따르면 제조업의 비중 확대가 예상되었으나 실제로는 그렇지 못했다. 즉 인도 경제에서 제조업의 비중은 생산 기준으로는 2000년 34.5%에서 2014년 36.4%로 확대되었으나, 부가가치 기준으로는 14.9%에서 14.0%로 오히려 하락하였다. 즉 외형상으로는 인도의 제조업이 발전하고 있으나 부가가치 창출 측면에서는 부진을 면치 못하고 있는 것이다. 이를 반영하듯 인도 정부는 중국 정부와 마찬가지로 제조업 발전을 위한 정책을 적극 추진하고 있다(〈Box 5-2〉, 〈Box 5-3〉 참조). 물론 앞에서 보았듯이 주요 선진국에 있어서도 생산을 기준으로 했을 때보다 부가가치를 기준으로 했을 때 제조업 비중이 낮은 것은 마찬가지이나 인도에 있어서는 양 비중의 차이가 훨씬 컸다. 일반적으로 제조업의 부가가치율이 낮은

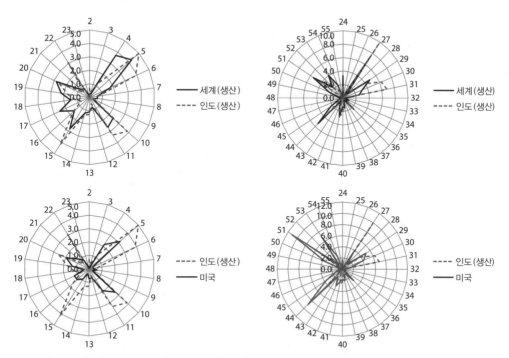

주 : 농업(1)비중이 압도적으로 높아 그림에서 생략함, 산업코드별 산업명은 〈부표 2-2〉 참조
자료 : WIOD 이용 계산

그림 5-15 　인도 산업구조의 세계 및 미국 산업구조와 비교(2014) : 생산 기준

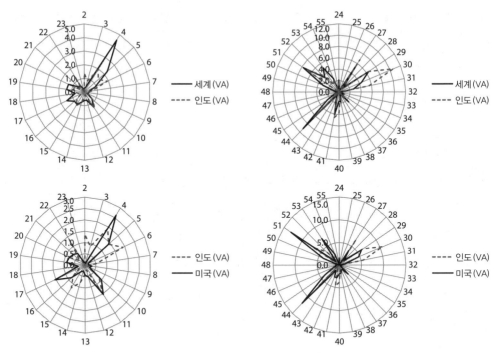

주 : 농업(1)비중이 압도적으로 높아 그림에서 생략함, 산업코드별 산업명은 〈부표 2-2〉 참조
자료 : WIOD 이용 계산

그림 5-16 ▶ 인도 산업구조의 세계 및 미국 산업구조와 비교(2014) : 부가가치 기준

것은 농업과 서비스업에 비해 제조업에 있어서 생산의 자본화가 훨씬 높은 데 기인한다고
할 수 있다. 중국에 있어서도 인도와 마찬가지로 제조업 비중이 생산을 기준으로 했을 때
보다 부가가치를 기준으로 했을 때 훨씬 낮았는데, 인도와 중국 등 개발도상국에서 나타
나는 이러한 현상은 생산의 자본화 진전뿐만 아니라, 생산의 저효율성 및 생산기술의 후진
성 등에 기인한다고 할 수 있다. 또한 이들 국가의 제조업 산업구조가 선진국들에 비해 저
부가가치 산업 중심으로 이루어졌기 때문이기도 하다. 즉 선진국들의 제조업은 높은 생산
기술을 요하는 산업[22](즉 고부가가치 산업)이 위주가 되고 있는 반면 인도와 중국의 제조업
은 주로 중저기술을 요하는 제조업을 중심으로 구성되어 있기 때문이다. 이는 주요 선진국
과 이들 개발도상국의 제조업 구조 비교를 통해서 확인된다.

인도에 있어서 산업별 비중과 산업별 비중 변화에 있어서 발견되는 패턴은 중국에 있어

----
22 OECD 기준에 따른 기술수준별 산업 분류는 〈표 6-3〉 참조

Box 5-2	인도의 제조업 육성 정책 : Made in India 정책

인도 정부는 2014년 자국을 제조업 글로벌 기지로 성장시킨다는 목표를 설정하고 GDP의 제조업 비중을 현재 16%에서 2022년에 25%까지 상승시키는 동시에 1억 개 일자리를 창출한다는 목표로 설정했다. 이를 위한 세부전략으로 인도 정부는 1) 제조업 성장률 연평균 12~14% 달성, 2) 25개 육성산업* 개발 추진, 3) 제조업 분야 각종 법인세 인하, 각종 규제 간소화 및 완화, 4) 제조업투자지역 개발, 5) 스킬 인디아**, 디지털 인디아***, 스마트시티**** 등과 유기적 연계, 5) 핵심 산업별 글로벌 허브화 전략을 추진하고 있다.

* 25개 육성산업은 다음과 같다(진하게 표시된 산업은 집중육성산업) ― ① **자동차**(Automobile, 각종 차량 포함) ② **차량 부품**(Auto Components) ③ 항공산업(공항 포함) ④ 바이오기술 ⑤ 화학과 석유화학 ⑥ **건설**(construction) ⑦ **방산기기 제조** ⑧ 전기기기(Electrical Machinery) ⑨ **전자기기 및 전자기기 시스템**(Electronic System) ⑩ 식품가공 ⑪ IT&BPM ⑫ 가죽 ⑬ 미디어와 엔터테인먼트 ⑭ 광업 ⑮ 오일과 천연가스 ⑯ 의약 ⑰ 항만과 수송(Shipping) ⑱ **철도** ⑲ 재생에너지 ⑳ 도로와 고속도로 ㉑ 우주산업 ㉒ **섬유 및 의류** ㉓ 화력발전 ㉔ 관광산업(tourism and hospitality) ㉕ 웰니스(Wellness).

** '디지털 인디아' 정책은 디지털 산업을 육성하여 지식사회로 전환하고 국민들 간의 정보 격차를 완화하기 위한 정책이다. 이 정책은 인터넷 인프라 구축과 전자정부 서비스를 달성하고 시민의 디지털 역량 증진(Digital Empowerment)을 통해 기업 투자환경을 개선할 뿐만 아니라 생산성 향상에 기여하고자 한다. 이를 위해 2020년까지 전자제품 순수입 제로를 달성하고 2019년까지 25만 개의 브로드밴드를 구축한 마을을 조성하며, 스마트폰 보급률 100% 달성과 무선망 전국 보급을 목표로 한다. 또한 전자정부 및 전자 서비스 제공, 보건·교육·금융 서비스 등의 온라인화, 직업교육 및 100만 명의 직간접 고용창출 등을 통해 시민의 디지털 역량을 강화하고자 한다.

*** '스킬 인디아'는 직업 교육을 통해 제조업에 필요한 인력을 공급하며, 전문 교육인력을 양성하여 세계 인력의 중심지로 부상하는 것을 목표로 한다. 즉 2022년까지 4억 명에게 직업 및 기술 훈련을 제공하며, 이를 위해 1,000여 곳의 직업 및 기술 센터를 설립하고, 24개 분야 100종류의 직업관련 기술 교육을 제공한다. 또한 인도 정부는 2022년까지 자동차산업 3,500만 명, 건설업 3,300만 명, 의류 및 섬유업 부문에 2,620만 명 등 주요 분야의 훈련 교육을 지원한다는 목표를 세웠다. 뿐만 아니라 빈곤층 젊은이들에게 교육 대출 및 보조금을 제공하여 기술 교육을 받을 수 있도록 함과 동시에 기업인 양성을 위해 기업인 양성 프로그램을 제공하고, 산학협력 직업 교육 등도 마련하고자 한다.

**** 스마트시티 정책은 도시개발정책으로 인도 전역에 우선적으로 100개의 선진 도시를 개발하고 복합 도시로 발전시켜 인도 경제의 지속 가능한 새로운 성장 동력으로 활용하겠다는 것이다[이에 대한 자세한 내용은 조충제, 송영철, 이정미(2015), 「인도 모디(Modi) 정부의 경제개발정책과 한·인도 협력방안」 참조].

자료 : 이순철·김완중(2016), '수출확대를 위한 국가별 경제협력 방안 수립 : 인도', KOTRA 보고서 중 일부 내용을 요약함.

서와 비슷하다. 즉 제조업에 있어서는 높은 비중을 차지한 산업의 비중이 더 빠르게 축소되는 경향을 보인 반면, 서비스업에 있어서는 높은 비중의 산업들 비중이 더 빠르게 확대되었다. 인도의 제조업은 선진국들의 제조업에 비해 부가가치가 낮을 뿐만 아니라, 자국이 비교우위를 가지는 특정 산업에 대한 특화 역시 이루어져 있지 않다(〈그림 5-14〉 참조). 선진국들의 경우 특정 제조업에 특화되어 제조업이 발전하고 있으나 인도에 있어서는 그러한 패턴이 분명하지 않다. 인도의 서비스업 구조 역시 주요 선진국들과 다른 모습을 보였다. 즉 주요 선진국에 있어서는 부동산업(44)과 공공 행정, 국방 및 사회보장 행정(51)의 비중이 매우 높게 나타났으나, 인도의 경우 해당 산업의 비중이 높기는 하나 선진국들에 비해 상대적으로 크게 낮았다[특히 부동산업(44)의 비중은 선진국에 비해 매우 크게 낮았

Box 5-3 IT 강국 인도

인도의 IT 산업은 인도 경제의 지속적 성장을 견인하는 주요 산업 중 하나이다. 2008년 글로벌 금융위기 이후 세계경제의 불확실성 확대에도 불구하고 인도의 IT 산업은 두 자릿수 성장률을 기록하였다. 2015/16 회계연도 기준으로 인도의 IT부문 매출액은 1,460억 달러에 달했다. 인도 IT 산업은 크게 여섯 분야로 구분할 수 있는데 IT 서비스*가 46.4%로 가장 큰 비중을 차지하고 있으며 ITeS**/BPO(17.8%)가 다음으로 높은 비중을 차지하고 있다(아래 그림 참조).

2015/16년 기준 총매출액 1,460억 달러 중 67%가 수출일 정도로 인도의 IT 산업은 수출에 의해 주도되고 있다. 인도의 IT 수출대상국별 비중은 미국이 62%로 가장 높고, 다음으로는 영국(17%), 유럽대륙(11%) 순이다.

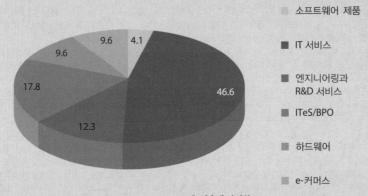

소프트웨어 제품

IT 서비스

엔지니어링과 R&D 서비스

ITeS/BPO

하드웨어

e-커머스

자료 : Equitymaster.com, Software Sector Analysis Report, 2016을 이용해 작성함.

인도의 IT 산업 발전의 원동력으로는 저렴한 운영비 및 조세감면, 정부지원정책***, 풍부한 IT 고급기술인력, 통신과 같은 주요 부문의 빠른 IT기술 도입 및 통신산업의 민영화 확대, 수출 수요 및 e-커머스의 급속한 발전, 정부의 특별경제구역(SEZs) 설정(IT 기업 등 SEZ에 입주한 기업에 대한 조세특례 적용) 등을 들 수 있다.

인도의 IT 산업은 뭄바이, 벵갈루루를 중심으로 발전하고 있다. 인도 IT 산업이 발전하면서 아마존(Amazon), 마이크로소프트(Mircosoft Corporation), IBM 등 다국적기업과 타타컨설팅서비스(Tata Consultancy Services) 및 인포시스(Infosys Technologies) 등 인도 국내 IT 기업들도 투자를 확대하고 있다.

* 기업이 사업에 필요한 자료를 저장, 전송, 검색, 통제하기 위하여 컴퓨터와 통신장비를 활용하는 것을 의미한다.
** Information Technology enabled Service의 약자로, IT가 금융, 통신, 보험 등 다양한 분야에서 이용되면서 약 처방, 백오피스 회계, 보험금 청구, 신용카드 처리 등과 같은 서비스를 IT기술을 활용하여 외주업체를 통해 제공하는 형태이다.
*** 인도 정부는 1991~92년 경제개혁 추진과 함께 IT분야의 대외교역 자유화, IT제품 수입관세 폐지를 추진하고, 수출지향적 조직(Export Oriented Unit, EOU) 및 소프트웨어 기술단지(Software Technical Park)를 설립하였다. 또한 인도 정부는 IT와 소프트웨어 발전을 위한 국가작업반(National Task Force)을 설립하여 운영하고 있다.

자료 : 이순철 · 김완중(2016), '수출확대를 위한 국가별 경제협력 방안 수립 : 인도', KOTRA 보고서 중 일부 내용을 요약함

다]. 대신 인도 서비스업에 있어서 가장 높은 비중을 차지한 산업은 2014년 부가가치 기준으로 소매업(30)인데, 그 비중이 선진국들에 비해 매우 높았다. 다른 국가의 산업구조와의 비교에서 발견되는 인도 산업에 있어서의 특징 중 또 다른 하나는 금융업(41) 비중이 영국

수준으로 높다는 점이다. 경제에서 금융업의 높은 비중은 인도뿐만 아니라, 앞에서 보았듯 이 중국에서도 마찬가지였다.

한편 인도 경제에 있어서 특정 산업에 대한 의존도(산업집중도)의 변화는 중국에 있어서와 동일하였다. 즉 2014년 부가가치 기준으로 상위 2위(4위) 산업의 누적비중은 2000년 27.5%(42.5%)에서 24.4%(38.2%)로 낮아졌는데 이는 주로 농업비중이 크게 하락한 데 기인했다(〈표 5-4〉 참조). 제조업 내에서 상위 4위 산업의 누적비중 역시 7.5%에서 6.1%로 떨어졌으며, 제조업 내에서 이들 상위 4위 산업의 누적비중 역시 50.3%에서 43.6%로 축소되었다. 통합 유사성 지수(ISI)를 기준으로 인도의 전체적 산업구조(부가가치 기준)는 터키, 브라질, 불가리아, 중국 등 개발도상국의 산업구조와 유사했다(〈부표 13〉 참조). 인도의 산업구조는 2014년 부가가치 기준으로 세계 산업 및 미국 산업구조와 많은 차이를 보였다. 이는 제조업뿐만 아니라 서비스업 구조에 있어서도 마찬가지였다(〈그림 5-16〉 참조).

2.3 러시아

러시아는 2000~2014년 기간에 전체적으로 부가가치 기준 제조업 비중이 줄고 대신 광업과 서비스업 비중이 확대되었다(〈표 5-5〉 참조). 광업의 경우 동 기간 비중이 3.7%포인트 증가되었고, 서비스업 비중은 6.9%포인트나 상승했다. 이는 러시아 경제에 있어서 제조업이 상대적으로 크게 위축된 반면 석유 및 가스 등 광업에 대한 의존도가 확대되었음을 보여준다. 러시아의 제조업 비중은 2000년 20%대였으나 지속적으로 하락하여 2014년 14%대로 인도와 비슷한 수준을 보였다. 러시아의 제조업 중 비중이 확대된 산업은 코크스, 연

표 5-5 ──○ 러시아의 산업구조 변화 : 대분류

		농림수산업	광업	제조업	서비스업
생산	2000	7.0	7.4	29.7	55.9
	2007	4.1	7.3	28.6	59.9
	2014	3.3	7.7	24.7	64.3
부가가치	2000	7.2	6.8	20.8	65.2
	2007	4.4	10.1	17.6	67.9
	2014	3.1	10.5	14.3	72.1

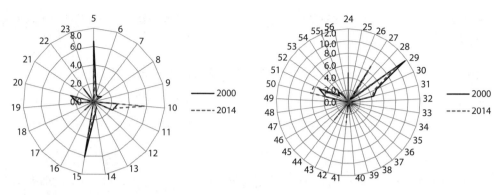

주 : 산업코드별 산업명은 〈부표 2-2〉 참조

그림 5-17 러시아의 산업구조 변화(생산 기준) : 제조업(좌), 서비스업(우)

탄 및 석유정제품(10)이 유일하고 그 외 대부분 산업의 비중이 축소되었는데 특히 1차금속제품(15), 식료품, 음료, 담배(5), 가구, 기타 제품(22), 전기, 가스, 증기 및 공기 조절 공급업(24), 자동차 및 트레일러(20)의 비중 축소 폭이 컸다(〈그림 5-20〉, 〈표 5-6〉 참조). 러시아에 있어 주요 제조업은 코크스, 연탄 및 석유정제품(10), 1차금속제품(15), 식료품, 음료, 담배(5), 화학물질 및 화학제품(11) 정도를 들 수 있다.

반면 서비스업의 경우 여러 산업의 비중이 확대되었는데 사업시설 관리, 사업 지원 및 임대 서비스(50), 금융업(보험 및 연금 제외)(41), 부동산업(44), 공공 행정, 국방 및 사회보장 행정(51), 보건업 및 사회복지 서비스업(53), 교육 서비스(52)의 비중이 크게 확대되었다. 특히 사업시설 관리, 사업 지원 및 임대 서비스(50)와 금융업(보험 및 연금 제외)(41)의

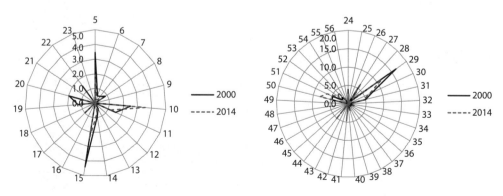

주 : 산업코드별 산업명은 〈부표 2-2〉 참조
자료 : WIOD 이용 계산

그림 5-18 러시아의 산업구조 변화(부가가치 기준) : 제조업(좌), 서비스업(우)

표 5-6				러시아의 주요 산업구조 변화 : 중분류			

산업	생산			산업	부가가치		
	2000	2007	2014		2000	2007	2014
29	11.7	9.7	9.7	29	16.5	11.6	11.6
4	7.4	7.3	7.7	4	6.8	10.1	10.5
27	6.1	6.8	7.3	50	4.6	6.7	8.0
50	3.8	5.6	6.5	27	5.9	5.7	6.6
51	5.3	5.2	6.3	30	7.4	6.7	6.5
10	2.7	5.3	5.8	51	4.7	5.1	6.5
24	4.3	4.5	4.9	44	3.2	4.2	5.4
30	5.2	4.8	4.7	41	1.8	4.4	4.8
15	6.1	5.9	4.2	31	5.0	5.0	4.3
31	4.4	4.6	4.2	53	2.5	3.3	4.2
5	6.6	4.5	4.0	10	2.5	3.2	3.5
44	2.2	2.9	3.8	52	1.8	2.7	3.1
53	2.4	2.7	3.5	1	7.2	4.4	3.1
41	1.6	3.0	3.4	24	3.9	3.0	2.6
1	7.0	4.1	3.3	15	4.4	3.9	2.5
20	2.7	2.4	2.3	5	3.5	2.5	1.9
52	1.8	1.9	2.2	39	1.9	2.5	1.9
11	2.3	1.7	1.8	28	1.1	1.9	1.8
34	1.6	1.5	1.8	34	1.8	1.6	1.8
19	1.7	2.4	1.6	54	1.3	1.8	1.6
39	1.7	2.0	1.6	11	1.6	1.0	1.2
54	1.2	1.6	1.6	19	1.2	1.5	1.0
28	0.8	1.4	1.3	36	0.9	1.0	0.9
17	1.3	1.5	1.2	20	2.0	1.1	0.8
14	1.2	1.6	1.0	17	1.0	1.0	0.8
36	0.8	0.9	0.9	14	0.9	1.3	0.7
8	1.0	1.0	0.8	8	0.8	0.7	0.6
13	0.6	0.7	0.7	13	0.4	0.4	0.3
33	0.6	0.6	0.6	7	0.6	0.4	0.3
22	1.8	0.6	0.5	33	0.7	0.4	0.3

주 : 산업코드별 산업명은 〈부표 2-2〉 참조
자료 : WIOD 이용 계산

비중 폭 확대가 두드러졌다. 반면 서비스업 중 비중이 축소된 산업도 있는데 도매업(자동차 제외)(29), 소매업(자동차 제외)(30), 육상 운송 및 파이프라인 운송업(31) 등의 비중이 축소되었는데 특히 도매업(자동차 제외)(29)에 있어 비중이 크게 축소되었다. 러시아의 주요 서비스업은 도매업(자동차 제외)(29), 사업시설 관리, 사업 지원 및 임대 서비스(50), 건설업(27), 소매업(자동차 제외)(30), 공공 행정, 국방 및 사회보장 행정(51), 부동산업(44) 등을 들 수 있다(〈표 5-6〉, 〈그림 5-18〉 참조).

러시아의 산업구조 역시 인도와 마찬가지로 1차산업 비중이 매우 높다는 특징을 가지고 있다. 그러나 그 구성에 있어서는 차이가 있다. 인도의 1차산업은 농림수산업 중심이었는데 반해 러시아는 광업 중심이다. 러시아 역시 인도 및 중국과 마찬가지로 경제발전과정에서 농림수산업 비중이 축소되었으나 러시아에서는 대신 광업 비중은 크게 확대되었다. 한편 부가가치 기준으로 러시아 경제에서 제조업 비중은 크게 축소되었는데 이 역시 인도에서와 같았다. 그러나 인도의 경우, 생산 기준으로는 제조업 비중이 확대되었던 것에 비해

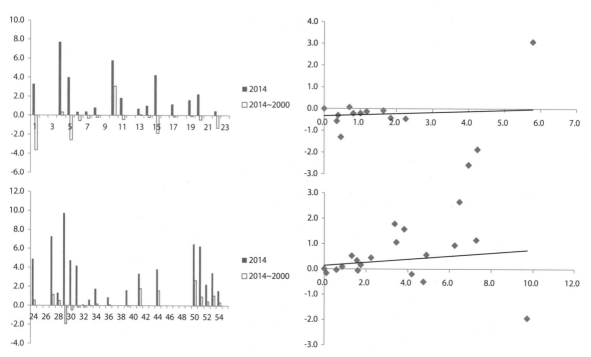

주 : 좌측 수평축의 산업명은 〈부표 2-2〉 참조, 우측의 수평축은 산업별 비중(2014), 수직축은 비중 변화(2014~2000). 2사분면은 제조업, 4사분면은 서비스업
자료 : WIOD 이용 계산

그림 5-19 ▷ 러시아의 생산 기준 산업구조 변화 : 산업별 비중(2014) 및 비중 변화(2014~2000)

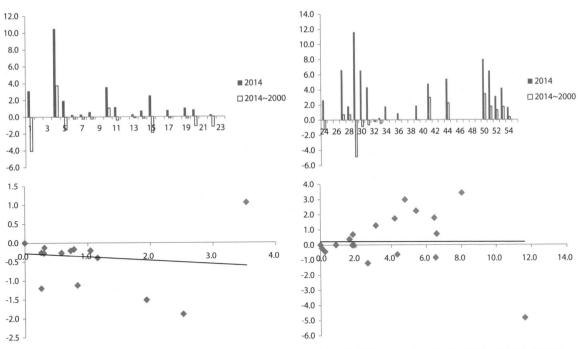

주 : 상단 수평축의 산업명은 〈부표 2-2〉 참조, 하단 수평축은 산업별 비중(2014), 수직축은 비중 변화(2014~2000). 3사분면은 제조업, 4사분면은 서비스업
자료 : WIOD 이용 계산

그림 5-20 러시아의 부가가치 기준 산업구조 변화 : 산업별 비중(2014) 및 비중 변화(2014~2000)

러시아에서는 부가가치 기준뿐만 아니라 생산 기준으로도 제조업 비중이 축소되었다는 점
에서 차이가 있다. 구체적으로 보면 러시아는 생산 기준으로 제조업 비중이 2000년 29.7%
였으나 2014년에는 24.7%로 하락하였다. 러시아는 체제전환 후 시장경제하에서 제대로
된 공업화를 거치지 않았는데도 제조업 비중이 축소되는 탈공업화 현상과 비슷한 양상을
보이고 있다. 이는 러시아 경제가 원유 및 천연가스 등 에너지자원에 지나치게 의존적으
로 성장한 결과라 할 수 있다. 러시아 정부는 소위 네덜란드병(Dutch Disease)[23]을 피하고
제조업을 발전시키기 위해 노력하고 있으나 성과는 아직 미지수이다(러시아의 산업정책은
〈Box 5-4〉, 〈Box 5-5〉 참조).

러시아의 부가가치 기준 산업별 비중과 비중 변화를 살펴보면, 2000~2014년 기간 제조
업에 속한 거의 모든 산업들의 비중이 축소되는 가운데 비중이 높은 산업들의 비중 축소

---

23 자원 부국이 자원 수출을 통해 일시적으로 경제 호황을 누리지만, 물가와 통화 가치 상승으로 국내 제조업이 쇠퇴하여 결국 경제침체를
겪는 현상을 가리킨다.

폭이 더 컸다(〈그림 5-20〉 참조). 반면 서비스업의 경우 앞에서 살펴본 주요 선진국 그리고 중국과 인도에서와 마찬가지로 일부 산업[도매업(29) 등]을 제외하고는 산업들의 비중이 확대되었는데 비중이 높은 산업들의 비중 확대 폭이 더 컸다. 러시아는 제조업 비중이 낮은 가운데 코크스, 연탄 및 석유정제품(10)과 1차금속제품(15)에 대한 의존도가 지나치게 높다는 특징을 보인다. 주요 선진국들에 있어서도 해당 산업의 비중이 높은 경우가 있으나, 러시아의 경우 다른 국가들과 달리 여타 제조업에 비해 해당 산업의 비중이 월등히 높았다. 또한 러시아의 서비스업 구조에 있어서도 특징이 발견되는데, 부동산업(44)과 공공 행정, 국방 및 사회보장 행정(51)의 비중이 주요 선진국과 마찬가지로 높은 편이기는 하나, 선진국들에 비해 상대적으로 그 비중이 크게 낮았다. 이는 러시아뿐만 아니라, 중국과 인도에서도 나타났던 양상이기도 하다. 한편 러시아는 주요 선진국과 마찬가지로 서비스업 중 건설업(27)과 도매업(29)의 비중이 높았는데, 건설업(27)은 주요 선진국들과 비교해 크게 낮은 반면 도매업(29)은 주요 선진국들뿐만 아니라 중국 및 인도에 비해서도 크게 높

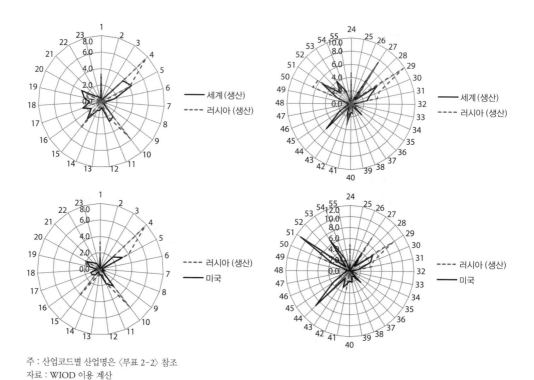

주 : 산업코드별 산업명은 〈부표 2-2〉 참조
자료 : WIOD 이용 계산

그림 5-21 ▶ 러시아 산업구조의 세계 및 미국 산업구조와 비교(2014) : 생산 기준

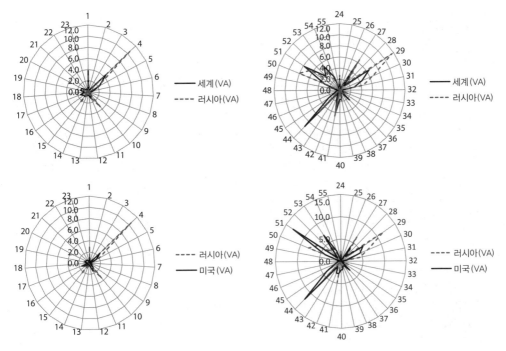

주 : 산업코드별 산업명은 〈부표 2-2〉 참조
자료 : WIOD 이용 계산

그림 5-22 러시아 산업구조의 세계 및 미국 산업구조와 비교(2014) : 부가가치 기준

은 모습을 보였다.

러시아는 중국, 인도와 마찬가지로 2000~2014년 기간 전체적으로 상위 산업들에 대한 의존도 심화는 다소 완화되었다. 이러한 양상은 주요 선진국에서와 다른 모습이라 할 수 있다. 구체적으로 보면, 러시아에 있어서 부가가치 기준 상위 4위 산업의 누적비중이 2000년 37.9%에서 36.7%로 소폭 하락하였다. 제조업이 크게 위축되면서 제조업 기준 상위 4위 산업의 누적비중 역시 12.4%에서 9.1%로 하락하였으나, 이들 제조업 상위 4위 산업의 제조업 내 비중은 59.6%에서 63.6%로 오히려 확대되었다(〈표 5-6〉 참조). 2014년 부가가치 기준으로 할 때 러시아의 전체적인 산업구조는 멕시코와 가장 유사하였는데, 제조업은 일본과 인도네시아, 서비스업은 리투아니아와 폴란드와 유사하였다(〈부표 14〉 참조). 러시아의 산업구조를 세계 전체 산업구조 및 미국 산업구조와 비교하면, 러시아의 산업구조는 세계 및 미국 산업구조와 큰 차이를 보였는데, 이는 생산 기준뿐만 아니라 부가가치 기준에서 있어서도 동일하였다(〈그림 5-21〉, 〈그림 5-22〉 참조).

Box 5-4 러시아 산업정책

2000년대 러시아의 첫 번째 산업정책은 2003년까지 시행된 '구조개혁 정책(Structural Reformation)'이다. 이는 시장 제도 개발과 구조개혁에 중점을 둔 정책이었다. 푸틴 대통령 2기 시절인 2004년부터 2008년까지 시행된 '수직적 분 야별 정책(Vertical Sectoral Policy)'은 경제에서 국가의 역할 증대와 연관되어 있다. 이 시기 푸틴 대통령은 러시아 경 제의 경쟁력 제고를 중요한 국정 과제로 내세웠고, 장기적 관점으로 과학 및 기술 분야에서 국가발전전략을 수립하 였다. 러시아 정부는 낙후된 제조업을 발전시켜 국내산업의 경쟁력을 제고하고, 첨단산업을 육성하기 위한 정책들 을 추진하였다. 대표적인 정책으로 2005년 말에 4개의 기술-혁신 특구를 포함한 경제특구를 설립하였다. 경제특구 설립을 통해 러시아는 투자 및 기업 환경의 개선, 국가 간 경제 조건의 대등화, 신경제, 즉 고도의 기술이 필요한 분 야에서 과학 집약적 생산, 서비스의 발전, 과학기술 개발의 상업화를 달성하고자 하였다.

　2006년 6월에는 국가혁신시스템 구축을 위해 '러시아벤처기업'이라는 공기업을 설립하였다. 2015년부터 '러시아 벤처기업'은 2035년까지 국가의 장기 기술 발전전략을 수립하고 실현하기 위한 '국가기술이니셔티브'의 사무국 역 할을 하고 있다. 2007년 4월에 푸틴 대통령은 나노기술을 러시아 과학 및 기술 발전의 우선분야로 설정하였다. 이에 따라 '나노산업 발전 전략' 법안이 승인되었고, 러시아 나노기술기업(로스나노)이 설립되었다. 이 기업은 나노기술제 품 생산을 위한 민간 프로젝트에 자금을 투자하는 펀드 역할을 하고 있다. 러시아 정부는 2007년 말에는 핵에너지 (원자력 발전), 우라늄 생산, 핵무기 등 핵과 관련된 기업 및 연구소를 담당하는 공기업인 '로스아톰'을 설립하였다. 로스아톰은 2014년 기준 해외 매출액이 1,000억 달러가 넘었으며, 전 세계 원자력발전 건설 시장 점유율이 41%로 1 위를 차지하였다.

　러시아 경제발전부는 2007년 에너지수출 의존 경제를 탈피하고 지식 및 혁신주도형 경제로의 구조전환을 추진하 기 위해 전략적 측면에서의 장기 계획인 '2020년까지 러시아연방 장기 사회-경제발전 구상'을 마련하였다. 이 구상 에서 7대 목표가 제시되었다. 7가지 목표를 달성하기 위해서는 러시아 경제가 현재의 원료-수출 지향성 발전에서 혁신주도형으로 전환되어야 하며 이를 위해서는 과학, 교육, 첨단기술 부문에서 비교우위 강화를 통한 경쟁 잠재력 발현이 중요하다고 강조하였다. 그리고 혁신주도형 경제로의 발전을 위해서 선결해야 할 6가지 우선 과제로 1) 에너 지 중심에서 지식과 첨단기술산업 분야로의 경제구조 다변화, 2) 기업혁신 활동의 활성화, 3) 효율적인 국가 혁신시 스템 구축과 기초·응용분야에서의 연구개발 활성화, 4) 우수한 노동인력의 효율적 이용, 인적자본의 질적 향상을 위한 제반여건의 조성, 사회 인프라 구축, 5) 1차 자원 이용의 효율성 제고, 6) 소유권 보호에 관한 효율적 시스템 구 축, 벤처자본시장 육성 및 발전을 제시했다.

자료 : 변현섭(2015), '러시아의 산업정책과 한-러 협력방안', 2015 GPAS International Conference 자료집 내용을 부분 요약함

Box 5-5 최근 러시아 정부의 제조업 육성정책

러시아 정부는 산업정책에 관한 연방법('15년 7월 발효) 제정을 통해 제조업 육성정책을 추진하고 있다. 푸틴 대통령 은 2014년 12월 석유 및 가스 산업에 편중된 경제구조 개선을 위해 기존에 수입 비중이 높은 자동차, 기계, 식품가공 등 제조업 분야 육성 법안을 채택하였는데, 이는 러시아 내 생산을 위해 투자 진출하는 외국 기업에 대한 지원이 담 겨 있다.

　러시아 산업부는 제조업 육성정책의 일환으로 2015년 3월에 수입대체조치 훈령을 통해 수입 의존도가 높은 수입

(계속)

대체 분야를 선정 발표하였다. 수입대체 분야는 공작기계, 의료, 제약, 식품가공, 자동차, 전자산업 등으로 러시아는 주요 분야의 필요 장비를 국내 제조를 통해 대체하고자 한다.

또한 러시아 정부는 2016년 9월에 산업개발펀드 조성을 통해 신규 제조설비투자 기업을 지원하기로 하였다. 즉 2017년 기준으로 총 3억 달러 펀드를 조성하여 아동용품을 포함한 19개 분야에 투자하는 신규 설비투자 기업에 대해 저리(低利)로 자금을 지원하기로 했다. 이 외에도 2016년 5월에 러시아연방 기술개발공사를 설립하여 선진기술 개발 및 해외로부터의 기술이전을 통해 산업기반을 육성하기로 했다(아래 표 참조).

최근 러시아 제조업 육성정책

① '2015 경제위기 대응계획(2015. 1. 27.)'
  – 산업개발펀드(3억 달러) 조성*, 신규 제조설비 투자기업에 저리자금 지원
  – 러시아 정부와 특별투자협약(2015년 7월부 시행) 체결 시, 세제혜택 등 인센티브 제공
  *산업개발펀드
  – 규모 : 총 200억 루블
  – 지원기간 : 최대 7년
  – 지원금액 : 5,000~5억 루블
  – 금리 : 연 5%
  – 수혜기업 : 2016년 9월 기준으로 410개사 선정

② '러시아연방 기술개발공사 설립'(2016. 5. 26.)
  – 기계·엔지니어링, 농업, 의약, 에너지 효율화, ITC 등 러시아의 주요 수입산업 분야의 선진기술 개발 및 해외로부터의 이전을 통한 산업기반 육성

자료 : KOTRA 해외시장뉴스('러시아 제조업 육성정책에 따른 시장 현황', 2017-01-02 러시아 모스크바무역관)을 부분 요약함

2.4 브라질

브라질 역시 인도와 러시아와 마찬가지로 생산 기준으로 제조업 비중은 약 28%로 낮지 않으나 부가가치 기준으로는 10%대로 BRICs 국가 중에서 가장 낮았다(〈표 5-7〉 참

표 5-7 ──○ 브라질의 산업구조 변화 : 대분류

		농림수산업	광업	제조업	서비스업
생산	2000	4.2	2.1	31.6	62.2
	2007	4.3	3.3	33.2	59.2
	2014	4.5	3.0	27.6	64.8
부가가치	2000	5.2	2.6	15.7	76.6
	2007	5.2	3.9	14.8	76.2
	2014	5.2	3.8	11.7	79.3

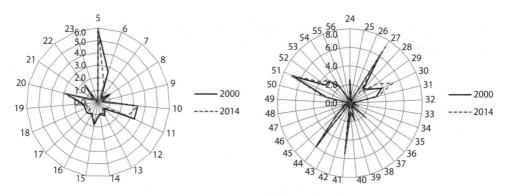

주 : 산업코드별 산업명은 〈부표 2-2〉 참조

그림 5-23 브라질의 산업구조 변화(생산 기준) : 제조업(좌), 서비스업(우)

조). 브라질 경제에서 제조업 비중은 생산과 부가가치 모두에 있어서 축소되고 있는데 2000~2014년 기간 4.0%포인트 하락하였다. 한편 브라질 역시 러시아와 마찬가지로 제조업 비중이 축소되는 반면 광업과 서비스업 비중이 확대되고 있다. 브라질 제조업 중 비중이 소폭이나마 증가된 산업은 1차금속제품(15)이 유일하며 여타 대부분 제조업 비중은 축소되었다. 부가가치 기준으로 제조업 중 비중이 축소된 산업으로는 섬유제품, 의복, 가죽·가방·신발(6), 화학물질 및 화학제품(11), 가구, 기타 제품(22)을 들 수 있는데 특히 섬유제품, 의복, 가죽·가방·신발(6)의 비중이 크게 줄었다(〈그림 5-26〉, 〈표 5-8〉 참조). 브라질의 주요 제조업은 식료품, 음료, 담배(5), 자동차 및 트레일러(20), 가구, 기타 제품

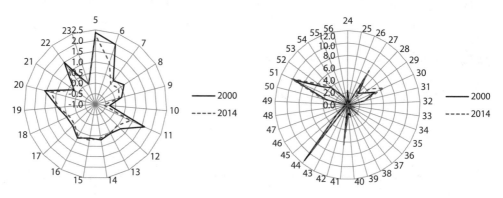

주 : 산업코드별 산업명은 〈부표 2-2〉 참조
자료 : WIOD 이용 계산

그림 5-24 브라질의 산업구조 변화(부가가치 기준) : 제조업(좌), 서비스업(우)

표 5-8 ──○ 브라질의 주요 산업구조 변화 : 중분류

산업	생산			산업	부가가치		
	2000	2007	2014		2000	2007	2014
27	6.3	5.0	7.2	51	9.8	10.3	10.2
51	7.0	7.2	7.2	44	11.4	8.6	9.5
5	5.8	6.0	5.9	30	5.0	5.9	6.7
41	5.5	5.6	5.5	27	5.6	5.1	6.6
30	3.9	4.4	5.2	41	5.6	7.4	6.5
44	6.0	4.5	5.2	52	5.1	4.7	5.9
1	3.9	4.0	4.2	1	4.7	4.7	4.8
52	3.3	3.0	3.9	29	3.3	4.4	4.5
29	2.6	3.3	3.5	53	3.8	3.9	4.3
53	3.2	3.3	3.5	50	3.6	3.6	4.2
10	3.3	3.8	3.4	4	2.6	3.9	3.8
31	3.0	3.0	3.2	31	2.9	2.8	2.8
4	2.1	3.3	3.0	45	2.3	2.3	2.5
20	2.8	3.9	3.0	36	2.0	2.0	2.3
50	2.6	2.5	3.0	5	2.4	2.4	2.3
11	3.3	3.2	2.7	54	2.0	1.9	1.8
36	2.0	2.0	2.3	28	2.6	1.9	1.8
24	2.5	2.5	1.9	40	1.3	1.4	1.5
54	2.1	1.9	1.8	39	1.8	1.9	1.4
45	1.7	1.7	1.8	20	1.6	2.1	1.3
39	1.9	1.9	1.8	34	1.1	1.1	1.3
15	1.8	2.5	1.6	55	1.4	1.2	1.2
6	2.6	1.9	1.5	24	2.3	2.5	1.2
28	2.1	1.5	1.5	22	1.5	1.3	1.1
19	1.3	1.7	1.4	6	2.0	1.5	1.1
22	1.7	1.5	1.3	46	0.9	0.9	1.0
40	0.9	1.0	1.1	11	1.6	0.8	0.9
34	0.9	1.0	1.1	19	0.9	1.1	0.8
13	1.2	1.2	1.0	25	0.8	0.8	0.7
16	1.1	1.5	1.0	16	0.8	1.1	0.7

주 : 산업코드별 산업명은 〈부표 2-2〉 참조
자료 : WIOD 이용 계산

(22) 정도이나 그 비중이 매우 낮다. 브라질 서비스업 중 비중이 확대된 산업은 소매업(자동차 제외)(30), 도매업(자동차 제외)(29), 건설업(27), 금융업(보험 및 연금 제외)(41), 교육 서비스(52) 등을 들 수 있는데 특히 소매업(자동차 제외)(30)의 비중이 상대적으로 크게 높아졌다. 반면 비중이 축소된 산업으로는 부동산업(44), 자동차 판매 및 수리업(28), 전기, 가스, 증기 및 공기 조절 공급업(24), 통신업(39) 등을 들 수 있는데 특히 부동산업(44)의 비중 축소 폭이 컸다. 브라질의 주요 서비스산업으로는 공공 행정, 국방 및 사회보장 행정 (51), 부동산업(44), 소매업(자동차 제외)(30), 건설업(27), 금융업(보험 및 연금 제외)(41), 교육 서비스(52) 등을 꼽을 수 있다.

브라질의 산업구조는 중국과 러시아 등 여타 BRICs 국가들에 비해 서비스업의 비중이 상대적으로 더 높고 그 비중이 더욱 확대되는 모습을 보이고 있다. 그러나 2014년 부가가치 기준으로 제조업의 비중은 인도와 러시아보다 더 낮았다. 또한 브라질 경제에서 제조업이 차지하는 비중은 탈공업화를 경험하고 있는 영국과 프랑스에 있어서의 제조업 비중과

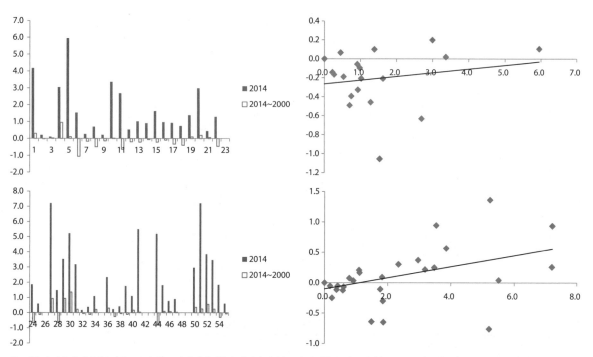

주 : 좌측 수평축의 산업명은 〈부표 2-2〉 참조, 우측의 수평축은 산업별 비중(2014), 수직축은 비중 변화(2014~2000). 2사분면은 제조업, 4사분면은 서비스업
자료 : WIOD 이용 계산

그림 5-25 ▶ 브라질의 생산 기준 산업구조 변화 : 산업별 비중(2014) 및 비중 변화(2014~2000)

비슷한 수준이었다. 이는 브라질의 공업화가 여타 BRICs 국가들에 비해서도 더 더딜 뿐만 아니라, 본격적인 공업화를 거치기도 전에 경제에서 제조업 비중이 하락하는 탈공업화 현상을 보이고 있다는 것을 의미한다. 이는 부가가치 기준뿐만 아니라 생산 기준으로도 마찬가지였다.

　브라질의 산업별 비중과 산업별 비중 변화 관계를 부가가치 기준으로 살펴보면, 중국, 인도, 러시아에서와 비슷한 양상을 보였다. 즉 제조업에 속한 대부분 산업들의 비중이 하락한 가운데 비중이 높았던 제조업 산업들의 비중이 보다 큰 폭으로 하락한 반면 서비스업에 있어서는 일부 산업[부동산업(44)]을 제외하고는 비중이 높은 산업을 중심으로 비중이 더욱 큰 폭으로 확대되었다(〈그림 5-26〉 참조). 브라질의 제조업은 러시아에서와 마찬가지로 전체적으로 그 비중이 낮은 가운데, 제조업 발전을 주도할 만한 특화된 주력 제조업이 없다는 문제점을 보였다. 앞에서도 살펴보았듯이 주요 선진국들의 경우 제조업 비중이 점차 하락하고는 있으나, 여전히 각 국가별로 특화된 주력 제조업이 있는 경우가 많았다.

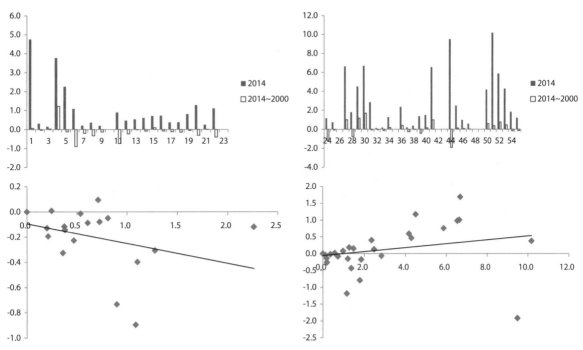

주 : 상단 수평축의 산업명은 〈부표 2-2〉 참조, 하단 수평축은 산업별 비중(2014), 수직축은 비중 변화(2014~2000). 3사분면은 제조업, 4사분면은 서비스업
자료 : WIOD 이용 계산

그림 5-26　브라질의 부가가치 기준 산업구조 변화 : 산업별 비중(2014) 및 비중 변화(2014~2000)

브라질 서비스업에 있어서 발견되는 특징은 여타 BRICs 국가들과 마찬가지로 건설업(27)과 도매업(자동차 제외)(29)의 비중이 선진국에 비해 높지 않다는 점이다. 또한 앞에서 살펴본 대부분 국가에서처럼 서비스업 중 부동산업(44)과 공공 행정, 국방 및 사회보장 행정(51) 비중이 브라질에서도 높기는 했으나, 주요 선진국들에 비해서는 해당 산업들의 비중 역시 낮았다. 한편 인도에 비해서는 낮지만 앞에서 살펴본 여타 주요 국가들에 비해서는 브라질에 있어서 소매업(30) 비중이 매우 높았다. 브라질의 금융업(41) 역시 해당 산업의 비중이 높은 대표적인 국가인 영국이나 인도에서보다도 높았는데, 이러한 점 또한 브라질 산업의 특징이라 할 수 있다. 이는 인도와 러시아에 있어서 나타난 양상이기도 하다. 한편 앞에서 살펴본 국가들에서 발견되었던 산업집중도 변화에 있어서의 뚜렷한 패턴은 브라질에 있어서는 발견되지 않았다. 앞에서 보았듯이 선진국들에 있어서는 산업집중도가 심화되고, 여타 BRICs 국가들에 있어서는 산업집중도가 완화되었으나, 브라질에 있어서는 두드러진 그러한 변화가 없었다. 부가가치 기준으로 브라질 상위 2위 산업의 누적비중은 2000년 21.2%에서 2014년 19.7%로 소폭 하락하였으며, 상위 4위 산업의 누적비중 역

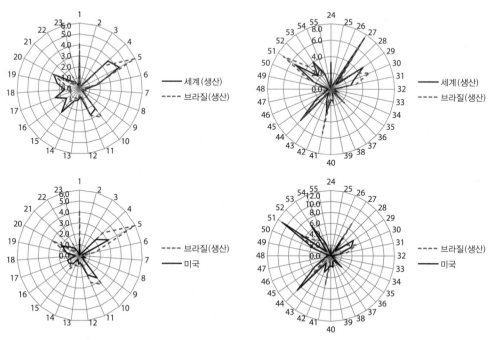

주 : 산업코드별 산업명은 〈부표 2-2〉 참조
자료 : WIOD 이용 계산

그림 5-27 ▶ 브라질 산업구조의 세계 및 미국 산업구조와 비교(2014) : 생산 기준

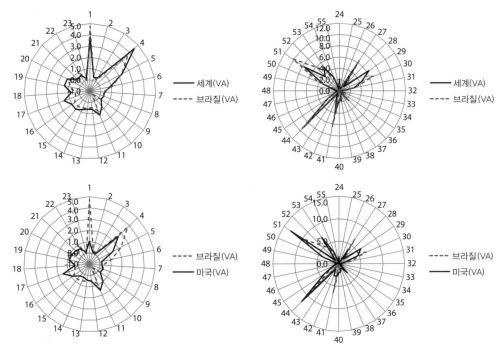

주 : 산업코드별 산업명은 〈부표 2-2〉 참조
자료 : WIOD 이용 계산

그림 5-28 브라질 산업구조의 세계 및 미국 산업구조와 비교(2014) : 부가가치 기준

시 32.4%에서 33.0%로 소폭 증가하는 데 그쳤다(〈표 5-8〉 참조). 한편 브라질 전체에서 제조업 상위 4위 산업의 누적비중 역시 7.6%에서 5.6%로 하락하였으나, 제조업 내 비중은 48.4%에서 47.9%로 아주 소폭 하락하였을 뿐이다.

통합 유사성 지수(ISI)를 기준으로 할 때, 브라질의 전체적인 산업구조(부가가치 기준)는 불가리아, 크로아티아, 캐나다와 유사하였는데, 제조업 구조는 스페인, 불가리아, 포르투갈과 비슷하였으며, 서비스업 구조는 캐나다, 헝가리, 포르투갈과 유사했다(〈부표 6〉 참조). 한편 브라질의 산업구조를 세계 및 미국 산업구조와 비교해보면, 브라질은 일부 산업에 있어서의 차이를 제외하고 대체로 앞에서 살펴본 여타 국가들에 비해 세계 산업구조와 유사한 측면이 많았다(〈그림 5-28〉 참조).

2.5 한국

한국은 주요 선진국과 중국을 제외한 BRICs 국가들과 비교할 때 제조업 비중이 매우 높은

표 5-9 ─○ 한국의 산업구조 변화 : 대분류

		농림수산업	광업	제조업	서비스업
생산	2000	3.0	0.2	45.7	51.1
	2007	1.9	0.1	46.4	51.6
	2014	1.6	0.1	48.8	49.5
부가가치	2000	4.4	0.3	29.0	66.3
	2007	2.7	0.2	28.2	68.9
	2014	2.3	0.2	30.3	67.2

특징을 보이고 있다. 생산 기준으로 제조업 비중이 거의 50%에 근접해 중국 수준과 비슷하며, 부가가치 기준으로도 중국과 독일보다도 더 높다(〈표 5-9〉 참조). 또한 2000~2014년 기간에 한국의 전체적인 제조업 비중은 오히려 상승하고 있는데 이는 앞서 본 여타 국가들과 다른 양상이라 할 수 있다. 한국의 경우 선진 5개국과 마찬가지로 많은 제조기업들이 중국, 베트남 등 해외로 생산기지를 이전하였다는 점을 고려할 때 제조업의 이렇게 높은 비중은 특이하다 할 수 있다. 2000~2014년 기간 부가가치 기준으로 대부분 제조업들의 비중이 소폭씩 증가하였는데, 특히 금속가공제품(16), 컴퓨터, 전자·광학제품(17), 자동차 및 트레일러(20), 기타 운송장비(21)의 비중이 상대적으로 더 많이 상승하였다(〈표 5-10〉, 〈그림 5-32〉 참조). 반면 비중이 축소된 제조업은 섬유제품, 의복, 가죽·가방·신발(6)과 식료품, 음료, 담배(5) 등 일부 산업들에 불과했으며 축소 폭도 크지 않았다. 한국

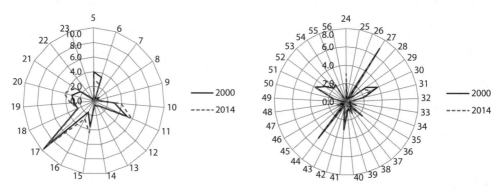

주 : 산업코드별 산업명은 〈부표 2-2〉 참조

그림 5-29 한국의 산업구조 변화(생산 기준) : 제조업(좌), 서비스업(우)

표 5-10	한국의 주요 산업구조 변화 : 중분류

산업	생산			산업	부가가치		
	2000	2007	2014		2000	2007	2014
17	9.7	9.2	9.2	44	9.1	8.3	7.7
11	5.1	5.2	5.9	51	6.1	6.9	7.3
27	6.9	6.9	5.6	17	6.1	6.1	6.8
15	3.6	4.3	4.4	52	4.7	5.8	5.5
20	3.2	4.2	4.4	27	6.0	6.2	4.9
10	2.9	3.1	3.9	30	5.1	4.5	4.5
51	3.8	4.0	3.9	53	2.5	3.5	4.2
44	5.0	4.3	3.7	41	3.9	4.5	3.8
19	2.9	3.3	3.4	29	3.9	3.4	3.6
21	2.3	3.0	3.1	11	3.1	3.1	3.3
53	2.1	2.7	3.1	20	2.2	2.5	2.8
24	2.0	1.9	3.1	54	2.6	2.7	2.8
5	4.0	2.9	3.0	36	3.0	2.7	2.6
30	3.8	3.3	3.0	19	2.3	2.3	2.6
52	2.9	3.3	2.9	15	2.3	2.5	2.4
41	3.1	3.3	2.8	50	2.1	2.3	2.4
16	1.7	2.7	2.8	16	1.6	2.0	2.3
18	2.5	2.4	2.4	24	2.1	1.7	2.0
6	3.4	2.0	2.4	21	1.6	1.8	2.0
29	2.7	2.3	2.3	1	3.8	2.3	2.0
54	2.2	2.2	2.1	47	1.2	1.7	2.0
36	2.3	2.1	2.0	31	2.1	2.1	1.8
31	2.0	2.1	1.9	38	1.6	1.8	1.8
38	1.4	1.5	1.6	18	1.6	1.6	1.8
50	1.5	1.5	1.5	6	2.3	1.3	1.6
1	2.5	1.6	1.4	46	0.9	1.2	1.4
47	0.9	1.1	1.3	5	1.8	1.4	1.3
12	1.0	1.0	1.1	34	1.2	1.2	1.0
34	1.2	1.2	1.1	42	1.0	1.2	1.0
46	0.6	0.8	0.9	49	0.5	0.7	0.9

주 : 산업코드별 산업명은 〈부표 2-2〉 참조
자료 : WIOD 이용 계산

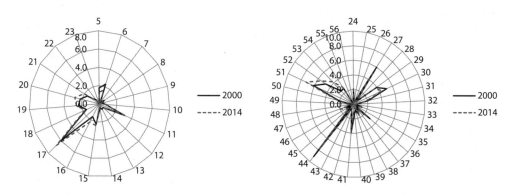

주 : 산업코드별 산업명은 〈부표 2-2〉 참조
자료 : WIOD 이용 계산

그림 5-30 한국의 산업구조 변화(부가가치 기준) : 제조업(좌), 서비스업(우)

의 주요 제조업으로는 컴퓨터, 전자·광학제품(17), 화학물질 및 화학제품(11), 자동차 및 트레일러(20), 기타 기계 및 장비(19), 1차금속제품(15), 금속가공제품(16) 등을 꼽을 수 있다.

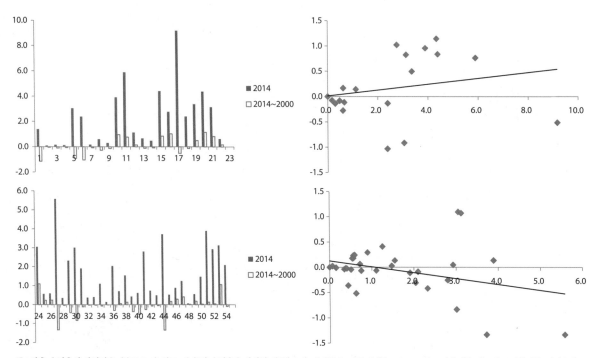

주: 좌측 수평축의 산업명은 〈부표 2-2〉 참조, 우측의 수평축은 산업별 비중(2014), 수직축은 비중 변화(2014~2000), 2사분면은 제조업, 4사분면은 서비스업
자료 : WIOD 이용 계산

그림 5-31 한국의 생산 기준 산업구조 변화 : 산업별 비중(2014) 및 비중 변화(2014~2000)

　　서비스업 비중 역시 여타 국가들과 달리 전체적으로 그 비중이 별로 확대되지 않고 대체
적으로 일정하게 유지되고 있다(〈표 5-9〉 참조). 하지만 서비스업 내 산업구조에 변화가
나타났는데, 보건업 및 사회복지 서비스업(53), 공공 행정, 국방 및 사회보장 행정(51), 과
학 연구개발(47), 교육 서비스(52), 건축기술, 엔지니어링 및 기타 기술과학 서비스업(46)
의 비중이 확대된 대신 부동산업(44), 건설업(27), 소매업(자동차 제외)(30), 컴퓨터 프로
그래밍, 시스템 통합 및 관리업, 정보 서비스(40)의 비중이 축소되었다(〈그림 5-32〉 참조).
특히 보건업 및 사회복지 서비스업(53)의 비중 확대와 부동산업(44)의 비중 축소가 두드러
졌다. 한국의 주요 서비스업으로는 부동산업(44), 공공 행정, 국방 및 사회보장 행정(51),
교육 서비스(52), 건설업(27), 소매업(자동차 제외)(30), 보건업 및 사회복지 서비스업(53)
등을 들 수 있다.

　　여타 국가들과 비교했을 때 한국의 산업구조에서 발견되는 가장 두드러진 특징 중 하나
는 제조업 비중이 매우 높다는 점이다. 한국의 제조업 비중은 앞에서 살펴본 주요 선진국

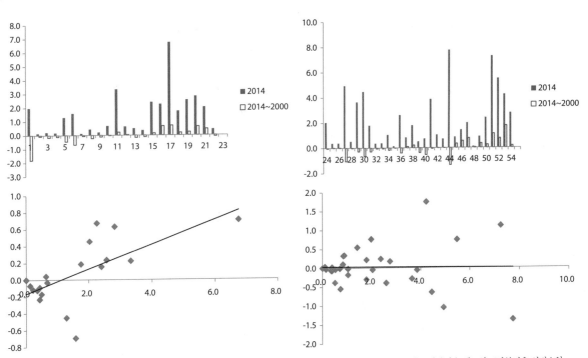

주 : 상단 수평축의 산업명은 〈부표 2-2〉 참조, 하단 수평축은 산업별 비중(2014), 수직축은 비중 변화(2014~2000). 3사분면은 제조업, 4사분면은 서비스업
자료 : WIOD 이용 계산

그림 5-32　한국의 부가가치 기준 산업구조 변화 : 산업별 비중(2014) 및 비중 변화(2014~2000)

들 중에서 제조업 비중이 가장 높았던 독일보다 더 높았다. 또한 세계의 공장이라고 불리는 대표적인 제조 국가인 중국에 비해서도 한국의 제조업 비중은 낮지 않았다. 2014년 생산 기준으로 한국의 제조업 비중은 48.8%로 중국의 50.0%에 비해 소폭 낮았으나 부가가치 기준으로는 30.3%로 중국의 29.6%보다 더 높았다. 특히 부가가치 비중 기준으로 상위 4위 산업에 제조업[컴퓨터, 전자·광학제품(17)]이 포함되었는데, 이는 주요 선진국뿐만 아니라 대표적인 개발도상국인 BRICs 국가들에서도 발견되지 않는 특징이다.

산업별 비중과 비중 변화에 있어서도 한국은 앞에서 살펴본 국가들과 차이를 보였다. 부가가치 기준으로 제조업에 있어서는 비중이 높은 산업들의 비중 확대 폭이 컸는데, 이러한 양상은 BRICs 국가들에서는 발견되지 않았으며, 주요 선진국 중에서도 독일에서만 뚜렷하게 발견되는 것이었다. 한편 서비스업에 있어서는 주요 선진국들과 BRICs 국가에서 발견되었던 패턴, 즉 높은 비중을 가진 산업의 비중이 더 크게 확대되는 양상이 나타나지 않았다(〈그림 5-32〉 참조). 높은 비중을 가진 산업 중 비중이 크게 확대된 산업이 있었는가

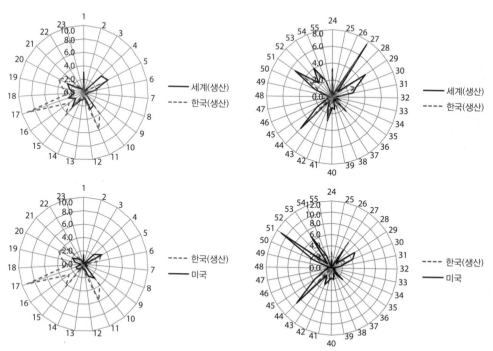

주 : 산업코드별 산업명은 〈부표 2-2〉 참조
자료 : WIOD 이용 계산

그림 5-33   한국 산업구조의 세계 및 미국 산업구조와 비교(2014) : 생산 기준

하면 크게 축소된 산업들이 혼재되어 있었다. 다만 비중이 높은 산업들에 있어서 변화 폭
이 컸다는 점은 다른 국가들에서와 마찬가지였다. 한국 산업구조에 있어서 또 다른 특징
은 전체적으로 제조업 비중이 높은 가운데 특정 제조업[컴퓨터, 전자·광학제품(17)]에 대
한 의존도가 지나치게 높다는 점이다. 제조업 중 특정 산업에 대한 의존도가 높은 것은 독
일 등 주요 선진국에서 발견되는 특징이기도 하다. 또한 제조업 중 컴퓨터, 전자·광학제품
(17)뿐만 아니라, 기타 기계 및 장비(19)와 자동차 및 트레일러(20) 역시 높은 비중을 보이
고 있는 것도 두드러졌는데 이는 독일과 중국에서도 발견되는 양상이기도 하다. 서비스업
에 있어서는 건설업(27), 도매업(자동차 제외)(29), 소매업(자동차 제외)(30)의 비중이 주요
선진국 수준으로 높았으며, 부동산업(44)과 공공 행정, 국방 및 사회보장 행정(51)의 비중
역시 선진국과 마찬가지로 높은 편이었으나 주요 선진국들 수준에 비해서는 여전히 상대
적으로 낮은 편이었다. 2014년 부가가치 기준으로 한국의 금융업(41) 비중(3.8%) 역시 높
은 편이었는데, 해당 산업에 있어 높은 비중을 보이고 있는 중국(5.6%), 영국(4.4%), 인도

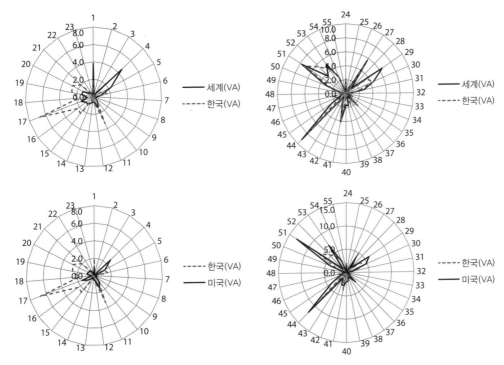

주 : 산업코드별 산업명은 〈부표 2-2〉 참조
자료 : WIOD 이용 계산

그림 5-34 한국 산업구조의 세계 및 미국 산업구조와 비교(2014) : 부가가치 기준

(4.7%)보다는 낮으나 미국, 일본, 독일, 프랑스보다는 더 높게 나타났다.

한편 부가가치 비중 기준으로 상위 산업들이 차지하는 비율로 살펴본 산업집중도의 변화는 2000~2014년 기간 한국에 있어서는 그리 크게 변하지 않았다. 이는 앞에서 살펴본 주요 선진국들과 브라질을 제외한 여타 BRICs 국가들과는 다소 다른 점이라 할 수 있다. 구체적으로 살펴보면 전체적으로 상위 2위(4위) 산업의 누적비중은 2000년 15.2%(27.3%)에서 2014년 15.0%(27.3%)로 거의 변화가 없었다. 다만 한국 전체에서 제조업 중 상위 2위(4위) 산업의 누적비중은 11.3%(13.6%)에서 10.1%(15.5%)로 변하였는데, 이들 제조업 상위 2위(4위) 산업의 제조업 내 누적비중은 31.7%(46.9%)에서 33.3%(51.2%)로 확대되었다(〈표 5-10〉 참조).

한편 2014년 부가가치 기준 통합 유사성 지수(ISI)에 따르면 한국의 산업구조는 전체적으로 헝가리, 체코, 슬로베니아, 독일과 유사했는데, 제조업 구조는 중국, 대만, 스웨덴, 독일 순으로 유사했고, 서비스업은 헝가리, 슬로베니아, 체코, 크로아티아 순으로 비슷했다(〈부표 15〉 참조). 2014년 부가가치 기준으로 세계 및 미국의 산업구조와 비교할 때, 한국의 산업구조 자체는 세계 및 미국 산업구조과 유사한 측면이 있으나 전체적으로 제조업에 있어서 비율이 크게 더 높고, 서비스업에 있어서 비율이 더 낮은 점에서 차이가 두드러졌다(〈그림 5-34〉 참조).

06 한국의 산업구조

한국의 산업구조를 1970년부터 2017년까지 살펴보면 지난 48년 사이에 커다란 변화가 발생했다(〈표 6-1〉, 〈그림 6-1〉, 〈그림 6-2〉 참조). 산업을 1차산업, 제조업, 서비스업으로 살펴보면 같은 기간 1차산업의 비중(부가가치 기준)이 28.9%에서 2.2%로 대폭 축소된 대신 제조업 비중은 각각 18.8%에서 30.4%로, 그리고 서비스업 비중도 50.7%에서 67.2%로 증가했다. 같은 기간 산업구조를 10년 단위로 구체적으로 살펴보면, 농림어업의 비중은 1970년 28.9% → 1980년 15.9% → 1990년 8.4% → 2000년 4.4% → 2010년 2.5% → 2017년 2.2%로 지속적으로 축소되었는데, 특히 공업화가 가장 빠르게 진행되었던 1970

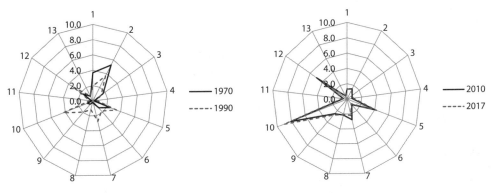

주 : 산업코드는 〈표 6-3〉 참조
자료 : 한국은행, 국민계정 이용 계산

그림 6-1 제조업의 산업구조(총부가가치액 중 산업별 비중)

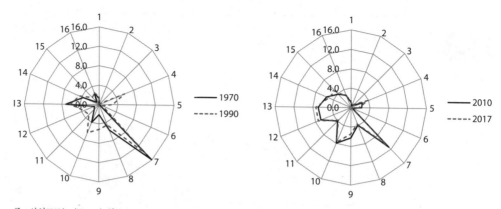

주 : 산업코드는 〈표 6-3〉 참조
자료 : 한국은행, 국민계정 이용 계산

그림 6-2 서비스업의 산업구조(총부가가치액 중 산업별 비중)

년대 기간에 농림어업의 축소 폭이 가장 컸다. 특히 재배업의 축소 폭이 매우 컸다. 제조업의 경우 1970년 이후에 지속적으로 확대되어 2010년에는 총부가가치액의 30.7%를 차지했으며, 이후에도 비슷한 수준을 유지하고 있다. 총부가가치액에서 서비스업 비중 역시 1970년 50.7%에서 2017년 67.2%로 상승, 제조업 비중의 상승 폭보다도 더 크게 상승하였다. 이러한 한국 산업구조 변화는 앞 장에서 살펴본 산업구조이론에 부합한다. 그러나 제조업에서와 마찬가지로 서비스업의 비중 역시 2000년 이후에는 더 이상 크게 확대되지 않고 일정한 수준을 유지했다.

아래에서는 한국 산업구조를 보다 자세히 파악하기 위해 한국은행과 통계청 자료를 토대로 산업구조 변화 방향을 논의한다. 또한 한국의 탈공업화 여부, 제조업과 서비스업 간 상호연관 관계, 한국의 인구 고령화와 산업구조 관계, 그리고 주요 선진국과의 비교를 통해서 본 한국 산업구조의 특징 등에 대해서도 살펴보도록 한다.

1 제조업과 서비스업의 구조 변화

1.1 제조업

1차산업, 제조업, 그리고 서비스업으로 한 3부문 구성에 있어서의 변화와 더불어 제조업 내, 그리고 서비스업 내에서의 구조 역시 1970~2010년대 사이에 커다란 변화를 보였다. 그러나 제조업 내, 서비스업 내 구조 역시 2010년 이후 2017년까지는 큰 변화 없이 비슷

표 6-1　──○　총부가가치 중 산업별 비중

(단위 : %)

	1970	1980	1990	2000	2010	2017
농림어업	28.9	15.9	8.4	4.4	2.5	2.2
재배업	22.6	12.2	6.4	3.3	1.5	1.0
축산업	2.3	1.1	0.8	0.5	0.4	0.7
임업	1.9	1.1	0.4	0.2	0.2	0.1
어업	1.7	1.2	0.8	0.4	0.3	0.3
농림어업 서비스	0.4	0.2	0.1	0.1	0.1	0.1
제조업	18.8	24.3	27.3	29.0	30.7	30.4
1. 음식료품 및 담배 제조업	3.7	2.6	2.0	1.8	1.3	1.4
2. 섬유 및 가죽제품 제조업	5.3	5.6	3.6	2.3	1.5	1.3
3. 목재, 종이, 인쇄 및 복제업	1.7	1.2	1.4	1.2	0.8	0.8
4. 석탄 및 석유제품 제조업	0.2	0.8	0.5	0.7	0.7	0.9
5. 화학제품 제조업	2.5	4.0	3.4	3.7	4.1	4.2
6. 비금속광물제품 제조업	1.2	1.6	1.8	1.2	1.0	0.8
7. 1차금속제품 제조업	0.3	1.8	2.8	2.3	2.8	2.2
8. 금속제품 제조업	0.2	0.7	1.2	1.6	2.1	2.1
9. 기계 및 장비 제조업	0.5	1.1	1.9	2.3	2.5	2.8
10. 전기 및 전자기기 제조업	0.8	2.6	4.3	7.2	8.1	9.1
11. 정밀기기 제조업	0.2	0.4	0.4	0.4	0.5	0.6
12. 운송장비 제조업	1.6	1.3	3.3	3.8	4.9	3.9
13. 기타 제조업	0.7	0.6	0.7	0.5	0.4	0.5
서비스업	50.7	58.4	63.6	66.3	66.6	67.2
전기, 가스 및 수도사업	1.4	2.2	2.2	2.8	2.2	3.0
1. 전기업	1.3	1.9	1.7	1.8	1.1	1.6
2. 가스, 증기 및 온수업	0.0	0.0	0.1	0.3	0.4	0.4
3. 수도, 폐기물 및 재활용 서비스업	0.1	0.2	0.3	0.7	0.8	1.0
건설업	5.0	7.6	9.5	6.0	5.1	5.9
4. 건물건설	–	3.9	5.9	2.6	2.6	3.9
5. 토목건설	–	2.9	2.8	2.8	2.3	1.7
6. 건물수선	–	0.8	0.8	0.5	0.3	0.3
여타 서비스업	44.3	48.7	51.9	57.5	59.3	58.3
7. 도소매 및 음식숙박업	15.9	14.7	14.2	12.6	11.4	10.7
8. 운수 및 보관업	5.7	6.4	4.6	4.3	3.9	3.6
9. 금융 및 보험업	2.1	5.5	5.1	5.7	6.3	5.5
10. 부동산 및 임대업	4.0	3.9	6.4	9.4	8.0	7.8
11. 정보통신업	1.4	2.1	3.0	4.5	4.0	3.7
12. 사업 서비스업	1.1	1.8	3.5	5.1	6.8	7.4
13. 공공 행정 및 국방	7.1	7.0	6.1	6.1	6.9	7.3
14. 교육 서비스업	3.6	4.2	4.5	4.7	5.6	5.1
15. 보건 및 사회복지 서비스업	0.7	0.9	2.0	2.5	3.8	4.7
16. 문화 및 기타 서비스업	2.6	2.0	2.6	2.6	2.7	2.5

주 : 명목가격 기준
자료 : 한국은행, 국민계정 이용 계산

표 6-2 ○── 대분류 산업 내에서 중분류 산업 비중(부가가치 기준)

(단위 : %)

	1970	1980	1990	2000	2010	2017
농림어업	100.0	100.0	100.0	100.0	100.0	100.0
재배업	78.3	77.0	75.7	74.1	62.1	47.7
축산업	7.8	7.2	9.4	10.5	17.2	31.0
임업	6.7	6.9	4.5	5.0	6.2	6.8
어업	5.9	7.6	8.9	8.8	12.1	12.0
농림어업 서비스	1.2	1.3	1.5	1.6	2.4	2.5
제조업	100.0	100.0	100.0	100.0	100.0	100.0
1. 음식료품 및 담배 제조업	19.6	10.7	7.2	6.1	4.2	4.4
2. 섬유 및 가죽제품 제조업	28.0	23.2	13.4	7.9	4.8	4.3
3. 목재, 종이, 인쇄 및 복제업	8.9	4.8	5.0	4.2	2.8	2.6
4. 석탄 및 석유제품 제조업	1.1	3.4	1.9	2.5	2.1	2.8
5. 화학제품 제조업	13.0	16.5	12.4	12.8	13.2	13.9
6. 비금속광물제품 제조업	6.3	6.4	6.5	4.0	3.1	2.7
7. 1차금속제품 제조업	1.6	7.4	10.1	7.8	9.0	7.2
8. 금속제품 제조업	1.0	2.9	4.3	5.5	7.0	6.8
9. 기계 및 장비 제조업	2.9	4.5	7.1	8.1	8.2	9.1
10. 전기 및 전자기기 제조업	4.3	10.6	15.9	24.9	26.3	29.9
11. 정밀기기 제조업	0.9	1.7	1.5	1.4	1.7	2.0
12. 운송장비 제조업	8.5	5.3	12.1	13.1	16.0	12.8
13. 기타 제조업	3.7	2.6	2.7	1.8	1.4	1.5
서비스업	100.0	100.0	100.0	100.0	100.0	100.0
1. 전기업	2.5	3.3	2.7	2.7	1.6	2.4
2. 가스, 증기 및 온수업	0.0	0.0	0.2	0.5	0.6	0.6
3. 수도, 폐기물 및 재활용 서비스업	0.2	0.4	0.5	1.1	1.2	1.4
4. 건물건설	−	6.7	9.3	4.0	3.9	5.8
5. 토목건설	−	4.9	4.5	4.2	3.4	2.6
6. 건물수선	−	1.4	1.2	0.8	0.4	0.4
7. 도소매 및 음식숙박업	31.4	25.1	22.4	19.0	17.1	16.0
8. 운수 및 보관업	11.2	11.0	7.2	6.5	5.8	5.4
9. 금융 및 보험업	4.2	9.5	8.1	8.5	9.4	8.1
10. 부동산 및 임대업	7.9	6.7	10.0	14.2	11.9	11.6
11. 정보통신업	2.8	3.6	4.7	6.7	5.9	5.5
12. 사업 서비스업	2.1	3.1	5.4	7.7	10.2	10.9
13. 공공 행정 및 국방	14.0	12.0	9.6	9.3	10.3	10.9
14. 교육 서비스업	7.2	7.2	7.1	7.2	8.4	7.5
15. 보건 및 사회복지 서비스업	1.3	1.6	3.1	3.7	5.8	7.0
16. 문화 및 기타 서비스업	5.1	3.5	4.0	3.9	4.1	3.7

주 : 명목가격 기준
자료 : 한국은행, 국민계정 이용 계산

하게 유지되고 있다(〈표 6-1〉, 〈표 6-2〉 참조). 제조업 내 구조 변화를 살펴보면, 1970년과 2017년 사이에 전기 및 전자기기 제조업(10), 운송장비 제조업(12), 1차금속제품 제조업(7), 금속제품 제조업(8), 기계 및 장비 제조업의 비중이 크게 확대되었으나, 반대로 섬유 및 가죽제품 제조업(2), 음식료품 및 담배제조업(1), 목재, 종이, 인쇄 및 복제업(3)의 비중은 크게 축소되어 대조를 보였다(〈표 6-2〉 참조). 소비재 중심의 경공업 비중 축소 및 자본재를 포함한 중화학공업의 비중 확대라는 이러한 제조업 내 산업구조의 변화는 앞 장에서 살펴본 Chenery(1960)와 Hoffman(1969)의 이론에 부합한다 하겠다. 특히 전기 및 전자기기 제조업(10)의 비중 확대가 두드러졌으며, 자동차, 조선 등 운송장비 제조업(12)의 비중 역시 크게 확대되었다. 그러나 운송장비 제조업(12)의 경우, 2008년 글로벌 금융위기 이후 세계경기의 지속적인 부진 여파 등으로 조선산업이 침체를 겪으면서 2010년 이후 그 비중이 크게 축소되었다. 2017년 기준으로 한국 제조업의 중심은 전자 및 전기기기(10), 화학제품(5), 운송장비(12)라 할 수 있다. 이상의 논의는 한국은행의 국민계정 자료에 기초한 것이었다.

　제조업에 있어서 구조 변화를 더 자세히 살펴보기 위해 산업을 보다 상세하게 분류한 『광업제조업동향조사』 자료를 바탕으로 제조업 세부 산업들의 연평균 산업생산증가율을 살펴보면 다음과 같다(〈표 6-3〉 참조). 즉 1976~2017년 기간 높은 성장률을 보인 제조업은 전자부품·컴퓨터·영상·음향·통신장비(연평균 산업증가율 19.9%), 자동차 및 트레일러 제조업(15.0%), 전기장비 제조업(12.1%), 의료용 물질 및 의약품(9.6%), 기타 기계 및 장비 제조업(10.6%), 기타 운송장비 제조업(9.1%), 화학물질 및 화학제품(8.8%), 1차금속제품 제조업(8.8%) 순이었다. 당연한 것이지만 이들 고성장 산업들은 〈표 6-1〉에서 높은 비중(부가가치 기준)을 보이고 있는 산업들이기도 하다. 〈표 6-3〉을 통해서 확인할 수 있는 것은 한국 전체의 산업생산증가율과 제조업의 산업생산증가율이 거의 같다는 것이다. 이는 그동안 제조업이 한국 경제성장에 있어서 주도적 역할을 해왔음을 짐작케 한다. 또한 1976~2017년 기간 장기적으로 높은 성장을 보였던 산업들은 대부분이 기술수준에 있어서 고기술(〈표 6-3〉에서 H)이거나 중고기술(MH)이었음을 확인할 수 있는데, 이는 한국 경제성장에 있어서 고기술산업이 핵심적 역할을 해왔음을 보여준다.

　한편 한국 제조업을 기초소재형, 가공조립형, 생활관련형으로 구분할 때(각 유형의 구체적인 내용은 〈부표 5〉 참조), 한국 제조업은 주로 가공조립형을 중심으로 성장해왔다고 할

표 6 - 3 ──○ 산업별 연평균 산업생산증가율

		76~80	81~90	91~2000	2001~10	2011~17	1976~17
총지수		16.5	11.8	9.2	6.6	1.7	8.8
제조업		17.3	12.2	9.2	6.6	1.7	9.0
1. 식료품 제조업	L	19.7	9.1	1.7	1.3	1.4	5.5
2. 음료 제조업	L	16.6	8.5	6.6	1.4	2.6	6.3
3. 담배 제조업	L	9.3	2.7	1.0	3.5	2.7	3.3
4. 섬유제품 제조업(의복 제외)	L	15.8	5.3	-3.1	-5.1	-2.3	0.8
5. 의복, 의복액세서리 및 모피제품	L	14.1	6.9	-4.9	1.2	-2.8	2.0
6. 가죽, 가방 및 신발	L	13.1	9.2	-13.5	-6.8	-2.1	-1.4
7. 목재 및 나무제품(가구 제외)	L	4.8	4.3	-1.9	-0.7	-0.1	1.0
8. 펄프, 종이 및 종이제품	L	17.7	9.8	5.0	1.6	0.4	6.1
9. 인쇄 및 기록매체 복제업	L	13.6	7.7	2.9	-0.3	-2.2	3.7
10. 코크스, 연탄 및 석유정제품	ML	12.7	6.7	11.3	0.3	3.8	6.5
11. 화학물질 및 화학제품(의약품 제외)	MH	17.0	11.2	10.8	4.2	3.2	8.8
12. 의료용 물질 및 의약품	H	20.8	13.3	6.5	7.7	3.4	9.6
13. 고무제품 및 플라스틱제품	ML	28.2	9.7	4.3	3.0	1.5	7.7
14. 비금속광물제품	ML	14.0	10.4	3.5	1.9	2.1	5.8
15. 1차금속 제조업	ML	26.5	12.4	6.7	3.7	1.2	8.8
16. 금속가공제품(기계 및 가구 제외)	ML	24.9	9.4	2.7	1.4	1.5	6.4
17. 전자부품, 컴퓨터, 영상, 음향 · 통신장비	H	26.2	25.8	25.6	16.7	3.3	19.9
18. 의료, 정밀, 광학기기 및 시계	MH	27.2	6.9	2.0	2.9	3.8	6.7
19. 전기장비 제조업	ML	33.8	22.1	7.3	4.4	0.3	12.1
20. 기타 기계 및 장비 제조업	MH	18.5	19.2	7.1	7.3	2.2	10.6
21. 자동차 및 트레일러 제조업	MH	33.0	26.0	12.8	6.2	2.1	15.0
22. 기타 운송장비 제조업	MH	4.9	17.8	14.0	9.2	-7.4	9.1
23. 가구 제조업	L	15.6	15.4	-0.6	0.1	3.2	6.0
24. 기타 제품 제조업	ML	6.1	6.9	-3.2	-7.1	1.3	0.1

주 : 1) 2015년 불변가격 기준
  2) 기술수준 구분은 OECD 기준으로 H(고기술), MH(중고기술), ML(중저기술), L(저기술)로 구분
자료 : 통계청, 광업제조업동향조사 이용 계산

표 6 - 4 ──○ 한국 제조업의 유형별 연평균 산업성장률

	전국			
	1986~1995	1996~2005	2006~2012	1986~2012
제조업	7.3	5.2	5.8	6.3
기초소재형	7.8	3.9	3.1	5.1
가공조립형	11.7	8.5	8.0	9.9
생활관련형	1.7	-1.3	1.9	0.8

자료 : 통계청, 지역소득(경제활동별 지역 내 총생산) 이용 계산

수 있다. 구체적으로 살펴보면, 1986~2012년 기간 제조업이 연평균 6.3% 성장하는 동안 가공조립형은 연평균 9.9%나 성장하였다. 다음으로 기초소재형이 5.1% 성장하였으며, 생활관련형은 겨우 0.8% 성장에 그쳤다(〈표 6-4〉 참조).

1.2 서비스업

1970~2017년 사이에 서비스업 내에서도 많은 구조적 변화가 나타났다(〈표 6-1〉, 〈표 6-2〉 참조). 즉 금융 및 보험업(9), 부동산 및 임대업(10), 정보통신업(11), 사업 서비스업(12), 보건 및 사회복지 서비스업(15), 교육 서비스업(14)의 비중이 확대된 반면, 도소매업 및 음식숙박업(7), 운수 및 보관업(8)의 비중은 크게 축소되었다. 금융 및 보험업(9)은 1980년대 이후, 그리고 부동산 및 임대업(10), 정보통신업(11), 사업 서비스업(12), 보건 및 사업복지 서비스업(15)은 1990년대 이후 크게 확대되었다. 앞 장에서 살펴본 산업구조 변화이론에 따르면 경제가 발전할수록 서비스업의 비중이 확대되는데, 특히 지식기반의 생산자 서비스가 중요한 역할을 한다. 한국 경제에서 금융 및 보험업(9), 정보통신업(11), 사업 서비스업(12)의 비중 확대는 한국 역시 그러한 일반적인 산업구조 변화 방향과 일치하고 있다는 것을 보여준다. 또한 1990년 이후 보건 및 사회복지 서비스업(15) 비중의 빠른 확대는 한국 경제의 노령화를 반영하고 있다고 할 수 있겠다. 한편 도소매 및 음식숙박업(7)의 비중은 1970년 15.9%에서 2017년 10.7%로 크게 축소되었음에도 불구하고 여전히 서비스업에서뿐만 아니라 전체 산업에 있어서도 가장 큰 산업으로 역할을 하고 있다. 2017년 기준으로 한국 서비스업의 중심은 도소매 및 음식숙박업(7), 부동산 및 임대업(10), 사업 서비스업(12), 공공 행정 및 국방(13)이라 할 수 있다.

➋ 탈공업화 추이[24]

탈공업화(deindustrialization)(이에 대한 정의는 〈Box 6-1〉 참조)를 경제에서 제조업의 비중이 축소되는 것으로 정의할 때, 한국의 탈공업화는 1980년대 중·후반부터 시작되었다 할 수 있다. 한국 경제에서 제조업 비중(부가가치 기준)은 1987년 28.5%로 정점을 찍은 이

---

[24] 김완중 외(2015), "부산의 탈공업화 및 산업특화 전략", 한국은행 부산본부 참조(보고서 내용 중 일부를 발췌하여 수정 및 요약함).

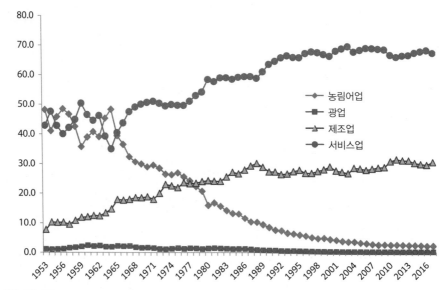

주 : 명목가격 기준
자료 : 한국은행, 국민계정 이용 계산

그림 6-3 한국의 산업구조 변화(부가가치 기준)

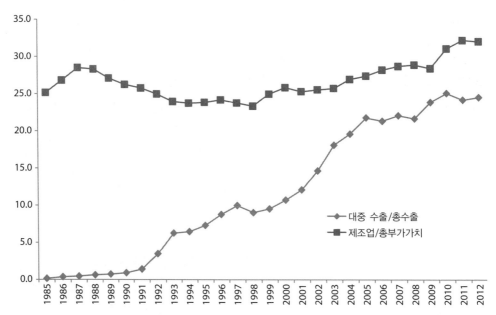

주 : 부가가치는 2005년 불변가격 기준
자료 : 통계청, 지역소득(경제활동별 지역 내 총생산), 무역협회 K-STAT 이용 계산

그림 6-4 한국의 대중국 수출 비중과 부가가치 중 제조업 비중 추이

후 하락하기 시작하여 1990년대 중·후반까지 지속되었다(〈그림 6-3〉 참조). 이러한 탈공업화는 소득수준 확대 과정에서 서비스업에 대한 수요가 제조업에 대한 수요보다 상대적으로 더 높아지면서 나타나는 일반적인 현상이라 할 수 있다. 미국에서는 1950년대 중반부터 시작하여 1960년대 말부터 본격적인 탈공업화가 시작되었으며, 독일은 1980년 초부터 그리고 일본도 1980년 중반부터 탈공업화를 경험했다.

그러나 1980년대 중·후반부터 시작된 한국의 제조업 비중 축소 추세는 1990년대 후반부터 완화되기 시작하더니 이후 제조업 비중이 지속적으로 확대되었으며, 2010년부터 30%를 상회하였고 2011년에는 32.2%(2005년 불변가격 부가가치 기준)까지 상승하였다. 이러한 탈공업화의 역전은 중국의 부상 등에 힘입어 자동차, 전자, 조선 등 한국의 주력 제조업이 수출증가로 활성화되었기 때문이다. 소득증가는 지속적으로 이루어지고 소비에서 서비스 비중이 확대되는 추세가 유지되었음에도 불구하고,[25] 제조업 비중이 확대되고 서비스업 비중이 축소된 것은 내수에 의존하는 서비스업 성장보다 수출에 대한 의존도가 높은 제조업이 세계 수출 증가 등에 힘입어 상대적으로 더 빨리 성장한 데 기인했다고 할 수 있다. 주요 선진국의 제조업 비중이 지속적으로 하락한 것과 달리 한국의 제조업 비중이 확대된 것은 제조업을 중심으로 고성장을 기록하고 있는 중국과의 무역 비중이 높은 것과 깊은 관계가 있다(〈그림 6-4〉 참조). 즉 한국이 중국을 중심으로 한 글로벌 생산네트워크에 적극적으로 참여한 결과라 할 수 있다. 중국의 제조업 발전 과정에 필요한 중간재와 자본재의 중국에 대한 수출이 활발해지면서 한국 제조업 역시 활성화되었던 것이다.

Box 6-1 탈공업화와 제조업공동화

(1) 개념의 차이

탈공업화(de industrialization)(또는 탈산업화)는 경제 전체에서 차지하는 제조의 비중이 저하되는 현상을 의미하는 것으로 제조업공동화(hollowing-out)와 혼동하여 사용하는 경우가 많다. 제조업공동화는 해외직접투자로 인해 국민경제에서 차지하는 제조의 비중이 저하되어 경제성장 잠재력이 약화됨을 의미한다. 그러나 탈공업화는 제조업공동화와 달리 원인과 결과를 규정하지 않는다는 점에서 제조업공동화와 구분할 수 있다.

(계속)

---

25 국내소비에서 서비스업이 차지하는 비중은 1990년대 초반부터 제조업 비중을 상회하였으며 이후 소비에서 서비스업과 제조업의 비중 격차는 20% 내외로 일정하게 유지되고 있다.

제조업공동화는 탈공업화의 개념에 원인과 결과의 범주를 좁혀서 정의하는 것으로 협의의 탈공업화라고 할 수 있다. 탈공업화의 원인 중 해외직접투자에 의한 부분과 탈공업화의 효과 중 경제의 성장잠재력과 관련된 부분을 분리하는 것이 현실적으로 어렵기 때문에 두 개념의 혼동이 발생할 수 있다. 결국 제조업공동화는 해외투자로 인하여(원인) 제조업의 비중이 저하되어(현상) 경제의 성장잠재력이 약화되어 가는(결과) 현상으로 정의할 수 있다. 여러 문헌들에서조차도 탈공업화와 제조업공동화를 혼용하여 사용하는 경우가 많다.

(2) 탈공업화 및 제조업공동화 판단기준

어떤 국가가 탈공업화 및 제조업공동화 과정에 있는지는 1) 제조업 비중 변화와 2) 성장잠재력 변화 여부를 기준으로 판단할 수 있다. 첫째는 제조업 비중 변화 여부이다. 제조업공동화 및 탈공업화의 진행 여부는 일국 경제 내에서 제조업의 비중이 저하되는가 여부에 관한 판단이 선행되어야 한다. 제조업 비중의 저하는 생산, 부가가치(GDP) 및 고용 등과 관련한 통계치를 통하여 판단할 수 있다. 혹은 무역수지를 제조업 부문의 경쟁력 지수로 간주하여 무역수지 적자를 판단 기준에 포함시키는 분석가도 있다. 하지만 이러한 통계치가 모두 일관된 추세를 나타내지 않아 일국 경제에 있어서 공동화나 탈공업화의 진행 여부를 둘러싸고 논란이 있다.

둘째는 성장잠재력 저하 여부이다. 다만, 현상의 판단 여부와는 달리 정책 당국자는 산업구조의 변화가 성장잠재력 및 고용에 어떠한 영향을 미치는가에 더 큰 관심을 갖는 경향이 있다. 결국 "제조업 비중의 저하가 성장잠재력을 약화시킬 것인가?", "실업을 야기할 것인가?" 그리고 "어떠한 형태로 진행되며 이에 대한 정책대응은 무엇인가?" 하는 물음에 대한 해답이 정책당국자의 중심 화두이다. 제조업공동화의 경우에는 성장잠재력 저하 및 고용 저하가 포함되어 있으므로 '제조업공동화의 진행 여부'와 '정책적 대응'으로 압축될 수 있다. 그러나 실제로 제조업의 비중 저하가 성장잠재력을 저하시키는 것인지 여부는 판단하기가 쉽지 않다.

제조업공동화와 탈공업화의 개념 비교

기준	탈공업화	제조업공동화
시각	현상, 가치중립적 명제	부정적 가치부여
원인	수요, 대외요인(무역, 해외투자 등), 생산성 격차 등의 다양한 요인으로 해석	해외투자
대응	경쟁력 제고 등과 같은 전반적인 정책	기업 해외투자 방지책

자료 : 산업연구원, 「선진국의 제조업공동화 대응사례 연구」(2005. 12)

3 한국 제조업과 서비스업 간 상호연관 관계[26]

한국에 있어서 서비스업과 제조업 간의 관계는 투입산출표(input-output table) 분석을 통해서 살펴볼 수 있다. 먼저 각 산업의 생산 과정에 투입요소로서 제조업과 서비스업이 투입된 정도를 통해 생산에 있어서 제조업과 서비스업 간 연관관계를 살펴볼 수 있다. 여기에서는 이건우(2011)의 연구 결과를 토대로 한국에 있어서 제조업과 서비스업 관계를 중간재

---

26 이건우(2011), 「한국산업의 연관구조 변화 분석-서비스화가 산업 간 연관관계에 미친 영향을 중심으로」(보고서 내용 중 일부를 발췌하여 요약 정리함).

투입구조를 통해서 파악하고자 한다.

3.1 한국 경제의 서비스화와 제조업·서비스업 연관관계

이건우(2011)는 각 산업의 생산이 여타 산업으로부터의 중간투입에 어느 정도 의존하고 있는지를 보기 위해 전체 여러 산업을 크게 제조업과 서비스산업, 기타 산업의 3개 부문으로 통합하고 부문 간 중간투입계수의 변화를 살펴보았다(〈표 6-5〉 참조). 중간투입계수는 각 산업의 생산액과 동 생산을 위해 투입되는 여타 산업으로부터의 중간재 투입액 간의 비율로서 정의되는데, 이 계수를 통해 생산 과정에서 나타나는 산업 간 기술적 상호 의존

표 6-5 —o 부문 간 중간투입계수 변화

생산부문	중간재 투입 부문	1995	2000	2005	2006	2007	2008	2008 (일본)
전산업	제조업	0.324	0.320	0.331	0.335	0.341	0.337	0.230
	서비스	0.143	0.156	0.167	0.169	0.172	0.176	0.183
	기타	0.099	0.105	0.090	0.088	0.085	0.084	0.078
	중간투입계	0.567	0.581	0.588	0.592	0.597	0.598	0.492
제조업	제조업	0.489	0.514	0.528	0.530	0.540	0.540	0.438
	서비스	0.107	0.103	0.108	0.107	0.106	0.109	0.152
	기타	0.133	0.148	0.110	0.104	0.098	0.098	0.122
	중간투입계	0.729	0.765	0.746	0.741	0.745	0.747	0.712
서비스업	제조업	0.133	0.109	0.110	0.112	0.113	0.110	0.087
	서비스	0.173	0.199	0.225	0.231	0.240	0.243	0.200
	기타	0.078	0.062	0.066	0.066	0.065	0.065	0.041
	중간투입계	0.384	0.370	0.401	0.410	0.418	0.418	0.328
기타	제조업	0.297	0.296	0.309	0.312	0.314	0.310	0.255
	서비스	0.170	0.203	0.194	0.201	0.202	0.210	0.201
	기타	0.064	0.095	0.097	0.097	0.095	0.097	0.119
	중간투입계	0.532	0.594	0.599	0.610	0.611	0.618	0.575

주 : 경쟁수입형(국산+수입) 산업연관표를 이용하여 계산
자료 : 한국은행, 「1995-2000-2005-2006-2007-2008년 접속불변산업연관표」, 2010. 8.
　　 日本經濟産業省, 「平成20年簡易延長産業連關表」, 2009. 12(이건우, 2011 재인용)

관계를 파악할 수 있다. 〈표 6-5〉에서 보듯이 제조업 생산 과정에 있어서 중간투입계수는 1995년 제조업 0.489, 서비스업 0.107, 기타 0.133, 중간투입계 0.729로 나타나 있다. 이는 제조업 1단위를 생산하는 데 투입된 중간재는 총 0.729단위인데, 제조업으로부터 투입된 중간재가 0.489단위, 서비스업으로부터 투입된 중간재가 0.107단위, 기타 산업으로부터 투입된 중간재가 0.133이었다는 것을 의미한다. 이러한 방식으로 이해할 때, 전산업 생산에 있어서 서비스 투입계수는 1995년 0.143에서 지속적으로 상승하여 2008년에는 0.176을 기록, 1995~2008년 기간 23.1% 증가하였음을 알 수 있다. 이는 한국 경제 전체적으로 1단위를 생산하는 과정에서 보다 많은 서비스가 중간재로 투입되었다는 것을 의미하는 바, 이는 한국의 생산 과정에서 서비스화가 진전되었음을 보여준다. 제조업 생산에 있어서 서비스업으로부터의 중간투입계수를 살펴보면 1995년 0.107에서 2008년 0.109로 거의 변화가 없어 제조업 생산에 있어서는 서비스화는 매우 더딘 것으로 보인다. 한편 서비스업 생산에 있어서 서비스업으로부터의 중간투입계수는 1995년 0.173에서 2008년 0.243으로 상승해 서비스 생산에 있어서 서비스화는 더욱 심화되었다. 즉 한국 경제의 서비스화는 제조업의 서비스화가 아니라, 서비스 생산에 있어서의 서비스화에 의해서 주도되었다 할 수 있다(〈표 6-6〉 참조). 반면 서비스업 생산에 있어서 제조업으로부터의 중간투입계수는 1995년 0.133에서 2008년 0.110으로 소폭 하락했다.

한편 한국 경제 전체에 있어서 그리고 제조업 생산에 있어서 서비스화 정도는 일본에 비해 낮았다(〈표 6-5〉, 〈표 6-6〉 참조). 2008년 기준으로 전산업에 있어서 한국의 서비스업으로부터의 중간투입계수는 0.176으로 일본의 0.183에 비해 낮았으며, 제조업 생산에 있어서 서비스업으로부터의 중간계수도 한국은 0.109로 일본의 0.152에 비해 낮았다. 이는 한국 경제가 일본 경제에 비해 서비스화가 뒤처져 있음을 의미한다.

표 6-6 ──◦ 한국의 부문별 총 중간재 투입액 대비 서비스 중간재 투입액의 비율

	1995	2000	2005	2006	2007	2008	2008 (일본)
전산업	25.2	26.9	28.4	28.5	28.8	29.4	37.2
제조업	14.7	13.5	14.5	14.4	14.2	14.6	21.3
서비스업	45.1	53.8	56.1	56.3	57.4	58.1	61.0

주 : 〈표 6-5〉에서 (서비스업으로부터의 중간투입계수/중간투입계)×100
자료 : 이건우(2011) 인용

3.2 생산유발효과를 통해 본 제조업과 서비스업 연관관계

앞에서 살펴본 중간재 투입계수가 산업 간의 직접적인 생산의존관계를 나타내는 지표라고 한다면, 생산유발계수는 산업 간 연관을 통한 여타 산업과의 간접적인 생산의존관계까지 포함한다는 점에서 서비스업과 제조업 간 관계를 보다 더 잘 나타내는 지표라고 할 수 있다. 〈표 6-7〉은 비경쟁수입형(국산) 산업연관표를 이용하여 도출한 부문별·부문 간 생산유발계수(특정 산업에서의 생산 1단위 증가가 여타 산업의 생산을 몇 단위 증가시키는가를 나타내는 계수)를 보여주고 있다. 〈표 6-7〉에서 첫 번째 행의 '제조업'은 1995년 기준으로 제조업 1단위 증가가 제조업 1.665단위, 서비스업 0.223단위, 기타 0.139단위를 증가시켜 경제 전체적으로 2.027단위를 증가시킨다는 것을 의미한다. 이러한 방식으로 〈표 6-7〉을 이해하면, 제조업 1단위 증가는 1995년 경제 전체적으로 2.027단위를 증가시켰으나 2008년에는 2.007단위를 증가시켰다는 것을 의미하는 바, 이는 제조업의 경제 전체적

표 6-7 ─○ 부문 간 생산유발계수

변화부문	유발효과	1995	2000	2005	2006	2007	2008	2008 (일본)
제조업	제조업	1.665	1.718	1.700	1.685	1.678	1.675	1.692
	서비스	0.223	0.231	0.239	0.237	0.233	0.237	0.360
	기타	0.139	0.132	0.105	0.097	0.092	0.095	0.188
	전산업	2.027	2.081	2.044	2.019	2.003	2.007	2.240
서비스	제조업	0.264	0.228	0.244	0.245	0.246	0.232	0.172
	서비스	1.230	1.259	1.303	1.313	1.321	1.321	1.291
	기타	0.117	0.095	0.101	0.101	0.099	0.100	0.063
	전산업	1.611	1.582	1.648	1.659	1.666	1.653	1.526
기타	제조업	0.524	0.545	0.561	0.557	0.554	0.541	0.438
	서비스	0.264	0.310	0.320	0.331	0.329	0.341	0.365
	기타	1.108	1.107	1.102	1.101	1.096	1.099	1.159
	전산업	1.896	1.962	1.983	1.989	1.979	1.981	1.962

주 : 비경쟁수입형(국산) 산업연관표를 이용하여 계산
자료 : 한국은행, 「1995-2000-2005-2006-2007-2008년 접속불변산업연관표」, 2010. 8.
日本經濟産業省, 「平成20年簡易延長産業連關表」, 2009. 12(이건우, 2011 재인용).

인 생산유발효과가 약화되었다는 것을 의미한다.

제조업과 서비스업의 산업 전체에 대한 생산유발계수를 살펴보면 1995년 각각 2.027, 1.611에서 2008년 2.007, 1.653으로 나타났는데 이는 제조업의 생산유발효과는 하락하고, 서비스업의 생산유발효과는 증가했다는 것을 의미한다. 그러나 2008년 기준으로 여전히 산업 전체에 있어서 생산유발효과는 서비스업보다는 제조업이 더 높다는 것을 확인할 수 있다. 2008년 기준으로 제조업의 전산업 생산유발계수(2.007)는 서비스업에 의한 전산업 생산유발계수(1.653)보다 약 21.4% 높은 수준을 유지하였다.

한편 2008년 기준으로 일본과 비교하면 제조업의 생산유발계수는 한국이 일본보다 낮게 나타난 반면 서비스업의 생산유발계수는 한국이 일본보다 높게 나타났다. 앞의 〈표 6-5〉에서 2008년 기준으로 한국 제조업의 중간투입계수 합계(0.747)가 일본 제조업의 중간투입계수 합계(0.712)보다 큼에도 불구하고 생산유발계수의 크기에서 한국이 일본보다 낮은 것은 한국 제조업에서의 중간투입재 국산화 비율이 일본에 비해 매우 낮기 때문이다. 구체적으로 살펴보면, 한국과 일본 제조업의 중간투입재 국산화 비율은 2005년 기준으로 각각 71.3%와 85.0%로 한국이 일본에 비해 낮았다. 달리 말해 한국은 일본에 비해 제조업 생산에 투입되는 중간투입재 중 더 많은 부분을 수입에 의존하고 있다.

다음으로 제조업 생산증가가 서비스업 생산에 미치는 효과와 서비스업 생산증가가 제조업 생산에 미치는 효과가 어떻게 다른지 비교하도록 한다. 먼저 제조업의 생산 한 단위가 유발하는 서비스부문의 생산을 살펴보면, 1995년에는 0.223, 2005년에는 0.239, 그리고 2008년에는 0.237를 기록했다. 즉 제조업의 서비스업 생산유발효과는 증가했다. 반면 서비스부문의 생산 한 단위가 유발하는 제조업의 생산은 1995년에는 0.264에서 2008년에는 0.232로 하락했다. 즉 1995년에는 제조업의 서비스업 생산유발효과보다 서비스업의 제조업 생산유발효과가 더 컸으나, 2008년에는 역전되어 제조업의 서비스업 생산유발효과가 서비스업의 제조업 생산유발효과보다 컸다. 그러나 2007년까지는 제조업의 서비스 생산유발효과가 서비스산업의 제조업 생산유발효과보다 낮게 나타났는데, 이것은 서비스산업 발전의 초기단계에서 나타나는 일반적인 특징을 보여주는 것이다(이건우, 2011). 일반적으로 서비스산업 발전의 초기단계에서는 제조업 생산에 소요되는 서비스의 중간투입비율은 낮으나, 서비스 생산에 필요한 제조업의 중간투입비율은 높은 경향이 있다. 그러나 경제가 성숙되고 제조업 내 서비스 활동의 외부화·외주화가 진전되면서 점차 서비스 투입이 늘어나게 되고 이에 따라 제조업의 서비스 생산유발효과도 점차 커지게 되는 것이다. 이러한 추론은 일본과 비교해서도 확인할 수 있다. 일본의 경우 '제조업 생산 과정에서의 서비스화' 또는 '서비스 생산의 탈제조업화'가 한국보다 앞서 진행되었다. 즉 일본 제조업의 서비스 생산유발계수는 2008년 0.360으로 한국(0.237)보다 약 52%나 높은 반면, 일본 서비스산업의 제조업 생산유발계수는 0.172로 한국(0.232)의 약 74% 수준에 그쳤다.

3.3 업종별 생산유발효과를 통해 본 제조업과 서비스업 연관관계

생산유발의 연관구조를 좀 더 자세히 파악하기 위해 제조업 업종별로 각각의 최종수요가 한 단위 증가할 경우 유발되는 서비스 생산의 크기를 비교해보자. 〈그림 6-5〉에서 인쇄·복제의 서비스 생산유발계수가 0.348이라는 것은 해당 제조업의 최종수요가 1단위 증가할 때 서비스업은 전체적으로 0.348단위 생산이 증가한다는 것을 의미한다. 같은 식으로 해석하면, 석유·석탄제품, 전기·전자기기의 서비스 생산유발효과는 비교적 낮았으며, 그 외 제조업들의 서비스 생산유발효과 크기는 비슷했음을 알 수 있다. 제조업 중 서비스 생산유발효과가 가장 큰 산업은 2008년 기준으로 인쇄·복제(0.348)였으며, 다음으로 섬유·가죽제품(0.323), 비금속광물제품(0.321), 정밀기기(0.307), 금속제품(0.306), 일반기계(0.303) 순이었다.

한편 전체 제조업에서 한 단위씩 최종수요가 증가할 경우 서비스 생산유발효과가 서비

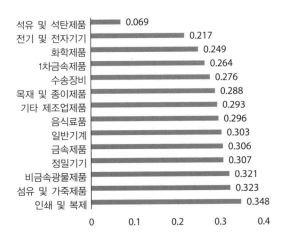

자료 : 이건우(2011) 재인용

그림 6-5 제조업 업종별 1단위 최종수요 증가 시 전체 서비스 생산유발효과

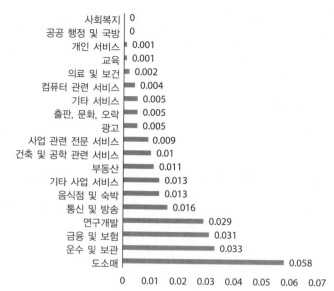

자료 : 이건우(2011) 재인용

그림 6-6   전체 제조업의 업종별 1단위 최종수요 증가 시 서비스업 업종별 생산유발효과

스 업종별로 얼마나 되는지 살펴보자. 전체 제조업의 서비스 생산유발효과는 사업 서비스(연구개발, 사업 관련 전문 서비스, 광고, 건축·공학 관련 서비스, 컴퓨터 관련 서비스, 기타 사업 서비스의 합)에서 0.070으로 가장 높았다. 다음으로 제조기업과 관련성이 큰 도소매(0.058), 운수·보관(0.033), 금융·보험(0.031)에서 생산유발효과가 컸다(〈그림 6-6〉 참조).

지금까지 논의를 종합해보면 2008년 기준으로 서비스업에 대한 생산유발효과가 가장 큰 제조업은 인쇄 및 복제업이고, 제조업의 전체적인 수요증가로 가장 많은 생산유발효과를 받는 서비스업은 도소매업임을 알 수 있다.

다음으로 서비스 업종별로 최종수요가 한 단위씩 증가할 경우 제조업 전체에 유발되는 제조업 생산효과를 살펴보자. 이건우(2011)의 분석결과, 설비 및 장비에 대한 의존도가 높은 기타 서비스(위생, 수리 서비스 등)의 제조업 생산유발효과가 0.550으로 가장 높았다. 다음으로 식음료 투입비중이 높은 음식점·숙박의 제조업 생산유발효과가 0.498로 높았으며, 각종 기기나 설비, 부품이나 재료에 대한 의존도가 높은 의료·보건(0.412), 개인 서비스(0.295), 운수·보관(0.285), 출판·문화·오락(0.255) 등도 제조업 생산유발효과가 큰 업종에 속했다(〈그림 6-7〉 참조).

마지막으로 서비스산업 전체에 대한 최종수요가 한 단위씩 증가할 경우에 있어 제조업

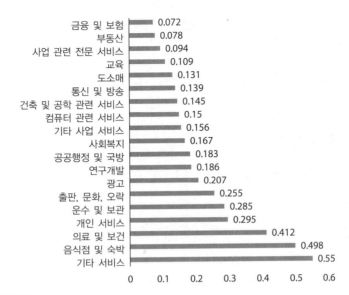

자료 : 이건우(2011) 재인용

그림 6-7 서비스업 업종별 1단위 최종수요 증가 시 전체 제조업 생산유발효과

업종별 생산유발효과를 비교해보면 다음과 같다. 제조업종 중에서 서비스산업 전체에 대한 생산유발효과가 가장 큰 산업은 의약품 등이 포함된 화학제품으로 유발계수가 0.049였다. 그다음으로 높은 생산유발효과가 나타난 산업은 음식점업과 관련이 깊은 음식료품(0.035), 에너지원으로서의 석유·석탄제품(0.029), 운수업과 관련이 있는 수송장비(0.019), 정보화·자동화에 필수적인 전기·전자기기(0.014) 순이었다(〈그림 6-8〉 참조).

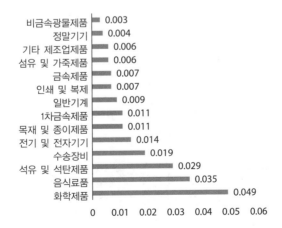

자료 : 이건우(2011) 재인용

그림 6-8 전체 서비스업의 업종별 1단위 최종수요 증가 시 제조업 업종별 생산유발효과

　　지금까지 논의를 종합해보면 2008년 기준으로 제조업에 대한 생산유발효과가 큰 서비스업은 기타 서비스업, 음식점 및 숙박업 등이고, 서비스의 전체적인 수요 증가로 가장 많은 생산유발효과를 얻는 제조업은 화학제품과 음식료산업임을 알 수 있다.

4   한국의 인구 고령화와 산업구조

한국의 인구 고령화는 유례가 없을 정도로 빠르게 진행되고 있다. 아울러 저출산 역시 빠르게 진행되면서 인구구조에 큰 변화가 나타나고 있다. 〈그림 6-9〉에서 볼 수 있듯이 인구에서 30대 이하 비중은 지속적으로 하락하고, 40대 이상 비중은 빠르게 확대되고 있다. 특히 1990년대 이후 60대 이상 노령층의 인구비중이 크게 확대되었다.

　　저출산·고령화 등 인구구조의 변화는 한국 경제의 미래에 영향을 미칠 가장 핵심 요인 중 하나로 지적되고 있다. 한국에서는 유례를 찾기 힘들 정도의 급속한 인구구조 변화가 진행되고 있으며, 이는 경제의 공급 및 수요 측면에 지대한 영향을 미칠 것으로 전망되고 있다. 출산율이 급락함에 따라 취업자 수 증가율이 둔화되고, 나아가 2020년경 이후에는 취업자 수의 절대적인 인구 감소가 예상된다. 또한 연령별 인구구성의 변화는 저축률에도 직접적인 영향을 미칠 것이며, 이로 인하여 자본축적 속도 역시 영향을 받게 될 전망이다. 이로 인하여 향후 한국 경제는 생산요소 투입 측면의 기여도 저하에 따른 성장률 둔화를

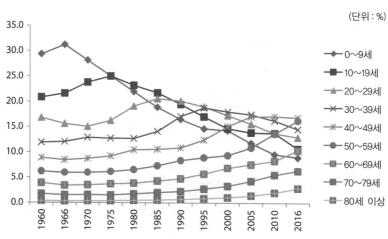

자료 : 통계청, 인구총조사 이용 계산

그림 6-9 ▶ 한국의 연령별 인구구조 추이

경험하게 될 것으로 전망된다(김동석, 2006).[27]

한편 인구구조의 변화는 수요 측면에서도 지대한 영향을 미칠 것이다. 수요구조, 즉 수요의 상품별 구성은 연령별로 상당한 차이를 보이고 있어, 연령별 인구구성의 변화는 총수요의 상품별 구성에 상당한 영향을 미칠 것으로 보인다. 예를 들어 학령인구에 속한 인구감소는 교육 서비스에 대한 수요의 저하요인으로 작용할 것이며, 보건·의료 서비스에 대한 수요가 많은 고령층 인구의 증가로 인하여 이 부문의 수요가 확대될 전망이다(김동석, 2006).

아래에서는 인구 고령화가 산업구조에 미치는 영향 중 수요 측면 요인을 중심으로 살펴본다. 상품 수요 측면 요인을 보면 고령자와 비고령자 간 수요 품목의 차이로 인해 고령인구가 증대되면서 고령층이 선호하는 상품을 생산하는 산업의 비중은 상승하며, 그렇지 않은 산업의 비중은 하락한다(강종구, 2017). Larance와 LaRochelle-Côté(2011)는 캐나다 가계를 대상으로 한 서베이조사를 토대로 고령층의 경우 중·장년층에 비해 음식, 섬유 등의 소비 비중이 줄어들며, 주택관리 등 주거 및 건강 관련 소비의 비중은 늘어나고 자동차 구입을 포함한 교통관련 소비에는 큰 차이가 없다고 주장하였다.

Lührman(2005)은 독일의 가계소비지출구조 변화를 분석한 후 향후 가계소비지출 구성의 변화를 전망하였다. 그는 가계소비지출을 8개 항목으로 구분하여 구성비 함수를 추정하고 인구구조 전망치를 이용하여 소비지출 구성비를 전망한 결과, 보건·의료 및 여가의 비중은 증가하는 반면 음식료품, 에너지 등 필수재의 비중은 감소할 것으로 전망하였으며, 이 과정에서 인구구조의 변화가 주요한 요인으로 작용할 것으로 분석하였다.

아래에서는 인구 고령화 등 인구구조 변화에 따른 한국 산업구조 변화를 파악하기 위해 인구구조 변화와 산업구조 관계를 분석한 국내 주요 연구들을 소개하도록 한다. 김동석(2006)은 Lührman(2005)의 연구방법론을 이용하여 한국에 있어서 인구구조 변화가 소비구조에 미치는 영향을 분석하였다. 김동석(2006)은 가구의 총소비지출에서 차지하는 각 항목별 비중 함수 추정을 통해, 1995~2005년 기간 항목별 비중 변화의 요인을 인구학적 요인과 비인구학적 요인으로 구분하여 각 요인의 기여도를 분석하였다. 그의 연구에서 인구학적 요인으로는 가구주 연령, 여성 가구주 비, 가구원 수, 학령 가구원 수가 포함되며,

---

27 김동석, 2006, '인구구조 고령화와 소비구조', 『인구구조 고령화와 산업구조』, 한국개발연구원.

비인구학적 요인으로는 소득, 물가지수 등이 포함된다. 예를 들면 1995~2005년 기간 통신비 비중은 1.0%p 증가하였으며, 이 가운데 비인구학적 요인과 인구학적 요인 변화의 기여도는 각각 0.8%p와 0.2%p이다(〈표 6-8〉 참조). 〈표 6-8〉에서 볼 수 있듯이 소비구조 변화에 있어서 인구학적 요인이 상당한 영향을 주는 것으로 나타났다. 이는 한국에서 진행되고 있는 저출산 및 고령화에 따른 인구구조 변화가 소비구조, 나아가 산업구조에 많은 영향을 미칠 것임을 암시한다.

김동석(2006)은 품목별 소비구성 변화에 있어서 연령효과를 분석하였다. 〈그림 6-10〉은 가구의 총소비지출에서 각 품목이 차지하는 비중에 영향을 미치는 여러 요인에 있어서 인구학적 요인 중 하나인 연령효과를 보여준다. 예를 들면 가구의 총지출 중 보건 및 의료의 비중은 10대를 기준으로 할 때 연령이 높아질수록 더 높아진다는 것을 보여준다. 같은 식으로 가구 총지출 중 교통비 지출 비중은 10대를 기준으로 할 때 연령이 높아질수록 낮아진다는 것을 나타낸다. 그의 연구에 따르면 인구가 고령화될수록 가계 총지출에서 보건 및 의료, 가구 및 집기의 비중이 확대되어 해당 산업의 비중 역시 확대될 수 있음을 보여준다. 반면 식료품과 통신 비중은 가구주 연령에 따라 역U자를 보였다. 그러나 앞에서도 언급했듯이 가계소비지출에서 항목별 비중의 크기를 결정하는 요인에는 가구주 연령과 같은

표 6-8 ──○ 소비구조 변화의 요인별 기여도

품목	변동분	비인구학적 요인	인구학적 요인
식료품	-3.0	-4.2	1.2
광열 및 수도	0.4	0.0	0.4
가구 및 집기	0.0	0.4	-0.4
피복 및 신발	-1.3	-1.1	-0.2
보건 및 의료	0.2	0.0	0.2
교육	0.4	1.7	-1.3
교양 및 오락	0.2	0.7	-0.4
교통	2.2	2.6	-0.4
통신	1.0	0.8	0.2
기타	-0.1	-0.8	0.7

자료 : 김동석(2006), 〈표 2-2〉 인용

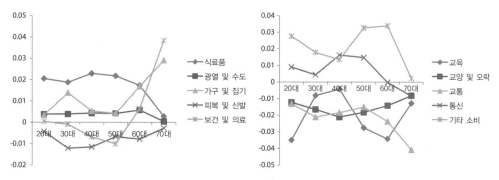

자료 : 김동석(2006) 〈표 2-1〉 인용.

그림 6-10 가구의 소비지출 중 항목별 구성비의 연령효과 추정 결과

인구학적 요인 이외도 가구주 소득 등 비인구학적 요인도 있는 바, 향후 산업구조 변화 방향은 고령화에 따른 인구구조 변화뿐만 아니라 그 외 요인까지를 종합적으로 고려하여 판단해야 함에 주의할 필요가 있다. 김동석(2006)은 가구의 소비지출구조에 영향을 미치는 인구학적 요인 및 비인구학적 요인 등 다양한 요인들을 고려하여 분석한 결과, 향후 교육, 교양·오락, 보건·의료, 기타 소비지출 등 서비스에 대한 지출의 비중은 증가하는 반면, 식료품, 피복·신발, 가구·집기 등 제조업 제품에 대한 지출의 비중은 감소할 것으로 전망했다. 또한 품목별 지출구성비 변화를 요인별로 살펴본 결과, 소득수준 향상의 효과가 가장 크기는 하나, 고령층 가구 비중의 증가, 학령 인구의 감소 등 인구구조 변화의 영향도 상당한 것으로 나타났다.

　신관호·한치록(2016)[28]은 가구의 소비지출항목을 12개(식료품, 주류 및 담배, 의류, 주거, 보건, 교통, 통신, 오락, 교육, 외식/숙박 등)로 분류하여 각 항목의 비중이 가구주의 소득과 연령에 따라 어떠한 영향을 받는지를 분석하였다. 그들은 고령화가 소비구조에 미치는 영향을 고려하여 미래를 전망할 때는 시간의 흐름에 따른 가구주 고령화 진전과 더불어서 가구주의 소득 증가를 동시에 고려해야 함을 강조하였다. 그들은 가구주의 고령화의 진전과 소득 증가에 따라 향후 10년간 한국 가계의 소비구조 변화 추이를 분석하였다. 그들의 추정에 따르면 의류 및 신발, 가정용품 및 가사 서비스, 보건, 교통, 오락·문화, 기타 상품 및 서비스의 비중이 시간이 흐름에 따라 증가하는 것으로 나타났다. 그들의 분석

---

28 고령화 및 소득변화가 소비구조에 미치는 영향, 사회과학연구 제23권 제1호, 2016. 3. 7-24.

에 따르면, 가구주의 연령이 증가함에 따라 비중이 증가하는 품목은 식료품 및 비주류 음료, 주거 및 수도 광열, 보건이다. 하지만 식료품 및 비주류 음료, 주거 및 수도 광열은 소득 증가로 인하여 비중이 감소하는 것으로 나타나 연령과 소득 두 요인을 모두 감안하면 결국 시간이 흐름에 따라 감소하는 것으로 나타났다. 반면 의류 및 신발, 가정용품 및 가사 서비스, 교통, 오락·문화, 기타 상품 및 서비스의 비중이 시간이 흐름에 따라 증가하는 것은 주로 연령보다는 소득 증가 때문이라고 주장했다. 이상에서 보듯이 향후 소비지출구조 변화에 대한 분석 결과는 대체로 유사한 측면이 있으나, 의류 및 신발 비중에 있어서는 김동석(2006)과 신관호·한치록(2016)의 전망은 달랐다.

강종구(2017)[29]는 OECD 27개국으로 구성된 패널자료를 이용하여 인구구조 변화가 산업구조에 미친 영향을 분석하였다. 아울러 회귀분석 추정치와 우리나라 장래 인구추계를 이용하여 인구구조 변화에 따른 장래 우리나라 산업구조의 변화를 추정하였다. 그의 분석 결과, 2015년 이후 우리나라 인구구조의 변화로 인해 총부가가치(GDP)에서 제조업이 차지하는 비중은 하락하고, 서비스업의 비중은 상승할 것으로 예측되었다. 제조업 내에서 특히 섬유·가죽업과 저기술 제조업 부문의 비중이 대폭 줄어들고 음식료업, 화학제품업, 수송기계업 등도 유의하게 하락하며, 서비스업에서는 사업 서비스업, 공공 행정업, 보건·복지업 등의 비중이 크게 상승할 것으로 전망되었다. 한편 고용 측면에서 인구 고령화의 영향을 보면 고용에서 서비스업 부문이 차지하는 비중이 증대되며 제조업과 건설업의 고용비중은 중기적으로 소폭 축소되는 것으로 나타나 부가가치 기준 분석결과와 유사한 것으로 나타났다. 단, 제조업과 서비스업 내 세부 업종별로 인구 고령화 효과를 살펴보면 다소 차이가 있었다. 제조업 내에서 특히 섬유·가죽업과 저기술 제조업 부문의 비중이 크게 하락하고 전기·전자업도 비중이 중기적으로 소폭 하락하는 반면, 음식료업과 기계·장비업, 화학제품업 등은 비중이 상승할 것으로 전망되었다. 서비스업 내에서도 인구고령화로 사업서비스업과 보건·복지업 비중이 대폭 상승하나 도·소매업, 교육업 비중은 하락할 것으로 예상되었다.

또한 강종구(2017)에 따르면, 각 산업의 부가가치에서 해당 산업의 순수출이 차지하는 비중을 통해 국내수요와 해외수요의 상대적 크기의 변화를 살펴보면 인구 고령화와 더불

------

29 인구 고령화에 따른 우리나라 산업구조 변화, BOK 경제연구 제2017-28호.

어 제조업 전체의 순수출 비중이 상승하여 제조업 생산에서 국내 수요의 기여가 줄어들고 해외 수요가 더 중요해질 것으로 분석되었다. 제조업 세부 업종별로 보면, 기계·장비업, 전기·전자업, 화학제품업 등 대부분의 업종에서 순수출 비중이 상승하며, 섬유·가죽업의 경우 중기적으로만 순수출 비중이 크게 상승하는 것으로 나타났다. 기술 수준별로는 중상 기술과 고기술 제조업의 순수출 비중이 대폭 상승하고, 저기술 제조업의 순수출 비중은 중 기적으로 소폭 상승하는 것으로 나타났다.

5 주요 선진국과 비교를 통해 본 한국 산업구조의 특징

이 절에서는 주요 선진국들과의 비교를 통해 한국 산업구조에 있어서의 특징을 파악하고 자 한다. 주요 선진국들은 국가에 따라 차이는 존재하지만 경제가 발전하는 과정에서 제 조업의 비중이 감소하여 왔다(〈그림 6-11〉 참조). 앞 절에서 언급했듯이 1970년대에 영국 을 시작으로 80년대에 미국에서도 그러한 현상이 나타나면서 탈공업화 또는 산업공동화 논의가 시작되었다. 그러나 한국의 경우 주요 선진국들과 달리 제조업 비중이 여전히 높 게 유지되고 있다는 점에서 차이를 보이고 있다. 1950년대부터 1980년대 중·후반까지 총

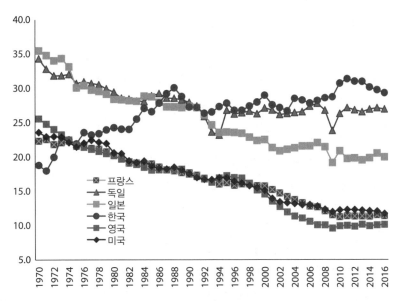

자료 : United Nations Statistics Division-National Accounts.

그림 6-11 주요 선진국과 한국의 총부가가치 중 제조업 비중

부가가치 중 제조업 비중은 꾸준히 상승하였다. 1980년대 후반에 그 비중이 소폭 하락하기도 하였으나 주요 선진국들과 같이 계속해서 하락하지는 않았다. 소폭 하락했던 제조업 비중은 1990년대 초반 이후 소폭이기는 하나 오히려 확대되었다. 세계 전체적으로 제조업 비중은 2014년 기준으로 16.7%(부가가치액 기준)라는 점을 고려할 때 한국의 제조업 비중은 세계 평균보다 훨씬 높다고 할 수 있다.

앞에서 살펴본 산업구조이론들에 따르면, 경제가 발전할수록 1차산업의 비중은 지속적으로 축소되고 동시에 제조업 비중은 증가하다가 일정 단계에 도달한 이후 감소하는 반면 서비스업은 지속적으로 그 비중이 확대된다. 실제로 주요 선진국들의 경우 이러한 경로를 따랐다. 그러나 한국이 경우에는 이러한 경로를 따르지 않고 제조업 비중이 오랜 기간 높게 유지되고 있는 것이다(탈공업화에 대해서는 155쪽 6.2절 '탈공업화 추이' 참조).

한국은 주요 선진국들에 비해 지나치게 많이 제조업에 의존해 있을 뿐만 아니라, 특정 제조업에 대한 의존도가 지나치게 높다. 미국의 경우, 2014년 세계투입산출표(WIOD) 부가가치 기준으로 56개 산업 중 상위 10위 내에 제조업은 하나도 포함되지 않았으며, 상위 20위 내에도 2개의 산업[컴퓨터, 전자·광학제품(17), 화학물질 및 화학제품(11), 괄호 안 코드는 WIOD 기준]만이 포함되었는데, 그 산업의 비중 합계도 3%에 불과했다. 반면 선진국 중 상대적으로 제조업 비중이 높은 독일의 경우에는 상위 10위 내에 2개의 제조업[자동차 및 트레일러(20), 기타 기계 및 장비(19)]이 포함되었으며, 두 산업의 비중 합이 7.5%였으며, 20위 내에는 5개 산업에 그 비중의 합이 12.8%였다. 일본의 경우에는 상위 10위 내에 포함된 제조업은 없었으며, 20위 내에 포함된 제조업은 5개 산업에 그 비중의 합이 10.2%였다. 이에 비해 한국의 경우 상위 10위 내에 2개 제조산업[컴퓨터, 전자·광학제품(17), 화학물질 및 화학제품(11)]이 포함되었는데, 그 두 산업의 비중 합이 10.1%에 달했으며 20위 내에는 모두 7개 제조산업에 그 비중의 합이 22.2%나 되었다. 선진국 중 제조업 비중이 높은 독일과 일본에 비해서도 한국은 제조업, 그중에서도 특정 제조업에 지나치게 의존적인 산업구조를 가지고 있다고 할 수 있다. 이러한 산업구조는 세계경기가 호황일 때는 유리하게 작용할 수 있으나, 부정적인 대외여건 변화에는 매우 취약하다 할 수 있다.

또한 총생산에 있어서 중간재 생산 비중이 높은 것도 한국 산업구조의 특징이라 할 수 있다. 2014년 기준으로 전체 총생산 중 중간재로 사용된 비중은 59.6%로 미국 43.4%, 독일 50.7%, 일본 46.8%, 프랑스 46.1%, 영국 47.6%에 비해서 매우 높았다(〈표 6-9〉 참조).

표 6-9 ──○ 각국의 산업별 생산 중 중간재로 사용된 비중(2014)

산업	독일	러시아	미국	브라질	영국	인도	일본	중국	프랑스	한국
1	80.9	47.2	83.3	72.9	62.0	42.9	70.6	72.8	75.4	75.6
2	64.8	·	90.8	50.6	67.9	47.8	95.9	·	53.9	69.2
3	60.9	·	81.2	49.1	67.9	22.9	88.1	59.0	63.5	76.7
4	93.4	98.9	73.8	93.5	97.4	97.1	·	98.5	94.9	·
5	33.9	26.1	43.8	32.1	65.1	26.7	41.6	60.7	42.1	54.9
6	44.9	14.1	61.5	27.1	57.6	36.3	92.4	67.3	25.2	76.9
7	74.7	96.5	90.0	91.2	86.7	65.2	99.8	97.1	94.4	98.1
8	88.1	82.1	84.3	83.5	87.7	72.7	94.6	98.0	82.6	·
9	86.2	·	84.4	95.2	80.8	44.5	98.8	97.6	99.9	99.9
10	54.9	89.2	65.9	70.0	47.6	65.6	68.1	94.8	56.7	87.5
11	84.5	78.1	62.9	64.7	79.7	86.3	90.6	97.3	81.6	98.1
12	55.9	·	72.7	27.8	47.1	21.0	91.3	85.3	39.8	88.2
13	85.3	84.1	82.7	85.9	88.1	63.8	95.9	95.8	90.4	94.8
14	81.6	92.6	88.3	93.8	91.9	86.2	96.9	98.4	92.1	97.8
15	94.5	96.2	97.5	94.8	97.4	79.8	98.7	98.8	99.7	98.7
16	77.8	·	87.7	75.3	82.2	70.0	77.7	87.5	86.8	88.7
17	53.1	68.1	52.5	22.3	52.2	54.5	71.4	73.5	56.2	71.0
18	70.0	·	68.6	43.9	65.0	53.0	50.8	73.3	70.5	80.8
19	46.5	48.0	43.7	32.2	56.2	46.9	39.4	60.1	48.1	56.7
20	39.2	49.0	39.3	29.9	30.3	33.9	53.9	59.6	44.6	50.2
21	37.9	·	45.9	8.5	78.5	31.1	50.6	43.6	34.3	34.8
22	26.7	40.9	40.9	53.0	51.3	48.0	73.5	46.2	27.3	87.1
23	65.0	·	27.8	·	97.0	·	·	·	54.5	·
24	61.9	88.7	48.6	67.4	69.5	82.5	69.4	93.8	70.5	80.1
25	46.8	·	48.6	61.0	31.5	26.6	69.2	67.3	61.7	63.2
26	78.7	·	·	·	59.2	·	92.8	76.9	80.1	91.8
27	33.2	11.1	19.7	18.2	48.4	22.4	15.0	8.5	23.5	5.4
28	52.1	55.2	19.9	41.9	60.1	55.2	75.3	·	20.2	63.1
29	60.4	66.7	50.4	50.2	53.0	55.3	51.7	74.5	65.3	63.0
30	30.0	55.0	11.7	50.2	4.9	55.3	19.1	74.6	7.4	63.1
31	75.4	83.2	63.8	61.3	61.5	46.6	54.9	82.2	65.8	65.7
32	69.4	58.2	61.8	81.1	52.8	63.8	79.8	80.6	61.8	64.7
33	39.2	60.5	50.5	76.6	41.9	43.4	40.9	85.9	53.2	84.2
34	96.1	60.2	94.8	78.5	93.4	60.6	68.6	94.2	89.8	91.3
35	92.3	·	91.8	·	93.5	·	88.7	89.5	87.1	92.1
36	11.0	31.3	22.9	19.7	20.0	40.9	32.6	56.2	28.0	42.7
37	63.7	·	45.1	46.3	58.1	·	79.1	·	26.8	64.3
38	38.9	·	47.1	99.6	26.2	·	82.4	·	66.6	58.5

(계속)

산업	독일	러시아	미국	브라질	영국	인도	일본	중국	프랑스	한국
39	57.3	72.7	47.7	43.1	59.0	58.8	52.6	66.8	61.7	63.2
40	67.5	·	55.1	55.4	64.8	37.2	51.7	24.6	40.8	46.7
41	65.3	32.0	61.6	54.7	71.6	68.9	89.4	88.9	86.5	75.4
42	43.0	·	52.8	·	39.7	63.8	22.2	56.0	32.5	36.5
43	97.3	·	65.5	·	78.8	·	·	·	100.0	68.0
44	36.8	43.5	30.6	17.7	9.6	2.0	5.6	32.2	22.2	26.4
45	92.9	·	81.8	91.6	92.6	54.0	·	96.5	89.0	89.7
46	66.0	·	65.8	59.2	83.2	85.1	·	·	66.0	97.1
47	12.3	·	62.7	98.1	30.2	·	37.0	82.7	7.2	12.1
48	98.0	·	67.4	·	95.1	·	99.5	·	97.2	90.8
49	69.2	·	65.9	·	79.6	·	88.8	78.9	74.7	89.2
50	85.3	65.4	89.8	86.0	88.1	43.0	92.8	33.3	94.0	91.6
51	17.6	32.0	9.6	4.3	11.0	0.0	5.6	6.2	7.2	2.5
52	11.1	2.7	15.4	6.0	19.0	2.4	3.0	11.7	12.8	5.5
53	4.0	4.3	3.0	5.4	15.5	3.0	4.8	4.9	3.1	9.0
54	26.3	43.3	27.4	17.8	26.9	26.9	16.2	55.5	18.7	30.4
55	0.0	·	27.7	0.0	0.4	·	98.3	·	0.0	·
56	·	·	·	·	·	·	·	·	·	·
전체	50.7	57.7	43.3	44.4	47.6	44.9	46.8	66.7	46.1	59.6
제조업	57.9	69.8	60.3	51.6	66.3	55.1	70.8	78.6	59.2	75.5

주 : 산업코드별 산업명은 〈부표 2-2〉 참조
자료 : WIOD 이용 계산

주요 선진국 중 가장 높은 비율인 독일에 비해서도 9%포인트나 더 높았다. 제조업만을 기준으로 하면 한국의 생산 중 중간재 생산 비중은 주요 선진국들에 비해 더욱더 높았다. 2014년 기준으로 제조업 총생산 중 중간재 생산 비중은 한국이 75.5%로 미국 60.3%, 독일 57.9%, 일본 70.8%, 영국 66.3%, 프랑스 59.2%보다 높았다. 제조업 총생산 중 중간재 생산 비중이 주요 선진국 중 가장 높은 일본보다도 약 5%포인트 높았다. 일본을 제외한 주요 선진국의 제조업 부문 중간재와 최종재의 비율이 약 6 : 4인 반면 한국은 8 : 2로 중간재 비율이 훨씬 높은 수준이라 할 수 있다.

한국 산업구조의 또 다른 특징은 주요 선진국들에 비해 서비스업 비중이 낮다는 점이다. 장기적 추세로 볼 때 한국의 경우에도 주요 선진국들과 마찬가지로 총부가가치에서 서비스업 비중이 꾸준히 확대되고 있으나 그 수준이 주요 선진국들에 비해 크게 낮다(〈그림 6-12〉 참조). 한국의 서비스업 비중은 주요 선진국들과 비교해서뿐만 아니라 세계 전체와 비교해서도 낮다. 즉 세계 전체적으로도 서비스업 비중은 2014년 기준으로 74.3%였는데

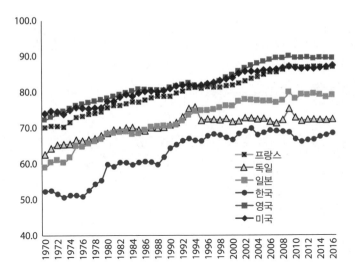

주 : 총부가가치 중 1차산업과 제조업 비중을 제외한 비중
자료 : United Nations Statistics Division-National Accounts.

그림 6-12 주요 선진국과 한국의 총부가가치 중 서비스업 비중

한국의 경우 67.2%로 10%포인트 이상 차이가 났다. 이는 한국 경제의 서비스화가 지연되고 있으며, 서비스업의 발전이 주요 선진국들에 비해 상대적으로 뒤떨어져 있다는 것을 의미하기도 한다.

한편 한국은 주요 선진국들과 비교할 때 지식기반 서비스업[30]이 기타 서비스업에 비해서, 그리고 기업수요의존형 서비스업[31]이 최종수요의존형 서비스업에 비해서 비중이 낮다고 할 수 있다(서비스업 분류에 대해서는 〈Box 2-3〉 참조). 특히 주요 선진국들과 비교할 때 한국은 지식기반 서비스업 중 컴퓨터 프로그래밍, 시스템 통합 및 관리업, 정보 서비스(40, 이하는 WIOD 산업분류 기준), 전문과학 및 기술 서비스(45-49), 사업시설 관리, 사업 지원 및 임대업(부동산 제외)(50)이 총부가가치에서 그리고 총서비스업 부가가치에서 차지하는 비중이 모두 낮았다. 또한 한국에서 빠르게 확대되고 있는 보건업 및 사회복지 서비스(53) 비중도 여전히 주요 선진국에 비해 낮았다(〈표 6-10〉 참조).

또한 서비스업 중 지식 서비스산업(전문과학기술/사업 지원 서비스)[32]에 집중하여 살펴

---

30 서비스업을 지식기반 서비스업과 기타 서비스업으로 구분할 수 있다.

31 서비스업을 기업수요의존형 서비스업(생산자 서비스업 포함)과 최종수요의존형 서비스업으로 구분할 수 있다.

32 WIOD 기준으로 전문과학 및 기술 서비스(45-49), 사업시설 관리, 사업 지원 및 임대업(50)에 해당된다.

표 6-10 주요국의 총부가가치 중 서비스업 업종별 비중(상 : 총부가가치 대비, 하 : 서비스업 총부가가치 대비)(2014)

	도소매업 (28-30)	창고 및 운송관련 서비스 (34)	운수업 및 창고업 (31-35)	컴퓨터 프로그래밍, 시스템 통합 등1) (40)	정보통신 (37-40)	금융업 (41)	금융 및 보험 (41-43)	전문과학 및 기술 서비스 (45-49)	사업시설 관리, 사업 지원 등2) (50)	공공 행정, 국방 및 사회보장 행정 (51)	교육 서비스 (52)	보건업 및 사회복지 서비스 (53)	기타 서비스3) (54)	전체 서비스업
브라질	13.0	1.3	4.4	1.5	3.4	6.5	6.5	4.0	4.2	10.2	5.9	4.3	1.9	79.3
중국	9.8	0.6	4.6	0.6	2.6	5.6	6.1	3.7	0.4	4.1	3.3	1.8	2.3	55.4
독일	9.3	1.8	4.7	2.6	4.9	2.5	4.1	6.2	4.9	6.2	4.5	7.6	3.8	76.5
프랑스	10.3	1.7	4.7	2.4	4.9	3.0	4.5	7.4	5.4	8.3	5.4	9.5	2.9	87.0
영국	10.7	1.1	4.6	2.9	6.2	4.4	8.2	7.4	4.8	5.2	6.2	6.8	3.9	87.1
인도	17.9	0.5	6.3	3.8	4.9	4.7	5.7	1.5	0.1	7.1	4.2	1.5	2.5	68.0
일본	13.4	0.8	4.6	2.0	4.8	3.4	4.7	5.3	0.9	8.5	3.4	6.6	3.5	79.5
한국	8.6	1.0	3.7	0.7	3.9	3.9	5.6	5.2	2.4	7.3	5.5	4.2	2.8	67.2
러시아	20.0	1.8	6.5	–	1.9	4.8	4.8	–	8.0	6.5	3.1	4.2	1.6	72.1
미국	12.2	0.6	2.9	2.0	6.2	2.8	7.1	7.4	3.9	13.1	1.1	7.1	2.6	84.0
브라질	16.4	1.6	5.6	1.9	4.3	8.2	8.2	5.1	5.3	12.8	7.4	5.4	2.3	100.0
중국	17.6	1.1	8.3	1.1	4.8	10.1	11.0	6.6	0.8	7.4	6.0	3.3	4.2	100.0
독일	12.2	2.3	6.2	3.4	6.4	3.3	5.4	8.1	6.4	8.1	5.9	9.9	5.0	100.0
프랑스	11.8	1.9	5.4	2.7	5.6	3.4	5.2	8.5	6.2	9.6	6.2	10.9	3.3	100.0
영국	12.3	1.3	5.2	3.3	7.1	5.0	9.4	8.5	5.5	5.9	7.1	7.8	4.5	100.0
인도	26.4	0.7	9.2	5.5	7.3	6.9	8.4	2.3	0.1	10.4	6.1	2.2	3.7	100.0
일본	16.8	0.9	5.8	2.5	6.0	4.2	5.9	6.7	1.1	10.7	4.3	8.3	4.4	100.0
한국	12.8	1.5	5.5	1.1	5.7	5.7	8.3	7.8	3.5	10.8	8.2	6.3	4.1	100.0
러시아	27.7	2.5	9.0	–	2.6	6.6	6.6	–	11.1	9.0	4.3	5.8	2.3	100.0
미국	14.5	0.7	3.5	2.3	7.4	3.3	8.4	8.8	4.6	15.6	1.3	8.4	3.1	100.0

주: 1) 컴퓨터 프로그래밍, 시스템 통합 및 관리임, 정보 서비스(40), 2) 사업시설 관리, 사업 지원 및 임대업(부동산 제외)(50), 3) 기타 서비스(예술, 여가 관련 서비스, 스포츠, 협회 및 단체, 수리 및 기타 개인 서비스)(54)

자료 : WIOD 이용 계산

보면 한국에 있어서 동 산업의 비중이 주요 선진국에 비해 낮은 편이다. 한국의 총서비스업 부가가치 중 지식 서비스산업 비중은 G7 국가들보다 빠르게 증가하고 있으나(한국은 동 비중이 1991~1995년 평균 7.0%에서 2011~2014년 평균 11.5%로 4.5%p 증가했으나 동 기간 대부분 G7 국가들의 지식 서비스 비중은 약 1~2%p 정도 증가에 그침), 여전히 G7 국가에 비해 낮은 수준을 유지하고 있다. 이탈리아를 제외한 대부분 G7 국가들의 지식 서비스 비중은 2011~2014년 평균 약 15%를 상회하면서 한국보다 높은 수준을 유지하고 있다(현대경제연구원, 2016).[33] 2014년 기준으로 총부가가치에서 지식 서비스업 비중은 한국이 7.6%로 독일, 영국, 프랑스, 미국의 11~13%에 비해 크게 낮았으며, 총서비스업 부가가치 중 비중 역시 한국은 11.3%로 독일, 영국, 프랑스, 미국의 13~15%에 비해 낮았다(〈표 6-10〉 참조).

한국 경제구조의 따른 특징은 경제의 대외의존도(해외 판매/총생산 기준)가 매우 높다는 점이다. 즉 경제에서 생산된 총생산물 중 20.5%(2014년)가 해외에 판매되고 있다. 이는 국내 경제규모가 주요 선진국들에 비해 상대적으로 작은 상태에서 지속적인 성장을 위한 어쩔 수 없는 전략일 수 있지만, 경제의 지나친 대외의존도는 부정정인 대외여건 변화에 취약한 경제구조라 할 수 있다. 주요 선진국 중에서는 독일의 대외의존도가 2014년 23.8%로 높은 것을 제외하고 영국과 프랑스는 15% 내외, 미국과 일본은 6~9%로 한국에 비해 크게 낮은 편이다(〈표 7-1〉 참조). 대외의존도 측면에 있어 한국은 여타 선진국과 또 다른 측면을 가지고 있다. 즉 해외 수출에 있어 중국에 대한 의존도가 지나치게 높다는 것이다. 2014년 기준으로 한국에서 생산된 총생산 중 해외 수출로 판매된 것이 20.5%인데, 특히 중국으로 판매된 것이 5%에 달했다. 이러한 결과는 중국이 경제가 빠르게 증가하면서 미국과 함께 G2 국가가 되고, 한국과 지리적으로 가까워 한국의 많은 기업이 중국에 진출했다는 점 등을 고려할 때 이해할 수 있으나, 문제는 중국 경제에 대한 의존도가 지나치게 높다는 점이다. 주요 선진국에 있어서 총생산 대비 중국에 대한 판매 비중은 2014년 기준으로 독일 1.7%, 프랑스 0.6%, 영국 0.5%, 일본 1.3%, 미국 0.4%인 점을 고려할 때 한국에 있어서 동 비중은 지나치게 높다고 할 수 있다. 이러한 구조는 중국 경제가 고성장할 때는 한국경제에 긍정적으로 작용하나, 같은 논리로 중국 경제에 있어서 부정적인 요인들 역시 한

---

33 현대경제연구원(2016), "G7국가와 한국의 산업구조 변화와 시사점", 경제주평 16-21.

국 경제에 부정적으로 파급된다는 점에서 반드시 바람직하다고 할 수만은 없다 하겠다.

한국 경제의 중국에 대한 의존도는 수출에 있어서뿐만 아니라 수입에 있어서도 매우 높다. 이는 한국의 생산 과정에서 투입되는 중간재 중 중국에서 수입된 부분(본문에서 이를 '중간재 수요'로 정의함)과 한국의 최종재(소비, 투자, 재고) 수요 충족 중 중국에서 수입된 부분(이를 본문에서는 '최종재 수요'라 정의함) 비율을 통해서 확인할 수 있다(〈표 8-1〉 참조). 2014년 기준으로 한국의 중간재 및 최종재 수요 중 해외에서 수입된 비중은 17.2%인데, 중국에서 수입된 비중이 3.1%로 수입액의 1/5 이상을 차지했다. 이에 비해 주요 선진국의 중간재 및 최종재 수요 중 중국에서 수입된 비중은 독일 1.3%, 일본 2.0%, 미국 1.1%, 영국 1.0%, 프랑스 0.8%로 한국에 비해 크게 낮았다. 수입에 있어서 중국에 대한 의존도는 최종재 수요에 있어서보다 중간재 수요에 있어서 더 높았다(〈표 8-2〉 참조).

6 한국 제조업과 서비스업 중 핵심산업

지난 약 30년 동안(1986~2014) 고성장을 하고 한국 경제에서 높은 비중을 차지한 산업들은 전자부품·컴퓨터·영상·음향 및 통신장비(17, 이하 산업코드는 통계청 광업제조업동향조사 기준), 자동차 및 트레일러(21), 화학물질 및 화학제품(11), 기타 운송장비 제조업(22)이다(〈그림 6-13〉 참조).

지난 30년 동안 연평균 약 18%(산업 생산 기준) 성장하고 한국 제조업 중 비중이 24.4%(2013년 부가가치 기준)에 달하는 전자부품·컴퓨터·영상·음향 및 통신장비(17)는 한국의 경제성장을 주도하는 추진동력(driving force)이었다. 또한 자동차 및 트레일러 제조업(21)은 한국 제조업 중 전자부품·컴퓨터·영상·음향 및 통신장비 제조업(17) 다음으로 높은 비중(2013년 11.4%)을 차지하고 있으며 1986~2014년 기간 연평균 성장률이 10.4%에 달했다.

주력산업 여부와 성장률을 기준으로 할 때 한국 제조업 중 유망산업은 어떤 산업일까? 유망산업을 선정해보기 위해 제조업 중 비중을 기준으로 산업들을 주력산업과 비주력산업으로 분류[34]하고, 성장률을 기준으로 주력산업을 다시 **성장산업, 성숙산업(정체산업), 침체산**

---

34 주력산업과 비주력산업을 구분할 수 있는 특별한 기준이 없어 본 연구는 제조업 부가가치 중 비중(4.2%: 분석대상 제조업 수가 24개라는 점을 고려하여 산업당 평균 비율)을 기준으로 주력산업과 비주력산업 여부를 구분함.

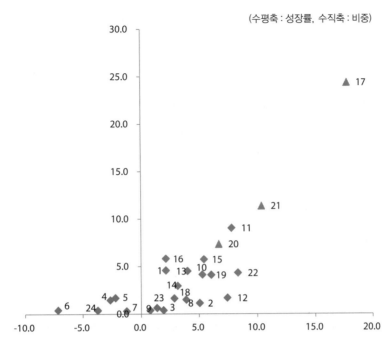

주 : 삼각형은 최근 연도(2006~2014) 고성장(4.2% 이상, 동기간 제조업 연평균 성장률) 산업. 산업코드는 〈표 6-3〉 참조
자료 : 통계청, 광업제조업동향조사, 광업제조업조사 이용 계산

그림 6 - 13 전국 제조업의 산업별 장기성장률(1986~2014)과 비중(2013)

업(사양산업)으로 분류[35]해보자. 이러한 분류에 따라 한국에서 주력산업이면서 성장산업을 향후 유망한 산업으로 선정(17, 21, 11, 22)해보기로 한다. 그뿐만 아니라 아직까지는 주력이 아니지만 장기적으로 고성장을 하고 있는 산업 역시 유망한 산업에 포함시키기로 한다(〈표 6-11〉 참조). 이러한 기준에 따를 경우 화학물질 및 화학제품(11), 의료용 물질 및 의

표 6 - 11 한국 제조업의 비중별(2013) 및 성장률별(1986~2014) 분류

	성장산업 (고성장)	성숙산업 (저성장)	사양산업 (마이너스 성장)
주력산업	11, 17, 21, 22	1, 13, 15, 16, 20	
비주력산업	12	2, 3, 8, 9, 10, 14, 18, 19, 23	4, 5, 6, 7, 24

주 : 1) 고성장산업(장기성장률 : 연 7% 이상), 저성장산업(연 1~7% 미만)
　　2) 주력산업(제조업 비중 4.2% 이상), 비주력산업(4.2% 미만)
　　3) 산업코드는 〈표 6-3〉 참조
자료 : 통계청, 광업제조업동향조사, 광업제소업조사 이용 계산

---

35 30년간 산업생산성장률(연 7%)을 기준으로 7% 이상은 고성장산업, 1~7%는 저성장(성숙산업), 마이너스 성장산업은 침체산업(사양산업)으로 구분함.

약품 제조업(12), 전자부품·컴퓨터·영상·음향 및 통신장비(17), 자동차 및 트레일러 제조업(21), 기타 운송 제조업(22)이 유망산업으로 선정된다.

〈표 6-12〉는 주요 선진국들의 제조업에 있어서 산업별 비중(부가가치 기준)을 보여주고 있다. 이 절에서 선정된 유망산업들과 주요 선진국(미국, 독일, 일본)의 제조업에서 주력산업들은 거의 일치하고 있다. 장기적으로 한국의 산업구조가 선진국 산업구조에 수렴한다면, 이 절에서 선정한 유망산업은 향후 산업구조 변화 방향과도 다르지 않다는 것을 의미한다 하겠다.

제조업에서와 같은 방법으로 서비스업 부가가치에서의 비중(2012)과 산업 생산 장기 성장률(1986~2012)을 기준으로 서비스업 중 유망산업을 선정해보면 다음과 같다(〈표 6-13〉, 〈표 6-14〉 참조). 앞의 제조업에 있어서와 마찬가지로 서비스업에서의 비중을 기

표 6-12 ─○ 주요 선진국과 한국의 제조업 구조 변화 비교(제조업 부가가치 중 산업별 비중, %)

	미국		독일		일본		한국	
	1995	2011	1995	2011	1995	2011	1995	2011
음식료 및 담배	10.9	12.0	9.1	6.2	13.4	16.6	6.4	4.1
섬유 및 섬유제품	4.1	1.4	2.6	1.3	3.7	1.7	7.6	3.9
가죽 및 신발	0.2	0.1	0.3	0.2	0.3	0.1	1.1	0.4
목재 및 목재제품	2.1	1.3	2.2	1.2	2.6	1.4	0.8	0.4
종이 및 인쇄	11.6	9.5	7.7	5.4	6.3	6.4	6.2	3.4
코크스, 정유, 핵연료	3.0	9.9	0.5	0.7	4.5	7.3	2.1	2.5
화학 및 화학제품	11.1	12.2	10.5	10.1	8.4	9.2	10.2	8.7
고무 및 플라스틱	4.2	3.7	4.9	4.5	4.3	3.9	4.0	4.5
기타 비금속광물제품	2.8	2.0	4.7	2.7	3.7	2.4	5.1	3.3
기초 및 조립금속	12.2	9.4	13.2	16.2	15.7	16.1	13.8	17.2
기계	8.1	8.2	14.5	17.0	9.5	8.6	8.6	8.7
전기 및 광학기기	13.7	19.2	13.5	15.4	15.9	13.4	18.9	25.1
수송기기	12.1	7.1	12.9	16.6	9.8	11.9	12.7	16.3
기타 제조업	3.8	4.0	3.1	2.5	1.8	0.9	2.5	1.4

자료 : World Input-Out Table 이용하여 계산

표 6-13 ─○ 한국 서비스업의 산업별 연평균 성장률

	1986~1995	1996~2005	2006~2012	1986~2012
1. 전기, 가스, 증기 및 수도사업	13.7	6.2	3.6	8.0
2. 건설업	11.6	0.4	-2.0	3.8
3. 도매 및 소매업	9.6	2.5	3.0	5.3
4. 운수업	9.3	2.5	3.7	5.5
5. 숙박 및 음식점업	12.4	1.8	0.9	5.2
6. 정보 및 통신업	16.7	10.4	4.1	11.0
7. 금융 및 보험업	15.5	4.1	4.8	8.3
8. 부동산업 및 임대업	12.9	2.9	1.3	6.1
9. 사업 서비스업	12.3	5.3	3.1	6.9
10. 공공 행정, 국방 및 사회보장 행정	4.2	3.6	2.9	3.7
11. 교육 서비스업	6.0	3.7	1.9	4.0
12. 보건업 및 사회복지 서비스업	8.9	5.0	7.6	7.1
13. 예술, 스포츠 및 여가관련 서비스업	15.5	9.0	5.1	9.7
14. 기타 서비스업	8.5	2.2	2.5	4.6
총서비스업	10.1	3.5	2.8	5.7

자료 : 통계청, 지역소득(경제활동별 지역 내 총생산) 이용 계산

준으로 산업을 주력산업과 비주력산업으로 구분하고, 장기성장률을 기준으로 성장산업, 성숙산업, 사양산업으로 구분한다. 이를 바탕으로 서비스업 중 주력산업이자 성장산업을 유망산업으로 분류하고, 아직은 비주력산업이나 장기적으로 고성장을 보이고 있는 산업 역시 유망산업으로 분류하고자 한다. 이러한 기준으로 하면 정보 및 통신업(6, 이하 서비스산업 분류는 통계청 지역소득 기준), 금융 및 보험업(7), 부동산업 및 임대업(8), 사업 서비스업(9), 전기·가스·증기 및 수도업(1), 보건업 및 사회복지 서비스업(12), 예술·스포츠 및 여가관련 서비스업(13)이 서비스업 중 유망한 산업이라 할 수 있겠다(〈표 6-15〉 참조).

표 6-14 ○ 한국의 서비스업 산업구조 변화 비교(서비스업 총생산 중 산업별 비중)

산업 코드	산업명	1986	2000	2012
1	전기, 가스, 증기 및 수도사업	1.9	2.9	3.4
2	건설업	12.8	11.0	8.1
3	도매 및 소매업	14.6	14.5	13.4
4	운수업	7.4	6.6	7.1
5	숙박 및 음식점업	3.4	3.6	3.0
6	정보 및 통신업	2.0	5.3	7.1
7	금융 및 보험업	5.9	8.9	11.2
8	부동산업 및 임대업	9.6	12.6	10.7
9	사업 서비스업	5.2	6.7	7.1
10	공공 행정, 국방 및 사회보장 행정	15.5	9.9	9.4
11	교육 서비스업	12.7	8.4	8.3
12	보건업 및 사회복지 서비스업	4.1	4.4	5.9
13	예술, 스포츠 및 여가관련 서비스업	0.8	1.5	2.0
14	기타 서비스업	4.2	3.5	3.2
	총서비스업	100.0	100.0	100.0

자료 : 통계청, 지역소득(경제활동별 지역 내 총생산) 이용 계산

표 6-15 ○ 한국 서비스업의 비중별(2012) 및 성장률별(1986~2012) 분류

	성장산업	성숙산업	사양산업
주력산업	6, 7, 8, 9	3, 4	2, 10, 11
비주력산업	1, 12, 13	5, 14	

주 : 1) 주력산업 여부는 7.1%(100/14)를 기준으로 함. 성장산업은 서비스업 장기평균성장률(5.7%)을 상회하는 산업, 성숙산업은 장기
　　　평균성장률이 4.0~5.7%, 사양산업은 4.0% 이하인 산업으로 정의함
　　2) 산업코드는 〈표 6-14〉 참조
자료 : 통계청, 지역소득(경제활동별 지역 내 총생산) 이용 계산

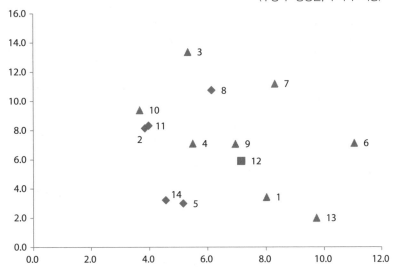

(수평축 : 성장률, 수직축 : 비중)

주 : 그림에서 삼각형은 최근 연도(2006~2012) 기간 고성장(2.8% 이상, 동 기간 서비스업 연평균 성장률) 산업, 사각형은 최고성장
　　(5.6% 이상, 동 기간 서비스업 연평균 성장률의 2배), 산업코드는 〈표 6-14〉 참조
자료 : 통계청, 지역소득(경제활동별 지역 내 총생산) 이용 계산

그림 6-14 　전국의 서비스산업별 장기성장률(1986~2012)과 비중(2012)

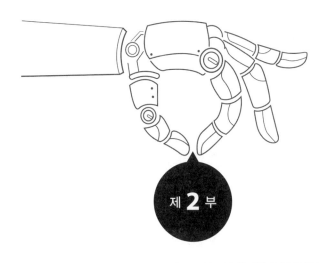

제 **2** 부

세계 무역구조와 한국

07 수요의 국가 간 상호의존 관계

세계 각 국가들은 생산 과정과 생산물의 판매에 있어서 상호 긴밀히 연계되어 있으며, 상호 의존되어 있다. 그러나 국가에 따라 의존 정도와 의존 대상국가에 있어서 상당한 차이를 보인다. 미국의 경우 자국 내 생산된 생산물의 93.8%(2014년)를 자국 내 판매하고 나머지 6.2%만을 해외에 판매하고 있다(〈표 7-1〉 참조). 해외 판매 비중(6.2%)은 캐나다에 대한 판매(수출)(0.9%), 멕시코에 대한 판매(0.6%), 중국에 대한 판매(0.4%), 독일에 대한 판매(0.3%) 등으로 구성되어 있다. 즉 미국은 생산물의 판매에 있어서 해외의존도가 여타 주요 국가들에 비해 낮은 편이나 해외 판매의 많은 부분을 인접국가이면서 NAFTA 회원국인 캐나다와 멕시코에 의존하고 있다.

독일과 한국의 경우, 주요 국가 중 여타 국가들에 비해 생산물의 해외 판매 비중이 높다. 즉 독일과 한국은 자국 내 생산된 생산물 중 각각 23.8%와 20.5%를 해외에 판매하고 있는데, 주요 판매 대상국(수출대상국)에 있어서는 차이를 보이고 있다. 독일은 주로 EU회원국인 프랑스, 영국, 오스트리아, 이탈리아, 네덜란드 그리고 미국과 중국에 대한 의존도가 높은 반면, 한국의 경우 중국, 일본, 대만 등 동북아시아 국가에 대한 의존도가 높았다. 양국 모두 중국과 미국에 대한 의존도가 높은데, 특히 한국에 있어서 중국에 대한 의존도가 매우 높았다.

일본의 경우 자국 내 생산된 생산물의 해외 판매 비중(9.4%)이 독일과 한국에 비해 낮은 편이나, 한국과 마찬가지로 중국, 한국, 대만, 그리고 미국에 대한 판매의존도가 높았다.

표 7-1 ─○ 각국의 총생산(중간재+최종재)에 대한 국가별 수요구조(2014)(수출구조)

국가코드	생산국가 / 판매대상국	독일	러시아	미국	브라질	영국	인도	일본	중국	프랑스	한국
1	Australia	0.2	0.0	0.1	0.0	0.2	0.1	0.2	0.2	0.1	0.3
2	Austria	1.1	0.2	0.0	0.0	0.1	0.0	0.0	0.0	0.1	0.0
3	Belgium	0.6	0.2	0.1	0.1	0.4	0.1	0.0	0.0	0.8	0.1
4	Bulgaria	0.1	0.0	0.0	0.0	0.0	0.0	0.0	0.0	0.0	0.0
5	Brazil	0.3	0.1	0.1	93.4	0.1	0.2	0.1	0.1	0.2	0.4
6	Canada	0.2	0.1	0.9	0.1	0.3	0.1	0.1	0.2	0.1	0.2
7	Switzerland	0.9	0.2	0.0	0.0	0.4	0.0	0.0	0.0	0.4	0.0
8	China	1.7	0.9	0.4	1.0	0.5	0.4	1.5	92.4	0.6	5.0
9	Cyprus	0.0	0.0	0.0	0.0	0.0	0.0	0.0	0.0	0.0	0.0
10	Czech Republic	0.6	0.2	0.0	0.0	0.1	0.0	0.0	0.0	0.1	0.1
11	Germany	76.2	0.9	0.3	0.2	1.0	0.2	0.2	0.3	1.9	0.3
12	Denmark	0.3	0.0	0.0	0.0	0.2	0.0	0.0	0.0	0.1	0.1
13	Spain	0.7	0.1	0.0	0.1	0.2	0.1	0.0	0.1	1.0	0.1
14	Estonia	0.0	0.0	0.0	0.0	0.0	0.0	0.0	0.0	0.0	0.0
15	Finland	0.2	0.2	0.0	0.0	0.1	0.0	0.0	0.0	0.1	0.0
16	France	1.9	0.2	0.2	0.1	0.9	0.2	0.1	0.1	84.9	0.1
17	United Kingdom	1.5	0.3	0.2	0.1	85.8	0.3	0.1	0.2	1.2	0.2
18	Greece	0.1	0.0	0.0	0.0	0.0	0.0	0.0	0.0	0.1	0.1
19	Croatia	0.0	0.0	0.0	0.0	0.0	0.0	0.0	0.0	0.0	0.0
20	Hungary	0.4	0.0	0.0	0.0	0.0	0.0	0.0	0.0	0.1	0.1
21	Indonesia	0.1	0.0	0.0	0.1	0.0	0.1	0.2	0.1	0.1	0.4
22	India	0.2	0.1	0.1	0.2	0.1	90.7	0.1	0.1	0.1	0.4
23	Ireland	0.1	0.1	0.2	0.0	0.7	0.0	0.0	0.0	0.1	0.0
24	Italy	1.2	0.4	0.1	0.1	0.4	0.1	0.0	0.1	1.0	0.1
25	Japan	0.4	0.7	0.2	0.2	0.2	0.1	90.6	0.5	0.2	1.3
26	Korea	0.4	0.2	0.1	0.1	0.2	0.1	0.7	0.3	0.2	79.5
27	Lithuania	0.0	0.1	0.0	0.0	0.0	0.0	0.0	0.0	0.0	0.0
28	Luxembourg	0.1	0.0	0.1	0.0	0.4	0.0	0.0	0.0	0.1	0.0
29	Latvia	0.0	0.0	0.0	0.0	0.0	0.0	0.0	0.0	0.0	0.0
30	Mexico	0.2	0.0	0.6	0.1	0.1	0.1	0.2	0.1	0.1	0.4
31	Malta	0.0	0.0	0.0	0.0	0.0	0.0	0.0	0.0	0.0	0.0
32	Netherlands	1.0	0.1	0.2	0.2	0.4	0.1	0.1	0.1	0.5	0.1
33	Norway	0.2	0.0	0.0	0.0	0.2	0.0	0.0	0.0	0.1	0.1
34	Poland	0.9	0.6	0.0	0.0	0.1	0.0	0.0	0.0	0.2	0.1
35	Portugal	0.1	0.0	0.0	0.0	0.1	0.0	0.0	0.0	0.1	0.0
36	Romania	0.2	0.1	0.0	0.0	0.0	0.0	0.0	0.1	0.0	0.0
37	Russia	0.7	85.4	0.0	0.1	0.3	0.1	0.2	0.2	0.2	0.4
38	Slovak Republic	0.2	0.1	0.0	0.0	0.0	0.0	0.0	0.0	0.1	0.1
39	Slovenia	0.1	0.0	0.0	0.0	0.0	0.0	0.0	0.0	0.0	0.0
40	Sweden	0.5	0.2	0.0	0.0	0.2	0.0	0.0	0.0	0.2	0.0
41	Turkey	0.4	0.3	0.0	0.0	0.1	0.2	0.0	0.1	0.2	0.3
42	Taiwan	0.1	0.0	0.1	0.1	0.0	0.1	0.5	0.1	0.1	0.7
43	United States	1.9	0.4	93.8	0.7	1.6	0.9	1.4	1.1	1.0	2.3
44	Rest of World	3.9	7.4	2.1	2.8	4.4	5.5	3.5	3.3	3.6	6.7

자료 : WIOD 이용 계산

표 7 - 2 ──○ 각국의 생산 중 중간재 생산에 대한 국가별 수요구조(2014)(수출구조)

국가 코드	생산국가 판매대상국	독일	러시아	미국	브라질	영국	인도	일본	중국	프랑스	한국
1	Australia	0.1	0.1	0.1	0.0	0.2	0.1	0.2	0.1	0.1	0.3
2	Austria	1.4	0.3	0.0	0.0	0.1	0.0	0.0	0.0	0.1	0.0
3	Belgium	0.8	0.3	0.2	0.1	0.6	0.1	0.1	0.0	1.1	0.1
4	Bulgaria	0.1	0.0	0.0	0.0	0.0	0.0	0.0	0.0	0.0	0.0
5	Brazil	0.3	0.1	0.2	89.0	0.1	0.3	0.1	0.1	0.3	0.4
6	Canada	0.2	0.2	1.4	0.2	0.5	0.1	0.2	0.1	0.2	0.2
7	Switzerland	1.0	0.4	0.1	0.0	0.5	0.0	0.0	0.0	0.4	0.0
8	China	1.6	1.5	0.5	2.0	0.5	0.6	2.1	94.3	0.7	5.7
9	Cyprus	0.0	0.0	0.0	0.0	0.0	0.0	0.0	0.0	0.0	0.0
10	Czech Republic	0.9	0.3	0.0	0.0	0.1	0.0	0.0	0.0	0.2	0.1
11	Germany	73.1	1.4	0.4	0.3	1.4	0.3	0.3	0.2	2.4	0.3
12	Denmark	0.5	0.0	0.0	0.0	0.2	0.0	0.0	0.0	0.1	0.0
13	Spain	0.8	0.2	0.1	0.2	0.3	0.1	0.0	0.0	1.5	0.1
14	Estonia	0.0	0.0	0.0	0.0	0.0	0.0	0.0	0.0	0.0	0.0
15	Finland	0.3	0.3	0.0	0.0	0.1	0.0	0.0	0.0	0.1	0.0
16	France	2.2	0.3	0.3	0.2	1.3	0.2	0.1	0.1	80.9	0.1
17	United Kingdom	1.6	0.4	0.3	0.2	80.8	0.3	0.2	0.1	1.6	0.2
18	Greece	0.1	0.1	0.0	0.0	0.0	0.0	0.0	0.0	0.1	0.0
19	Croatia	0.0	0.0	0.0	0.0	0.0	0.0	0.0	0.0	0.0	0.0
20	Hungary	0.6	0.1	0.0	0.0	0.1	0.0	0.0	0.0	0.1	0.1
21	Indonesia	0.1	0.1	0.0	0.2	0.0	0.2	0.3	0.1	0.1	0.5
22	India	0.2	0.2	0.1	0.3	0.2	88.0	0.2	0.1	0.1	0.5
23	Ireland	0.2	0.1	0.4	0.0	1.0	0.0	0.0	0.0	0.2	0.0
24	Italy	1.5	0.6	0.1	0.2	0.5	0.2	0.1	0.1	1.3	0.1
25	Japan	0.3	1.1	0.3	0.4	0.3	0.2	87.9	0.3	0.2	1.5
26	Korea	0.4	0.4	0.2	0.2	0.3	0.3	1.2	0.4	0.2	78.5
27	Lithuania	0.0	0.2	0.0	0.0	0.0	0.0	0.0	0.0	0.0	0.0
28	Luxembourg	0.2	0.0	0.2	0.0	0.9	0.0	0.0	0.0	0.2	0.0
29	Latvia	0.0	0.1	0.0	0.0	0.0	0.0	0.0	0.0	0.0	0.0
30	Mexico	0.3	0.0	1.0	0.2	0.1	0.1	0.3	0.1	0.1	0.5
31	Malta	0.0	0.0	0.0	0.0	0.1	0.0	0.0	0.0	0.0	0.0
32	Netherlands	1.3	0.2	0.3	0.4	0.6	0.2	0.1	0.1	0.8	0.2
33	Norway	0.2	0.1	0.0	0.1	0.3	0.0	0.0	0.0	0.2	0.0
34	Poland	1.1	1.0	0.0	0.0	0.2	0.0	0.0	0.0	0.3	0.1
35	Portugal	0.2	0.0	0.0	0.1	0.1	0.0	0.0	0.0	0.2	0.0
36	Romania	0.2	0.2	0.0	0.0	0.0	0.0	0.0	0.0	0.1	0.0
37	Russia	0.8	76.9	0.0	0.1	0.2	0.1	0.1	0.1	0.3	0.4
38	Slovak Republic	0.3	0.1	0.0	0.0	0.0	0.0	0.0	0.0	0.1	0.2
39	Slovenia	0.1	0.0	0.0	0.0	0.0	0.0	0.0	0.0	0.0	0.0
40	Sweden	0.5	0.3	0.1	0.0	0.3	0.1	0.0	0.0	0.2	0.0
41	Turkey	0.5	0.4	0.0	0.1	0.1	0.3	0.0	0.1	0.3	0.3
42	Taiwan	0.2	0.0	0.1	0.1	0.0	0.1	0.9	0.2	0.1	0.9
43	United States	1.9	0.7	90.6	1.2	2.1	1.2	1.5	0.6	1.3	2.2
44	Rest of World	4.1	11.6	2.8	4.1	5.7	6.5	4.1	2.6	4.0	6.2

자료 : WIOD 이용 계산

중국 역시 일본과 마찬가지로 생산물의 해외 판매 비중(7.6%)이 낮으며, 해외 판매에 있어서 일본과 한국 등 동북아 국가 그리고 미국에 대한 의존도가 높았으나, 일본과 달리 대만에 대한 의존도는 낮은 대신 독일에 대한 의존도가 높았다.

영국과 프랑스 역시 자국 내 생산된 생산물의 해외 판매는 주로 여타 EU회원국(특히 독일, 영국, 프랑스)과 중국에 대한 의존도가 높았는데, 특히 중국보다는 EU회원국에 대한 의존도가 더 높았다(〈표 7-1〉 참조). 러시아 생산물의 해외 판매처는 주로 중국, 독일, 폴란드, 이탈리아인데, 특히 중국과 독일에 대한 의존도가 높았다. 브라질과 인도의 경우, 생산물의 해외 판매 비중(각각 6.6%, 9.3%)은 높지 않았는데, 해외 판매는 주로 중국과 미국에 의존하고 있었다. 이상을 종합해보면, 주요국 생산물의 판매에 있어서 해외의존도는 국가별로 차이를 보이는데, 특히 인구가 많고 국토가 넓은 국가(미국, 중국, 인도, 브라질)에 있어서는 해외의존도가 낮게 나타난 반면, 그렇지 못한 국가들의 경우 상대적으로 해외의존도가 높았는데, 특히 경제에서 제조업 비중이 높은 독일과 한국에 있어서 해외 판매 의존도가 높았다. 또한 각국에서 생산된 생산물의 판매에 있어서 해외의존도는 생산물 중 최종재보다는 중간재 생산물에 있어서 더 높았다(〈표 7-2〉 참조).

■1 주요 선진국 생산물에 대한 국내외 수요구조

1.1 미국

미국에서 생산된 상품과 서비스(중간재와 최종재 모두 포함)에 대한 국내외 수요구조를 파악하기 위해 판매처의 국가별 비중을 살펴보면 대부분 산업에 있어 자국 내 수요 비중이 매우 높았다(〈표 7-3〉~〈표 7-5〉 참조). 특히 미국의 동 비중은 독일, 일본 등 여타 주요 선진국들에 비해 그 정도가 더 높았다. 이는 미국 내 생산된 생산물의 수요 측면에서 볼 때 미국 경제의 대외의존도가 여타 국가들에 비해 낮다는 것을 의미한다. 즉 미국 경제는 여타 국가들에 비해 대외 수요충격에 대한 영향이 크지 않다는 것을 의미한다. 한편 주요 국가들의 생산물 수요처로서 미국의 영향은 여전히 세계에서 가장 높다. 다시 말해, 미국은 세계 주요 국가들의 상품 및 서비스 판매시장으로서 영향력이 절대적으로 크다(이에 대해서는 제9장에서 상술). 하지만 이는 또 다른 측면에서 미국 소비자 수요의 많은 부분이 해외에서 생산된 생산물에 의해 충족되고 있다는 것을 의미하는 것으로 미국 소비의 해외의

| 표 7-3 | 미국 1차산업 생산의 국내외 수요구조(2014) |

수요국＼산업	농업	임업	어업	광업
브라질	0.1	0.1	0.0	0.1
중국	2.5	0.9	0.4	0.3
독일	0.2	0.0	0.1	0.1
프랑스	0.1	0.0	0.5	0.1
영국	0.1	0.0	0.1	0.1
인도	0.1	0.0	0.1	0.1
일본	1.3	0.6	0.1	0.2
한국	0.6	0.1	0.0	0.1
러시아	0.0	0.0	0.4	0.0
미국	88.8	88.9	88.9	93.4
기타	6.1	9.5	9.4	5.5

자료 : WIOD 이용 계산

존도가 높다는 것을 의미하기도 한다.

미국의 농산물 판매 중 해외 비중은 독일, 브라질, 프랑스와 마찬가지로 여타 다른 국가들에 비해 높은 편이다. 이는 미국이 많은 농산물을 생산하고 생산물의 많은 부분을 해외에 수출하고 있음을 의미한다. 2014년 미국 농업생산물 판매 중 자국 내 비중은 88.8%, 해외 비중은 11.2%였다. 즉 이는 미국산 농산물의 판매에 있어서 해외시장이 중요하다는 것을 보여준다. 트럼프 대통령 집권 이후 미·중 간 통상마찰이 심화되면서 중국산 상품에 대한 미국의 통상압력이 높아지자 중국이 미국산 농산물에 대한 고관세로 대응했는데, 이는 미국 농산물 판매에 있어 중국 등 해외여건 변화가 중요하다는 것을 보여준 단적인 예라 할 수 있다(2014년 기준 미국 농산물 판매액 중 2.5%가 중국에 대한 수출이었다). 주요 선진국 5개국과 BRICs 국가에서 농산물 판매 중 해외 수출 비중이 높은 국가로는 미국과 더불어 독일, 브라질, 프랑스가 포함된다. 한편 농업 대국인 미국의 농산물 판매에 있어 해외시장이 중요한 만큼, 세계 농산물시장에서 미국의 영향력이 그만큼 크다는 것을 의미한다.

미국 제조업 판매 중 해외시장 의존도가 상대적으로 높은 산업들은 기타 운송장비(21), 컴퓨터, 전자·광학제품(17), 기타 기계 및 장비(19), 전기장비(18), 화학물질 및 화학제품

(11), 의료용 물질 및 의약품(12), 자동차 및 트레일러(20), 가구, 기타 제품(22) 순인데, 대체로 이들 산업은 G2 중 하나인 중국에 대한 의존도가 높았다(〈표 7-4〉 참조). 그러나 대외의존도가 가장 높은 기타 운송장비(21) 산업에 있어서는 중국과 더불어 프랑스, 영국, 일본에 대한 의존도가 높았는데, 특히 영국에 대한 의존도가 매우 높았다.

한편 미국 서비스업 중 해외 판매 비중이 높은 산업으로는 수상 운송업(32), 항공 운송업(33), 하수, 폐수 및 분뇨 처리업(26), 도매업(자동차 제외)(29) 등을 들 수 있는데, 제조업에서와 마찬가지로 중국, 영국, 프랑스, 독일, 일본에 대한 판매의존도가 높았다(〈표 7-5〉 참조). 이 중 항공 운송업(33)의 경우 중국에 대한 의존도가 매우 높았으며, 하수, 폐수 및 분뇨 처리업(26)에 있어서는 독일에 대한 의존도도 크게 높았다. 미국 생산물 판매의 해외의존도는 중국과 더불어 대체로 여타 주요 선진국에 대해서 높게 나타났다. 즉 미국산 상품 및 서비스의 수출에 있어서 주요 시장은 중국과 여타 주요 선진국이라는 것을 확인할 수 있다. 하지만 미국산 상품 중 판매에 있어 해외의존도가 높은 산업들의 경우 대체로 수출처가 다변화되어 있음도 발견할 수 있다(〈표 7-4〉 참조).

전체적으로 미국에서 생산된 생산물의 판매에 있어 대외의존도가 낮은 것은 미국에서 생산된 생산물의 대외경쟁력이 낮아 해외로 수출되는 비중이 낮다는 것을 의미할 수도 있고, 또 한편으로는 미국 자체 내 수요가 충분히 많기 때문에 미국 내 생산자들이 자국 내에서 생산된 상품의 대부분을 자국 내에 판매하기 때문일 수도 있다. 그러나 미국이 제2차 세계대전 이후 상당 기간 높은 수출경쟁력을 바탕으로 경상수지 흑자를 기록했다는 것을 고려할 때, 후자의 가능성은 높아 보이지 않는다. 또한 미국과 같이 내수시장이 큰 일본의 경우 자국 내 생산된 상품의 판매 중 해외 수출 비중이 미국보다 상대적으로 더 높다는 것을 볼 때도 후자보다는 전자일 가능성이 더더욱 높아 보인다.

대외수요충격에 대해 미국 경제가 받는 영향이 크지 않다고, 모든 대외충격에 대해서 미국 경제가 영향을 적게 받는 것은 아니다. 즉 미국에서 생산된 생산물의 판매에 있어 대외의존도가 낮다는 것이 미국 국내수요의 대외의존도가 낮다는 것을 의미하지는 않는다. 왜냐하면 미국 수요의 대외의존도는 총수요에서 수입품이 차지하는 비중을 의미하는 것으로 위에서의 논의(미국 내 생산된 생산물의 판매처별 비중)와 다르기 때문이다. 실제로 미국 내 수요의 많은 부분이 해외에 의존하고 있어, 해외생산 차질 등 공급 측면에서의 문제 발생 시 미국은 필수품의 공급부족과 그로 인한 심각한 물가상승 압력을 받게 되기 때문이

표 7-4 ──○ 미국 제조업 생산의 국내외 수요구조(2014)

수요국 \ 산업	5	6	7	8	9	10	11	12	13	14	15	16	17	18	19	20	21	22	23
브라질	0.1	0.1	0.0	0.2	0.0	1.0	1.4	0.6	0.2	0.2	0.1	0.2	0.7	0.5	0.8	0.1	1.0	0.2	0.0
중국	0.6	0.5	0.9	0.9	0.2	0.2	1.6	0.7	0.6	0.6	0.4	0.3	2.2	1.5	2.4	1.5	3.4	1.4	0.0
독일	0.1	0.2	0.1	0.3	0.3	0.2	1.0	1.2	0.3	0.7	0.3	0.3	1.2	0.9	1.0	0.9	1.5	0.8	0.0
프랑스	0.1	0.1	0.0	0.1	0.2	0.9	0.4	1.4	0.1	0.1	0.1	0.2	0.6	0.4	0.5	0.1	2.4	0.3	0.0
영국	0.1	0.3	0.2	0.2	0.1	0.4	0.5	1.1	0.2	0.2	0.4	0.3	0.9	0.6	0.7	0.2	7.3	0.5	0.0
인도	0.0	0.1	0.0	0.3	0.1	0.1	0.3	0.0	0.1	0.1	0.5	0.1	0.2	0.2	0.3	0.0	0.3	0.6	0.0
일본	0.8	0.5	0.4	0.7	0.2	0.3	1.0	1.5	0.3	0.4	0.4	0.6	1.3	0.9	0.4	0.2	2.0	0.8	0.0
한국	0.3	0.2	0.1	0.3	0.2	0.2	0.9	0.4	0.2	0.5	0.4	0.4	1.0	0.5	1.0	0.2	0.7	0.4	0.0
러시아	0.0	0.4	0.0	0.0	0.1	0.0	0.1	0.0	0.0	0.0	0.0	0.0	0.1	0.1	0.4	0.3	0.1	0.0	0.0
미국	92.2	86.3	93.4	87.2	94.5	84.5	80.1	80.1	86.7	90.7	89.0	88.6	71.0	74.6	73.2	82.7	63.4	84.3	100.0
기타	5.6	11.3	5.0	9.7	4.2	12.3	12.7	12.9	11.3	6.6	8.3	9.0	20.7	20.0	19.5	13.9	18.0	10.7	0.0

표 7-5 ──○ 미국 서비스업 생산의 국내외 수요구조(2014) : 국외수요 의존도 높은 주요 산업

수요국 \ 산업	26	29	31	32	33	34	35	37	38	41	43	46	47	48	49	50
브라질	0.0	0.0	0.1	0.0	1.1	0.4	0.0	0.0	0.1	0.2	0.0	0.1	0.0	0.0	0.0	0.0
중국	0.4	0.0	0.8	0.9	7.1	0.0	0.1	0.0	0.0	0.0	0.0	0.0	0.2	0.0	0.0	0.0
독일	4.3	0.1	0.5	0.6	0.4	1.0	1.6	0.4	1.4	0.0	0.0	1.1	0.9	0.7	0.3	0.1
프랑스	0.8	0.2	0.5	0.1	0.7	0.3	0.0	0.2	0.8	0.1	0.0	0.9	0.6	0.7	0.0	0.3
영국	1.3	0.0	0.3	1.1	2.1	0.2	0.0	0.3	0.8	0.3	0.4	0.2	0.2	0.4	0.6	0.1
인도	0.0	0.0	0.0	0.5	0.7	0.1	0.0	0.0	0.0	0.0	0.0	0.4	0.0	0.0	0.0	0.0
일본	0.0	0.2	0.1	2.9	1.3	0.1	0.1	0.0	0.2	0.0	0.0	0.0	0.0	0.4	1.0	0.0
한국	0.0	0.0	0.0	0.0	0.1	0.1	0.1	0.1	0.1	0.0	0.0	0.3	1.3	0.9	0.9	0.0
러시아	0.0	0.0	0.0	0.0	0.0	0.0	0.0	0.0	0.0	0.0	0.0	0.0	0.0	0.0	0.0	0.0
미국	78.4	87.4	90.7	73.3	74.5	92.9	90.4	87.7	92.8	92.2	90.3	93.0	93.0	93.0	93.0	94.3
기타	14.9	12.1	6.9	20.5	11.9	4.9	7.6	11.2	3.9	7.1	9.2	4.0	3.8	4.0	4.3	5.1

주 : 산업코드별 산업명은 〈부표 2-2〉 참조
자료 : WIOD 이용 계산

다. 그러한 구조적 취약점으로 인해 중국에 대한 트럼프 정부의 통상압력이 강화될 때마다 물가상승 압력과 같은 파급효과에 대한 우려가 미국 내에서 대두되곤 했다.

1.2 일본

미국과 달리 일본에서 생산된 1차산업 생산물의 판매 중 해외 비중(농업의 경우 0.5%)은 매우 낮다(〈표 7-6〉 참조). 즉 일본에서 생산된 1차산업 생산물은 대부분 자국 내에서 소비되고 해외로 수출되는 부분은 매우 작았다. 이는 1차산업에 있어서 일본의 낮은 대외경쟁력을 보여준다. 반면 제조업에 있어서는 미국에 비해 판매액 중 해외 판매 비중이 높았다(〈표 7-7〉 참조). 제조업 중 해외 수출 비중이 높은 산업(해외시장 의존도가 높은 산업)은 컴퓨터, 전자·광학제품(17), 자동차 및 트레일러(20), 전기장비(18), 기타 운송장비(21), 기타 기계 및 장비(19), 화학물질 및 화학제품(11), 금속가공제품(16) 순이었다. 이들 산업의 주요 해외 판매처는 중국과 미국인데, 자동차 및 트레일러(20)의 경우 미국, 컴퓨터, 전자·광학제품(17)과 전기장비(18) 산업에 있어서는 중국에 대한 판매 비중이 크게 높았다. 한 가지 두드러진 점은 일본 제조업 생산물의 해외 판매처 비중에서 한국의 비중이 영국,

표 7-6 ──○ **일본 1차산업 생산의 국내외 수요구조(2014)**

수요국 \ 산업	농업	임업	어업	광업
브라질	0.0	0.1	0.0	0.0
중국	0.1	0.1	0.0	1.8
독일	0.0	0.0	0.1	0.3
프랑스	0.0	0.0	0.0	0.1
영국	0.0	0.0	0.0	0.1
인도	0.0	0.0	0.0	0.1
일본	99.5	99.3	97.4	92.3
한국	0.0	0.0	0.0	0.7
러시아	0.0	0.0	0.1	0.0
미국	0.0	0.1	0.3	0.8
기타	0.3	0.3	2.1	3.8

자료 : WIOD 이용 계산

표 7-7 일본 제조업 생산의 국내외 수요구조(2014)

산업 / 수요국	5	6	7	8	9	10	11	12	13	14	15	16	17	18	19	20	21	22
브라질	0.0	0.0	0.0	0.0	0.0	0.0	0.3	0.1	0.2	0.1	0.1	0.3	0.3	0.3	0.4	0.4	0.4	0.1
중국	0.2	4.7	0.2	1.7	0.2	1.0	6.2	1.1	3.9	4.1	3.3	2.7	13.1	11.5	9.1	4.0	1.0	4.0
독일	0.0	0.2	0.0	0.1	0.0	0.1	0.9	0.3	0.4	0.4	0.1	0.5	2.4	1.8	1.1	0.8	0.8	1.1
프랑스	0.0	0.2	0.0	0.1	0.0	0.0	0.4	0.3	0.2	0.1	0.0	0.1	0.4	0.4	0.5	0.5	0.3	0.3
영국	0.0	0.1	0.0	0.0	0.0	0.1	0.3	0.2	0.2	0.1	0.1	0.3	0.5	0.5	0.5	0.7	1.1	0.3
인도	0.0	0.1	0.0	0.1	0.0	0.1	0.4	0.0	0.2	0.1	0.7	0.5	0.2	0.4	0.6	0.2	0.2	0.3
일본	98.7	86.3	98.9	93.5	99.4	89.7	71.8	94.0	78.2	83.9	81.1	77.7	54.4	57.7	63.1	56.2	60.5	84.0
한국	0.1	0.9	0.1	0.8	0.1	1.5	4.7	0.5	3.2	3.6	3.1	2.3	3.5	2.6	2.5	0.4	0.5	1.4
러시아	0.0	0.2	0.0	0.2	0.0	0.0	0.1	0.0	0.1	0.0	0.0	0.1	0.1	0.1	0.4	3.4	0.1	0.1
미국	0.2	1.3	0.1	1.1	0.0	0.6	5.3	0.9	2.0	1.5	1.1	3.8	5.6	5.2	6.2	14.5	5.9	2.1
기타	0.9	6.0	0.6	2.5	0.2	7.0	9.6	2.6	11.3	6.0	10.3	11.7	19.5	19.5	15.5	18.8	29.2	6.3

표 7-8 일본 서비스업 생산의 국내외 수요구조(2014): 국외수요 의존도 높은 주요 산업

산업 / 수요국	29	31	32	33	34	50
브라질	0.0	0.0	0.0	0.0	0.0	0.1
중국	0.0	0.5	1.2	4.6	0.0	0.0
독일	0.0	0.1	0.3	0.1	0.6	0.0
프랑스	0.0	0.1	0.0	0.1	0.1	0.0
영국	0.0	0.0	0.0	0.0	0.0	0.0
인도	0.0	0.0	0.2	0.1	0.0	0.0
일본	83.6	93.5	58.7	88.1	93.4	96.1
한국	0.0	0.0	0.0	0.1	0.1	0.0
러시아	0.0	0.0	0.0	0.0	0.0	0.0
미국	0.0	0.2	0.0	1.6	0.0	1.6
기타	16.4	5.5	39.5	5.2	5.7	2.1

주: 산업코드별 산업명은 〈부표 2-2〉 참조
자료: WIOD 이용 계산

독일, 프랑스 등 주요 선진국 비중보다 높았다는 것이다. 이는 한국의 제조업 생산 과정에서 일본산 중간재에 대한 높은 의존도를 반영한 것이다. 특히 화학물질 및 화학제품(11)의 경우 판매의 4.7%가 한국으로 수출되었는데 이는 중국에 대한 수출 비중(6.2%)과 미국에 대한 수출 비중(5.3%)과 비슷한 수준이었다. 비금속광물제품(14), 컴퓨터, 전자·광학제품(17), 고무 및 플라스틱제품(13), 1차금속제품(15)의 판매에 있어서도 한국에 대한 수출 비중이 3%로 높았다. 미국과 마찬가지로 일본의 제조업 중 판매에 있어 해외의존도가 높은 산업들의 경우(16-21 산업) 대체로 판매처가 특정 주요 국가들에 편중되기보다는 다변화되어 있었다. 한편 서비스업의 경우 판매처가 대부분 일본 자체에 국한되었다. 다만 수상 운송업(32), 도매업(자동차 제외)(29), 항공 운송업(33)의 경우 수출 비중이 상대적으로 높았는데, 특히 수상 운송(32)의 경우 해외의존도가 41.3%나 되었다.

1.3 독일

독일의 1차산업 생산물의 국내외 수요구조는 여타 선진국들과 다른 모습을 보였다. 우선 농업 생산물의 경우, 2014년 총매출액 중 수출 비중이 20.3%로 미국 등 주요 선진 5개국 중에서 가장 높았으며, 어업과 광업에 있어서도 마찬가지였다(〈표 7-9〉 참조). 어업의 경우 수출 비중이 60.2%, 광업의 경우 73.1%에 달했다. 그뿐만 아니라 제조업에 있어서도 매출액 중 수출 비중이 여타 국가들에 비해 월등히 높았다(〈표 7-10〉 참조). 특히 제조업 중 섬유제품, 의복, 가죽·가방·신발(6), 기타 운송장비(21), 컴퓨터, 전자·광학제품(17), 의료용 물질 및 의약품(12), 화학물질 및 화학제품(11)의 경우 매출액 중 70% 이상이 수출이었다. 이 외에도 기타 기계 및 장비(19), 전기장비(18), 자동차 및 트레일러(20), 가구, 기타 제품(22)에 있어서도 수출 비중이 60%를 넘었다. 대부분 제조업에 있어서 매출액 중 수출 비중이 높다는 것은 그만큼 제조업에 있어서 독일의 국제경쟁력이 높다는 것을 의미한다. 높은 수출 비중에도 불구하고 수출처는 특정 국가에 편중되지 않고 여러 국가들로 다변화되어 있었는데, 다변화 정도 역시 미국과 일본보다 더 높았다. 이는 독일 제조업의 수출이 그만큼 안정되어 있다는 것을 의미한다. 독일 제조업 중 중국으로의 수출 비중이 높은 산업은 컴퓨터, 전자·광학제품(17), 전기장비(18), 기타 기계 및 장비(19), 자동차 및 트레일러(20), 기타 운송장비(21), 가구, 기타 제품(22)인데 특히 기타 기계 및 장비(19) 판매에 있어 중국으로의 수출 비중은 2014년 9.0%로 가장 높았다(〈표 7-10〉 참조). 한편 독일 제조

| 표 7-9 | 독일 1차산업 생산의 국내외 수요구조(2014) |

수요국＼산업	농업	임업	어업	광업
브라질	0.0	0.3	0.0	0.1
중국	0.1	0.8	0.0	0.7
독일	79.7	87.7	39.8	26.9
프랑스	1.2	0.5	1.8	1.5
영국	0.7	0.1	1.3	0.4
인도	0.0	0.1	0.0	0.0
일본	0.1	0.1	0.0	0.1
한국	0.1	0.0	0.0	0.1
러시아	0.2	0.1	0.4	0.1
미국	0.4	1.4	0.3	0.3
기타	17.6	8.8	56.4	69.7

자료 : WIOD 이용 계산

업 생산물 판매 중 수출 비중이 높은 대부분 산업들에 있어서 미국, 영국, 프랑스로의 수출 비중 역시 높았다. 특히 영국과 프랑스로의 수출 비중이 높은 것이 두드러지는데, 이는 이들 국가들이 독일과 함께 유럽연합(EU)이라는 하나의 시장으로 통합되어 있는 것을 반영한 것이라 할 수 있다. 독일 제조업 중 기타 운송장비(21)의 매출액에 있어 프랑스로의 수출 비중은 무려 17.9%나 되었으며, 의료용 물질 및 의약품(12)의 매출액에 있어서도 영국으로의 수출 비중이 9.6%로 높았다. 그러나 독일 제조업 판매액 중 일본으로의 수출 비중은 낮아 대조를 보였다.

한편 독일의 서비스업 역시 제조업에 있어서와 마찬가지로 판매액 중 수출 비중이 미국, 일본 등 여타 선진국들에 비해 높았다. 독일 서비스업 중 매출액 대비 수출 비중이 높은 산업으로는 수상 운송업(32), 도매업(자동차 제외)(29), 하수, 폐수 및 분뇨 처리업(26), 항공 운송업(33), 컴퓨터 프로그래밍, 시스템 통합 및 관리업, 정보 서비스(40), 건축기술, 엔지니어링 및 기타 기술과학 서비스(46), 광고 및 시장 조사업(48)을 들 수 있는데, 특히 수상 운송업(32)에 있어 수출 비중(2014년 기준 88.4%)이 매우 높았다.

표 7-10 ○─ 독일 제조업 생산의 국내외 수요구조(2014)

산업 / 수요국	5	6	7	8	9	10	11	12	13	14	15	16	17	18	19	20	21	22	23
브라질	0.1	0.2	0.0	0.6	0.1	0.2	1.6	1.6	0.5	0.2	0.5	0.4	0.9	0.7	0.9	0.5	1.1	0.6	0.4
중국	0.6	1.4	0.5	0.7	0.4	0.5	2.6	2.8	2.6	2.0	2.0	1.4	7.5	8.1	9.0	6.6	6.2	5.8	0.3
독일	69.1	7.0	73.8	50.7	89.3	67.7	24.5	22.8	46.2	69.4	53.3	68.4	13.6	34.3	33.1	35.3	10.2	36.5	91.9
프랑스	2.9	6.8	2.4	6.1	0.2	3.5	7.5	5.5	5.2	2.5	4.9	2.6	6.8	4.6	4.6	4.0	17.9	6.0	1.4
영국	2.2	4.5	1.1	3.4	0.1	1.4	3.9	9.6	3.3	1.5	2.1	1.6	5.9	2.9	2.9	5.7	6.1	4.0	0.4
인도	0.0	0.2	0.1	0.4	0.2	0.1	0.8	0.1	0.3	0.2	0.5	0.3	0.6	0.6	0.9	0.3	2.9	0.9	0.1
일본	0.4	0.7	0.2	0.4	0.1	0.1	1.2	3.1	0.6	0.4	0.5	0.6	2.1	1.3	0.5	1.5	0.4	1.2	0.0
한국	0.2	0.4	0.2	0.2	0.1	0.1	1.3	0.8	0.4	0.5	1.0	0.7	1.6	1.1	1.5	1.3	0.8	0.9	0.1
러시아	0.6	12.3	0.6	0.7	5.7	0.5	2.9	0.1	0.4	0.6	0.4	0.5	1.2	1.0	3.5	3.6	1.3	0.9	0.1
미국	0.7	2.3	0.5	3.0	0.1	1.0	6.5	9.1	2.2	2.0	2.6	2.6	6.3	3.6	5.3	9.3	6.6	5.1	0.3
기타	23.1	64.2	20.5	33.7	3.9	24.8	47.2	44.4	38.2	20.6	32.0	21.0	53.5	41.7	37.7	31.9	46.4	38.2	4.9

표 7-11 ○─ 독일 서비스업 생산의 국내외 수요구조(2014): 국외수요 의존도 높은 주요 산업

산업 / 수요국	25	26	28	29	32	33	34	36	37	38	40	41	42	45	46	47	48	49
브라질	0.0	0.0	0.1	0.3	0.0	0.3	0.1	0.0	0.0	0.1	0.0	0.0	0.0	0.0	0.4	0.1	0.0	0.0
중국	0.4	1.2	0.5	1.9	1.5	3.8	0.0	0.1	0.0	0.0	0.0	0.0	0.0	5.8	0.0	0.9	0.1	0.0
독일	92.2	73.0	91.8	70.7	11.6	77.6	93.5	90.8	83.5	86.0	80.5	87.7	91.8	85.3	81.8	84.7	81.8	84.6
프랑스	0.5	1.5	0.6	2.3	0.8	1.3	0.4	0.0	0.9	1.1	0.7	0.4	0.0	0.9	3.1	2.2	2.7	0.0
영국	0.5	1.8	0.5	1.9	2.2	1.3	0.1	0.3	0.2	0.2	0.3	1.0	0.2	0.2	0.5	0.6	1.1	2.9
인도	0.0	0.0	0.1	0.2	0.8	0.4	0.0	0.0	0.2	0.0	0.0	0.0	0.0	0.0	0.6	0.0	0.0	0.0
일본	0.0	0.0	0.1	0.5	2.0	0.3	0.1	0.1	0.0	0.0	0.0	0.0	0.0	0.0	0.0	0.0	0.0	0.0
한국	0.0	0.0	0.1	0.4	0.0	0.1	0.0	0.0	0.0	0.2	0.0	0.0	0.0	0.0	0.2	0.8	0.6	0.6
러시아	0.0	0.0	0.3	0.8	0.1	0.0	0.0	0.0	0.0	0.0	0.0	0.0	0.0	0.0	0.0	0.1	0.0	1.1
미국	1.2	4.5	0.7	2.1	0.1	2.8	0.2	0.0	0.2	2.2	0.3	0.0	1.2	0.8	5.7	2.6	4.6	0.5
기타	5.1	17.9	5.1	18.8	81.0	12.1	5.7	8.6	15.2	10.2	18.0	10.9	6.9	6.8	7.6	8.0	9.0	10.2

주: 산업코드별 산업명은 〈부표 2-2〉 참조
자료: WIOD 이용 계산

1.4 프랑스

프랑스 생산물 판매처의 국내외 구조는 대체로 독일과 유사하다. 농산물의 경우 2014년 기준으로 생산물의 17.5%가 해외로 수출되었고, 광산물의 경우 53.4%가 해외로 수출되었다. 농산물은 주로 독일에 많이 수출되었으며 광산물의 경우 독일, 한국으로의 수출 비중이 높았다(〈표 7-12〉 참조). 제조업의 경우, 판매의 해외의존도가 높은 산업으로는 컴퓨터, 전자·광학제품(17), 섬유제품, 의복, 가죽·가방·신발(6), 기타 기계 및 장비(19), 기타 운송장비(21), 의료용 물질 및 의약품(12), 전기장비(18), 자동차 및 트레일러(20), 화학물질 및 화학제품(11), 가구, 기타 제품(22), 1차금속제품(15)을 들 수 있는데, 특히 컴퓨터, 전자·광학제품(17), 섬유제품, 의복, 가죽·가방·신발(6), 기타 기계 및 장비(19), 기타 운송장비(21)에 있어서 수출의존도가 높았다(〈표 7-13〉 참조). 이들 제조업의 주요 해외 판매처는 독일, 영국, 중국, 미국이었으며, 일본으로의 수출 비중은 낮았다. 프랑스 역시 독일과 마찬가지로 해외 판매처는 대체로 여러 국가로 다변화되어 있었다. 다만 기타 운송장비(21), 자동차 및 트레일러(20), 1차금속제품(15) 산업에 있어서는 독일에 대한 판매의존도가 높았다. 독일의 경우에서와 마찬가지로 프랑스 역시 국내 생산물의 판매에 있어 영국과

표 7-12 ─○ 프랑스 1차산업 생산의 국내외 수요구조(2014)

수요국＼산업	농업	임업	어업	광업
브라질	0.0	0.5	0.0	0.5
중국	0.4	0.2	0.1	1.6
독일	2.3	0.2	1.6	4.6
프랑스	82.5	96.4	79.0	46.6
영국	0.7	0.0	0.2	0.8
인도	0.0	0.0	0.0	0.3
일본	0.1	0.0	0.0	0.2
한국	0.0	0.0	0.0	4.8
러시아	0.1	0.0	3.2	0.1
미국	0.2	1.5	0.0	0.2
기타	13.6	1.2	15.8	40.2

자료 : WIOD 이용 계산

표 7-13 ○─ 프랑스 제조업 생산의 국내외 수요구조(2014)

산업 수요국	5	6	7	8	9	10	11	12	13	14	15	16	17	18	19	20	21	22	23
브라질	0.1	0.3	0.0	0.2	0.0	0.1	1.6	1.8	0.5	0.2	0.4	0.4	1.3	0.9	1.2	0.9	0.9	0.5	1.1
중국	0.8	2.9	0.2	0.4	0.0	0.1	1.6	3.0	0.8	0.6	1.2	0.4	4.9	4.0	6.6	1.4	7.0	3.0	0.0
독일	2.6	6.8	2.0	7.5	0.1	2.7	11.6	7.5	6.5	2.5	13.2	2.4	11.2	11.6	12.6	13.3	15.7	8.2	0.5
프랑스	78.1	0.0	84.9	66.1	99.3	74.6	35.6	18.8	63.5	83.9	46.1	81.9	0.0	23.5	13.2	25.5	18.7	36.5	91.3
영국	2.1	6.7	0.8	2.7	0.0	1.1	4.5	8.5	2.6	1.2	1.6	1.0	7.2	4.5	5.0	5.6	5.7	6.5	0.8
인도	0.0	0.2	0.0	0.3	0.0	0.0	0.4	0.0	0.2	0.1	0.8	0.2	0.7	0.7	0.8	0.1	3.3	0.5	0.0
일본	0.8	5.0	0.1	0.2	0.0	0.0	1.1	3.8	0.5	0.4	0.4	0.6	1.5	1.1	0.7	0.6	1.4	1.3	0.0
한국	0.2	2.0	0.0	0.4	0.0	0.1	0.8	0.6	0.4	0.3	0.9	0.5	1.0	1.0	2.1	0.3	3.8	0.8	0.0
러시아	0.2	5.8	0.1	0.1	0.1	0.1	2.2	0.0	0.1	0.2	0.3	0.1	1.0	0.8	3.0	3.5	1.1	0.3	0.0
미국	1.2	6.3	0.9	2.3	0.0	2.8	5.9	4.2	1.4	1.3	2.2	1.1	5.6	3.2	6.0	1.3	6.7	4.3	0.1
기타	13.8	64.0	11.0	20.0	0.5	18.5	34.9	51.8	23.5	9.3	32.8	11.4	65.7	48.7	48.7	47.4	35.6	38.0	6.3

표 7-14 ○─ 프랑스 서비스업 생산의 국내외 수요구조(2014) : 국외수요 의존도 높은 주요 산업

산업 수요국	26	29	31	32	33	34	35	37	38	39	40	41	45	46	47	48	50
브라질	0.0	0.4	0.1	0.0	0.4	0.1	0.0	0.0	0.0	0.0	0.0	0.0	0.0	0.3	0.1	0.0	0.1
중국	0.2	1.1	0.6	1.1	9.0	0.0	0.0	0.0	0.0	0.1	0.0	0.0	1.4	0.0	0.2	0.0	0.2
독일	2.3	4.0	1.6	1.2	0.9	0.9	0.1	0.2	0.2	0.1	0.6	0.2	1.1	1.6	1.3	2.2	0.4
프랑스	85.4	69.8	83.7	1.1	44.5	93.2	92.6	92.9	94.5	93.8	91.7	92.3	92.4	87.5	92.5	79.6	83.9
영국	1.0	2.1	0.9	3.0	5.7	0.3	1.2	0.1	0.1	2.1	0.2	0.2	0.2	0.4	0.6	1.9	4.7
인도	0.0	0.2	0.1	0.5	0.8	0.0	0.0	0.0	0.0	0.0	0.0	0.0	0.0	0.5	0.0	0.0	0.0
일본	0.0	0.6	0.2	1.3	0.6	0.0	0.0	0.0	0.0	0.0	0.0	0.0	0.0	0.0	0.0	0.0	0.0
한국	0.0	0.4	0.2	0.0	0.2	0.0	0.0	0.0	0.3	0.0	0.0	0.0	0.0	0.1	0.3	0.5	0.0
러시아	0.0	0.5	0.2	0.0	0.0	0.0	0.0	0.0	0.0	0.2	0.0	0.0	0.0	0.0	0.0	0.0	0.0
미국	1.7	1.8	0.7	0.0	7.5	0.1	0.1	0.0	0.4	0.0	0.1	0.0	0.5	3.4	1.2	5.1	2.2
기타	9.4	19.3	11.8	91.7	30.6	5.4	6.1	6.8	4.5	3.7	7.5	7.2	4.4	6.2	3.9	10.7	8.6

주 : 산업코드별 산업명은 〈부표 2-2〉 참조
자료 : WIOD 이용 계산

독일 비중이 높았는데, 이는 이들 국가가 유럽연합으로 통합되면서 이들 국가에 대한 시장 접근이 매우 쉬워졌기 때문으로 보인다. 독일의 경우에서와 마찬가지로 프랑스 역시 대부분 서비스업에 있어서 판매의 해외 판매 비중이 낮았다(〈표 7-14〉 참조). 다만 수상 운송업(32), 항공 운송업(33), 도매업(자동차 제외)(29), 광고 및 시장 조사업(48)에 있어서 해외 판매 비중이 상대적으로 높았다. 특히 수상 운송업(32)의 경우 매출액의 98.9%가 수출에 의한 것이었다.

1.5 영국

영국은 프랑스와 달리 농산물 판매액 중 해외 수출 비중이 2014년 6.7%로 낮았으나, 광산물에 있어서는 프랑스와 마찬가지로 해외 수출 비중이 36.6%로 높았다(〈표 7-15〉 참조). 특히 제조업에 있어서는 독일, 프랑스와 같이 판매의 많은 부분이 해외 수출에 의존했다. 영국 제조업 중 해외 판매의존도가 높은 산업들은 1차금속제품(15), 기타 운송장비(21), 기타 기계 및 장비(19), 전기장비(18), 의료용 물질 및 의약품(12), 컴퓨터, 전자·광학제품(17), 자동차 및 트레일러(20), 화학물질 및 화학제품(11) 순이었다(〈표 7-16〉 참조). 특히 1차금속제품(15), 기타 운송장비(21)에 있어서 해외 의존도가 크게 높았다. 영국 제조

표 7-15 ─○ **영국 1차산업 생산의 국내외 수요구조(2014)**

수요국＼산업	농업	임업	어업	광업
브라질	0.0	0.0	0.0	0.0
중국	0.1	0.1	0.5	1.4
독일	0.4	0.3	0.7	4.5
프랑스	0.4	0.2	11.6	1.7
영국	93.3	93.3	58.2	63.4
인도	0.0	0.0	0.0	0.0
일본	0.1	0.0	0.0	0.0
한국	0.0	0.0	0.0	2.2
러시아	0.4	0.2	0.3	0.0
미국	0.2	0.6	7.8	0.9
기타	5.0	5.1	20.8	25.8

자료 : WIOD 이용 계산

표 7-16 영국 제조업 생산의 국내외 수요구조(2014)

산업 수요국	5	6	7	8	9	10	11	12	13	14	15	16	17	18	19	20	21	22	23
브라질	0.2	0.1	0.0	0.1	0.0	0.0	0.7	1.1	0.2	0.1	0.4	0.2	0.4	0.7	1.0	0.3	0.9	0.1	0.0
중국	0.3	0.5	0.1	0.2	0.2	0.1	1.0	2.1	0.8	0.3	12.9	0.2	2.2	3.3	4.3	7.7	1.6	1.0	0.0
독일	1.0	3.3	0.4	1.4	0.6	1.9	6.8	4.7	2.7	1.3	8.9	0.8	5.2	5.3	4.5	4.9	5.7	3.2	0.1
프랑스	1.3	2.3	0.3	1.1	0.4	1.6	3.2	3.7	2.3	0.7	3.4	0.6	2.8	3.0	3.2	1.8	3.1	2.7	0.2
영국	84.6	61.8	95.1	87.5	92.9	71.6	51.2	45.1	77.0	89.8	5.7	89.1	46.7	44.3	39.2	50.7	15.5	64.5	98.3
인도	0.1	0.2	0.1	0.1	0.1	0.0	0.3	0.0	0.3	0.1	6.9	0.1	0.5	0.7	1.0	0.2	3.5	0.4	0.0
일본	0.2	0.8	0.0	0.2	0.1	0.0	0.8	1.3	0.5	0.3	2.1	0.3	1.3	1.3	0.8	0.6	2.3	0.6	0.0
한국	0.2	0.3	0.0	0.1	0.1	0.0	0.5	0.6	0.2	0.4	1.6	0.4	1.0	0.9	1.6	0.4	1.8	0.3	0.0
러시아	0.3	6.9	0.4	0.3	0.1	0.1	1.6	0.1	0.2	0.3	0.4	0.1	1.0	1.1	2.4	4.2	0.7	0.8	0.0
미국	1.5	2.3	0.2	1.4	0.8	9.5	8.0	7.9	1.8	1.0	5.6	1.6	6.7	5.5	9.2	7.1	10.8	4.5	0.2
기타	10.3	21.6	3.2	7.6	4.7	15.1	25.9	33.5	14.0	5.8	52.0	6.4	32.1	33.9	32.8	22.0	54.0	22.0	1.1

표 7-17 영국 서비스업 생산의 국내외 수요구조(2014) : 국외수요 의존도 높은 주요 산업

산업 수요국	26	28	29	32	33	36	37	38	39	40	41	42	43	45	46	47	48	49	50
브라질	0.0	0.1	0.3	0.0	0.1	0.1	0.0	0.5	0.0	0.0	0.1	0.0	0.0	0.0	0.1	0.0	0.0	0.0	0.0
중국	0.1	0.3	1.8	0.2	1.4	0.1	0.0	0.0	0.0	0.1	0.0	0.1	0.0	0.7	0.0	0.1	0.0	0.0	0.2
독일	2.8	0.8	3.7	0.3	0.2	0.2	0.7	1.4	0.5	0.8	1.0	0.4	0.1	1.2	0.9	1.2	0.8	2.3	0.9
프랑스	0.6	0.5	2.7	0.2	1.2	0.0	0.6	2.5	1.7	0.5	0.3	0.2	0.2	0.6	0.8	1.3	1.0	0.1	5.3
영국	78.0	92.5	62.0	59.2	77.0	91.6	76.5	80.1	89.5	88.6	77.4	85.1	37.9	88.5	86.6	86.0	84.5	56.1	81.5
인도	0.0	0.1	0.5	0.5	0.0	0.0	0.0	0.0	0.0	0.0	0.0	0.0	0.0	0.0	0.0	0.0	0.0	0.0	0.0
일본	0.0	0.1	0.7	0.0	0.2	0.0	0.1	0.1	0.1	0.0	0.1	0.2	0.0	0.0	0.1	0.1	0.2	3.1	0.0
한국	0.0	0.1	0.6	0.0	0.0	0.0	0.1	0.0	0.0	0.0	0.1	0.1	0.4	0.0	0.1	0.4	0.2	2.0	0.1
러시아	0.0	0.3	1.6	0.0	6.6	0.0	0.0	0.0	0.1	0.0	0.0	0.1	0.0	0.0	0.0	0.0	0.0	0.0	0.0
미국	7.8	1.2	5.4	0.0	0.0	0.0	2.5	6.0	0.1	0.4	0.0	2.6	0.1	2.0	6.5	4.2	7.1	3.9	0.7
기타	10.6	4.0	20.5	39.5	13.3	8.0	19.5	9.4	7.6	9.5	21.0	11.1	61.3	6.9	4.8	6.7	6.1	32.5	11.3

주 : 산업코드별 산업명은 〈부표 2-2〉 참조
자료 : WIOD 이용 계산

업 중 해외 판매의존도가 높은 산업들에 있어서 주요 판매처는 미국, 독일, 중국, 프랑스였다. 1차금속제품(15)의 경우 판매액 중 중국과 독일로의 수출 비중이 2014년 각각 12.9%와 8.9%나 되었으며, 기타 운송장비(21)의 경우에서도 판매액 중 미국과 독일로의 수출 비중이 각각 10.8%와 5.7%에 달했다.

　영국 서비스업의 경우 판매액 중 해외 판매 비중이 미국 등 여타 주요 선진국에 있어서보다 높았다. 이는 서비스업 분야에 있어서 영국의 높은 경쟁력을 보여주는 것으로 특히 금융 및 보험관련 서비스업(43), 기타 전문·과학·기술 서비스업(49), 수상 운송(32), 도매업(29), 출판업(37)에 있어서 판매 중 해외 판매 비중이 높았다. 영국 서비스업의 해외 판매에 있어서는 미국으로의 판매 비중이 높았는데, 특히 하수, 폐수 및 분뇨 처리업(26), 광고 및 시장 조사업(48), 항공 운송업(33), 건축기술, 엔지니어링 및 기타 기술과학 서비스업(46)의 판매 중 미국으로의 판매 비중이 높았다(〈표 7-17〉 참조).

2 주요 신흥국 생산물에 대한 국내외 수요구조

2.1　중국

앞에서 살펴본 주요 선진국들과 비교할 때 중국의 1차산업 판매 중 해외 판매 비중은 극

표 7-18　─○　중국 1차산업 생산의 국내외 수요구조(2014)

산업 수요국	농업	임업	어업	광업
브라질	0.0	0.0	0.0	0.0
중국	99.1	99.9	99.3	99.0
독일	0.0	0.0	0.0	0.0
프랑스	0.0	0.0	0.0	0.0
영국	0.0	0.0	0.0	0.0
인도	0.0	0.0	0.0	0.0
일본	0.1	0.0	0.0	0.1
한국	0.0	0.0	0.0	0.1
러시아	0.0	0.0	0.1	0.0
미국	0.0	0.1	0.0	0.1
기타	0.6	0.0	0.5	0.7

자료 : WIOD 이용 계산

표 7-19 ── 중국 제조업 생산의 국내외 수요구조(2014)

산업 / 수요국	5	6	7	8	9	10	11	12	13	14	15	16	17	18	19	20	21	22
브라질	0.1	0.4	0.0	0.1	0.0	0.1	0.3	0.4	0.2	0.1	0.1	0.2	0.5	0.4	0.4	0.1	0.2	0.7
중국	97.0	76.6	95.4	94.4	96.8	96.7	92.8	93.3	88.7	94.7	95.2	86.7	64.6	79.1	84.1	95.1	86.2	46.7
독일	0.1	0.7	0.2	0.1	0.1	0.1	0.2	0.4	0.3	0.1	0.1	0.5	1.4	1.0	0.6	0.2	0.2	3.2
프랑스	0.0	0.5	0.1	0.1	0.0	0.0	0.1	0.2	0.2	0.1	0.0	0.2	0.6	0.4	0.2	0.1	0.1	1.5
영국	0.0	0.8	0.2	0.1	0.4	0.1	0.1	0.2	0.3	0.1	0.1	0.3	0.9	0.5	0.3	0.1	0.4	2.3
인도	0.0	0.2	0.0	0.5	0.3	0.1	0.5	0.1	0.2	0.1	0.2	0.3	0.5	0.4	0.5	0.1	0.5	1.4
일본	0.7	2.2	0.5	0.2	0.2	0.2	0.5	0.4	0.9	0.3	0.3	1.2	3.2	2.3	0.7	0.3	0.4	2.6
한국	0.2	0.7	0.2	0.1	0.9	0.0	0.5	0.3	0.3	0.6	0.6	0.6	1.9	0.6	0.6	0.2	0.3	2.1
러시아	0.1	3.1	0.1	0.1	0.2	0.2	0.2	0.0	0.0	0.1	0.0	0.1	0.2	0.1	0.6	0.3	0.1	0.4
미국	0.3	4.2	0.6	1.3	0.2	0.2	1.2	0.9	1.8	0.6	0.4	2.2	6.8	3.0	2.5	1.1	0.9	13.7
기타	1.6	10.7	2.7	3.1	1.0	2.4	3.5	3.8	7.1	3.2	3.0	7.5	19.4	12.0	9.5	2.4	10.7	25.4

표 7-20 ── 중국 서비스업 생산의 국내외 수요구조(2014) : 국외수요 의존도 높은 주요 산업

산업 / 수요국	29	30	31	32	33	40	41	42	45	50
브라질	0.0	0.0	0.0	0.0	0.0	0.0	0.0	0.0	0.1	0.1
중국	88.8	88.8	95.2	79.1	72.9	91.3	99.7	96.3	89.5	97.1
독일	0.0	0.0	0.1	0.1	0.2	0.0	0.0	0.0	1.9	0.0
프랑스	0.0	0.0	0.2	0.1	1.1	0.0	0.0	0.0	0.6	0.2
영국	0.0	0.0	0.0	0.0	0.3	0.0	0.0	0.0	0.1	0.1
인도	0.0	0.0	0.0	0.0	0.0	0.0	0.0	0.0	0.0	0.0
일본	0.0	0.0	0.0	0.8	1.2	0.0	0.0	0.0	0.0	0.0
한국	0.0	0.0	0.0	0.0	0.7	0.0	0.0	0.0	0.5	0.1
러시아	0.0	0.0	0.0	0.0	0.0	0.0	0.0	0.0	0.0	0.0
미국	0.0	0.0	0.1	0.0	7.7	0.0	0.0	0.0	0.5	0.3
기타	11.1	11.2	4.4	19.9	15.8	8.6	0.3	3.7	6.8	2.1

주 : 산업코드별 산업명은 〈부표 2-2〉 참조
자료 : WIOD 이용·계산

히 낮았다. 즉 중국에서 생산된 1차산업 생산물은 거의 대부분 중국에서 수요되었다(〈표 7-18〉 참조). 1차산업 생산물에 있어서뿐만 아니라, 제조업과 서비스업에 있어서도 판매액 중 해외 수출 비중은 주요 선진국들에 비해 낮았다. 즉 제조업의 경우 세계의 절대적 수출액에 있어서 중국의 비중은 매우 높으나, 중국 국내에서 생산된 제조업 생산물의 판매 중 수출 비중은 선진국들에 비해 오히려 낮았다(〈표 7-19〉 참조). 이는 미국에서와 마찬가지로 중국 자체 수요시장이 매우 큰 데 기인할 수도 있으나 또 한편으로는 중국의 국제경쟁력이 아직 선진국 수준에 도달하지 못한 측면을 반영한 것일 수도 있다. 중국 제조업 중 해외 판매 비중이 높은 산업은 가구 제조업(22), 컴퓨터, 전자·광학제품(17), 섬유제품, 의복, 가죽·가방·신발(6), 전기장비(18)를 들 수 있는데 전체적으로 미국에 대한 판매의존도가 높았다. 특히 판매 중 해외의존도가 가장 높은 가구제조업(22)의 경우, 미국으로의 수출 비중이 2014년 13.7%에 달했고, 이어 독일, 일본, 영국으로의 수출 비중이 각각 3.2%, 2.6%, 2.3%를 기록했다. 다음으로 판매액 중 해외 수출 비중이 높은 산업은 컴퓨터, 전자·광학제품(17)인데, 이 산업의 판매액 중 해외 판매 비중은 2014년 35.4%였으며, 주요 해외수요처는 미국(6.8%), 일본(3.2%), 한국(1.9%), 독일(1.4%) 순이었다. 즉 앞에서 보았듯이 중국이 미국 제조업의 주요 판매시장이었듯이 미국 역시 중국 제조업의 주요 판매시장임을 알 수 있다. 즉 판매시장으로서 역할에 있어서 중국과 미국은 상호 높은 의존관계에 있음을 확인할 수 있다. 중국의 서비스 판매액 중 해외 판매 비중은 대체로 낮으나, 수상 운송(32)과 항공 운송업(33)의 경우 그 비중이 여타 서비스산업들에 비해 상대적으로 높았다(〈표 7-20〉 참조).

2.2 인도

인도 역시 중국과 마찬가지로 1차산업 생산물 판매액 중 해외 판매 비중이 매우 낮았으나, 광산물 생산액 중 수출 비중은 중국에 비해 높았다(〈표 7-21〉 참조). 제조업에 있어서도 중국과 마찬가지로 판매액 중 해외 판매 비중이 선진국들에 비해 크게 낮았다. 제조업에 있어 판매액 중 해외 판매 비중이 상대적으로 높은 산업은 기타 운송장비(21), 코크스, 연탄 및 석유정제품(10), 섬유제품, 의복, 가죽·가방·신발(6)을 들 수 있는데, 특히 기타 운송장비 제조업(21)의 해외 판매 비중은 61.5%로 높았다. 인도 제조업의 판매 중 해외 판매는 주로 미국에 집중되고 있었다(〈표 7-22〉 참조). 서비스업에 있어서도 판매 중 해

표 7-21 ─○ 인도 1차산업 생산의 국내외 수요구조(2014)

수요국＼산업	농업	임업	어업	광업
브라질	0.0	0.1	0.0	0.0
중국	0.4	0.0	0.2	2.7
독일	0.1	0.0	0.1	0.0
프랑스	0.0	0.0	0.1	0.0
영국	0.0	0.0	0.1	0.1
인도	96.7	98.6	90.2	83.9
일본	0.1	0.0	0.0	0.6
한국	0.1	0.0	0.0	0.1
러시아	0.0	0.0	1.1	0.0
미국	0.2	1.0	1.1	0.2
기타	2.4	0.3	7.2	12.3

자료 : WIOD 이용 계산

외 판매 비중은 높지 않았으나, 수상 운송업(32), 컴퓨터 프로그래밍, 시스템 통합 및 관리업, 정보 서비스(40), 항공 운송업(33), 건축기술, 엔지니어링 및 기타 기술과학 서비스(46)에 있어서 해외 비중이 상대적으로 높았다. 기타 서비스업(54)의 경우 영국, 법률·회계·경영자문업(45)에 있어서는 중국, 컴퓨터 프로그래밍·컨설팅·정보 서비스(40)와 항공 운송(33)의 경우 미국에 대한 판매 비중이 높은 특징을 보였다(〈표 7-23〉 참조).

2.3   브라질

브라질은 미국, 프랑스, 독일과 마찬가지로 농산물 판매에서 해외 수출 비중이 여타 국가들에 비해 높은 편이다. 2014년 기준 농산물 생산액 중 22.2%가 해외로 수출되었다. 또한 독일, 프랑스, 영국과 마찬가지로 광산물에 있어서 역시 생산액 중 해외 판매 비중이 높았는데, 2014년 기준 37.3%가 해외로 수출되었다. 브라질 농산물과 광산물의 해외 판매는 중국에 집중되었다(〈표 7-24〉 참조). 즉 브라질 농산물과 광산물 판매에 있어서 중국으로의 비중은 2014년 각각 9.8%와 8.8%로 높았다. 반면 브라질 제조업의 경우 생산액 중 해외 수출 비중은 미국, 독일, 일본 등 주요 선진국들에 비해 크게 낮았다(〈표 7-25〉 참조). 이는

표 7-22 ── 인도 제조업 생산의 국내외 수요구조(2014)

산업 수요국	5	6	7	8	9	10	11	12	13	14	15	16	17	18	19	20	21	22
브라질	0.0	0.3	0.0	0.0	0.0	2.1	1.0	0.4	0.4	0.1	0.1	0.2	0.1	0.1	0.2	0.2	0.2	0.1
중국	0.2	1.1	0.2	0.0	0.0	0.4	1.2	0.2	0.3	0.2	1.5	0.3	0.7	0.5	0.8	0.2	0.2	0.5
독일	0.1	1.3	0.1	0.1	0.1	0.0	1.0	0.3	0.6	0.3	0.3	0.6	0.6	0.8	0.7	0.5	0.4	0.2
프랑스	0.2	0.9	0.1	0.0	0.0	0.7	0.4	0.1	0.3	0.1	0.1	0.2	0.5	0.5	0.3	0.3	0.4	0.1
영국	0.2	1.6	0.2	0.3	0.1	0.4	0.4	0.5	0.5	0.3	0.2	0.5	0.6	0.6	0.5	0.7	4.2	0.3
인도	91.1	77.4	93.8	94.8	97.8	70.1	80.1	91.6	87.5	93.0	87.3	87.8	88.0	87.0	86.4	85.0	38.5	86.8
일본	0.3	0.4	0.1	0.0	0.0	1.2	0.4	0.1	0.1	0.1	0.3	0.2	0.3	0.2	0.1	0.2	0.2	0.1
한국	0.1	0.3	0.0	0.0	0.0	0.9	0.5	0.1	0.1	0.1	0.7	0.1	0.2	0.1	0.2	0.1	0.1	0.1
러시아	0.1	0.4	0.0	0.0	0.0	0.0	0.2	0.0	0.1	0.1	0.0	0.0	0.1	0.0	0.1	0.2	0.9	0.0
미국	0.9	4.9	1.2	0.6	0.2	3.1	3.6	2.2	1.4	0.7	1.0	1.7	1.8	1.5	2.0	1.2	1.3	2.9
기타	6.8	11.4	4.3	4.2	1.9	21.0	11.2	4.4	8.6	5.2	8.4	8.4	7.3	8.7	8.6	11.5	53.6	8.8

표 7-23 ── 인도 서비스업 생산의 국내외 수요구조(2014) : 국외수요 의존도 높은 주요 산업

산업 수요국	28	29	30	32	33	34	39	40	42	45	46	54
브라질	0.0	0.0	0.0	0.0	0.0	0.0	0.0	0.0	0.0	0.0	0.8	0.4
중국	0.0	0.0	0.0	0.1	1.3	0.0	0.5	0.0	0.0	3.5	0.0	8.4
독일	0.5	0.0	0.0	0.0	0.1	0.1	0.0	0.6	0.0	0.3	1.3	0.0
프랑스	0.0	0.0	0.0	0.1	1.0	0.3	0.2	0.5	0.0	0.2	1.7	0.4
영국	0.5	0.0	0.0	0.1	0.3	0.0	0.0	0.0	0.0	0.2	1.7	4.7
인도	96.0	96.0	96.0	12.8	52.8	87.0	91.0	45.2	96.0	93.4	56.9	84.2
일본	0.0	0.0	0.0	0.1	0.2	0.0	0.0	0.1	0.0	0.0	0.0	0.0
한국	0.4	0.0	0.0	0.0	0.3	0.1	0.0	0.0	0.0	0.0	0.7	0.0
러시아	0.0	0.0	0.0	0.0	0.0	0.0	0.1	0.0	0.0	0.0	0.0	0.0
미국	0.0	0.0	0.0	0.0	2.5	0.0	0.0	4.0	0.0	0.0	0.3	0.0
기타	2.5	3.9	4.0	86.8	41.4	12.5	8.2	49.7	4.0	2.3	36.5	1.9

주 : 산업코드별 산업명은 〈부표 2-2〉 참조
자료 : WIOD 이용 계산

표 7-24 ─○ 브라질 1차산업 생산의 국내외 수요구조(2014)

수요국＼산업	농업	임업	어업	광업
브라질	77.8	95.7	95.7	62.7
중국	9.8	0.5	0.5	8.8
독일	1.3	0.1	0.1	0.3
프랑스	0.2	0.0	0.0	0.3
영국	0.2	0.0	0.0	0.2
인도	0.0	0.1	0.1	1.2
일본	0.9	0.0	0.0	1.8
한국	0.6	0.0	0.0	0.8
러시아	0.2	0.0	0.0	0.0
미국	1.1	1.3	1.3	2.0
기타	8.0	2.1	2.1	21.9

자료 : WIOD 이용 계산

브라질 제조업의 국제경쟁력이 높지 않음을 보여준다. 브라질 제조업 생산 중 해외 수출 비중이 상대적으로 높은 산업은 1차금속제품(15), 기타 운송장비(21), 종이 및 종이제품(8), 목재제품(7), 기타 운송장비(21) 등을 들 수 있다. 브라질 제조업 생산 중 해외 수출 비중이 높은 산업들에 있어서 수출은 농산물 및 광산물에 있어서와 달리 주로 미국에 집중되었다. 기타 운송장비(21)의 경우 2014년 생산액 중 수출 비중 25.8%에서 8.2%포인트가 미국으로의 수출이었으며 종이 및 종이제품(8)의 경우 수출 비중 25.6%에서 7.5%포인트가 미국에 대한 것이었다. 주요 선진국 제조업 판매에 있어서와 달리, 브라질 제조업 판매의 해외비중에 있어서 중국으로의 비중은 높지 않았다. 다만 종이 및 종이제품(8)과 1차금속제품(15)에 있어서는 중국 비중이 각각 5.4%와 2.4%로 여타 산업들에 비해 상대적으로 높았다. 서비스업에 있어서도 브라질 생산액 중 해외 판매 비중은 여타 주요 국가들에 비해 낮았다(〈표 7-26〉 참조). 특히 많은 국가들에 있어 생산액 중 해외 판매 비중이 높은 수상 운송업(32)과 항공 운송업(33)에 있어서도 브라질의 동 비율은 여타 국가들에 비해 높지 않았다. 이는 서비스업에 있어서 브라질의 낮은 국제경쟁력 수준을 보여준다. 다만 서비스업에 있어서 두드러진 특징은 항공 운송업(33)에 있어서 미국으로 수출 비중이 3.7%, 법률·회

표 7-25 ──○ 브라질 제조업 생산의 국내외 수요구조(2014)

산업\수요국	5	6	7	8	9	10	11	12	13	14	15	16	17	18	19	20	21	22
브라질	81.6	90.6	79.3	74.4	99.2	94.1	89.3	93.1	92.5	93.3	70.8	93.9	95.6	89.3	85.4	89.6	74.2	88.2
중국	1.0	1.5	0.5	5.4	0.1	0.0	0.4	0.5	0.1	0.1	2.4	0.1	0.2	0.4	0.4	0.0	1.0	0.5
독일	0.7	0.3	0.9	0.6	0.1	0.0	0.4	0.0	0.1	0.1	0.8	0.1	0.2	0.5	0.8	0.2	0.1	0.1
프랑스	0.4	0.2	1.0	0.7	0.0	0.0	0.1	0.1	0.1	0.0	0.1	0.0	0.1	0.2	0.2	0.1	0.3	0.7
영국	0.3	0.1	0.9	0.5	0.0	0.0	0.2	0.1	0.0	0.1	0.5	0.0	0.0	0.1	0.2	0.0	1.8	0.7
인도	0.3	0.0	0.2	0.0	0.0	0.0	0.2	0.1	0.1	0.0	0.9	0.1	0.2	0.1	0.1	0.1	0.9	0.3
일본	0.8	0.2	1.6	0.5	0.0	0.0	0.3	0.2	0.1	0.0	2.7	0.1	0.0	0.3	0.1	0.0	0.3	0.1
한국	0.3	0.2	0.2	0.5	0.0	0.0	0.4	0.0	0.0	0.0	0.5	0.0	0.0	0.0	0.0	0.0	0.0	0.0
러시아	1.1	0.2	0.0	0.0	0.0	0.0	0.1	0.0	0.0	0.0	0.0	0.0	0.0	0.0	0.1	0.1	0.0	0.0
미국	0.6	1.3	4.8	7.5	0.2	1.7	3.1	0.6	0.9	2.9	6.6	0.9	0.6	1.4	2.7	0.5	8.2	2.9
기타	12.9	5.4	10.6	9.9	0.4	4.2	5.5	5.1	6.2	3.3	14.7	4.8	3.0	7.6	9.8	9.4	13.3	6.5

표 7-26 ──○ 브라질 서비스업 생산의 국내외 수요구조(2014) : 국외수요 의존도 높은 주요 산업

산업\수요국	32	33	34	36	37	45	46	47	50
브라질	87.6	89.8	94.9	96.6	96.7	94.7	86.8	98.1	96.5
중국	0.0	0.5	0.0	0.1	0.0	4.3	0.0	0.7	0.0
독일	0.0	0.0	0.0	0.0	0.0	0.0	0.0	0.0	0.0
프랑스	0.1	0.6	0.3	0.0	0.0	0.2	1.6	0.4	0.2
영국	0.0	0.1	0.0	0.1	0.0	0.0	0.2	0.1	0.8
인도	0.0	0.0	0.0	0.0	0.0	0.0	6.0	0.0	0.0
일본	0.1	0.1	0.0	0.0	0.0	0.0	0.0	0.0	0.0
한국	0.0	0.1	0.0	0.0	0.0	0.0	0.1	0.2	0.1
러시아	0.0	0.0	0.0	0.0	0.0	0.0	0.0	0.0	0.0
미국	0.0	3.7	0.0	0.0	0.0	0.1	1.4	0.2	0.2
기타	12.1	5.1	4.6	3.2	3.3	0.7	3.9	0.5	2.2

주 : 산업코드별 산업명은 〈부표 2-2〉 참조
자료 : WIOD 이용 계산

계·경영자문(45)에 있어서 중국으로의 수출 비중이 4.3%로 여타 국가로의 수출 비중에 비해 높았다는 것이다.

2.4 러시아

러시아 1차산업 생산액의 판매에 있어서 두드러진 특징은 광산물 생산의 대부분이 해외로 수출되고 있다는 점이다. 2014년 러시아 광산물 생산액 중 28%만 러시아 국내에서 수요되었을 뿐 나머지 72%는 해외로 수출되었다. 즉 러시아는 세계적으로 많은 광산물을 생산하고 있는 국가이면서, 동시에 생산액의 많은 부분을 세계로 수출하는 국가이다. 즉 세계 광산물 공급지로서 러시아의 영향력이 매우 크다는 것을 알 수 있다. 러시아 광산물의 해외 수출 중 많은 부분이 중국, 일본, 독일로 수출되고 있는데, 2014년 러시아 광산물 생산 중 이들 국가로의 수출 비중은 각각 5.7%, 4.1%, 3.1%를 기록했다(〈표 7-27〉 참조).

러시아 제조업 중 해외 판매 비중이 높은 산업으로는 화학물질 및 화학제품(11), 종이 및 종이제품(8), 목재제품(7), 1차금속제품(15)을 들 수 있으나, 주요 선진국 제조업의 해외 판매 비중과 비교할 때 러시아 제조업들의 해외 판매 비중은 상대적으로 낮았다(〈표 7-28〉

표 7-27 ──○ 러시아 1차산업 생산의 국내외 수요구조(2014)

수요국＼산업	농업	임업	어업	광업
브라질	0.0	·	·	0.0
중국	0.5	·	·	5.7
독일	0.1	·	·	3.1
프랑스	0.0	·	·	0.6
영국	0.0	·	·	0.8
인도	0.0	·	·	0.2
일본	1.4	·	·	4.1
한국	0.6	·	·	0.9
러시아	93.1	·	·	28.0
미국	0.2	·	·	0.2
기타	4.0	100.0	100.0	56.4

자료 : WIOD 이용 계산

표 7-28 ── 러시아 제조업 생산의 국내외 수요구조(2014)

산업 수요국	5	6	7	8	9	10	11	12	13	14	15	16	17	18	19	20	21	22
브라질	0.0	0.0	0.0	0.1	.	0.1	1.8	.	0.0	0.0	0.3	.	0.0	.	0.0	0.0	.	0.0
중국	0.3	0.1	4.3	3.6	.	0.3	1.8	.	0.0	0.0	1.2	.	0.5	.	0.8	0.2	.	0.7
독일	0.0	0.1	1.5	1.9	.	3.9	1.6	.	0.1	0.1	2.9	.	0.5	.	1.0	0.2	.	0.3
프랑스	0.0	0.1	0.4	0.0	.	1.3	1.2	.	0.0	0.0	0.3	.	0.1	.	0.1	0.0	.	0.0
영국	0.1	0.1	0.7	0.4	.	1.1	0.5	.	0.0	0.0	1.5	.	0.2	.	0.3	0.1	.	0.2
인도	0.0	0.1	0.0	0.7	.	0.0	0.6	.	0.0	0.0	0.7	.	0.6	.	0.7	0.1	.	0.3
일본	0.2	0.0	1.7	0.4	.	0.3	0.1	.	0.0	0.0	2.0	.	0.0	.	0.0	0.0	.	0.0
한국	0.1	0.0	0.4	0.9	.	0.9	0.3	.	0.0	0.0	0.8	.	0.1	.	0.1	0.0	.	0.1
러시아	97.2	94.6	71.2	69.0	.	76.2	68.4	.	96.4	97.3	72.9	.	88.0	.	81.3	94.2	.	89.0
미국	0.1	0.0	0.3	0.0	.	3.2	4.1	.	0.1	0.0	2.7	.	0.3	.	0.5	0.1	.	0.4
기타	2.0	4.9	19.4	23.0	.	12.7	19.6	.	3.3	2.5	14.6	.	9.7	.	15.2	5.2	.	8.9

표 7-29 ── 러시아 서비스업 생산의 국내외 수요구조(2014): 국외수요 의존도 높은 주요 산업

산업 수요국	29	30	31	32	33	34
브라질	0.0	0.0	0.0	0.0	0.0	0.0
중국	1.4	0.0	3.1	0.2	1.2	0.0
독일	0.8	0.0	1.8	0.2	0.1	0.7
프랑스	0.2	0.0	0.5	0.0	0.1	0.1
영국	0.2	0.0	0.6	0.7	0.9	0.2
인도	0.1	0.0	0.1	0.2	0.2	0.1
일본	1.0	0.0	2.1	0.2	0.1	0.0
한국	0.2	0.0	0.5	0.0	0.0	0.1
러시아	78.7	96.3	54.7	72.5	91.8	92.1
미국	0.1	0.0	0.1	0.0	0.5	0.0
기타	17.2	3.7	36.6	26.0	5.2	6.6

주: 산업코드별 산업명은 〈부표 2-2〉 참조
자료: WIOD 이용 계산

참조). 이는 브라질과 마찬가지로 러시아 역시 제조업에 있어서 국제경쟁력이 높지 않음을 보여준다 하겠다. 러시아 제조업의 해외 판매는 주로 중국, 독일, 미국에 집중되었다. 러시아 서비스업 역시 생산액의 해외 판매 비중이 대체로 낮았으나, 육상 운송 및 파이프라인 운송업(31), 수상 운송업(32), 도매업(자동차 제외)(29)에 있어서는 그 비중이 여타 산업들에 비해 높았다. 주요 국가들에 있어서 대체로 해외 판매 비중이 높은 항공 운송업(33)에 있어서도 러시아는 그 비중이 낮았다(〈표 7-29〉 참조).

2.5   한국

한국의 1차산업 생산은 대부분 국내에서 수요되고 해외로 수출되는 비중은 극히 낮았다(〈표 7-30〉 참조). 이는 주요 국가들 중 자원빈국에 속하는 일본에 있어서와 비슷하다. 반면 한국의 제조업은 일본, 독일 등 주요 선진국들에 있어서와 마찬가지로 생산액 중 해외 판매 비중이 매우 높았다(〈표 7-31〉 참조). 이는 한국 제조업이 수출에 의존해서 성장해왔다는 것을 보여준다. 제조업 생산 중 해외 판매 비중은 주요 제조업에서 높았는데, 특히 컴퓨터, 전자·광학제품(17), 기타 운송장비(21), 자동차 및 트레일러(20), 코크스, 연탄 및 석

표 7-30 ━○ 한국 1차산업 생산의 국내외 수요구조(2014)

수요국＼산업	농업	임업	어업	광업
브라질	0.0	0.0	0.0	0.0
중국	0.1	0.0	0.0	0.5
독일	0.0	0.0	0.0	0.0
프랑스	0.0	0.0	0.0	0.0
영국	0.0	0.0	0.0	0.0
인도	0.0	0.0	0.0	0.2
일본	0.3	0.2	0.6	0.4
한국	99.1	99.0	96.2	93.7
러시아	0.0	0.0	1.0	0.0
미국	0.1	0.3	0.8	0.1
기타	0.4	0.4	1.4	5.2

자료 : WIOD 이용 계산

표 7-31 —○ 한국 제조업 생산의 국내외 수요구조(2014)

산업 / 수요국	5	6	7	8	9	10	11	12	13	14	15	16	17	18	19	20	21	22
브라질	0.0	0.2	0.0	0.1	0.0	0.1	0.4	0.3	0.9	0.2	0.2	0.3	1.8	0.7	0.6	1.0	0.2	0.0
중국	1.1	6.1	0.6	1.8	1.1	6.0	12.0	1.2	9.5	4.7	3.3	1.8	24.1	10.3	9.8	3.8	3.2	8.6
독일	0.0	0.3	0.0	0.1	0.0	0.1	0.6	0.2	1.1	0.4	0.1	0.3	0.8	0.9	0.7	1.0	0.2	0.1
프랑스	0.0	0.4	0.0	0.0	0.0	0.2	0.2	0.0	0.3	0.1	0.0	0.1	0.4	0.4	0.2	0.4	0.3	0.0
영국	0.0	0.3	0.0	0.1	0.0	0.5	0.2	0.1	0.5	0.1	0.1	0.1	0.4	0.3	0.3	0.9	1.2	0.0
인도	0.0	0.2	0.0	1.1	0.0	0.5	1.3	0.0	0.5	0.1	1.7	0.8	0.4	0.6	0.9	0.7	0.3	0.0
일본	1.9	1.9	0.4	1.2	0.0	5.4	1.9	1.0	3.8	2.2	4.2	3.7	2.2	3.5	1.1	0.5	0.8	0.2
한국	93.6	67.7	97.2	83.2	98.0	57.3	66.8	94.1	57.7	83.5	76.9	82.3	44.5	62.8	65.8	50.8	48.0	90.1
러시아	0.1	1.2	0.1	0.1	0.5	0.1	0.6	0.0	0.2	0.3	0.1	0.2	0.1	0.3	1.1	6.2	0.8	0.0
미국	0.4	2.9	0.1	3.8	0.0	3.5	3.2	0.2	5.2	1.7	2.4	2.7	4.7	3.4	4.4	14.3	1.5	0.2
기타	2.7	18.8	1.5	8.4	0.4	26.3	12.8	2.9	20.3	6.9	11.0	7.7	20.5	16.7	15.2	20.6	43.6	0.7

표 7-32 —○ 한국 서비스업 생산의 국내외 수요구조(2014): 국외수요 의존도 높은 주요 산업

산업 / 수요국	26	28	29	30	32	33	40	45	46	47	48	49	50
브라질	0.0	0.4	0.4	0.4	0.0	0.4	0.1	0.1	0.6	0.1	0.0	0.0	0.3
중국	0.2	4.9	5.2	5.2	0.7	12.2	0.2	8.2	0.0	0.7	0.0	0.0	0.1
독일	0.0	0.4	0.2	0.2	0.2	0.3	0.1	0.8	0.4	0.6	1.4	1.6	0.1
프랑스	0.0	0.1	0.1	0.1	0.0	0.6	0.0	0.1	0.2	0.2	0.7	0.0	0.1
영국	0.0	0.1	0.1	0.1	0.0	0.0	0.0	0.1	0.1	0.2	1.0	4.7	0.3
인도	0.0	0.2	0.2	0.2	0.1	0.3	0.0	0.0	0.9	0.0	0.0	0.0	0.0
일본	0.3	0.8	0.8	0.8	3.0	2.9	0.0	0.0	0.0	0.1	1.5	12.5	0.0
한국	93.3	84.7	83.8	83.9	0.0	33.1	87.4	81.9	78.0	91.6	62.5	57.3	93.3
러시아	0.0	0.2	0.1	0.1	0.0	0.1	0.0	0.0	0.0	0.0	0.0	0.1	0.0
미국	0.1	1.9	1.4	1.4	0.0	6.1	0.0	2.4	6.5	3.7	21.3	4.6	2.3
기타	6.0	6.4	7.6	7.6	95.8	44.2	12.2	6.4	13.2	2.8	11.7	19.2	3.6

주: 산업코드별 산업명은 〈부표 2-2〉 참조
자료: WIOD 이용 계산

유정제품(10), 고무 및 플라스틱제품(13)에 있어서 그 비중이 높았다. 컴퓨터, 전자·광학제품(17), 기타 운송장비(21), 자동차 및 트레일러(20)에 있어서는 생산액 중 해외 판매 비중이 약 50%를 상회했다. 한국 제조업의 해외 판매는 주로 중국과 미국에 크게 의존하고 있다. 컴퓨터, 전자·광학제품(17) 산업의 경우 생산액 중 중국으로의 판매 비중이 2014년 24.1%에 달했으며, 화학물질 및 화학제품(11)과 전기장비(18)에 있어서도 그 비중이 각각 12.0%와 10.3%를 기록했다. 또한 자동차 및 트레일러(20)에 있어서는 생산액 중 미국으로의 수출 비중이 14.3%에 달했다. 하지만 서비스업에 있어서는 생산 중 해외 판매 비중은 그리 높지 않았다. 한국 서비스업 중 해외 판매 비중이 높은 산업으로는 수상 운송업(32), 항공 운송업(33), 기타 전문, 과학 및 기술 서비스(49)를 들 수 있다(〈표 7-32〉 참조).

08 생산의 국가 간 상호의존 관계

1 주요국가의 중간재 및 최종재 수요에 대한 국내외 조달(수입)구조

세계 국가 간 긴밀한 상호의존은 생산물의 판매(수출)에 있어서뿐만 아니라, 각 국가의 생산 과정에서의 중간재 조달 및 최종재 수입에 있어서도 발견된다. 그러나 생산물 판매에 있어서와 마찬가지로 각 국가의 해외의존도와 의존대상국은 국가별로 차이가 있다. 그러나 대체적으로 생산 과정에 있어서의 국가별 해외의존 정도와 의존대상국은 생산물 판매에 있어서와 비슷한 구조를 보였다.

미국의 경우, 자국 내 생산에 필요한 중간재와 최종재 수요를 충족시키 위해 필요한 상품과 서비스의 92.4%(2014년)를 자국 내에서 조달하고 나머지 7.6%를 해외에서 조달(수입)하였다. 미국의 주요 해외조달처는 캐나다, 멕시코, 중국이었다. 즉 미국 내에서 수요된 상품과 서비스 중 해외에서 조달된 중간재 및 최종재 비중은 7.6%인데, 캐나다, 멕시코, 중국에서 조달된 비중이 각각 1.1%, 0.9%, 1.1%포인트 등으로 구성되어 있다(〈표 8-1〉 참조).

독일과 한국의 경우, 중간재와 최종재 수요의 해외조달 비중이 각각 19.3%와 17.2%로 여타 주요 국가들에 비해 높은 편이었으나, 해외조달처에 있어서는 차이가 있었다. 자국 내 생산물의 해외 판매에 있어서와 마찬가지로 한국은 중국, 일본, 대만으로부터의 조달이 주를 이루었으나, 독일의 경우 중국 및 미국과 더불어 여타 EU회원국(오스트리아, 벨기에, 스위스, 프랑스, 영국, 이탈리아, 네덜란드, 폴란드)으로부터의 조달 비율이 높았다. 일본의 경우, 해외조달은 주로 중국, 미국, 호주에 집중되어 있으며, 그 외 독일, 인도네시아,

| 표 8-1 | 주요국의 중간재 수요와 최종재 수요에 대한 국가별 점유율(2014)(수입구조) |

공급국＼수요국	브라질	중국	독일	프랑스	영국	인도	일본	한국	러시아	미국
브라질	92.5	0.1	0.1	0.1	0.1	0.2	0.1	0.1	0.1	0.1
중국	0.9	94.1	1.3	0.8	1.0	1.1	2.0	3.1	2.0	1.1
독일	0.4	0.4	80.7	2.6	1.9	0.3	0.3	0.8	1.5	0.4
프랑스	0.2	0.1	1.5	84.6	1.1	0.2	0.1	0.3	0.4	0.2
영국	0.1	0.1	0.8	0.9	85.5	0.2	0.1	0.3	0.4	0.3
인도	0.2	0.1	0.1	0.1	0.2	90.5	0.1	0.2	0.1	0.1
일본	0.1	0.4	0.3	0.1	0.2	0.2	89.8	1.7	0.5	0.4
한국	0.3	0.5	0.1	0.1	0.1	0.3	0.5	82.8	0.5	0.2
러시아	0.0	0.1	0.4	0.1	0.2	0.1	0.3	0.3	88.4	0.0
미국	0.9	0.4	1.2	1.1	1.4	0.4	0.7	1.3	0.2	92.4

주 : 1횡은 중간재 및 최종재 수요국가, 1열은 조달(수입)대상국가
자료 : WIOD 이용 계산

러시아, 대만에서도 많이 조달되었다.

　중국의 경우, 중간재 및 최종재의 해외조달 비율이 5.9%로 주요 국가 중에서 가장 낮았으며, 주요 조달처는 독일, 일본, 한국, 대만, 미국인데, 한국으로부터 조달이 가장 많았다. 영국과 프랑스의 경우, 해외조달 비율이 독일보다 4~5%포인트 정도 낮았으며, 주로 독일, 스페인, 영국, 프랑스, 이탈리아, 네덜란드 등 EU회원국 그리고 중국과 미국에 대한 의존도가 높았는데(〈표 8-4〉 참조), 특히 독일에 대한 의존도가 높았다. 영국의 경우, 중간재와 최종재 조달에 있어 아일랜드에 대한 상대적으로 높은 의존도가 두드러진다. 러시아의 해외조달은 중국, 독일에 집중되어 있으며, 그 외 영국, 프랑스, 일본, 한국, 이탈리아에 대한 의존도도 높았다. 한편 브라질과 인도에 있어 해외조달 비중은 미국과 중국보다는 낮았으나 여타 국가에 비해서는 높았는데, 주요 조달처는 중국, 미국이며 그 외 한국에 대한 의존도도 높게 나타났다. 마지막으로 각국의 자국 내 수요충족을 위한 상품과 서비스 조달에 있어서 해외조달을 중간재와 최종재로 분리하여 보면, 중간재가 최종재에 비해 해외조달 비율이 높았다(〈표 8-2〉, 〈표 8-3〉 참조). 조달대상국에 있어 조달구조는 중간재와 최종재에 있어서 대체로 비슷했다.

| 표 8-2 | —○ | 주요국의 중간재 수요에 대한 국가별 점유율(2014)(수입구조) |

공급국 \ 수요국	브라질	중국	독일	프랑스	영국	인도	일본	한국	러시아	미국
브라질	88.4	0.2	0.2	0.2	0.1	0.4	0.2	0.2	0.1	0.2
중국	1.1	93.5	1.2	0.9	0.9	1.4	1.6	3.7	1.0	1.0
독일	0.6	0.3	76.0	3.4	2.2	0.4	0.3	0.7	1.6	0.5
프랑스	0.3	0.1	1.6	78.9	1.5	0.1	0.1	0.2	0.4	0.2
영국	0.1	0.1	1.0	1.4	82.1	0.3	0.2	0.3	0.2	0.4
인도	0.3	0.1	0.2	0.2	0.2	83.2	0.1	0.2	0.1	0.2
일본	0.2	0.4	0.4	0.2	0.2	0.3	85.3	2.4	0.2	0.5
한국	0.5	0.5	0.2	0.1	0.2	0.5	0.7	78.1	0.5	0.3
러시아	0.1	0.1	0.8	0.3	0.3	0.2	0.5	0.3	90.7	0.1
미국	1.5	0.3	1.5	1.8	1.6	0.6	1.0	1.5	0.2	89.7

자료 : WIOD 이용 계산

| 표 8-3 | —○ | 주요국의 최종재 수요에 대한 국가별 점유율(2014)(수입구조) |

공급국 \ 수요국	브라질	중국	독일	프랑스	영국	인도	일본	한국	러시아	미국
브라질	95.3	0.0	0.0	0.0	0.1	0.0	0.0	0.0	0.0	0.1
중국	1.0	95.4	1.4	0.4	0.6	1.7	2.5	2.2	0.7	1.5
독일	0.5	0.8	86.8	1.9	1.3	0.6	0.4	1.4	1.2	0.6
프랑스	0.2	0.1	1.7	93.2	0.7	0.4	0.1	0.7	0.3	0.1
영국	0.1	0.1	0.5	0.3	92.1	0.1	0.1	0.3	0.3	0.2
인도	0.0	0.0	0.1	0.0	0.1	94.5	0.0	0.0	0.0	0.0
일본	0.1	0.6	0.3	0.1	0.1	0.2	94.9	1.0	0.3	0.6
한국	0.2	0.7	0.1	0.1	0.2	0.2	0.3	90.7	0.4	0.3
러시아	0.0	0.0	0.1	0.0	0.0	0.1	0.0	0.0	93.6	0.0
미국	0.5	0.5	1.0	0.5	1.8	0.3	0.4	1.3	0.2	93.8

자료 : WIOD 이용 계산

표 8-4 ○── 주요국의 중간재 수요 및 최종재 수요에 대한 국가별 점유율(2014)

수요국 공급국	브라질	중국	독일	프랑스	영국	인도	일본	한국	러시아	미국
1	0.0	0.2	0.0	0.0	0.1	0.2	0.5	0.5	0.0	0.0
2	0.0	0.0	0.9	0.2	0.1	0.0	0.0	0.0	0.1	0.0
3	0.1	0.0	0.9	0.9	0.5	0.1	0.0	0.0	0.1	0.1
4	0.0	0.0	0.0	0.0	0.0	0.0	0.0	0.0	0.0	0.0
5	92.5	0.1	0.1	0.1	0.1	0.2	0.1	0.1	0.1	0.1
6	0.1	0.1	0.1	0.1	0.3	0.1	0.2	0.1	0.1	1.1
7	0.1	0.0	0.7	0.4	0.2	0.1	0.1	0.1	0.2	0.1
8	0.9	94.1	1.3	0.8	1.0	1.1	2.0	3.1	2.0	1.1
9	0.0	0.0	0.0	0.0	0.0	0.0	0.0	0.0	0.0	0.0
10	0.0	0.0	0.7	0.2	0.1	0.0	0.0	0.0	0.2	0.0
11	0.4	0.4	80.7	2.6	1.9	0.3	0.3	0.8	1.5	0.4
12	0.0	0.0	0.3	0.1	0.2	0.0	0.0	0.0	0.1	0.0
13	0.1	0.0	0.5	1.0	0.4	0.0	0.0	0.1	0.2	0.1
14	0.0	0.0	0.0	0.0	0.0	0.0	0.0	0.0	0.1	0.0
15	0.0	0.0	0.2	0.1	0.1	0.0	0.0	0.1	0.2	0.0
16	0.2	0.1	1.5	84.6	1.1	0.2	0.1	0.3	0.4	0.2
17	0.1	0.1	0.8	0.9	85.5	0.2	0.1	0.3	0.4	0.3
18	0.0	0.0	0.0	0.0	0.0	0.0	0.0	0.0	0.0	0.0
19	0.0	0.0	0.0	0.0	0.0	0.0	0.0	0.0	0.0	0.0
20	0.0	0.0	0.4	0.1	0.1	0.0	0.0	0.0	0.1	0.0
21	0.1	0.1	0.1	0.0	0.0	0.2	0.3	0.3	0.0	0.1
22	0.2	0.1	0.1	0.1	0.2	90.5	0.1	0.2	0.1	0.1
23	0.0	0.0	0.2	0.2	0.7	0.0	0.0	0.1	0.1	0.1
24	0.2	0.1	1.1	1.2	0.6	0.1	0.1	0.2	0.5	0.1
25	0.1	0.4	0.3	0.1	0.2	0.2	89.8	1.7	0.5	0.4
26	0.3	0.5	0.1	0.1	0.1	0.3	0.5	82.8	0.5	0.2
27	0.0	0.0	0.0	0.0	0.0	0.0	0.0	0.0	0.1	0.0
28	0.0	0.0	0.2	0.1	0.1	0.0	0.0	0.0	0.0	0.0
29	0.0	0.0	0.0	0.0	0.0	0.0	0.0	0.0	0.0	0.0
30	0.1	0.0	0.1	0.0	0.0	0.1	0.1	0.1	0.0	0.9
31	0.0	0.0	0.0	0.0	0.1	0.0	0.0	0.0	0.0	0.0
32	0.1	0.0	2.2	0.8	0.8	0.1	0.0	0.1	0.2	0.1
33	0.1	0.0	0.3	0.2	0.5	0.0	0.0	0.1	0.1	0.0
34	0.0	0.0	0.9	0.3	0.3	0.0	0.0	0.0	0.3	0.0
35	0.0	0.0	0.1	0.1	0.1	0.0	0.0	0.0	0.0	0.0
36	0.0	0.0	0.2	0.1	0.0	0.0	0.0	0.0	0.0	0.0
37	0.0	0.1	0.4	0.1	0.2	0.1	0.3	0.3	88.4	0.0
38	0.0	0.0	0.2	0.1	0.1	0.0	0.0	0.0	0.1	0.0
39	0.0	0.0	0.1	0.0	0.0	0.0	0.0	0.0	0.0	0.0
40	0.1	0.0	0.3	0.2	0.2	0.0	0.0	0.1	0.2	0.0
41	0.0	0.0	0.4	0.2	0.2	0.0	0.0	0.0	0.5	0.0
42	0.1	0.4	0.1	0.1	0.1	0.1	0.3	0.4	0.0	0.1
43	0.9	0.4	1.2	1.1	1.4	0.4	0.7	1.3	0.2	92.4
44	2.9	2.6	1.9	2.3	2.1	5.3	4.2	6.6	2.5	1.8

주 : 공급국코드별 국가명은 〈부표 4〉 참조
자료 : WIOD 이용 계산

₂ 주요 선진국 생산의 국가 간 상호의존 관계

2.1 미국

미국 산업들의 생산 과정은 국가 간에 어떻게 분할되어 있는지, 달리 말하면 미국 산업들의 생산 과정에 투입된 생산요소들의 조달처별 구성은 어떻게 되어 있는지 살펴보면 다음과 같다. 미국 각 산업의 생산 과정에 투입된 생산요소 중 미국 자체조달 비중이 낮다는 것은 생산 과정에 필요한 생산요소를 해외에 많이 의존하고 있다는 것을 의미한다. 다른 한편으로 이것은 미국 산업 생산에 있어서 국제적 분할 정도가 그만큼 높다는 것을 의미하기도 한다. 해외조달 비율이 높은 것은 미국 기업들이 생산의 효율성을 극대화하기 위해 국제적 분업화를 강화한 결과일 수도 있고, 또 한편으로는 보유 부존자원이 부족하거나 아니면 생산에 필요한 부품 및 부분품을 여타 국가들에 비해 효율적으로 생산할 수 없어 그것을 해외에서 많이 수입한 결과일 수도 있는 바, 그 비율의 높고 낮음의 기준만을 가지고 미국 산업의 경쟁력을 평가할 수는 없다. 그러나 분명한 것은 그 비율이 높다는 것은 미국 산업 생산에 있어서 여타 국가에 대한 의존도가 높다는 것을 의미하는 바, 이는 해외 여건 변화에 따라 미국 산업 생산이 많은 영향을 받을 수 있다는 것을 의미하는 것만은 분명하다.

미국 1차산업 생산 과정에 필요한 중간재의 자체조달 비중은 여타 국가들에 비해 높은 편이다. 2014년 기준 농업 생산의 90.5%가 미국 내에서 자체적으로 조달되었으며, 임업, 수산업, 광업의 경우에도 그 비중이 82~84%로 높은 편이다. 미국 1차산업 생산 과정에서 해외로부터 조달된 중간재는 주로 캐나다와 멕시코로부터 수입되었다(〈표 8-5〉 참조). 구체적으로 살펴보면 미국 광업 생산에 투입되는 중간재의 5%와 2% 정도가 각각 캐나다와 멕시코로부터 조달되었다. 이는 이들 국가는 미국과 국경을 접하고 있을 뿐만 아니라 북미자유무역협정(NAFTA)에 따라 미국과의 교역이 여타 국가들에 비해 유리한 측면 등이 반영된 결과라 할 수 있다. 미국 1차산업 중에서는 광업의 국제적 분업 정도가 상대적으로 높았다.

미국 제조업의 경우, 대체로 생산에 투입된 중간재 등 투입요소의 70~80%(2014년 기준)가 미국 자체에서 조달되고 20~30%가 해외에서 조달되었다(〈표 8-6〉 참조). 특히 코크스, 연탄 및 석유정제품(10), 컴퓨터, 전자·광학제품(17), 기타 운송장비(21), 자동차 및

표 8-5 ─○ 미국 1차산업 생산물 생산 과정에서 국가별 참여 구조(2014)

공급국 \ 산업	농업	임업	어업	광업
브라질	0.3	0.2	0.2	0.2
중국	0.5	1.0	1.0	0.9
독일	0.3	0.6	0.6	0.6
프랑스	0.2	0.3	0.3	0.2
영국	0.3	0.4	0.4	0.4
인도	0.3	0.4	0.4	0.2
일본	0.3	0.5	0.5	0.4
한국	0.2	0.3	0.3	0.3
러시아	0.1	0.2	0.2	0.1
미국	90.5	84.3	84.3	81.8
기타	7.0	11.7	11.7	14.8
(캐나다)	1.5	2.0	2.0	5.0
(멕시코)	0.6	0.8	0.8	1.8

자료 : WIOD 이용 계산

트레일러(20)에 있어서 생산 투입요소의 해외조달 비율이 높았다. 다만 제조업 중 식료품, 음료, 담배(5), 산업용 기계 및 장비 수리업(23)의 경우 그 비율이 10% 미만으로 낮았다. 제조업 생산에서의 해외의존도는 주로 중국, 캐나다, 멕시코, 독일, 일본 등에 대해서 높았다. 특히 코크스, 연탄 및 석유정제품(10)의 경우, 생산의 해외조달 비율이 2014년 30.3%로 제조업 중 가장 높았는데, 그중 15.4%포인트가 캐나다(12.3%포인트)와 멕시코(3.1%포인트)에서 조달되었다. 미국 제조업 중 코크스, 연탄 및 석유정제품(10) 다음으로 생산의 해외조달 비율이 높은 컴퓨터, 전자·광학제품(17)의 경우에는 중국으로부터의 조달 비율이 5.7%로 주요 국가 중 가장 높았다. 한편 서비스업에 있어서는 대체로 생산의 대부분이 미국 자체에서 조달된 투입요소에 의해 이루어졌는데, 전기, 가스, 증기 및 공기 조절 공급업(24), 수도업(25), 하수, 폐수 및 분뇨 처리업(26), 건설업(27)의 경우 상대적으로 생산요소의 해외조달 비율이 높았으며, 이들 산업에 있어서 주요 해외조달처 역시 제조업에서와 마찬가지로 NAFTA 협정국인 캐나다와 멕시코였다(〈표 8-7〉 참조).

표 8-6 ─○ 미국 제조업 생산물 생산 과정에서 국가별 참여 구조(2014)

산업 / 공급국	5	6	7	8	9	10	11	12	13	14	15	16	17	18	19	20	21	22	23
브라질	0.3	0.3	0.3	0.6	0.4	0.3	0.4	0.4	0.4	0.4	0.6	0.5	0.2	0.5	0.3	0.2	0.3	0.3	0.1
중국	0.5	2.0	1.3	1.5	1.7	0.1	1.9	1.9	2.3	1.4	0.9	1.6	5.7	3.2	3.3	2.8	2.9	2.0	1.1
독일	0.3	0.7	0.4	0.8	0.8	0.1	1.4	1.4	1.4	0.6	0.8	0.9	1.0	1.1	1.4	1.8	1.0	0.7	0.7
프랑스	0.1	0.3	0.2	0.3	0.3	0.1	0.5	0.5	0.5	0.2	0.2	0.3	0.3	0.3	0.4	0.3	1.2	0.3	0.2
영국	0.1	0.5	0.2	0.4	0.4	0.2	0.7	0.7	0.6	0.3	0.6	0.5	0.5	0.5	0.5	0.4	1.7	0.4	0.4
인도	0.1	0.6	0.2	0.2	0.3	0.1	0.5	0.5	0.5	0.2	0.2	0.3	0.2	0.3	0.3	0.3	0.2	0.4	0.1
일본	0.2	0.6	0.3	0.6	0.6	0.1	1.2	1.2	1.3	0.5	0.6	0.9	1.7	1.3	1.4	2.2	1.9	0.6	0.6
한국	0.1	0.9	0.2	0.5	0.6	0.1	0.7	0.7	0.7	0.3	0.5	0.7	1.6	0.8	0.8	1.2	0.9	0.5	0.4
러시아	0.0	0.1	0.1	0.1	0.1	0.2	0.3	0.3	0.2	0.1	0.5	0.4	0.1	0.4	0.2	0.1	0.1	0.2	0.0
미국	94.0	86.5	86.5	86.8	87.7	69.7	82.1	82.1	81.6	85.2	82.4	84.2	74.4	80.2	80.7	78.8	78.0	85.8	91.6
기타	4.3	7.6	10.2	8.1	7.1	29.3	10.4	10.4	10.5	10.8	12.6	9.7	14.2	11.4	10.6	12.0	11.8	8.7	4.8
(캐나다)	1.3	1.6	4.8	2.4	1.5	12.3	1.9	1.9	2.2	3.5	4.4	2.7	1.8	2.7	2.3	2.9	2.8	2.6	1.0
(멕시코)	0.6	0.9	0.7	0.9	0.9	3.1	1.0	1.0	1.2	1.6	2.1	2.0	2.6	3.0	3.0	4.3	2.7	1.3	1.1

표 8-7 ─○ 미국 주요 서비스업 생산물 생산 과정에서 국가별 참여 구조(2014)

산업 / 공급국	24	25	26	27	28	29	30	31	32	33	34	35	36	37	38	39	40	41	42	43	44	45	46	47	48	49	50	51	52	53	54	55
브라질	0.2	0.2	0.1	0.2	0.1	0.0	0.1	0.2	0.1	0.2	0.1	0.1	0.1	0.0	0.0	0.0	0.1	0.0	0.0	0.0	0.0	0.1	0.1	0.1	0.1	0.1	0.1	0.1	0.1	0.1	0.1	0.1
중국	0.2	0.2	1.7	2.0	0.9	0.4	0.3	0.4	0.2	0.1	0.5	0.5	0.5	0.4	1.3	1.7	1.0	0.3	0.1	0.2	0.1	0.6	0.8	0.8	0.8	0.8	0.7	0.8	0.6	0.7	0.8	1.1
독일	0.2	0.2	1.3	0.7	0.7	0.4	0.3	0.4	0.3	0.3	0.3	0.3	0.3	0.2	0.4	0.4	0.4	0.3	0.1	0.2	0.1	0.4	0.5	0.5	0.5	0.5	0.4	0.4	0.3	0.3	0.5	0.7
프랑스	0.1	0.1	0.4	0.3	0.2	0.2	0.3	0.3	0.3	0.4	0.2	0.2	0.2	0.1	0.2	0.2	0.2	0.1	0.1	0.1	0.1	0.3	0.3	0.3	0.3	0.2	0.2	0.3	0.1	0.2	0.2	0.2
영국	0.3	0.3	1.0	0.4	0.4	0.3	0.3	0.5	0.4	0.6	0.4	0.4	0.3	0.2	0.4	0.4	0.4	0.2	0.2	0.2	0.2	0.4	0.5	0.5	0.5	0.5	0.4	0.6	0.2	0.4	0.4	0.4
인도	0.1	0.1	0.2	0.2	0.1	0.0	0.1	0.2	0.1	0.3	0.1	0.1	0.1	0.1	0.1	0.1	0.1	0.0	0.0	0.1	0.0	0.1	0.1	0.1	0.1	0.1	0.1	0.2	0.1	0.2	0.1	0.1
일본	0.1	0.1	0.7	0.7	0.6	0.1	0.1	0.3	0.2	0.3	0.2	0.2	0.2	0.1	0.3	0.5	0.3	0.1	0.0	0.1	0.0	0.2	0.3	0.3	0.3	0.3	0.3	0.4	0.2	0.2	0.2	0.2
한국	0.2	0.2	0.4	0.4	0.4	0.2	0.2	0.4	0.3	0.4	0.2	0.2	0.1	0.1	0.4	0.5	0.3	0.2	0.0	0.1	0.0	0.3	0.3	0.3	0.3	0.3	0.3	0.4	0.2	0.2	0.3	0.6
러시아	0.2	0.2	0.1	0.1	0.1	0.0	0.0	0.0	0.1	0.4	0.1	0.1	0.0	0.0	0.0	0.0	0.0	0.0	0.0	0.1	0.0	0.3	0.1	0.1	0.0	0.0	0.0	0.1	0.2	0.2	0.0	0.4
미국	84.2	84.2	86.8	86.9	92.2	95.5	96.2	90.8	92.7	88.9	94.5	93.9	94.9	95.2	92.6	91.0	92.3	97.2	95.7	95.5	97.9	93.7	93.1	93.1	93.1	93.1	93.9	91.1	95.1	93.9	93.2	91.6
기타	14.0	14.0	7.3	8.0	4.5	2.9	2.4	6.3	4.9	8.5	3.4	3.9	3.5	3.5	4.3	5.2	4.8	1.7	3.6	3.5	1.4	4.1	4.0	4.0	4.0	4.0	3.8	5.6	3.1	3.9	4.1	4.8
(캐나다)	5.4	5.4	1.4	2.2	0.9	0.5	0.5	1.4	1.0	1.3	0.7	0.9	0.9	0.4	0.5	0.6	0.7	0.2	0.1	0.2	0.3	0.4	0.7	0.7	0.7	0.6	0.6	1.3	0.6	0.6	0.8	1.0
(멕시코)	1.4	1.4	1.4	1.7	1.2	0.2	0.2	0.8	0.4	0.4	0.5	0.4	0.4	0.2	0.7	0.7	0.5	0.1	0.0	0.0	0.1	0.3	0.5	0.5	0.5	0.5	0.4	0.7	0.4	0.3	0.8	1.1

주 : 산업코드별 산업명은 <부표 2-2> 참조
자료 : WIOD 이용. 계산

2.2 일본

일본 1차산업 생산의 해외의존도는 농업, 임업, 수산업에 있어서 미국에 있어서와 비슷하였으나, 광업에 있어서는 미국에 비해 크게 높았다. 2014년 일본 광업 생산 투입요소의 해외의존도는 62.9%에 달했는데 주요국 중에서는 호주와 러시아에 대한 의존도가 높았다. 한편 농산물에 있어서는 미국과 중국에 대한 의존도가 주요국 중에서 상대적으로 높았다 (〈표 8-8〉 참조). 제조업 생산 과정에 있어서 해외의존도 역시 주요 산업에 있어서 대체로 미국과 비슷한 수준이었으나, 코크스, 연탄 및 석유정제품(10), 비금속광물제품(14), 1차금속제품(15)에 있어서 해외의존도가 높았는데, 특히 코크스, 연탄 및 석유정제품(10)에 있어서 해외조달 비율이 83.5%에 달했다(〈표 8-9〉 참조). 코크스, 연탄 및 석유정제품(10) 생산에 있어 투입요소의 주요 조달처는 호주, 러시아 등 석유생산국들이다. 비금속광물제품(14), 1차금속제품(15) 생산에 있어서 투입요소의 해외조달 역시 호주, 러시아에 대한 의존도가 상대적으로 높았다. 한편 컴퓨터, 전자·광학제품(17), 전기장비(18), 기타 기계 및 장

표 8-8 ─○ 일본 1차산업 생산물 생산 과정에서 국가별 참여 구조(2014)

공급국＼산업	농업	임업	어업	광업
브라질	0.6	0.1	0.0	0.5
중국	1.2	0.5	1.2	0.3
독일	0.3	0.1	0.2	0.1
프랑스	0.1	0.0	0.1	0.0
영국	0.1	0.0	0.5	0.0
인도	0.1	0.1	0.3	0.2
일본	88.2	87.9	87.6	37.1
한국	0.5	0.4	1.2	0.4
러시아	0.0	0.2	0.1	4.0
미국	2.5	1.7	2.2	0.6
기타	6.4	9.2	6.6	56.7
(호주)	0.5	0.2	0.2	8.2
(캐나다)	1.0	0.6	0.1	0.7

자료 : WIOD 이용 계산

표 8-9 일본 제조업 생산물 생산 과정에서 국가별 참여 구조(2014)

산업 / 공급국	5	6	7	8	9	10	11	12	13	14	15	16	17	18	19	20	21	22
브라질	0.5	0.1	0.1	0.1	0.1	0.7	0.1	0.1	0.1	0.2	0.5	0.2	0.0	0.1	0.1	0.1	0.1	0.2
중국	1.0	3.0	1.6	1.2	1.1	0.1	2.2	1.3	2.4	1.1	1.1	2.7	5.3	5.7	5.1	2.8	2.3	2.2
독일	0.1	0.3	0.2	0.2	0.2	0.0	0.7	0.6	0.6	0.2	0.2	0.4	0.3	0.5	0.6	0.6	0.4	0.3
프랑스	0.1	0.1	0.1	0.1	0.1	0.0	0.3	0.3	0.2	0.1	0.1	0.1	0.1	0.1	0.2	0.2	0.2	0.1
영국	0.1	0.2	0.0	0.1	0.1	0.0	0.2	0.2	0.2	0.1	0.2	0.2	0.2	0.2	0.2	0.1	1.4	0.1
인도	0.1	0.2	0.0	0.0	0.0	0.1	0.4	0.1	0.1	0.1	0.1	0.1	0.0	0.1	0.1	0.1	0.1	0.1
일본	90.5	88.4	84.2	90.2	93.3	16.5	82.5	91.0	88.3	71.9	71.8	89.0	81.0	83.3	85.1	89.8	84.1	88.5
한국	0.3	1.2	0.2	0.4	0.5	0.1	1.8	0.6	1.0	0.5	1.2	1.4	1.6	1.6	1.4	0.8	0.9	0.7
러시아	0.0	0.0	0.3	0.2	0.1	5.5	0.2	0.0	0.0	1.5	1.8	0.3	0.1	0.2	0.2	0.1	0.2	0.2
미국	2.1	0.9	1.7	1.3	1.1	0.6	2.1	1.5	1.5	0.7	0.5	0.7	0.8	0.8	1.1	0.5	5.4	0.9
기타	5.1	5.5	11.6	6.1	3.4	76.3	9.5	4.4	5.5	23.6	22.5	4.9	10.6	7.3	5.8	5.0	4.9	6.7
(호주)	0.5	0.2	0.5	0.5	0.1	11.3	0.6	0.1	0.1	3.1	3.3	0.4	0.1	0.2	0.2	0.1	0.2	0.4
(캐나다)	0.9	1.8	1.8	0.4	0.1	1.0	0.1	0.1	0.1	0.4	0.4	0.2	0.1	0.1	0.1	0.1	0.3	0.7

표 8-10 일본 주요 서비스업 생산물 생산 과정에서 국가별 참여 구조(2014)

산업 / 공급국	24	25	26	27	28	29	30	31	32	33	34	35	36	37	38	39	40	41	42	44	47	48	49	50	51	52	53	54	55
브라질	0.4	0.0	0.0	0.1	0.0	0.0	0.0	0.0	0.0	0.0	0.0	0.0	0.1	0.1	0.0	0.0	0.0	0.0	0.0	0.0	0.0	0.0	0.0	0.0	0.0	0.0	0.0	0.0	0.0
중국	0.2	0.4	0.6	2.2	5.1	0.5	0.4	0.4	1.8	1.1	0.5	0.8	0.7	0.7	0.4	0.4	0.4	0.2	0.3	0.1	0.5	0.1	0.4	0.3	0.9	0.4	1.0	0.7	0.3
독일	0.0	0.1	0.2	0.3	0.6	0.1	0.1	0.1	1.0	0.1	0.1	0.1	0.1	0.1	0.1	0.1	0.1	0.0	0.1	0.0	0.1	0.0	0.1	0.1	0.2	0.1	1.1	0.1	0.1
프랑스	0.0	0.0	0.1	0.1	0.2	0.0	0.0	0.0	0.4	0.2	0.0	0.1	0.1	0.1	0.1	0.0	0.0	0.0	0.0	0.0	0.0	0.0	0.0	0.0	0.1	0.0	0.7	0.0	0.0
영국	0.0	0.1	0.1	0.1	0.2	0.1	0.1	0.1	0.3	0.6	0.1	0.1	0.1	0.1	0.1	0.1	0.1	0.1	0.1	0.1	0.1	0.0	0.2	0.1	0.3	0.1	0.3	0.1	0.1
인도	0.1	0.0	0.0	0.1	0.1	0.1	0.1	0.0	0.0	0.2	0.0	0.1	0.1	0.0	0.0	0.0	0.0	0.0	0.0	0.0	0.1	0.0	0.0	0.0	0.0	0.1	0.0	0.1	0.0
일본	51.5	97.4	94.3	84.3	85.6	95.0	96.1	92.0	77.8	85.8	95.4	92.8	94.6	95.1	96.8	95.8	96.0	97.5	96.2	98.3	94.6	98.3	95.8	97.1	93.2	95.2	88.9	94.7	97.2
한국	0.3	0.2	0.5	0.8	1.2	0.5	0.4	0.9	1.2	1.2	0.4	0.5	0.2	0.2	0.3	0.2	0.4	0.2	0.3	0.1	0.6	0.1	0.4	0.2	0.5	0.4	0.4	0.5	0.3
러시아	3.1	0.0	0.0	0.5	0.0	0.0	0.1	0.0	0.1	0.1	0.0	0.1	0.0	0.0	0.0	0.0	0.0	0.0	0.0	0.0	0.0	0.0	0.0	0.0	0.1	0.0	0.0	0.0	0.0
미국	0.5	0.2	0.6	0.7	1.1	0.6	0.4	1.3	3.2	3.8	0.4	1.5	0.8	1.2	0.4	0.4	0.5	0.4	0.4	0.1	0.6	0.3	0.5	0.3	1.3	0.5	1.7	0.6	0.3
기타	43.8	1.5	3.4	10.7	6.0	3.2	2.4	4.7	14.1	6.8	2.9	3.9	3.2	2.4	1.9	3.0	2.3	1.5	2.6	1.2	3.2	1.1	2.6	1.9	3.4	3.3	5.8	3.1	1.7
(호주)	6.3	0.0	0.1	1.1	0.0	0.0	0.0	0.0	0.1	0.1	0.0	0.0	0.3	0.0	0.0	0.0	0.0	0.0	0.0	0.0	0.1	0.0	0.0	0.0	0.0	0.0	0.1	0.1	0.1
(캐나다)	0.6	0.0	0.0	0.5	0.1	0.0	0.1	0.1	0.1	0.1	0.2	0.1	0.3	0.1	0.0	0.0	0.0	0.0	0.0	0.0	0.0	0.0	0.0	0.0	0.1	0.0	0.0	0.0	0.0

주: 산업코드별 산업명은 〈부표 2-2〉 참조
자료: WIOD 이용 계산

비(19) 생산에 있어서는 중국에 대한 의존도가 2014년 5%대로 높았으며, 이들 산업의 경우 한국에 대한 의존도 역시 중국을 제외한 여타 국가들에 대한 의존도에 비해 높은 편이었다. 미국에서와 마찬가지로 일본 역시 서비스업 생산에 있어서 해외의존도는 대체로 높지 않았으나 전기, 가스, 증기 및 공기 조절 공급업(24), 수상운송업(32)에 있어서는 높았다. 전기, 가스, 증기 및 공기 조절 공급업(24)의 경우, 생산 투입요소의 해외조달 비율이 2014년 48.5%였는데 이 중 호주와 러시아에서의 조달 비율이 각각 6.3%포인트와 3.1%포인트를 나타냈다(〈표 8-10〉 참조). 이는 해당 산업의 특성상 석유·가스 등 에너지원이 생산 과정에 많이 사용되기 때문이다. 또한 수상 운송업(32)의 경우, 해외조달 비율이 22.2%로 전기, 가스, 증기 및 공기 조절 공급업(24)을 제외한 여타 산업들에 비해 높았는데, 주로 미국, 중국, 한국, 독일에 대한 의존도가 높았다.

2.3 독일

독일의 1차산업 중 농업, 임업, 수산업 생산 과정에 있어 해외조달 비율은 미국과 일본보다 더 높았다. 농업에 있어서 그 비율은 2014년 21%였으며, 수산업의 경우 38.6%에 달했다(〈표 8-11〉 참조). 광업에 있어서도 해외의존도가 일본보다는 낮았지만 미국보다는 더 높았다. 독일 1차산업 생산 과정에 있어서 해외조달처는 영국, 네덜란드, 폴란드 등 EU회원국이었는데, 특히 광업의 경우 네덜란드에 대한 의존도가 총생산의 11.8%에 달했다.

독일 제조업 생산 과정에 있어서 해외조달 비율은 미국, 일본보다 훨씬 높았다. 이는 그만큼 독일 제조업 생산에 있어서 국제분업구조가 고도화되어 있음을 보여준다. 코크스, 연탄 및 석유정제품(10), 섬유제품, 의복, 가죽·가방·신발(6), 화학물질 및 화학제품(11), 고무 및 플라스틱제품(13), 1차금속제품(15), 컴퓨터, 전자·광학제품(17) 생산 과정에 있어서 해외조달 비율이 매우 높았는데, 특히 코크스, 연탄 및 석유정제품(10)의 경우 그 비율이 76.4%에 달했다(〈표 8-12〉 참조). 독일 제조업 생산 과정에 있어서 주요 해외조달처는 여러 국가로 다양화되어 있는데, 특히 같은 EU회원국인 네덜란드, 프랑스, 벨기에, 영국으로부터의 조달이 많았으며, 비EU회원국으로는 중국, 미국으로부터의 조달 비율이 상대적으로 높았다. 특히 코크스, 연탄 및 석유정제품(10), 1차금속제품(15), 비금속광물제품(14)의 경우 각각 생산 과정에 필요한 투입요소의 42%, 8.7%, 6.7%가 네덜란드에서 조달되었으며, 컴퓨터, 전자·광학제품(17), 전기장비(18)의 경우 각각 5.2%와 3.8%가 중국에서 조

| 표 8-11 | 독일 1차산업 생산물 생산 과정에서 국가별 참여 구조(2014) |

공급국＼산업	농업	임업	어업	광업
브라질	0.5	0.3	0.2	0.1
중국	0.7	0.7	2.1	0.6
독일	79.0	76.5	61.4	68.3
프랑스	1.8	1.2	2.5	1.2
영국	0.9	0.4	1.3	1.1
인도	0.2	0.1	0.9	0.1
일본	0.2	0.2	0.4	0.2
한국	0.2	0.1	0.3	0.1
러시아	0.5	0.4	0.5	2.5
미국	1.4	0.7	1.2	1.7
기타	14.7	19.5	29.2	24.3
(오스트리아)	0.9	1.4	1.3	1.0
(벨기에)	1.8	1.2	1.4	1.2
(네덜란드)	2.9	1.4	2.7	11.8
(폴란드)	1.0	2.7	1.4	0.8

자료 : WIOD 이용 계산

달되었다. 기타 운송장비(21)의 경우 생산 과정에 필요한 투입요소의 39.6%가 해외에서 조달되었는데 이 중 5.8%, 5.2%, 5.6%포인트가 각각 프랑스, 영국, 미국에서 조달되었다.

서비스업 생산 과정에 있어서도 독일의 해외의존도는 대체로 미국이나 일본에 비해 높았다. 일본의 경우와 마찬가지로 서비스업 중 전기, 가스, 증기 및 공기 조절 공급업(24), 건설업(27), 자동차 판매 및 수리업(28), 수상 운송업(32), 항공 운송업(33) 생산 과정에 있어서 상대적으로 해외조달 비율이 높았으며, 그 외에도 수도업(25), 하수, 폐수 및 분뇨 처리업(26), 컴퓨터 프로그래밍, 시스템 통합 및 관리업, 정보 서비스(40) 등에 있어서도 그 비율이 미국이나 일본에서 보다 더 높았다(〈표 8-13〉 참조). 독일 서비스업의 생산 과정에 투입되는 생산요소의 주요 조달처는 미국, 네덜란드, 프랑스, 벨기에인데, 미국에서는 수도업(25), 하수, 폐수 및 분뇨 처리업(26), 영상·오디오 기록물 제작 및 배급업(38), 건축기

표 8-12 ─○ 독일 제조업 생산물 생산 과정에서 국가별 참여 구조(2014)

공급국＼산업	5	6	7	8	9	10	11	12	13	14	15	16	17	18	19	20	21	22	23
브라질	1.2	0.4	0.2	0.2	0.2	0.2	0.2	0.1	0.2	0.1	0.2	0.1	0.1	0.1	0.2	0.1	0.1	0.1	0.1
중국	0.6	3.8	1.1	0.6	1.0	0.3	1.4	1.7	1.6	0.9	0.7	1.1	5.2	3.8	2.6	1.3	1.5	3.2	2.6
독일	79.3	52.9	75.0	66.8	73.4	23.6	54.7	68.1	56.9	73.3	57.3	72.8	58.7	61.7	65.3	66.3	60.4	67.4	64.8
프랑스	1.7	2.9	1.6	2.9	2.3	1.2	4.5	2.7	4.4	1.5	2.9	2.0	2.5	2.4	2.5	2.7	5.8	2.1	3.2
영국	0.5	2.1	0.6	1.1	0.8	2.4	2.1	1.6	2.1	1.0	2.1	1.2	1.6	1.3	1.2	1.2	5.2	1.4	2.4
인도	0.2	1.1	0.1	0.1	0.1	0.1	0.5	0.3	0.6	0.2	0.2	0.2	0.2	0.3	0.3	0.2	0.3	0.2	0.2
일본	0.1	0.5	0.2	0.2	0.4	0.1	0.7	0.5	0.8	0.3	0.3	0.4	2.3	1.3	0.8	0.6	1.0	0.7	1.1
한국	0.0	0.7	0.1	0.1	0.2	0.1	0.5	0.2	0.5	0.1	0.1	0.2	1.2	0.6	0.4	0.5	0.4	0.4	0.5
러시아	0.2	0.3	0.5	0.6	0.5	8.6	1.5	0.3	0.5	1.3	3.0	0.8	0.2	0.5	0.5	0.5	0.4	0.4	0.5
미국	1.1	1.5	1.2	2.1	1.2	0.7	2.8	3.0	3.0	1.9	1.3	1.3	2.7	1.8	1.6	1.0	5.6	1.8	2.9
기타	14.9	33.6	19.5	25.2	19.9	62.7	31.1	21.6	29.4	19.3	31.9	19.8	25.2	26.1	24.7	25.7	19.6	22.2	21.7
(오스트리아)	0.8	2.2	2.3	2.7	2.4	0.7	2.1	1.2	2.1	1.1	2.5	2.0	1.6	2.1	2.3	2.6	1.9	1.9	1.8
(벨기에)	0.9	2.3	1.5	1.7	1.4	2.4	5.8	2.4	4.4	1.6	3.2	1.7	0.9	1.1	1.2	1.0	1.0	1.0	1.1
(네덜란드)	3.3	2.9	1.5	3.0	1.8	42.0	7.1	2.8	4.8	6.7	8.7	1.9	2.1	2.2	2.3	1.6	1.5	2.2	2.2
(폴란드)	1.3	2.7	3.1	2.2	1.5	0.7	1.7	0.9	2.1	1.1	1.9	1.7	1.3	2.1	2.0	2.9	1.6	2.1	1.5

표 8-13 ─○ 독일 주요 서비스업 생산물 생산 과정에서 국가별 참여 구조(2014)

공급국＼산업	24	25	26	27	28	29	30	31	32	33	34	35	36	37	38	39	40	41	42	43	44	45	46	47	48	49	50	51	52	53	54
브라질	0.1	0.0	0.0	0.1	0.0	0.0	0.0	0.0	0.0	0.0	0.0	0.0	0.4	0.0	0.0	0.0	0.0	0.0	0.0	0.0	0.0	0.0	0.0	0.0	0.0	0.0	0.0	0.0	0.0	0.0	0.0
중국	0.6	0.8	0.4	1.3	0.8	0.6	0.5	0.3	0.3	0.2	0.2	0.2	0.5	0.4	0.4	1.2	0.5	1.2	0.6	0.7	1.0	3.1	2.7	1.2	0.7	1.6	1.0	0.7	0.3	1.1	0.5
독일	73.8	80.8	82.4	78.9	81.4	87.1	90.6	87.5	79.9	70.9	89.0	89.9	89.0	89.3	89.8	86.5	83.1	90.5	95.1	91.7	94.1	86.4	84.6	84.1	89.0	87.4	90.9	85.6	91.9	85.5	90.0
프랑스	0.6	1.2	1.3	1.5	1.4	0.6	0.5	0.6	0.9	1.6	0.4	0.3	0.8	0.4	0.3	0.6	0.5	0.4	0.2	0.3	0.3	0.8	1.0	1.0	0.4	0.7	0.6	1.1	0.4	1.0	0.6
영국	0.8	0.9	1.2	0.7	0.8	0.5	0.5	0.4	0.5	1.2	0.3	0.3	0.4	0.8	0.8	0.7	0.8	0.9	0.4	0.8	0.5	0.8	0.9	0.8	0.8	0.9	0.5	1.1	0.3	0.8	0.6
인도	0.1	0.2	0.2	0.2	0.1	0.0	0.0	0.1	0.0	0.0	0.0	0.1	0.1	0.1	0.0	0.1	0.2	0.1	0.0	0.0	0.0	0.0	0.1	0.1	0.1	0.1	0.1	0.1	0.0	0.1	0.1
일본	0.2	0.2	0.2	0.4	0.3	0.2	0.1	0.1	0.4	0.1	0.1	0.0	0.1	0.1	0.1	0.5	0.1	0.1	0.0	0.1	0.1	0.2	0.2	0.3	0.1	0.1	0.1	0.3	0.1	0.2	0.1
한국	0.1	0.1	0.1	0.2	0.1	0.1	0.0	0.0	0.1	0.1	0.0	0.0	0.1	0.3	0.1	0.1	0.1	0.0	0.0	0.1	0.1	0.1	0.1	0.2	0.1	0.1	0.1	0.1	0.1	0.1	0.1
러시아	2.2	0.5	0.2	0.4	0.4	0.4	0.3	0.5	1.1	3.2	0.4	0.5	0.1	0.1	0.1	0.3	0.1	0.0	0.1	0.1	0.1	0.1	0.2	0.2	0.1	0.1	0.1	0.3	0.1	0.1	0.2
미국	0.9	2.7	4.7	1.0	1.0	1.2	1.3	1.2	1.0	1.3	1.2	1.0	0.8	1.3	3.7	2.1	1.3	1.0	0.6	0.8	0.7	1.9	2.5	1.8	3.4	1.6	1.2	1.7	0.9	1.2	1.0
기타	20.7	12.5	9.5	15.4	13.7	9.3	6.2	9.2	15.5	21.2	8.4	7.4	7.7	7.3	4.7	8.0	13.2	5.8	2.9	5.6	3.2	6.6	7.7	10.4	5.3	7.3	5.5	8.9	5.8	9.8	6.9
(벨기에)	0.7	0.8	0.8	1.1	0.9	1.0	0.5	1.0	2.2	5.1	0.9	0.8	0.5	0.4	0.3	0.3	0.3	0.4	0.2	0.3	0.3	1.0	0.8	0.6	0.4	0.8	0.6	0.6	0.3	0.6	0.5
(네덜란드)	10.9	2.7	1.3	1.3	1.0	1.2	1.0	1.2	3.3	6.7	1.0	0.9	1.6	0.4	0.4	0.5	0.5	0.4	0.2	0.2	0.2	0.7	0.7	0.8	0.4	0.7	0.6	1.5	0.5	1.3	0.7

주 : 산업코드별 산업명은 〈부표 2-2〉 참조
자료 : WIOD 이용 계산

술, 엔지니어링 및 기타 기술과학 서비스(46), 광고 및 시장 조사업(48), 그리고 네덜란드
에서는 전기, 가스, 증기 및 공기 조절 공급업(24), 수도업(25), 수상 운송업(32), 항공 운
송업(33) 생산에 필요한 투입요소가 많이 조달되었다. 특히 전기, 가스, 증기 및 공기 조절
공급업(24)과 항공 운송업(33)의 경우 네덜란드로부터의 조달 비율이 각각 10.9%와 6.7%
로 매우 높았다. 한편 독일 서비스업 중 항공 운송업(33), 전기, 가스, 증기 및 공기 조절
공급업(24) 생산의 경우, 러시아에서의 조달 비율 역시 각각 3.2%와 2.2%로 높게 나타났다.

2.4 프랑스

프랑스의 1차산업 중 농업과 수산업 생산의 해외의존도는 독일보다는 낮지만 일본과 미국
보다는 높았다(〈표 8-14〉 참조). 농업과 수산업 생산의 경우 해외조달 비율은 2014년 각
각 19.6%와 33%를 기록했다. 이들 산업 생산 과정에서의 해외조달은 주로 인접국인 독일,
벨기에, 네덜란드, 그리고 미국에서 이루어졌다. 광업 생산에 있어서의 해외조달 역시 독
일에 대한 의존도가 높았다.

　프랑스 제조업 생산에 있어서 해외의존도는 2014년 기준으로 산업에 따라 다소 차이는
있으나 독일과 비슷한 수준이었으며, 미국과 일본에 비해 높았다. 해외조달 비율이 높은
제조업으로는 코크스, 연탄 및 석유정제품(10), 섬유제품, 의복, 가죽·가방·신발(6), 컴
퓨터, 전자·광학제품(17), 전기장비(18), 기타 운송장비(21), 자동차 및 트레일러(20), 고
무 및 플라스틱제품(13) 등을 들 수 있는데, 특히 코크스, 연탄 및 석유정제품(10)과 섬유
제품, 의복, 가죽·가방·신발(6)에 있어서 그 비율이 높았다(〈표 8-15〉 참조). 프랑스 제조
업 생산의 해외조달처는 독일, 네덜란드, 벨기에, 미국, 중국으로 다변화되어 있는데, 특히
독일에 대한 의존도가 높았다. 앞에서 보았듯이 독일 제조업 생산에 있어서와 마찬가지로
프랑스 제조업 생산에 있어서 역시 EU회원국에 대한 의존도가 높았다. 특히 독일 제조업
생산 과정에서 프랑스로부터의 조달 비율이 높았던 산업에 있어서 프랑스의 독일에 대한
의존도가 높다는 점이 눈에 띄는데, 이는 두 국가가 제조업 생산에 있어서 높은 상호의존
내지 상호보완 관계에 있음을 보여준다. 프랑스 제조업 생산 과정 중 독일에서의 조달 비
중이 특히 높은 산업으로는 고무 및 플라스틱제품(13), 자동차 및 트레일러(20), 전기장비
(18), 기타 기계 및 장비(19), 컴퓨터, 전자·광학제품(17), 기타 운송장비(21), 산업용 기계
및 장비 수리업(23) 등을 들 수 있다. 독일 제조업 생산의 해외의존도가 높은 산업 중 네덜

표 8 - 14 ─○ 프랑스 1차산업 생산물 생산 과정에서 국가별 참여 구조(2014)

공급국 \ 산업	농업	임업	어업	광업
브라질	0.4	0.1	0.2	0.2
중국	0.4	0.3	1.0	1.1
독일	3.9	1.5	6.5	5.5
프랑스	80.4	88.9	67.0	73.3
영국	0.8	0.3	1.7	1.2
인도	0.2	0.1	0.3	0.2
일본	0.2	0.1	0.4	0.3
한국	0.1	0.0	0.1	0.1
러시아	0.3	0.1	0.6	0.4
미국	1.4	0.8	2.3	1.9
기타	11.9	7.9	19.8	15.9
(벨기에)	2.0	0.6	2.6	1.6
(네덜란드)	1.4	0.3	2.3	1.8

자료 : WIOD 이용 계산

란드에 대한 의존도가 높은 산업은 코크스, 연탄 및 석유정제품(10), 화학물질 및 화학제품(11)을 들 수 있는데, 특히 코크스, 연탄 및 석유정제품(10)에 있어서 네덜란드로부터의 조달 비율이 15.4%로 매우 높았다. 코크스, 연탄 및 석유정제품(10)의 경우 프랑스에서뿐만 아니라 앞에서 본 독일의 경우에 있어서도 네덜란드에 대한 의존도가 매우 높았는데, 이는 이들 국가의 해당 산업 생산에 있어서 네덜란드가 중요한 역할을 하고 있음을 보여준다. 프랑스 제조업 생산 과정에 있어 영국으로부터의 조달 비율 역시 상당한 편이었으나, 같은 EU회원국인 독일, 네덜란드, 벨기에로부터의 조달 비율에 비해서는 낮았다. 한편 프랑스 제조업 생산 중 미국으로부터의 조달 비율이 높은 산업은 기타 운송장비(21), 의료용 물질 및 의약품(12), 화학물질 및 화학제품(11)을 들 수 있는데, 특히 기타 운송장비(21) 생산에 있어서 그 비율이 12.0%에 달했다. 중국으로부터의 조달 비율이 높은 산업으로는 섬유제품, 의복, 가죽·가방·신발(6), 컴퓨터, 전자·광학제품(17), 전기장비(18) 등을 들 수 있다.

　프랑스 서비스업 생산 과정에서의 해외조달 비율은 2014년 기준으로 제조업에서와 마찬가지로 독일과 비슷한 수준이었다. 서비스업 중 해외조달 비율이 높은 산업은 항공 운송업

표 8-15 ── 프랑스 제조업 생산물 생산 과정에서 국가별 참여 구조(2014)

산업 공급국	5	6	7	8	9	10	11	12	13	14	15	16	17	18	19	20	21	22	23
브라질	0.4	0.2	0.3	0.3	0.3	0.3	0.2	0.1	0.1	0.1	0.1	0.1	0.1	0.1	0.1	0.1	0.2	0.2	0.2
중국	0.4	4.7	1.1	1.4	0.7	0.4	0.8	1.2	1.2	0.8	0.7	1.2	4.6	3.6	2.4	2.1	2.2	2.8	2.1
독일	1.9	6.5	3.7	6.8	7.0	2.2	8.0	6.5	10.6	3.7	6.6	7.6	8.6	9.8	9.0	10.0	8.1	6.8	8.1
프랑스	87.2	46.6	79.5	68.1	71.4	32.0	61.3	65.6	59.8	76.0	66.1	68.5	56.5	56.1	62.3	57.0	56.5	64.3	66.4
영국	0.7	2.3	0.7	1.4	1.4	1.8	1.7	2.2	1.9	1.1	1.8	1.6	1.7	1.8	1.6	1.6	3.0	1.8	1.4
인도	0.1	1.3	0.1	0.3	0.2	0.2	0.5	0.2	0.4	0.1	0.2	0.2	0.3	0.3	0.3	0.3	0.2	0.3	0.2
일본	0.1	0.3	0.1	0.2	0.3	0.1	0.5	0.3	0.7	0.2	0.2	0.3	0.7	0.7	0.6	0.9	0.4	0.3	0.4
한국	0.0	0.7	0.1	0.2	0.1	0.1	0.2	0.1	0.2	0.1	0.1	0.1	0.5	0.4	0.2	0.3	0.2	0.2	0.2
러시아	0.1	0.1	0.2	0.2	0.2	2.9	1.0	0.2	0.5	0.4	0.6	0.3	0.1	0.2	0.2	0.1	0.1	0.2	0.2
미국	0.9	1.3	0.9	1.2	1.5	1.4	3.1	3.2	1.9	1.3	1.3	1.2	2.0	1.7	1.6	1.7	12.0	1.8	1.5
(기타)	8.3	35.9	13.3	19.8	16.8	58.6	22.8	20.4	22.7	16.2	22.4	18.9	24.7	25.2	21.7	25.9	17.1	21.4	19.2
(벨기에)	1.1	3.4	1.9	2.5	2.7	1.1	3.4	3.8	4.1	1.8	3.3	3.2	1.9	2.8	2.4	2.3	1.2	2.5	2.1
(네덜란드)	0.9	1.5	0.6	1.4	1.5	15.4	3.2	1.4	2.7	2.0	2.6	1.2	1.8	1.6	1.5	1.4	1.0	1.4	1.4

표 8-16 ── 프랑스 주요 서비스업 생산물 생산 과정에서 국가별 참여 구조(2014)

산업 공급국	24	25	26	27	28	29	30	31	32	33	34	35	36	37	38	39	40	41	42	43	44	45	46	47	48	49	50	51	52	53	54
브라질	0.1	0.1	0.1	0.1	0.1	0.1	0.1	0.1	0.1	0.2	0.1	0.0	0.5	0.2	0.2	0.1	0.1	0.0	0.0	0.1	0.1	0.1	0.8	1.0	0.1	0.1	0.1	0.1	0.2	0.1	0.1
중국	0.3	0.6	0.5	1.1	1.2	0.7	0.8	0.5	0.7	1.3	0.7	1.0	0.4	0.6	1.0	1.2	0.9	0.2	0.1	0.4	0.3	0.9	0.5	1.0	0.4	1.1	0.7	0.5	0.4	1.5	1.9
독일	1.7	2.9	4.3	4.2	5.3	1.4	2.2	1.6	2.5	3.0	1.7	2.2	1.3	3.5	2.8	2.3	1.8	0.7	0.4	1.0	1.1	1.2	3.5	2.4	1.8	2.7	1.9	2.1	1.2	3.0	2.7
프랑스	75.6	85.5	80.4	79.7	73.0	87.3	85.1	81.6	79.4	65.9	86.6	85.9	89.5	82.7	82.4	84.6	86.2	93.8	95.6	90.6	92.8	90.9	81.2	84.1	84.3	81.8	85.7	84.9	88.7	78.9	79.0
영국	0.8	1.8	2.2	1.0	1.7	1.4	1.4	0.8	1.7	1.6	1.0	1.7	0.8	1.3	1.3	1.7	1.3	0.9	0.8	1.5	1.3	1.5	1.5	2.3	2.7	1.9	2.4	1.8	1.6	1.9	1.7
인도	0.1	0.1	0.1	0.2	0.2	0.1	0.1	0.1	0.3	0.6	0.3	0.2	0.1	0.1	0.2	0.2	0.2	0.1	0.0	0.1	0.1	0.1	0.6	0.1	0.1	0.2	0.2	0.1	0.1	0.1	0.2
일본	0.1	0.1	0.1	0.2	0.2	0.1	0.1	0.1	0.1	0.2	0.2	0.1	0.0	0.1	0.1	0.1	0.1	0.1	0.0	0.1	0.0	0.0	0.1	0.1	0.0	0.2	0.1	0.1	0.1	0.1	0.2
한국	0.0	0.1	0.1	0.2	0.1	0.1	0.1	0.1	0.1	0.1	0.2	0.2	0.1	0.1	0.1	0.1	0.1	0.0	0.0	0.0	0.0	0.0	0.1	0.1	0.0	0.2	0.1	0.1	0.0	0.1	0.1
러시아	0.9	0.1	0.2	0.1	0.1	0.1	0.1	0.1	0.5	1.4	0.5	0.5	0.7	1.5	1.4	1.1	1.2	0.6	0.6	0.9	0.6	1.0	0.9	1.6	2.9	1.7	1.5	2.8	1.1	1.1	1.5
미국	0.6	1.1	1.9	1.3	1.4	1.3	1.6	2.9	2.9	6.1	1.2	0.8	6.5	9.9	10.5	8.4	8.0	3.7	2.4	5.4	3.6	4.4	5.5	8.1	6.4	7.5	10.2	7.3	7.4	12.7	12.6
(기타)	19.8	7.6	10.1	12.0	16.3	7.4	8.5	11.3	11.7	19.6	8.2	7.8	6.5	9.9	10.5	8.4	8.0	3.7	2.4	5.4	3.6	4.4	6.4	8.1	7.5	10.2	7.3	7.4	6.5	12.7	12.6
(벨기에)	0.8	0.8	1.5	1.4	1.2	0.7	1.0	1.2	1.4	2.0	1.0	0.7	0.9	1.3	1.2	0.8	0.5	0.3	0.2	0.4	0.4	0.3	0.6	0.8	1.0	1.2	0.7	0.6	0.7	1.5	0.9
(네덜란드)	4.8	0.6	0.7	0.9	0.8	0.4	0.5	0.8	0.9	1.7	0.5	0.5	0.7	0.6	0.6	0.5	0.4	0.2	0.1	0.3	0.2	0.3	0.4	0.6	0.4	0.6	0.6	0.5	0.5	0.7	0.7

주 : 산업코드별 산업명은 〈부표 2-2〉 참조
자료 : WIOD 이용 계산

(33), 자동차 판매 및 수리업(28), 전기, 가스, 증기 및 공기 조절 공급업(24), 보건업 및 사회복지 서비스업(53), 기타 서비스업(54), 수상 운송업(32), 건설업(27) 등을 들 수 있는데 특히 수상 운송업(32)과 자동차 판매 및 수리업(28)에 있어서 그 비율이 높았다(〈표 8-16〉 참조). 프랑스 서비스업 생산 과정에서의 해외조달은 주로 독일, 영국, 미국에서 이루어졌다. 프랑스 서비스업 중 하수, 폐수 및 분뇨 처리업(26), 건설업(27), 자동차 판매 및 수리업(28) 생산은 독일에 크게 의존하고 있었으며, 항공 운송업(33), 건축기술, 엔지니어링 및 기타 기술과학 서비스(46)에 있어서는 미국, 그리고 전기, 가스, 증기 및 공기 조절 공급업(24)에 있어서는 네덜란드에 대한 의존도가 높았다.

2.5 영국

영국의 1차산업 생산 과정에서의 해외조달 비율은 프랑스에서와 비슷한 비율을 보였다. 농업 생산의 경우 2014년 기준으로 해외조달 비율이 18.6%였으며, 수산업의 경우 그 비율은 24.1%를 기록했다. 영국 1차산업 생산 과정에서의 주요 해외조달처는 독일, 네덜란드, 미국이었다. 광업 생산의 경우 특히 네덜란드에서의 조달 비율이 2014년 4.3%로 높았다(〈표 8-17〉 참조).

영국 제조업 생산의 해외의존도는 프랑스에 있어서의 동 비율에 비해 다소 낮았으나 대체로 비슷한 수준이라 할 수 있다. 영국 제조업 생산 과정에서의 주요 해외조달처는 독일, 프랑스에 있어서와 마찬가지로 EU 역내 국가(특히 독일, 프랑스, 네덜란드), 그리고 미국과 중국이었다. 특히 독일과 프랑스에 대한 의존도가 높았다(〈표 8-18〉 참조). 앞에서 보았듯이 독일과 프랑스 제조업 생산 과정에 있어서 영국에 대한 의존도에 비해 영국 제조업 생산에 있어 독일과 프랑스에 대한 의존도가 더 높은 것을 확인할 수 있는데, 이는 영국 제조업이 독일과 프랑스에 비해 상대적으로 경쟁력이 낮다는 것을 보여준다. 영국 제조업 생산 중 독일에 대한 의존도가 높은 산업은 자동차 및 트레일러(20), 의료용 물질 및 의약품(12), 화학물질 및 화학제품(11), 전기장비(18), 컴퓨터, 전자·광학제품(17), 고무 및 플라스틱제품(13) 등을 들 수 있는데, 특히 자동차 및 트레일러(20)에 있어서 독일에 대한 의존도가 높았다. 영국 제조업 생산에 있어서 미국에 대한 의존도는 독일과 프랑스에 비해 낮은 편이나 기타 운송장비(21)에 있어서는 미국에 대한 의존도가 17.7%로 가장 높았다. 또한 코크스, 연탄 및 석유정제품(10) 생산의 경우 독일, 프랑스에 있어서와 마찬가지로 네덜

| 표 8-17 | 영국 1차산업 생산물 생산 과정에서 국가별 참여 구조(2014) |

공급국 \ 산업	농업	임업	어업	광업
브라질	0.2	0.1	0.1	0.1
중국	0.6	0.7	0.5	0.6
독일	2.2	1.6	1.6	1.3
프랑스	1.3	0.8	1.2	0.7
영국	81.4	82.4	75.9	72.9
인도	0.3	0.2	0.5	0.2
일본	0.2	0.2	0.2	0.1
한국	0.2	0.2	0.3	0.1
러시아	0.4	0.3	0.7	1.3
미국	1.1	1.3	2.5	1.5
기타	12.1	12.1	16.5	21.1
(벨기에)	1.0	0.7	1.2	0.4
(네덜란드)	1.2	0.7	1.1	4.3

자료 : WIOD 이용 계산

란드에 대한 의존도가 매우 높았는데 2014년 그 비율이 9.4%에 달했다.

프랑스에서와 마찬가지로 영국의 서비스업 생산의 해외조달 비율은 미국이나 일본에 비해 더 높았다. 영국 서비스업 생산 중 특히 해외조달 비율은 높은 산업은 항공 운송업 (33), 보건업 및 사회복지 서비스업(53), 통신업(39), 전기, 가스, 증기 및 공기 조절 공급업 (24), 공공 행정, 국방 및 사회보장 행정(51) 등을 들 수 있는데, 특히 통신업(39)의 경우 미국, 일본, 독일, 프랑스 등 주요 선국진들에 비해 그 비율이 상대적으로 크게 높았다(〈표 8-19〉 참조). 서비스업 생산에 있어서도 제조업 생산에서와 마찬가지로 생산의 주요 해외 조달처는 독일, 프랑스, 미국, 네덜란드인데, 특히 독일에서의 조달 비율이 높았다. 영국 서비스업 생산 중 독일에 대한 의존도 높은 산업은 보건업 및 사회복지 서비스업(53), 자동차 판매 및 수리업(28), 통신업(39), 하수, 폐수 및 분뇨 처리업(26)을 들 수 있는데, 특히 보건업 및 사회복지 서비스업(53)에 있어서 그 비율이 높았다. 미국에 대한 의존도가 높은 산업은 항공 운송업(33)과 하수, 폐수 및 분뇨 처리업(26)인데, 특히 항공 운송업(33)에 있어서 그 비율이 높았다. 전기, 가스, 증기 및 공기 조절 공급업(24)의 경우 네덜란드에 대

표 8-18 ● 영국 제조업 생산물 생산 과정에서 국가별 참여 구조(2014)

산업\공급국	5	6	7	8	9	10	11	12	13	14	15	16	17	18	19	20	21	22	23
브라질	0.2	0.1	0.4	0.3	0.2	0.2	0.2	0.1	0.2	0.1	0.5	0.3	0.1	0.2	0.2	0.2	0.2	0.2	0.4
중국	0.5	2.2	2.2	1.0	1.2	0.1	1.4	0.9	1.6	0.9	1.3	1.5	8.5	4.9	2.8	2.3	1.3	3.4	2.4
독일	1.8	3.1	2.7	4.4	3.7	0.6	7.1	7.4	6.6	2.9	5.7	4.8	6.8	7.1	6.4	8.6	3.3	4.4	3.5
프랑스	1.1	1.7	1.2	1.9	1.7	0.5	3.9	3.2	3.4	1.5	2.0	1.6	2.6	2.9	2.3	3.4	2.4	1.9	1.9
영국	86.3	75.2	75.5	77.1	80.1	51.1	64.7	67.9	69.1	78.6	55.7	70.1	53.1	59.9	67.6	62.6	59.0	69.8	78.3
인도	0.2	1.0	0.2	0.2	0.2	0.2	0.5	0.1	0.5	0.2	0.3	0.4	0.4	0.6	0.5	0.5	1.9	0.4	0.3
일본	0.1	0.2	0.2	0.2	0.2	0.1	0.6	0.2	0.5	0.2	0.6	0.6	1.2	1.0	0.8	1.2	1.0	0.5	0.5
한국	0.1	0.7	0.1	0.2	0.1	0.2	0.5	0.1	0.4	0.2	0.3	0.2	1.1	0.5	0.3	0.3	0.3	0.4	0.3
러시아	0.1	0.1	0.5	0.3	0.2	3.2	0.5	0.1	0.3	0.6	3.1	1.7	0.3	0.8	0.8	0.6	0.3	0.6	0.2
미국	0.8	1.2	1.2	1.4	1.4	1.2	2.7	2.8	2.1	1.4	3.1	2.0	2.9	2.4	2.2	1.8	17.7	1.9	1.7
기타	9.0	14.3	15.9	13.0	10.9	42.7	17.8	17.1	15.3	13.4	27.4	16.7	22.9	19.6	16.1	18.6	12.4	16.5	10.5
(벨기에)	0.6	1.5	0.9	1.1	0.9	0.7	2.9	1.9	2.3	1.0	1.3	0.9	0.7	1.3	0.9	1.3	0.8	0.9	0.5
(네덜란드)	0.9	1.2	0.7	1.3	1.1	9.4	3.4	2.4	2.4	2.1	2.4	0.9	2.9	1.9	1.6	1.4	0.8	1.6	1.0

표 8-19 ● 영국 주요 서비스업 생산물 생산 과정에서 국가별 참여 구조(2014)

산업\공급국	24	25	26	27	28	29	30	31	32	33	34	35	36	37	38	39	40	41	42	43	44	45	46	47	48	49	50	51	52	53	54
브라질	0.1	0.1	0.1	0.1	0.0	0.1	0.1	0.1	0.0	0.1	0.1	0.1	0.1	0.1	0.1	0.1	0.2	0.1	0.1	0.0	0.0	0.1	0.1	0.2	0.1	0.1	0.2	0.1	0.1	0.1	0.1
중국	0.5	0.9	0.4	0.8	0.7	0.3	0.3	0.5	0.2	0.3	0.2	0.4	0.2	0.2	0.7	3.3	0.6	0.2	0.1	0.2	0.1	0.2	0.2	0.2	0.4	0.4	0.4	2.1	0.9	1.4	0.5
독일	0.7	2.4	3.0	1.6	3.6	1.2	1.1	1.6	1.8	1.1	0.8	1.4	1.0	1.1	1.1	3.1	1.5	0.9	0.7	0.8	0.6	1.0	0.8	1.7	1.1	1.8	1.8	2.4	1.5	4.2	1.2
프랑스	0.3	1.0	1.8	1.9	1.9	1.1	0.8	1.2	1.5	1.5	1.0	1.6	1.1	0.7	1.6	1.9	2.3	1.3	0.7	0.3	0.3	2.1	1.0	1.7	1.1	3.2	3.0	1.5	1.4	1.9	1.7
영국	77.9	85.9	82.7	89.1	81.8	89.0	89.2	84.9	83.8	74.7	91.0	84.4	89.1	88.1	87.4	77.0	85.6	89.6	90.8	89.7	95.0	88.9	91.9	87.4	89.5	81.2	84.7	79.0	86.2	75.8	88.5
인도	0.1	0.2	0.1	0.2	0.3	0.1	0.1	0.2	0.1	0.6	0.1	0.1	0.1	0.1	0.2	0.2	0.1	0.1	0.1	0.0	0.1	0.1	0.3	0.1	0.1	0.1	0.1	0.3	0.1	0.1	0.1
일본	0.1	0.2	0.1	0.2	0.5	0.1	0.1	0.2	0.2	0.2	0.2	0.2	0.1	0.1	0.5	0.5	0.3	0.1	0.1	0.1	0.0	0.1	0.1	0.3	0.1	0.7	0.3	0.4	0.2	0.2	0.1
한국	0.1	0.1	0.1	0.1	0.1	0.1	0.1	0.2	0.1	0.3	0.1	0.1	0.1	0.1	0.4	0.4	0.3	0.1	0.0	0.1	0.0	0.1	0.1	0.3	0.1	0.6	0.2	0.4	0.2	0.2	0.2
러시아	1.3	0.2	0.1	0.1	0.1	0.2	0.1	0.4	0.4	0.7	0.1	0.2	0.1	0.1	0.1	0.2	0.1	0.1	0.0	0.1	0.0	0.1	0.1	0.1	0.1	0.1	0.1	0.2	0.1	0.0	0.1
미국	0.5	1.2	3.5	0.6	1.2	1.1	0.8	1.2	2.0	6.1	1.2	2.2	0.7	1.9	2.6	1.5	1.1	1.5	1.1	2.0	0.6	0.9	1.1	1.4	1.3	1.3	1.1	3.2	1.0	1.8	1.0
기타	18.5	7.7	8.1	6.3	9.6	6.6	7.2	9.4	10.4	14.5	5.4	9.2	7.3	7.5	6.2	11.9	8.0	6.1	6.2	6.0	3.2	6.4	4.4	6.8	6.2	10.6	8.2	10.5	8.2	14.2	6.5
(벨기에)	0.2	0.6	0.8	0.4	0.7	0.5	0.4	0.8	0.5	1.1	0.4	0.6	0.6	0.4	0.5	0.8	0.5	0.4	0.3	0.2	0.2	0.3	0.3	0.6	0.5	0.6	0.6	0.5	0.5	1.0	0.5
(네덜란드)	4.2	0.8	1.6	0.6	0.7	0.6	0.4	0.7	1.1	1.1	0.6	1.0	0.9	0.4	0.5	1.6	0.5	0.5	0.3	0.6	0.1	0.4	0.3	0.4	0.6	0.6	0.6	1.1	0.6	1.4	0.5

주 : 산업코드별 산업명은 〈부표 2-2〉 참조
자료 : WIOD 이용 계산

한 의존도가 2014년 4.2%로 해외 국가 중 가장 높았다.

3 주요 신흥국 생산의 국가 간 상호의존 관계

3.1 중국

중국의 생산 과정에 있어서 해외조달 비율은 2014년 기준으로 전체적으로 앞에서 살펴본 주요 선진국들에 비해 매우 낮았다(〈표 8-20〉~〈표 8-22〉 참조). 이는 중국의 산업 생산 과정에서 필요한 대부분을 중국 자체적으로 조달한다는 것을 의미한다. 이는 중국이 주요 선진국들에 비해 더 자립적인 경제라는 것을 가리킬까? 아니면 중국이 주요 선진국들에 비해 국제적인 생산분할(또는 생산분업) 과정에 깊숙이 개입되지 못하고 있다는 것을 의미할까? 주요 선진국 산업 생산 과정에 필요한 투입요소의 해외조달 비율에 있어서 중국에 대한 높은 의존도를 통해 알 수 있듯이 중국은 주요 선진국들의 생산 과정에 깊숙이 개입되어 있다. 이는 중국이 국제 생산분할 과정에서 중요한 역할을 하고 있음을 의미한다. 그렇다면 왜 정작 중국의 생산 과정에서 해외조달 비율이 낮은 것일까? 중국의 경우 세계 주요 국가들의 주요 산업분야에서 중국에 대한 직접투자가 많이 이루어져 최종소비재뿐만 아니라 중국 내 생산에 필요한 자본재 및 중간재의 많은 부분이 중국 자체적으로 공급되고 있다. 또한 그렇게 생산된 중간재의 많은 부분이 주요 선진국들의 생산 과정에 투입되고 있다. 그러한 이유로 중국의 생산 과정에서 해외조달 비율이 낮은데, 주요 선진국들의 생산 과정에서 중국에서의 조달 비율은 높을 수 있다. 즉 중국 산업 생산 과정에서의 높은 자체조달 비율에는 중국 진출 다국적 기업들이 생산한 부분이 많이 포함되어 있는 것이다. 이러한 논리는 외국인직접투자를 많이 유치하고 있는 국가들에서 동일하게 적용되는 것인데, 특히 세계에서 가장 많은 외국인직접투자를 유치하고 있는 중국에 대해서는 더욱 그러하다.

중국의 생산 과정에서 해외조달 비율은 1차산업, 제조업, 서비스업 구분 없이 거의 모든 산업에 있어서 여타 주요 국가들에 비해 낮은데, 특히 제조업에 있어서 낮은 해외조달 비율은 중국에 대한 외국인직접투자와 깊은 관계가 있다. 한편 중국에 대한 직접투자가 주로 제조업에 집중되었다는 점을 고려할 때 1차산업과 서비스업 생산에 있어서 낮은 해외조달 비율은 외국인직접투자로 설명하는 데 한계가 있다. 해당 분야에 있어서 해외조달 비

표 8-20 ── 중국 1차산업 생산물 생산 과정에서 국가별 참여 구조(2014)

공급국 \ 산업	농업	임업	어업	광업
브라질	0.6	0.3	0.3	0.2
중국	96.0	92.1	97.8	91.7
독일	0.1	0.2	0.1	0.3
프랑스	0.0	0.1	0.1	0.1
영국	0.0	0.0	0.0	0.1
인도	0.1	0.1	0.0	0.0
일본	0.2	0.2	0.1	0.3
한국	0.4	0.4	0.1	0.3
러시아	0.0	0.1	0.0	0.4
미국	0.5	0.4	0.3	0.2
기타	2.1	6.2	1.2	6.4
(호주)	0.2	0.1	0.1	0.9

자료 : WIOD 이용 계산

율이 낮은 것은 미국과 마찬가지로 중국의 경제규모가 충분히 커서 생산에 필요한 많은 부분을 자체적으로 공급할 수 있을 뿐만 아니라 해당 산업들에 대한 중국 정부의 개방의지가 아직까지 크지 않기 때문으로 보인다. 중국이 주요 선진국들에 비해 생산 과정에서의 해외조달 비율이 대체적으로 낮은 것은 사실이나 제조업 중 코크스, 연탄 및 석유정제품 (10), 컴퓨터, 전자·광학제품(17), 1차금속제품(15), 서비스업 중 항공 운송업(33), 컴퓨터 프로그래밍, 시스템 통합 및 관리업, 정보 서비스(40), 전기, 가스, 증기 및 공기 조절 공급업(24), 기타 전문, 과학 및 기술 서비스(49) 등에 있어서는 중국 내 여타 산업들에 비해서 그 비율이 상대적으로 높았다(〈표 8-21〉, 〈표 8-22〉 참조). 해외조달 비율이 높은 제조업에 있어서는 한국, 일본, 독일, 미국이 주요 조달처인데, 특히 앞에서 살펴본 주요 선진국들에서와 달리 한국과 일본으로부터의 조달 비율이 높은 것이 특징이다. 해외조달 비율이 2014년 16.1%로 가장 높았던 컴퓨터, 전자·광학제품(17)의 경우 한국에서의 조달 비율이 2.8%, 일본에서의 조달 비율이 1.2%로 여타 조달처들에 비해 월등히 높았다. 다만 코크스, 연탄 및 석유정제품(10)에 있어서는 주요 선진국들에 있어서서와 마찬가지로 산유국인 러시아와 호주에 대한 의존도가 높았다. 서비스업 중 통신업(39), 기타 전문, 과학 및 기술 서비스(49)에 있어서도 한국에서의 조달 비율이 여타 국가에서의 조달 비율보다 높았다

표 8-21 ○── 중국 제조업 생산물 생산 과정에서 국가별 참여 구조(2014)

산업\공급국	5	6	7	8	9	10	11	12	13	14	15	16	17	18	19	20	21	22
브라질	0.7	0.3	0.1	0.4	0.4	0.5	0.1	0.4	0.0	0.1	0.2	0.1	0.0	0.0	0.0	0.0	0.0	0.1
중국	97.0	96.8	94.9	92.7	95.1	83.0	92.9	96.3	93.6	93.7	89.8	94.8	83.9	93.5	93.6	95.7	93.7	94.2
독일	0.1	0.1	0.1	0.2	0.2	0.1	0.2	0.2	0.3	0.2	0.2	0.3	0.3	0.5	0.6	0.9	0.7	0.2
프랑스	0.0	0.0	0.0	0.1	0.1	0.0	0.1	0.1	0.1	0.0	0.0	0.1	0.1	0.1	0.1	0.1	0.6	0.1
영국	0.0	0.0	0.0	0.0	0.0	0.1	0.1	0.1	0.0	0.0	0.1	0.1	0.0	0.1	0.0	0.1	0.2	0.1
인도	0.1	0.1	0.1	0.3	0.4	0.1	0.5	0.1	0.1	0.0	0.3	0.1	0.0	0.0	0.0	0.0	0.0	0.1
일본	0.0	0.2	0.2	0.5	0.3	0.2	0.9	0.2	0.7	0.3	0.3	0.5	1.2	0.8	0.7	0.7	0.6	0.3
한국	0.0	0.4	0.1	0.2	0.2	1.1	0.2	0.0	0.9	0.3	0.4	0.3	2.8	0.8	0.7	0.5	0.6	0.5
러시아	0.0	0.0	0.1	0.2	0.5	0.2	0.4	0.5	0.1	0.3	0.2	0.1	0.0	0.0	0.0	0.0	0.0	0.1
미국	0.5	0.3	0.3	0.6	0.5	0.2	0.4	0.5	0.4	0.2	0.2	0.2	0.3	0.2	0.3	0.2	0.4	0.3
기타	1.5	1.7	4.2	5.0	2.7	14.8	4.6	1.9	3.8	4.8	8.3	3.5	11.3	3.9	3.7	1.8	3.1	4.1
(호주)	0.2	0.1	0.1	0.1	0.0	2.5	0.3	0.1	0.1	0.6	1.0	0.3	0.0	0.2	0.1	0.1	0.1	0.1

표 8-22 ○── 중국 주요 서비스업 생산물 생산 과정에서 국가별 참여 구조(2014)

산업\공급국	24	25	26	27	29	30	31	32	33	34	35	36	39	40	41	42	44	45	47	49	50	51	52	53	54
브라질	0.2	0.0	0.0	0.0	0.1	0.1	0.0	0.0	0.0	0.2	0.0	0.2	0.1	0.1	0.1	0.0	0.1	0.1	0.1	0.0	0.2	0.0	0.1	0.0	0.1
중국	92.5	97.0	95.3	96.3	96.6	96.6	97.5	97.1	91.2	95.6	94.9	98.1	94.7	91.7	95.2	96.0	97.3	94.1	93.7	92.8	95.4	95.0	94.3	98.0	94.4
독일	0.1	0.5	0.4	0.2	0.4	0.4	0.3	0.3	0.5	0.2	0.4	0.0	0.3	0.3	0.3	0.1	0.2	0.4	0.3	0.2	0.3	0.2	0.2	0.2	0.3
프랑스	0.0	0.1	0.1	0.1	0.1	0.1	0.1	0.2	0.6	0.1	0.4	0.0	0.1	0.1	0.0	0.0	0.0	0.1	0.1	0.1	0.1	0.1	0.1	0.1	0.1
영국	0.0	0.0	0.0	0.1	0.0	0.1	0.0	0.0	0.2	0.0	0.1	0.0	0.0	0.0	0.0	0.0	0.1	0.1	0.0	0.0	0.0	0.1	0.0	0.0	0.1
인도	0.0	0.2	0.3	0.4	0.2	0.1	0.2	0.1	0.3	0.2	0.2	0.0	0.5	0.5	0.1	0.0	0.0	0.4	0.5	0.5	0.3	0.2	0.2	0.1	0.4
일본	0.2	0.2	0.4	0.3	0.2	0.2	0.3	0.2	0.6	0.3	0.3	0.0	0.7	1.2	0.2	0.0	0.1	0.6	0.8	1.1	0.4	0.3	0.4	0.1	0.6
한국	0.3	0.2	0.4	0.4	0.4	0.4	0.2	0.3	0.6	0.3	0.3	0.3	0.0	0.5	0.1	0.0	0.0	0.4	0.5	0.5	0.3	0.4	0.4	0.1	0.0
러시아	0.4	0.4	0.4	0.3	0.4	0.4	0.3	0.3	0.1	0.3	0.3	0.3	0.0	0.0	0.1	0.0	0.0	0.0	0.0	0.0	0.0	0.2	0.0	0.0	0.0
미국	0.1	0.4	0.4	0.2	0.4	0.4	0.4	0.2	2.2	0.7	0.9	0.3	0.2	0.4	0.4	0.2	0.3	0.5	0.5	0.3	0.4	0.8	0.8	0.2	0.4
기타	6.1	1.6	2.9	2.4	2.0	2.0	1.4	1.6	4.3	2.5	2.6	1.2	3.3	5.8	3.4	3.4	1.8	3.6	3.9	4.9	2.8	3.2	3.7	1.2	3.6
(호주)	0.9	0.0	0.1	0.1	0.1	0.1	0.0	0.0	0.0	0.1	0.1	0.1	0.1	0.0	0.2	0.1	0.1	0.1	0.1	0.0	0.1	0.1	0.1	0.0	0.1

주 : 산업코드별 산업명은 〈부표 2-2〉 참조
자료 : WIOD 이용 계산

(〈표 8-22〉 참조). 서비스업의 경우 해외조달 비율이 대체적으로 낮은데, 주로 한국과 미국에서의 조달 비율이 상대적으로 높았다.

3.2 인도

인도 역시 중국과 마찬가지로 1차산업 생산에 있어 해외조달 비율이 낮았으나 중국보다는 더 높았다. 1차산업 생산에 있어 해외조달은 주로 중국에 집중되어 있었다(〈표 8-23〉 참조). 다만 수산업 생산에 있어서는 중국과 더불어 영국에서의 조달 비율이 높았다. 인도 제조업 역시 중국과 마찬가지로 주요 선진국들에 있어서에 비해 해외조달 비율이 낮았으나, 중국에 비해서는 대체로 더 높았다. 코크스, 연탄 및 석유정제품(10), 1차금속제품(15), 기타 운송장비(21)에 있어서는 해외조달 비율이 30%를 넘었는데, 특히 코크스, 연탄 및 석유정제품(10)의 경우 그 비율이 70%에 달했다(〈표 8-24〉 참조). 제조업 생산 과정에서의 해외조달은 주로 중국, 미국, 한국 등에 집중되었는데, 특히 중국에 대한 의존도가 높았다. 제조업 중 해외조달 비율이 높은 산업 중 하나인 기타 운송장비(21)의 경우, 중국뿐만 아니라 영국에서의 조달 비율 역시 높았는데 2014년 해외조달 비율 30.7% 중 중국과 영국에서의 조달 비율은 각각 6.4%와 6.6%포인트에 달했다. 인도 제조업 생산의 해외조달에 있어서 또 다른 특징은 코크스, 연탄 및 석유정제품(10)의 경우 호주와 인도네시아에서의 조달 비

표 8-23 ─○ 인도 1차산업 생산물 생산 과정에서 국가별 참여 구조(2014)

공급국＼산업	농업	임업	어업	광업
브라질	0.1	0.2	0.1	0.2
중국	0.7	0.8	3.4	1.6
독일	0.2	0.3	0.2	0.7
프랑스	0.0	0.1	0.5	0.2
영국	0.0	0.2	3.2	0.3
인도	95.7	94.2	85.0	87.6
일본	0.1	0.2	0.2	0.4
한국	0.3	0.3	0.3	0.6
러시아	0.0	0.0	0.1	0.1
미국	0.2	0.4	0.9	1.2
기타	2.7	3.3	6.1	7.2

자료 : WIOD 이용 계산

표 8-24 ─○ 인도 제조업 생산물 생산 과정에서 국가별 참여 구조(2014)

공급국 \ 산업	5	6	7	8	9	10	11	12	13	14	15	16	17	18	19	20	21	22
브라질	0.3	0.2	0.1	0.1	0.1	0.7	0.2	0.2	0.1	0.2	0.4	0.4	0.3	0.3	0.4	0.2	0.2	0.2
중국	0.2	1.6	0.5	1.4	2.3	0.1	3.0	3.0	2.9	0.8	1.1	2.3	4.9	2.9	3.0	2.6	6.4	1.4
독일	0.1	0.2	0.2	0.6	0.7	0.0	0.7	0.6	0.7	0.2	0.3	0.6	0.8	0.8	1.2	1.5	0.7	0.3
프랑스	0.0	0.1	0.1	0.2	0.2	0.0	0.2	0.2	0.2	0.1	0.1	0.2	0.3	0.3	0.3	0.3	1.0	0.1
영국	0.0	0.1	0.0	0.1	0.1	0.0	0.1	0.1	0.2	0.1	0.8	1.3	0.3	0.7	0.9	0.6	6.6	0.1
인도	95.8	93.6	91.5	85.6	87.6	30.0	79.6	85.2	86.1	79.2	67.5	79.4	83.0	84.8	82.8	85.1	69.3	86.0
일본	0.0	0.1	0.1	0.2	0.2	0.0	0.4	0.4	0.4	0.1	0.6	1.1	0.7	0.9	1.0	1.3	0.8	0.2
한국	0.1	0.3	0.2	0.6	0.8	0.1	1.2	1.0	1.0	0.2	0.7	1.3	1.8	1.1	1.1	1.5	0.9	0.3
러시아	0.0	0.1	0.1	0.4	0.4	0.5	0.2	0.1	0.1	0.1	0.4	0.5	0.1	0.3	0.4	0.2	0.3	0.1
미국	0.2	0.3	0.4	1.0	1.3	0.4	1.0	0.9	0.7	0.4	0.7	1.0	0.7	0.8	1.3	0.8	2.2	0.8
기타	3.3	3.5	6.9	9.9	6.3	68.2	13.5	8.3	7.6	18.6	27.3	12.0	7.0	7.1	7.7	6.0	11.6	10.6
(호주)	0.1	0.1	0.1	0.2	0.1	2.1	0.2	0.1	0.1	0.5	1.2	1.0	0.1	0.5	0.6	0.3	0.4	0.2
(인도네시아)	1.1	0.1	0.1	0.5	0.5	1.3	0.5	0.4	0.3	0.5	0.5	0.2	0.2	0.2	0.1	0.2	0.2	0.1

표 8-25 ─○ 인도 주요 서비스업 생산물 생산 과정에서 국가별 참여 구조(2014)

공급국 \ 산업	24	25	27	28	29	30	31	32	33	34	36	39	40	41	42	44	45	46	50	52	53	54
브라질	0.2	0.7	0.3	0.5	0.5	0.5	0.5	0.3	0.1	0.4	0.4	0.1	1.1	0.2	0.1	0.0	0.3	3.3	0.8	0.2	0.1	1.0
중국	0.7	0.4	1.0	0.6	0.6	0.6	1.1	4.4	1.3	0.8	0.3	5.5	0.6	0.7	1.1	0.2	1.8	1.5	0.9	0.5	3.1	1.6
독일	0.2	0.2	0.3	0.2	0.2	0.2	0.4	0.5	0.3	0.3	0.1	0.5	0.3	0.2	0.4	0.0	0.3	0.8	0.3	0.1	0.6	0.3
프랑스	0.1	0.1	0.1	0.1	0.1	0.1	0.2	0.7	0.1	0.1	0.0	0.3	0.2	0.1	0.1	0.0	0.4	0.6	0.2	0.1	0.2	0.2
영국	0.0	0.0	0.3	0.0	0.0	0.0	0.5	4.1	0.6	0.1	0.0	0.4	0.7	0.1	0.2	0.0	0.9	0.4	0.0	0.3	0.2	0.5
인도	77.8	95.7	91.0	95.9	95.9	95.9	91.0	78.5	90.6	95.4	94.7	80.4	89.0	95.7	94.1	99.3	91.2	84.0	94.3	95.1	84.5	89.5
일본	0.1	0.1	0.4	0.1	0.1	0.1	0.3	0.4	0.2	0.1	0.0	0.6	0.1	0.1	0.3	0.0	0.1	0.2	0.2	0.1	0.4	0.1
한국	0.2	0.2	0.4	0.2	0.2	0.2	0.5	0.6	0.3	0.3	0.1	2.3	0.3	0.3	0.4	0.0	0.3	0.8	0.5	0.1	1.2	0.5
러시아	0.2	0.0	0.1	0.0	0.0	0.0	0.0	0.1	0.0	0.1	0.0	0.1	0.0	0.0	0.1	0.0	0.1	0.0	0.0	0.0	0.2	0.0
미국	0.2	0.7	0.4	0.6	0.6	0.6	0.8	1.7	1.0	0.5	0.1	1.1	2.6	0.7	0.5	0.0	2.0	3.1	0.7	1.2	1.0	1.2
기타	20.2	1.7	5.7	1.8	1.8	1.8	4.8	8.7	5.5	2.0	4.3	8.7	5.0	1.9	2.7	0.4	2.6	5.3	2.0	2.3	8.7	5.0

주 : 산업코드별 산업명은 〈부표 2-2〉 참조
자료 : WIOD 이용 계산

율이 높다는 점이다(중동 국가에서의 조달 비율은 〈표 8-24〉에서 기타에 포함됨). 이는 이들 두 국가가 산유국이고 인도와 지리적으로 근접해 있다는 점 등이 반영된 것으로 보인다.

인도 서비스업 생산에 있어서 해외조달 비율은 중국 서비스업에서와 마찬가지로 그리 높지 않은데, 상대적으로 높은 산업은 전기, 가스, 증기 및 공기 조절 공급업(24), 수상 운송업(32), 통신업(39), 건축기술, 엔지니어링 및 기타 기술과학 서비스(46), 보건업 및 사회복지 서비스업(53) 등이다(〈표 8-25〉 참조). 이들 산업 생산에 있어서 해외조달은 주로 중국, 미국, 한국에서 이루어졌다. 서비스업 중 통신업(39)의 경우 해외조달 비율이 약 20%인데 이 중 중국, 한국, 미국의 비율이 각각 5.5%, 2.3%, 1.1%포인트였다. 서비스업 생산 중 해외조달 비율이 높은 산업 중 또 하나인 수상운송업(32)의 경우에 중국, 영국, 미국의 비율이 2014년 각각 4.4%, 4.1%, 1.7%를 기록했다.

3.3   브라질

브라질 산업 생산에 있어서 해외조달 비율은 산업에 따라 다소 차이는 있지만 대체적으로 인도의 산업 생산에 있어서와 비슷하다. 브라질 1차산업 중에서는 농업 생산에 있어 해외조달 비율이 2014년 17.6%로 중국과 인도에 비해 더 높았는데, 그중 3.6%포인트가 미국에서 조달되었다(〈표 8-26〉 참조). 브라질 제조업 생산에 있어서 해외조달 비율이 높은 산

표 8-26 ─○ 브라질 1차산업 생산물 생산 과정에서 국가별 참여 구조(2014)

공급국＼산업	농업	임업	어업	광업
브라질	82.4	91.1	91.1	83.4
중국	1.7	0.4	0.4	1.0
독일	1.3	0.3	0.3	0.7
프랑스	0.7	0.5	0.5	0.5
영국	0.2	0.0	0.0	0.2
인도	0.7	0.3	0.3	0.3
일본	0.2	0.1	0.1	0.2
한국	0.3	0.1	0.1	0.3
러시아	0.4	0.1	0.1	0.1
미국	3.6	1.2	1.2	1.8
기타	8.5	5.8	5.8	11.6

자료 : WIOD 이용 계산

표 8-27 ◦─ 브라질 제조업 생산물 생산 과정에서 국가별 참여 구조(2014)

산업 공급국	5	6	7	8	9	10	11	12	13	14	15	16	17	18	19	20	21	22
브라질	95.2	86.1	91.8	88.4	86.6	80.3	80.9	86.8	81.8	87.6	84.8	86.7	63.2	83.6	81.0	84.4	65.8	80.1
중국	0.3	4.8	0.6	0.9	1.6	0.3	1.7	1.8	2.0	0.9	0.8	1.8	9.4	3.5	3.6	1.5	1.9	3.1
독일	0.2	0.5	0.5	0.9	0.9	0.2	1.3	1.3	1.4	0.6	0.5	1.0	0.8	1.5	2.1	1.4	0.9	1.5
프랑스	0.1	0.3	0.5	0.5	0.6	0.1	0.7	0.8	0.7	0.4	0.4	0.4	0.4	0.6	0.6	0.7	1.3	0.7
영국	0.0	0.1	0.1	0.1	0.1	0.0	0.2	0.4	0.2	0.1	0.1	0.2	0.1	0.3	0.6	0.2	2.1	0.7
인도	0.1	0.4	0.2	0.3	0.2	0.8	0.8	0.3	0.7	0.3	0.2	0.3	0.1	0.3	0.3	0.3	0.3	0.3
일본	0.1	0.1	0.1	0.1	0.2	0.0	0.2	0.1	0.3	0.1	0.2	0.5	0.8	0.6	0.7	0.9	1.1	0.7
한국	0.1	0.4	0.1	0.2	1.0	0.1	0.4	0.2	0.5	0.1	0.2	0.4	10.0	0.9	0.9	1.1	0.5	0.8
러시아	0.0	0.1	0.1	0.2	0.1	0.1	0.4	0.1	0.4	0.1	0.2	0.4	0.0	0.3	0.1	0.1	0.1	0.1
미국	0.7	1.1	1.1	1.8	1.5	2.6	3.9	2.0	3.2	1.5	0.9	1.2	2.5	1.6	2.7	1.1	16.2	4.6
기타	3.3	6.1	4.9	6.7	7.2	15.4	9.6	6.3	8.9	8.2	11.7	7.1	12.6	6.8	7.5	8.2	9.7	7.4

표 8-28 ◦─ 브라질 주요 서비스업 생산물 생산 과정에서 국가별 참여 구조(2014)

산업 공급국	24	25	27	28	29	30	31	32	33	34	36	37	38	39	40	41	44	45	46	47	50	51	52	53	54
브라질	91.7	89.0	89.9	88.2	94.0	94.0	88.9	88.3	84.3	91.0	94.9	92.0	92.6	94.3	86.7	95.3	94.7	94.2	85.9	96.4	89.5	92.9	91.0	89.8	85.8
중국	0.6	0.7	1.5	0.8	0.3	0.3	0.4	0.3	0.3	0.3	0.3	0.2	0.6	0.2	1.6	0.2	0.5	0.5	1.7	0.2	1.1	0.2	0.6	1.5	0.9
독일	0.5	0.5	0.7	1.0	0.3	0.3	0.4	0.4	0.2	0.4	0.2	0.4	0.2	0.1	0.3	0.1	0.3	0.2	0.6	0.1	0.5	0.2	0.3	0.7	0.4
프랑스	0.2	0.4	0.3	0.6	0.2	0.2	0.2	0.3	0.2	0.4	0.1	0.3	0.1	0.1	0.2	0.1	0.1	0.1	0.4	0.1	0.3	0.1	0.2	0.5	0.2
영국	0.1	0.1	0.2	0.1	0.1	0.1	0.1	0.1	0.1	0.1	0.1	0.0	0.1	0.0	0.0	0.1	0.1	0.1	0.1	0.2	0.1	0.1	0.1	0.3	0.2
인도	0.2	0.2	0.2	0.3	0.1	0.1	0.8	0.3	0.9	0.3	0.1	0.0	0.0	0.0	0.0	0.0	0.1	0.0	0.3	0.0	0.1	0.1	0.1	0.1	0.1
일본	0.1	0.1	0.3	0.6	0.0	0.0	0.2	0.1	0.1	0.0	0.0	0.0	0.1	0.1	0.1	0.0	0.1	0.1	0.1	0.0	0.1	0.0	0.1	0.1	0.1
한국	0.2	0.2	0.3	0.7	0.1	0.0	0.2	0.1	0.1	0.0	0.0	0.1	0.5	0.1	1.7	0.1	0.1	0.3	1.7	0.1	0.6	0.1	0.4	0.2	0.4
러시아	0.0	0.1	0.1	0.0	0.0	0.0	0.0	0.0	0.0	0.0	0.0	0.0	0.0	0.0	0.0	0.0	0.1	0.0	0.0	0.0	0.1	0.0	0.0	0.0	0.0
미국	0.9	1.1	1.0	1.0	0.8	0.8	2.6	1.8	2.7	1.0	0.4	0.5	0.5	0.2	0.8	0.6	0.9	0.6	1.3	0.5	1.1	0.7	0.9	0.9	1.8
기타	5.7	7.7	5.4	6.6	4.1	4.1	6.0	8.5	11.2	6.2	3.9	6.4	5.3	4.8	8.5	3.6	3.2	3.8	7.8	2.5	6.4	5.5	6.3	6.0	10.0

주 : 산업코드별 산업명은 <부표 2-2> 참조
자료 : WIOD 이용 계산

업은 컴퓨터, 전자·광학제품(17), 기타 운송장비(21), 가구, 기타 제품(22), 코크스, 연탄 및 석유정제품(10), 화학물질 및 화학제품(11), 기타 기계 및 장비(19), 고무 및 플라스틱제품(13) 등인데, 특히 컴퓨터, 전자·광학제품(17)과 기타 운송장비(21)에 있어서 그 비율이 높았다(〈표 8-27〉 참조). 국가별로는 중국, 미국, 독일에서의 조달 비율이 높았다. 브라질 제조업 중 해외조달 비율이 2014년 36.8%로 가장 높았던 산업인 컴퓨터, 전자·광학제품(17)의 경우, 한국, 중국, 미국에서의 조달 비율이 높았는데 국가별 비율이 각각 10.0%, 9.4%, 2.5%에 달했다. 컴퓨터, 전자·광학제품(17) 다음으로 해외조달 비율이 높은 기타 운송장비(21)의 경우 미국에서의 조달 비율이 2014년 16.2%로 압도적으로 높았다. 브라질 서비스업 생산에 있어서 해외조달 비율은 인도 서비스업 생산에 있어서에 비해 다소 낮았다. 브라질 서비스업 생산에 있어서 해외조달은 주로 미국과 중국에 집중되었는데 컴퓨터 프로그래밍, 시스템 통합 및 관리업, 정보 서비스(40)와 건축기술, 엔지니어링 및 기타 기술 과학 서비스(46)의 경우, 한국에서의 조달 비율이 상대적으로 높았다(〈표 8-28〉 참조).

3.4   러시아

러시아의 산업 생산에 있어서 해외조달 비율은 2014년 기준으로 대체로 인도와 브라질에 있어서와 비슷하였다. 농업 생산에 있어서의 해외조달 비율은 2014년 13.9%로 브라질과

표 8-29　──○   러시아 1차산업 생산물 생산 과정에서 국가별 참여 구조(2014)

공급국 \ 산업	농업	임업	어업	광업
브라질	0.3	·	·	0.0
중국	1.0	·	·	0.8
독일	1.6	·	·	1.6
프랑스	0.4	·	·	0.3
영국	0.3	·	·	0.2
인도	0.2	·	·	0.0
일본	0.2	·	·	0.1
한국	0.5	·	·	0.4
러시아	86.1	·	·	91.9
미국	0.3	·	·	0.2
기타	9.2	·	·	4.3

자료 : WIOD 이용 계산

표 8-30 러시아 제조업 생산물 생산 과정에서 국가별 참여 구조(2014)

공급국\산업	5	6	7	8	9	10	11	12	13	14	15	16	17	18	19	20	21	22
브라질	0.5	0.1	0.0	0.0	·	0.0	0.0	·	0.0	0.0	0.0	·	0.0	·	0.0	0.1	·	0.0
중국	0.4	12.8	1.1	1.4	·	0.3	1.8	·	4.0	0.9	0.6	·	1.6	·	1.9	2.8	·	3.0
독일	0.6	2.5	1.7	2.3	·	0.5	3.3	·	3.6	1.2	0.9	·	2.5	·	4.0	7.2	·	2.2
프랑스	0.2	0.5	0.4	0.3	·	0.1	1.0	·	1.1	0.3	0.2	·	0.5	·	0.7	1.9	·	0.4
영국	0.2	1.3	0.3	0.3	·	0.1	0.6	·	0.8	0.2	0.2	·	0.4	·	0.5	0.6	·	0.5
인도	0.1	0.3	0.0	0.0	·	0.0	0.1	·	0.2	0.0	0.0	·	0.1	·	0.1	0.2	·	0.1
일본	0.0	0.2	0.2	0.1	·	0.0	0.2	·	0.2	0.1	0.1	·	0.2	·	0.5	2.4	·	0.1
한국	0.1	2.2	0.4	0.3	·	0.1	0.7	·	1.1	0.3	0.2	·	0.5	·	1.0	4.1	·	0.6
러시아	93.2	55.3	90.6	88.9	·	96.4	83.5	·	76.4	92.5	93.6	·	86.8	·	82.2	66.9	·	83.9
미국	0.1	0.5	0.2	0.2	·	0.1	0.4	·	0.4	0.1	0.1	·	0.3	·	0.5	0.7	·	0.3
기타	4.6	24.4	5.2	6.1	·	2.4	8.4	·	12.2	4.4	4.0	·	7.0	·	8.6	13.1	·	8.8

표 8-31 러시아 주요 서비스업 생산물 생산 과정에서 국가별 참여 구조(2014)

공급국\산업	24	27	28	29	30	31	32	33	34	36	39	41	44	50	51	52	53	54
브라질	0.0	0.0	0.0	0.0	0.0	0.0	0.0	0.0	0.0	0.2	0.0	0.0	0.0	0.0	0.0	0.1	0.1	0.0
중국	0.6	1.4	0.8	0.8	0.8	1.1	1.1	1.1	1.1	0.8	0.4	1.2	0.7	0.5	1.2	0.7	1.1	0.7
독일	1.0	2.1	1.1	1.1	1.1	1.9	1.9	1.9	1.9	0.8	0.6	1.6	0.9	0.9	1.6	0.7	1.2	0.9
프랑스	0.2	0.4	0.2	0.2	0.2	0.4	0.4	0.4	0.4	0.2	0.2	0.2	0.2	0.2	0.2	0.1	0.3	0.2
영국	0.2	0.3	0.2	0.2	0.2	0.3	0.3	0.3	0.3	0.1	0.3	0.3	0.2	0.1	0.3	0.2	0.3	0.2
인도	0.0	0.1	0.0	0.0	0.0	0.2	0.2	0.2	0.2	0.1	0.0	0.1	0.1	0.0	0.1	0.1	0.1	0.1
일본	0.1	0.3	0.2	0.2	0.2	0.4	0.4	0.4	0.4	0.1	0.1	0.1	0.1	0.1	0.1	0.0	0.1	0.1
한국	0.2	0.6	0.2	0.4	0.4	0.8	0.8	0.8	0.8	0.2	0.2	0.3	0.3	0.2	0.3	0.1	0.3	0.3
러시아	94.4	88.4	93.4	93.4	93.4	90.0	90.0	90.0	90.0	91.5	95.6	90.7	93.7	95.7	90.7	94.0	90.4	93.6
미국	0.1	0.2	0.2	0.2	0.2	0.2	0.2	0.2	0.2	0.1	0.3	0.2	0.1	0.1	0.2	0.1	0.2	0.1
기타	3.3	6.1	3.6	3.6	3.6	4.7	4.7	4.7	4.7	5.7	2.3	5.2	3.7	2.3	5.2	3.8	5.9	3.8

주 : 산업코드별 산업명은 〈부표 2-2〉 참조
자료 : WIOD 이용 계산

비슷한 수준이었으나, 광업 생산의 경우 8.1%에 불과했다(〈표 8-29〉 참조). 여타 국가에 있어서와 달리 광업 생산에 있어 해외조달 비율이 극히 낮은 것은 러시아가 자체적으로 석유 등 부존자원이 풍부하기 때문이다. 러시아 제조업 중 해외조달 비율이 높은 산업은 섬유제품, 의복, 가죽·가방·신발(6), 자동차 및 트레일러(20), 고무 및 플라스틱제품(13), 화학물질 및 화학제품(11), 가구, 기타 제품(22) 등인데, 특히 섬유제품, 의복, 가죽·가방·신발(6)과 자동차 및 트레일러(20)에 있어서 그 비율이 높았다(〈표 8-30〉 참조). 그리고 여타 국가에서와 달리 코크스, 연탄 및 석유정제품(10)에 있어서 해외조달 비율이 매우 낮아 대조를 보였는데, 이 역시 석유정제에 필요한 석유의 조달이 자체적으로 가능하기 때문이다. 러시아 제조업 생산에 있어 해외조달은 주로 중국, 독일에 집중되어 있는데 산업에 따라서는 한국의 비율이 높게 나타나기도 했다. 해외조달 비율이 44.7%로 가장 높았던 섬유제품, 의복, 가죽·가방·신발(6)의 경우, 중국에서의 조달 비율이 12.8%로 가장 높았고, 다음으로 독일에서의 조달 비율이 2.5%, 한국에서의 조달 비율이 2.2%를 기록했다. 해외조달 비율이 2014년 33.1%로 두 번째로 높은 자동차 및 트레일러(20)의 경우에 있어서는 독일, 한국, 중국, 일본에서의 도입 비율이 각각 7.2%, 4.1%, 2.8%, 2.4%였다. 브라질 서비스업 생산의 해외조달 비율은 대체로 매우 낮은 수준을 보였는데, 그 비율이 10% 이상인 산업으로는 건설업(27), 육상 운송 및 파이프라인 운송업(31), 수상 운송업(32), 항공 운송업(33)을 들 수 있다(〈표 8-31〉 참조). 이들 산업 생산에 있어서 해외조달은 주로 중국과 독일에 집중되었다.

3.5 한국

한국 1차산업 생산의 해외조달 비율은 2014년 기준으로 농업(12.9%), 임업(17.2%), 수산업(16.0%)에 있어서는 일본과 비슷한 수준이었다(〈표 8-32〉 참조). 한국의 이들 산업 생산에 있어서의 해외조달은 주로 중국, 미국, 일본에 집중되었다. 그러나 광업에 있어서는 해외조달 비율은 11%로 일본의 62.9%보다 크게 낮았다. 일본의 경우 광업 생산에 있어서 호주와 러시아로부터의 조달 비율이 높았으나, 한국 광업 생산에 있어서는 러시아와 호주에서의 조달 비율이 매우 낮았다는 점에서 차이를 보였다. 한국 제조업 생산 과정에서의 해외조달 비율은 대체로 일본 제조업에 있어서와 비슷한 수준이었으나 일부 산업을 제외하고는 일본보다 조금씩 더 높았다. 주요 선진국가들에 있어서와 마찬가지로 한국 제조업

| 표 8-32 | 한국 1차산업 생산물 생산 과정에서 국가별 참여 구조(2014) |

공급국 \ 산업	농업	임업	어업	광업
브라질	0.7	0.8	0.2	0.0
중국	1.9	1.3	1.8	1.5
독일	0.4	0.4	0.3	0.4
프랑스	0.2	0.1	0.2	0.2
영국	0.1	0.1	0.5	0.3
인도	0.3	0.3	0.4	0.2
일본	1.3	1.4	1.0	1.1
한국	87.1	82.8	84.0	89.0
러시아	0.1	0.2	0.3	0.2
미국	1.7	2.4	1.6	1.2
기타	6.1	10.2	9.7	5.9
(호주)	0.7	0.6	0.3	0.1

주 : WIOD 이용 계산

중 해외조달 비율이 가장 높은 제조업은 코크스, 연탄 및 석유정제품(10)으로 2014년 기준 76.3%에 달했다(〈표 8-33〉 참조). 다음으로 높은 해외조달 비율을 보인 한국 제조업으로는 1차금속제품(15), 컴퓨터, 전자·광학제품(17), 비금속광물제품(14), 기타 운송장비(21), 목재제품(7) 순서였는데, 해외조달 비율이 높은 이들 산업구성 역시 일본과 비슷하였다. 한국 제조업 생산 과정에서의 해외조달은 주로 중국, 일본, 미국에서 이루어졌는데 미국에 비해 중국과 일본에 대한 의존도가 높았다. 한국 제조업 생산 과정에서의 해외조달 중 중국과 일본에서의 조달 비율이 특히 높은 산업은 컴퓨터, 전자·광학제품(17), 전기장비(18), 금속가공제품(16), 기타 기계 및 장비(19), 가구, 기타 제품(22), 기타 운송장비(21), 자동차 및 트레일러(20), 1차금속제품(15) 등을 들 수 있다. 제조업 중 컴퓨터, 전자·광학제품(17) 생산에 있어서 해외조달 비율은 27.6%였는데, 이 중 중국에서의 조달 비율은 2014년 9.7%포인트, 일본에서의 조달 비율은 4.1%포인트, 미국에서의 조달 비율은 1.9%로 중국과 일본에 대한 의존도가 압도적으로 높았다. 한편 생산 과정에서의 해외의존도가 가장 높은 코크스, 연탄 및 석유정제품(10)의 경우, 생산 과정에 필요한 투입물의 대부분을 해외조달에 의존하고 있는데, 주요 해외조달처는 주요국 중에서는 호주(5.5%)와 러시

표 8-33 ── 한국 제조업 생산물 생산 과정에서 국가별 참여 구조(2014)

산업 공급국	5	6	7	8	9	10	11	12	13	14	15	16	17	18	19	20	21	22
브라질	1.1	0.2	0.1	0.4	0.2	0.6	0.1	0.2	0.2	0.1	0.2	0.1	0.0	0.1	0.1	0.0	0.1	0.1
중국	1.5	4.2	3.2	2.0	1.9	0.6	2.8	2.8	3.6	4.8	4.2	5.1	9.7	5.4	4.9	4.3	4.9	4.9
독일	0.2	0.5	0.5	0.5	0.5	0.1	0.9	1.0	1.2	0.6	0.6	0.9	0.9	1.0	1.4	1.2	1.2	0.7
프랑스	0.1	0.2	0.1	0.3	0.2	0.3	0.2	0.3	0.3	0.2	0.2	0.3	0.2	0.3	0.4	0.3	0.4	0.2
영국	0.1	0.1	0.1	0.1	0.1	1.0	0.1	0.3	0.2	0.3	0.5	0.3	0.2	0.3	0.4	0.2	1.0	0.2
인도	0.4	0.4	0.1	0.1	0.1	0.2	0.5	0.2	0.3	0.2	0.4	0.4	0.1	0.2	0.2	0.2	0.2	0.2
일본	0.5	1.6	1.0	2.0	1.9	0.6	3.9	2.1	4.7	2.9	3.7	4.7	4.1	4.0	3.4	2.8	3.3	2.5
한국	87.9	86.3	80.2	86.0	88.3	23.7	78.8	86.0	81.1	75.4	67.1	80.1	72.4	81.7	81.6	85.5	80.1	83.7
러시아	0.1	0.1	0.3	0.4	0.4	2.1	0.4	0.1	0.1	0.4	0.9	0.4	0.0	0.2	0.1	0.1	0.2	0.2
미국	2.4	1.0	0.9	1.7	1.5	0.8	1.9	1.9	2.1	1.3	0.8	1.1	1.9	1.2	1.6	1.3	2.6	1.1
기타	5.7	5.4	13.6	6.4	4.9	70.0	10.4	5.2	6.1	13.8	21.4	6.6	10.3	5.7	5.9	4.1	6.1	6.2
(호주)	0.8	0.3	0.6	0.1	0.1	5.5	0.3	0.3	0.3	0.8	1.7	0.5	0.1	0.2	0.2	0.2	0.2	0.3

표 8-34 ── 한국 주요 서비스업 생산물 생산 과정에서 국가별 참여 구조(2014)

산업 공급국	24	25	26	27	28	29	30	31	32	33	34	35	36	37	38	39	40	41	42	43	44	45	46	47	48	49	50	51	52	53	54
브라질	0.3	0.0	0.1	0.1	0.1	0.1	0.1	0.0	0.0	0.0	0.1	0.1	0.6	0.2	0.0	0.1	0.0	0.0	0.0	0.0	0.0	0.0	0.1	0.1	0.0	0.1	0.1	0.0	0.1	0.1	0.1
중국	0.8	2.1	2.5	5.3	1.3	1.3	1.3	1.2	1.0	1.1	1.9	1.4	1.4	1.9	1.0	2.0	4.9	1.4	1.1	1.6	0.2	1.5	2.3	3.4	0.1	2.0	1.7	1.3	1.8	2.3	2.3
독일	0.2	0.6	0.6	1.0	0.3	0.3	0.3	0.3	0.2	0.2	0.4	0.2	0.2	0.4	0.2	0.4	0.6	0.3	0.3	0.3	0.1	0.2	0.4	0.6	0.1	0.4	0.4	0.3	0.3	0.8	0.6
프랑스	0.2	0.2	0.2	0.3	0.1	0.1	0.2	0.1	0.1	0.3	0.1	0.1	0.1	0.2	0.1	0.1	0.1	0.1	0.1	0.1	0.0	0.0	0.1	0.2	0.1	0.1	0.1	0.1	0.1	0.3	0.2
영국	0.6	0.2	0.4	0.3	0.3	0.3	0.3	0.2	0.3	1.1	0.4	0.3	0.2	0.2	0.1	0.4	0.6	0.5	0.6	0.6	0.2	0.1	0.2	0.3	0.0	0.3	0.2	0.2	0.2	0.4	0.2
인도	0.1	0.1	0.2	0.2	0.1	0.1	0.1	0.4	0.5	0.4	0.1	0.1	0.2	0.2	0.1	0.0	0.1	0.5	0.0	0.0	0.1	0.1	0.2	0.1	0.0	0.1	0.1	0.1	0.1	0.1	0.1
일본	0.7	1.6	2.1	3.8	0.7	0.7	0.7	1.3	0.9	0.9	1.0	0.6	0.3	1.1	0.3	1.0	2.1	0.5	0.4	0.5	0.1	0.4	1.1	1.8	0.0	1.2	1.3	0.6	0.7	0.9	1.5
한국	52.9	90.3	86.0	80.6	90.2	90.2	90.2	83.8	78.7	77.8	89.0	89.1	91.0	89.1	95.2	87.4	78.5	89.9	90.4	90.3	97.3	92.9	88.3	86.3	98.2	89.9	90.4	91.1	90.3	88.8	89.5
러시아	1.3	0.1	0.1	0.2	0.1	0.1	0.1	0.5	0.5	0.5	0.1	0.1	0.1	0.2	0.0	0.0	0.0	0.0	0.0	0.0	0.1	0.1	0.1	0.1	0.1	0.1	0.1	0.1	0.1	0.0	0.1
미국	0.7	1.0	1.4	1.8	1.5	1.5	1.5	0.9	1.9	3.1	1.2	1.5	1.1	1.9	0.6	2.1	2.1	1.8	2.3	1.6	0.2	0.8	1.6	1.6	0.2	1.3	1.0	1.3	1.1	1.4	1.0
기타	42.0	3.8	6.4	6.4	5.3	5.4	5.4	11.1	15.8	14.4	5.8	6.4	4.8	4.8	2.4	6.4	10.9	5.4	4.7	5.0	1.8	3.8	5.7	5.5	1.2	4.7	4.5	4.8	5.3	4.8	4.4

주 : 산업코드별 산업명은 〈부표 2-2〉 참조
자료 : WIOD 이용 계산

아(2.1%), 그리고 〈표 8-23〉에서 기타에 포함되어 있는 중동국가들이다.

　앞에서 이미 보았듯이 중국의 생산 과정에서 한국과 일본으로부터의 조달 비율이 높았고, 일본의 생산 과정에서는 중국과 한국으로부터의 조달 비율이 높았다. 이상을 통해서 한·중·일 세 국가 간 생산분업관계가 긴밀하다는 것을 확인할 수 있다. 한·중·일 3국이 공통적으로 생산 과정에 있어서 상호 의존도가 높은 것은 사실이나, 중국이 한국과 일본에 의존하는 정도, 그리고 일본이 한국과 중국에 의존하는 정도보다 한국이 중국과 일본에 의존하는 정도가 더 높다는 점은 다르다 하겠다.

　한편 한국 제조업 생산에 있어서의 해외조달에 있어 특징 중 하나는 앞에서 살펴본 주요 국가들에서와 달리 일본에서의 조달 비율이 특히 높다는 점이다. 또한 한국 제조업 생산 과정에서 독일, 프랑스, 영국 등 유럽의 주요 선진국으로부터의 조달 비율은 그리 높지 않다는 점도 특징이라 할 수 있다. 이는 한국 제조업의 국제생산분업이 동북아시아 국가를 중심으로 이루어지고 있음을 보여준다.

　한국 서비스업 생산 과정에서의 해외조달 비율은 유럽 주요 선진국보다는 낮지만 일본보다는 대체로 더 높았다. 특히 전기, 가스, 증기 및 공기 조절 공급업(24), 수상 운송업(32), 항공 운송업(33), 컴퓨터 프로그래밍, 시스템 통합 및 관리업, 정보 서비스(40), 건설업(27)에 있어서 해외조달 비율이 높은 편이었는데, 이들 산업 생산에 있어서 주요 해외조달처는 중국, 일본, 미국이었는데 제조업에서와 마찬가지로 특히 중국에 대한 의존도가 높았다(〈표 8-34〉 참조). 한국 서비스업의 생산 과정 중 중국에 대한 의존도가 두드러지게 높은 산업은 건설업(27), 컴퓨터 프로그래밍, 시스템 통합 및 관리업, 정보 서비스(40), 과학 연구개발업(47)이었는데, 수상 운송(32), 항공 운송(33)에 있어서는 미국에 대한 의존도가 가장 높았다.

09 세계 수출 및 수입시장 구조

7장에서는 각국 생산물의 판매처 분석을 통해 주요국의 수출에 대해서 부분적으로 살펴보았다. 또한 제8장에서는 각국이 생산 과정에 필요한 생산 투입요소를 어디에서 조달하는지를 분석함으로써 주요국의 수입에 대해서 부분적으로 살펴보았다. 이 장에서는 세계 수출과 수입의 산업별 및 국가별 구조에 대해 보다 종합적으로 살펴보고자 한다.

1 세계 수출구조

1.1 세계 수출의 산업별 구조

세계의 수출을 산업별(대분류 기준)로 구분해보면, 총수출액의 약 3/5 정도는 상품수출(제조업분야 수출)이었다. 세계 총수출에서 상품수출(또는 제조업 수출, WIOD 기준 산업 5~23) 비중은 2000년 65.8%에서 2014년 61.4%로 축소되었으나, 1차산업이나 서비스업 비중보다 더 높게 나타났다. 한편 세계 수출에서 서비스업(WIOD 기준 산업 24~56) 비중은 2000년 25.9%에서 27.6%로 확대되었다. 세계 생산과 부가가치 기준으로는 서비스업 비중이 제조업 비중보다 크게 높음에도 불구하고 수출에서는 그 반대인 이유는 서비스 중에는 해외에다 내다 팔 수 없는 비교역재(nontradable goods)들이 상품에 비해 훨씬 많기 때문이다.

세계 수출구조를 중분류를 기준으로 보다 자세히 살펴보면, 56개 산업 중 세계 수출 상위 10개 산업(2014년 기준)은 컴퓨터 및 전자·광학제품, 광업, 자동차 및 트레일러, 도매업(자동차 제외), 화학물질 및 화학제품, 기타 기계 및 장비, 1차금속제품, 식료품·음료·

담배, 코크스 및 연탄·석유정제품, 섬유제품 및 의복·가죽·가방·신발 순으로 광업과 도
매업을 제외하고는 모두 제조업 상품들이다(〈표 9-1〉 참조). 서비스업 중 도매업(자동차
제외) 다음으로 세계 수출에서 많은 비중을 차지하는 산업으로는 사업시설 관리·사업 지
원·임대 서비스업, 육상 운송 및 파이프라인 운송업, 컴퓨터 프로그래밍·시스템 통합 및
관리업·정보 서비스, 금융업 순이었다.

표 9-1 ──○ 세계 수출의 산업별 비중 : 대분류 및 중분류

	세계 수출 중 산업 비중		대분류 내 상대 비율	
	2000	2014	2000	2014
1차산업	8.3	11.0	100.0	100.0
광업	6.2	8.7	73.8	78.9
농업	1.7	1.9	20.7	17.0
임업	0.3	0.2	3.5	2.1
어업	0.2	0.2	1.9	2.0
제조업	65.8	61.4	100.0	100.0
컴퓨터, 전자·광학제품	13.0	9.4	19.8	15.3
자동차 및 트레일러	7.5	6.4	11.5	10.4
화학물질 및 화학제품	5.3	5.6	8.1	9.2
기타 기계 및 장비	5.8	5.5	8.8	9.0
1차금속제품	3.8	4.4	5.7	7.1
식료품, 음료, 담배	3.8	4.3	5.8	7.0
코크스, 연탄 및 석유정제품	2.3	4.3	3.5	7.0
섬유제품, 의복, 가죽·가방·신발	5.5	4.2	8.4	6.8
전기장비	3.6	3.4	5.5	5.5
기타 운송장비	2.8	2.7	4.3	4.4
가구, 기타 제품	2.7	2.3	4.1	3.8
금속가공제품	2.2	2.2	3.4	3.6
의료용 물질 및 의약품	1.7	2.0	2.5	3.2
고무 및 플라스틱제품	1.9	2.0	2.9	3.2
종이 및 종이제품	1.6	1.0	2.4	1.6
비금속광물제품	1.0	0.9	1.6	1.5
목재제품	0.8	0.6	1.2	0.9
산업용 기계 및 장비 수리업	0.2	0.2	0.3	0.3
인쇄 및 기록매체 복제업	0.2	0.1	0.4	0.2
서비스업	25.9	27.6	100.0	100.0
도매업(자동차 제외)	4.8	5.7	18.6	20.6
사업시설 관리, 사업 지원 및 임대 서비스	2.3	2.2	8.8	7.8

(계속)

	세계 수출 중 산업 비중		대분류 내 상대 비율	
	2000	2014	2000	2014
육상 운송 및 파이프라인 운송업	1.8	1.9	6.9	6.9
컴퓨터 프로그래밍, 시스템 통합 및 관리업, 정보 서비스	0.9	1.8	3.3	6.6
금융업(보험 및 연금 제외)	1.7	1.7	6.7	6.0
법률 · 회계 · 경영자문	0.8	1.5	3.3	5.5
수상 운송업	1.8	1.3	6.8	4.7
항공 운송업	1.3	1.1	5.0	4.2
숙박, 음식점 및 주점업	1.3	1.1	4.9	3.9
소매업(자동차 제외)	0.8	1.0	2.9	3.5
창고 및 운송관련 서비스	0.9	0.9	3.6	3.3
보험 및 연금업	0.6	0.9	2.4	3.2
건축기술, 엔지니어링 및 기타 기술과학 서비스	0.6	0.7	2.3	2.4
출판업	0.7	0.6	2.6	2.0
건설업	0.4	0.5	1.5	1.8
금융 및 보험관련 서비스	0.5	0.5	1.9	1.7
기타 서비스업	0.5	0.5	2.0	1.7
하수, 폐수 및 분뇨 처리업	0.4	0.4	1.6	1.6
전기, 가스, 증기 및 공기 조절 공급업	0.5	0.4	2.0	1.5
통신업	0.5	0.4	1.8	1.5
기타 전문, 과학 및 기술 서비스	0.4	0.4	1.5	1.3
공공 행정, 국방 및 사회보장 행정	0.5	0.4	2.0	1.3
자동차 판매 및 수리업	0.2	0.3	1.0	1.1
광고 및 시장조사업	0.3	0.3	1.2	1.1
과학 연구개발	0.3	0.3	1.3	1.1
영상 · 오디오 기록물 제작 및 배급업	0.3	0.3	1.3	1.0
교육 서비스	0.2	0.2	0.9	0.8
보건업 및 사회복지 서비스업	0.1	0.2	0.5	0.6
우편, 배달업	0.2	0.1	0.8	0.5
부동산업	0.1	0.1	0.4	0.5
수도업	0.0	0.0	0.1	0.1
가구 내 고용활동 및 달리 분류되지 않은 자가 소비 생산활동	0.0	0.0	0.1	0.1
국제 및 외국기관	0.0	0.0	0.0	0.0

주 : *가구 내 고용활동 및 달리 분류되지 않은 자가 소비 생산활동

1.2 세계 수출의 국가별 구조

세계에서 가장 많은 상품과 서비스를 수출하는 국가는 어디일까? 2000년까지만 해도 미국이 세계 총수출의 13%를 차지하면서 1위 수출국 자리를 지켰다. 그러나 2000년과 2014년 세계 수출의 국가별 비중을 비교했을 때 국가별 세계 수출구조에 많은 변화가 있었음을

알 수 있다(〈표 9-2〉 참조). 즉 세계 1위 수출국가가 미국에서 중국으로 바뀌었을 뿐만 아니라, 미국과 함께 주요 수출국가였던 일본, 프랑스, 영국, 캐나다, 이탈리아의 비중이 크게 감소하고 대신 중국의 비중은 크게 증가했다. 다시 말해 세계 수출시장에서 중국의 수출이 이들 국가의 세계 수출의 상당 부분을 대체했다고 할 수 있다. 구체적으로 보면, 세계 수출에서 중국이 차지하는 비중은 2000년 3.7%로 일본, 프랑스, 영국의 비중보다 크게 낮았으나 2014년에는 11.7%로 크게 확대되었다. 제조업 수출에 있어서 중국의 비중은 특히 높은데 2014년 기준으로 그 비중이 무려 15.7%에 달했다(〈표 9-2〉 참조). 이는 세계의 공장으로서 중국의 높은 위상을 보여준다 하겠다. 국가별 세계 수출 비중에서 발견되는 특징 중 또 다른 하나는 여타 주요 선진국과 달리 중국의 부상에도 불구하고 독일의 수출 비중은 변화가 거의 발견되지 않았다는 점이다(2000년 8.2%, 2014년 8.1%). 특히 독일은 제조업 수출에서 강세를 보이고 있는데, 중국보다는 낮지만 세계에서 두 번째로 높은 비중을 보였다. 한편 세계 수출에서 한국의 비중은 2.7%에서 3.4%로 오히려 더 증가했다. 이는 미국 등 제3국에 대한 우회수출과 중국 현지시장 확보를 위해 많은 한국기업이 중국에 진출하여 현지생산에 필요한 자본재와 중간재를 한국에서 조달하는 등 한국과 중국 간 경제관계가 보다 긴밀해지면서 중국과 한국의 세계 수출이 동조하고 있음을 보여준다. 그러나 향후에도 이러한 동조가 지속될지는 양국 간 기술격차 축소 속도와 중국 진출 국내기업의 해외경영 전략 향방에 달렸다 할 수 있다. 세계 수출구조에서 눈에 띄는 또 다른 점은 중국과 함께 BRICs 국가에 속하는 인도, 브라질, 러시아의 수출 비중 역시 크게 확대되었다는 것이다. 그러나 이들 국가의 수출 비중은 미국, 독일 등 주요 선진국의 수출 비중에 비해서는 아직까지 크게 낮은 상태이다. 특히 러시아의 경우 세계 수출에서 비중이 전체적으로는 1.4%에서 2.4%로 높아졌는데, 이는 주로 에너지자원을 중심으로 한 1차산업의 수출확대에 기인했다. 세계 제조업 분야 수출에 있어서 러시아 비중은 2014년 기준으로 1.1%에 그쳤다. 한편 세계 수출에서 미국의 비중이 크게 축소된 것은 사실이나, 미국은 여전히 세계 수출에서 큰 비중을 차지하고 있다. 구체적으로 살펴보면, 세계 수출에서 미국 비중은 2000년 13.0%에서 2014년 9.3%로 크게 줄었으나 여전히 세계 2위 수준이다. 특히 미국은 세계 서비스 수출에서 압도적으로 높은 비중을 보이고 있는데 2014년 기준 13.7%로 중국의 7.1%에 비해 월등히 높았다. 세계 수출에서 영국의 비중 역시 미국에서와 마찬가지로 크게 축소되었으나, 세계 서비스 수출에서의 비중은 7.3%로 미국 다음으로 높았다. 이는

표 9-2 ──○ 세계 수출의 국가별 비중 : 대분류 및 전체 산업

국가명	국가 코드	2000				2014			
		1차산업	제조업	3차산업	전체 산업	1차산업	제조업	서비스업	전체 산업
Rest of World	44	46.1	13.7	18.3	17.6	48.6	14.3	16.1	18.6
China	8	1.7	4.3	2.9	3.7	1.2	15.7	7.1	11.7
United States	43	4.6	12.5	17.2	13.0	4.4	8.3	13.7	9.3
Germany	11	1.2	10.0	5.9	8.2	1.1	10.4	6.0	8.1
Japan	25	0.2	8.8	5.5	7.2	0.2	5.3	2.6	4.0
France	16	1.6	5.5	5.0	5.0	1.0	3.6	4.8	3.7
United Kingdom	17	4.2	5.0	6.6	5.3	1.3	2.4	7.3	3.6
Korea	26	0.1	3.6	1.2	2.7	0.0	4.7	1.7	3.4
Italy	24	0.6	4.4	3.1	3.8	0.4	3.8	1.8	2.9
Netherlands	32	3.5	2.4	3.7	2.8	2.0	2.1	4.7	2.8
Canada	6	7.5	4.3	2.8	4.2	6.5	2.2	2.4	2.7
Russia	37	5.3	0.6	2.0	1.4	8.6	1.1	2.7	2.4
Spain	13	1.1	2.0	2.6	2.1	0.9	2.1	1.9	1.9
Belgium	3	0.5	2.3	2.0	2.1	0.2	1.8	2.6	1.9
Taiwan	42	0.3	3.0	1.5	2.4	0.1	2.3	1.3	1.8
India	22	0.8	0.8	1.2	0.9	1.0	1.8	2.0	1.8
Mexico	30	3.2	2.9	1.0	2.4	2.7	2.2	0.4	1.8
Switzerland	7	0.1	1.3	3.2	1.7	0.0	1.4	3.0	1.7
Australia	1	4.5	0.8	1.4	1.3	6.1	0.6	1.4	1.4
Brazil	5	1.4	1.0	0.6	0.9	3.8	1.2	0.7	1.3
Ireland	23	0.2	1.2	1.3	1.1	0.5	0.9	2.5	1.3
Poland	34	0.4	0.7	0.6	0.6	0.4	1.3	1.4	1.2
Turkey	41	0.6	0.9	1.2	1.0	0.7	1.6	0.5	1.2
Sweden	40	0.2	1.8	1.4	1.5	0.2	1.1	1.6	1.1
Austria	2	0.1	1.1	1.0	1.0	0.1	1.2	1.0	1.0
Indonesia	21	1.8	1.1	0.3	1.0	2.2	1.2	0.2	1.0
Norway	33	6.6	0.5	0.8	1.1	4.2	0.4	0.7	0.9
Denmark	12	0.8	0.7	1.6	1.0	0.4	0.6	1.5	0.8
Czech Republic	10	0.1	0.4	0.5	0.4	0.2	1.0	0.4	0.8
Luxembourg	28	0.0	0.1	1.2	0.4	0.0	0.1	1.9	0.6
Hungary	20	0.1	0.4	0.4	0.4	0.1	0.7	0.4	0.6
Finland	15	0.1	0.9	0.3	0.7	0.1	0.6	0.4	0.5
Slovak Republic	38	0.0	0.1	0.1	0.1	0.1	0.5	0.3	0.4
Romania	36	0.1	0.2	0.2	0.2	0.1	0.3	0.6	0.4
Portugal	35	0.1	0.3	0.3	0.3	0.1	0.4	0.5	0.4
Greece	18	0.2	0.1	0.6	0.2	0.1	0.2	0.5	0.3
Lithuania	27	0.0	0.0	0.1	0.0	0.1	0.2	0.2	0.2

(계속)

국가명	국가 코드	2000				2014			
		1차산업	제조업	3차산업	전체 산업	1차산업	제조업	서비스업	전체 산업
Bulgaria	4	0.0	0.0	0.0	0.0	0.1	0.1	0.2	0.2
Slovenia	39	0.0	0.1	0.1	0.1	0.0	0.2	0.1	0.1
Croatia	19	0.1	0.1	0.2	0.1	0.1	0.1	0.2	0.1
Estonia	14	0.0	0.0	0.0	0.0	0.0	0.1	0.1	0.1
Latvia	29	0.0	0.0	0.1	0.0	0.1	0.1	0.1	0.1
Malta	31	0.0	0.0	0.1	0.0	0.0	0.0	0.2	0.1
Cyprus	9	0.0	0.0	0.1	0.0	0.0	0.0	0.1	0.0

자료 : WIOD 이용 계산

영국이 서비스업에 있어서 높은 수출경쟁력을 가지고 있음을 보여준다.

1.3 주요국의 산업별 수출구조

2000년과 2014년을 비교할 때 주요국들의 수출구조에도 많은 변화가 발견되었다. 중국의 경우 수출에서 제조업 비중이 2000년 76%에서 2014년 82.2%로 크게 증가한 반면 미국의 경우 그 비중이 62.9%에서 54.4%로 크게 낮아져 대조를 보였다(〈표 9-3〉 참조). 즉 중국은 제조업 중심의 수출구조가 더욱 강화된 반면, 미국의 경우 수출구조가 점차 더 서비스화되고 있다. 주요국 중에서 중국처럼 제조업 중심의 수출구조를 가진 국가로는 한국, 일본, 독일을 들 수 있다. 한국, 일본, 독일의 수출에서 제조업 비중은 2000년과 2014년에 소폭 변화가 있었으나 제조업 중심구조에는 변함이 없었다. 반면 주요 선진국 중 영국, 프랑스 등 유럽 국가들의 수출구조는 미국과 마찬가지로 서비스 비중이 확대되는 방향으로 변화했다. 영국의 경우 수출 중 서비스업 비중이 32.2%에서 55.2%로 크게 확대되었으며, 프랑스 역시 그 비중이 25.8%에서 36.2%로 높아졌다. 이 외 주요 선진 유럽국가 중 서비스 수출비중이 확대된 국가로는 벨기에, 스위스, 덴마크, 룩셈부르그, 네덜란드, 스웨덴 등을 들 수 있다. 한편 수출에서 1차산업 비중이 높은 국가들도 눈에 띄는데, 노르웨이, 호주, 러시아, 브라질, 캐나다, 인도네시아가 이에 속한다.

다음으로 주요국을 중심으로 각국의 수출구조를 좀 더 자세히 살펴보면 다음과 같다. 중국의 수출은 제조업 중심인데, 특히 컴퓨터, 전자 · 광학제품(17)의 비중(2014년 기준 총 수출의 23.1% 차지)이 압도적으로 높았다. 그 외에도 섬유제품, 의복, 가죽 · 가방 · 신발(6), 전기장비(18), 기타 기계 및 장비(19), 화학물질 및 화학제품(11)의 수출 비중도 높았으

| 표 9-3 | | 각국의 수출구조(비중) : 대분류 | | | | | | | |

국가명	국가 코드	2000				2014			
		1차산업	제조업	서비스업	전체 산업	1차산업	제조업	서비스업	전체 산업
Australia	1	29.3	42.9	27.9	100.0	47.9	25.1	27.1	100.0
Austria	2	1.0	72.6	26.4	100.0	1.5	70.3	28.2	100.0
Belgium	3	2.1	72.8	25.1	100.0	1.5	59.3	39.2	100.0
Bulgaria	4	9.2	56.2	34.6	100.0	10.3	53.8	35.9	100.0
Brazil	5	12.9	70.8	16.2	100.0	31.6	54.3	14.1	100.0
Canada	6	14.8	67.7	17.5	100.0	26.3	49.8	23.9	100.0
Switzerland	7	0.4	50.3	49.3	100.0	0.1	51.4	48.5	100.0
China	8	3.8	76.0	20.1	100.0	1.1	82.2	16.7	100.0
Cyprus	9	2.1	15.5	82.4	100.0	2.0	10.5	87.5	100.0
Czech Republic	10	2.8	67.2	30.0	100.0	2.5	82.2	15.4	100.0
Germany	11	1.2	80.3	18.5	100.0	1.5	78.2	20.3	100.0
Denmark	12	6.8	50.6	42.6	100.0	5.6	44.6	49.9	100.0
Spain	13	4.6	63.1	32.3	100.0	5.4	67.5	27.1	100.0
Estonia	14	7.2	59.8	33.0	100.0	3.1	61.4	35.5	100.0
Finland	15	0.9	87.0	12.1	100.0	1.9	76.1	22.0	100.0
France	16	2.6	71.6	25.8	100.0	3.1	60.7	36.2	100.0
United Kingdom	17	6.6	61.2	32.2	100.0	4.0	40.8	55.2	100.0
Greece	18	6.6	25.7	67.7	100.0	4.3	44.9	50.8	100.0
Croatia	19	11.1	42.2	46.7	100.0	12.6	49.5	37.9	100.0
Hungary	20	2.3	72.5	25.1	100.0	2.9	75.7	21.4	100.0
Indonesia	21	15.6	76.4	8.0	100.0	23.5	70.7	5.8	100.0
India	22	7.8	57.1	35.1	100.0	6.1	62.9	30.9	100.0
Ireland	23	1.2	69.1	29.7	100.0	4.1	41.8	54.1	100.0
Italy	24	1.4	77.3	21.3	100.0	1.5	80.9	17.6	100.0
Japan	25	0.2	80.1	19.7	100.0	0.4	81.7	17.9	100.0
Korea	26	0.3	88.0	11.8	100.0	0.1	85.8	14.1	100.0
Lithuania	27	2.8	60.8	36.4	100.0	6.2	58.4	35.5	100.0
Luxembourg	28	0.3	16.5	83.1	100.0	0.3	6.9	92.8	100.0
Latvia	29	4.0	47.3	48.7	100.0	8.0	46.3	45.6	100.0
Mexico	30	11.0	78.5	10.5	100.0	16.8	77.4	5.8	100.0
Malta	31	0.9	43.9	55.2	100.0	0.6	12.2	87.2	100.0
Netherlands	32	10.3	55.7	34.0	100.0	7.8	45.3	46.9	100.0
Norway	33	51.2	29.5	19.3	100.0	50.9	27.5	21.6	100.0
Poland	34	5.7	69.9	24.4	100.0	3.7	63.9	32.4	100.0
Portugal	35	1.9	70.9	27.2	100.0	2.5	61.8	35.7	100.0
Romania	36	4.3	65.8	29.9	100.0	3.7	50.1	46.3	100.0
Russia	37	32.1	29.8	38.0	100.0	39.6	29.4	31.1	100.0

(계속)

국가명	국가 코드	2000				2014			
		1차산업	제조업	서비스업	전체 산업	1차산업	제조업	서비스업	전체 산업
Slovak Republic	38	1.4	79.6	19.0	100.0	2.6	73.2	24.2	100.0
Slovenia	39	0.8	85.5	13.7	100.0	2.3	71.2	26.5	100.0
Sweden	40	0.9	75.5	23.5	100.0	1.8	60.6	37.7	100.0
Turkey	41	5.1	61.4	33.5	100.0	5.9	81.6	12.5	100.0
Taiwan	42	0.9	83.5	15.7	100.0	0.4	80.2	19.4	100.0
United States	43	2.9	62.9	34.2	100.0	5.1	54.4	40.5	100.0
Rest of World	44	21.9	51.1	26.9	100.0	28.8	47.3	23.9	100.0

자료 : WIOD 이용 계산

며, 특히 서비스업에 있어서는 도매업(자동차 제외)(29)의 비중이 두드러지게 높았다(〈표 9-4〉 참조). 중국과 함께 제조업 중심 수출구조를 가지고 있는 한국, 독일, 일본의 수출구조 역시 중국과 비슷한 측면을 보였다. 즉 이들 국가의 산업별 수출 비중 수준 자체는 국가에 따라 차이가 있으나 수출액 기준 상위 주요 산업의 구성은 대체로 비슷하였다. 수출 상위 6위 산업을 보면 한국은 컴퓨터, 전자·광학제품(17), 자동차 및 트레일러(20), 화학물질 및 화학제품(11), 코크스, 연탄 및 석유정제품(10), 기타 운송장비(21), 기타 기계 및 장비(19), 독일은 자동차 및 트레일러(20), 기타 기계 및 장비(19), 화학물질 및 화학제품(11), 전기장비(18), 컴퓨터, 전자·광학제품(17), 도매업(자동차 제외)(29), 일본은 자동차 및 트레일러(20), 컴퓨터, 전자·광학제품(17), 도매업(자동차 제외)(29), 기타 기계 및 장비(19), 1차금속제품(15), 화학물질 및 화학제품(11) 순이었다. 미국 역시 제조업 중 주요 수출산업은 코크스, 연탄 및 석유정제품(10), 기타 운송장비(21), 화학물질 및 화학제품(11), 컴퓨터, 전자·광학제품(17), 기타 기계 및 장비(19)로 제조업 중심 수출 국가들의 수출구조와 비슷한 측면이 있으나, 차이점은 서비스업 중 도매업(자동차 제외)(29)의 비중이 압도적으로 높다는 점이다. 미국의 경우 1위 수출 산업인 도매업(자동차 제외)(29)을 제외하고는 상위 6위 수출 산업들이 모두 제조업에 속했다. 그러한 측면에서 볼 때 프랑스 역시 미국의 수출구조와 비슷한 측면이 있다. 프랑스 역시 1위 수출산업은 서비스업에 속한 도매업(자동차 제외)(29)이었으며, 다음으로 높은 비중을 보인 상위 6위 산업은 기타 운송장비(21), 화학물질 및 화학제품(11), 자동차 및 트레일러(20), 식료품, 음료, 담배(5), 기타 기계 및 장비(19)였다. 인도에 있어서도 1위 수출산업은 서비스업에 속했으나 미국과 달리 도매업(자동차 제외)(29)이 아닌 컴퓨터 프로그래밍, 시스템 통합 및 관리업, 정보 서비스(40)

표 9-4　─○　각국의 수출구조(비중) : 중분류(2014)

산업	브라질	중국	독일	프랑스	영국	인도	일본	한국	러시아	미국
1차산업	31.6	1.1	1.5	3.1	4.0	6.1	0.4	0.1	39.6	5.1
1	14.1	0.5	0.8	2.4	0.4	3.3	0.1	0.1	1.6	2.5
2	0.1	0.0	0.0	0.0	0.0	0.1	0.0	0.0	0.0	0.2
3	0.1	0.0	0.0	0.1	0.2	0.5	0.1	0.0	0.0	0.1
4	17.2	0.5	0.6	0.5	3.4	2.2	0.3	0.0	38.0	2.3
제조업	54.3	82.2	78.2	60.7	40.8	62.9	81.7	85.8	29.4	54.4
5	16.6	2.2	4.5	5.9	3.1	4.8	0.6	0.9	0.8	3.9
6	2.2	12.3	1.7	2.8	1.0	9.4	0.7	3.8	0.1	0.7
7	0.9	0.8	0.5	0.3	0.1	0.5	0.0	0.0	0.8	0.3
8	2.7	0.5	1.5	1.0	0.3	0.2	0.5	0.5	1.7	1.3
9	0.0	0.2	0.2	0.0	0.2	0.1	0.0	0.0	0.0	0.2
10	3.0	1.2	2.0	2.1	1.7	12.4	2.1	8.1	9.4	6.6
11	4.4	4.0	8.2	7.6	3.8	7.1	7.4	9.6	4.0	6.1
12	0.6	0.8	2.8	3.5	2.7	0.5	0.5	0.3	0.0	2.2
13	1.2	2.5	3.2	1.9	1.2	1.7	3.3	1.4	0.2	1.6
14	0.9	1.9	1.1	0.7	0.4	1.0	1.2	0.4	0.2	0.6
15	7.2	3.6	3.7	3.1	4.0	5.8	8.0	5.0	7.9	1.6
16	0.9	3.5	3.2	1.6	0.8	2.2	4.8	2.4	0.0	2.2
17	0.6	23.1	5.0	4.0	2.8	0.9	14.0	24.8	1.0	5.8
18	1.2	9.1	5.4	2.7	1.6	1.6	7.0	4.3	0.0	1.7
19	3.1	7.8	12.6	5.7	4.5	2.5	8.2	5.6	2.1	5.6
20	4.7	2.5	17.1	6.9	5.5	4.2	19.0	10.4	0.9	5.3
21	1.8	2.2	2.9	8.3	5.7	3.6	3.3	8.0	0.0	6.6
22	2.3	3.9	2.5	1.8	1.4	4.4	1.0	0.3	0.4	1.9
23	0.0	0.0	0.2	0.8	0.1	0.0	0.0	0.0	0.0	0.0
서비스업	14.1	16.7	20.3	36.2	55.2	30.9	17.9	14.1	31.1	40.5
24	0.0	0.1	0.4	0.4	0.2	0.0	0.0	0.0	0.3	0.1
25	0.0	0.0	0.1	0.0	0.0	0.0	0.0	0.1	0.0	0.0
26	0.0	0.1	1.0	0.7	1.3	0.0	0.0	0.2	0.0	1.0
27	0.6	0.6	0.2	0.0	0.3	0.2	0.0	0.0	0.0	0.0
28	0.0	0.0	0.4	0.4	0.9	0.2	0.0	0.3	0.4	0.0
29	0.7	6.4	4.8	10.9	9.3	1.6	9.4	1.8	14.2	10.3
30	1.1	1.3	0.2	0.9	1.3	2.7	0.5	2.4	1.2	0.1
31	0.2	1.2	0.3	2.3	0.4	2.1	1.6	0.1	13.0	2.5
32	0.3	1.2	1.8	2.5	1.6	0.9	2.7	1.9	0.2	0.9
33	0.6	0.9	0.5	1.9	1.0	0.6	0.4	1.3	0.3	2.5
34	0.8	0.2	0.6	0.7	0.7	0.5	0.5	0.2	0.9	0.7
35	0.0	0.0	0.1	0.2	0.3	0.0	0.0	0.0	0.0	0.5

(계속)

산업	브라질	중국	독일	프랑스	영국	인도	일본	한국	러시아	미국
36	1.2	0.4	0.6	0.0	1.7	0.0	0.5	0.5	0.0	0.1
37	0.1	0.0	0.4	0.3	1.0	0.0	0.0	0.1	0.0	2.1
38	0.0	0.0	0.4	0.3	1.2	0.0	0.0	0.2	0.0	1.2
39	0.1	0.1	0.2	0.6	1.2	0.7	0.1	0.1	0.2	0.9
40	0.2	0.6	1.7	1.1	1.9	13.6	0.2	0.4	0.0	1.1
41	1.4	0.1	1.4	1.6	6.8	0.0	0.3	0.1	0.0	2.9
42	0.0	0.2	0.5	0.3	3.4	0.3	0.1	0.1	0.0	0.9
43	0.0	0.0	0.0	0.0	4.8	0.0	0.0	0.1	0.0	2.4
44	0.7	0.0	0.2	0.0	0.2	0.0	0.0	0.2	0.0	0.2
45	1.5	2.6	1.5	2.0	2.3	0.2	0.0	0.5	0.0	1.7
46	1.6	0.0	0.9	1.3	1.6	4.7	0.0	1.0	0.0	1.6
47	0.3	0.0	0.4	0.8	0.5	0.0	0.0	0.5	0.0	0.9
48	0.0	0.0	0.3	0.7	0.6	0.0	0.1	0.1	0.0	0.9
49	0.0	0.0	0.3	0.0	2.2	0.0	0.7	1.2	0.0	0.3
50	1.6	0.1	0.7	5.0	5.7	0.0	0.3	0.5	0.2	3.2
51	0.5	0.0	0.1	0.4	0.4	0.0	0.1	0.0	0.1	0.9
52	0.4	0.0	0.1	0.0	0.9	0.0	0.0	0.1	0.0	0.2
53	0.0	0.0	0.1	0.2	0.1	0.0	0.0	0.0	0.0	0.1
54	0.3	0.4	0.1	0.6	1.3	2.7	0.1	0.2	0.0	0.2
55	0.0	0.0	0.0	0.0	0.0	0.0	0.1	0.0	0.0	0.0
56	0.0	0.0	0.0	0.0	0.0	0.0	0.0	0.0	0.0	0.0

주 : 세계 수출에서 각국 수출액 비중, 산업코드별 산업명은 〈부표 2-2〉 참조
자료 : WIOD 이용 계산

였다. 이러한 수출구조는 인도가 IT 강국이라는 점을 극명히 보여준다(〈Box 9-1〉 참조). 이 외에 인도 상위 6위 수출산업에는 코크스, 연탄 및 석유정제품(10), 섬유제품, 의복, 가죽·가방·신발(6), 화학물질 및 화학제품(11), 1차금속제품(15), 식표품, 음료, 담배(5)로 모두 제조업에 속했으나 독일, 한국, 일본 등 제조업 중심의 수출국가들의 수출구조와는 상이한 측면이 많다.

총수출에서 서비스 비중이 제조업 비중보다 더 높은 국가인 영국의 경우, 상위 6위 수출산업 중 4개 산업[도매업(29), 금융업(41), 사업시설 관리, 사업 지원 및 임대 서비스(50), 금융 및 보험관련 서비스(43)]이 서비스업에 속했다. 또한 미국과 마찬가지로 영국의 경우에도 1위 수출산업은 도매업(자동차 제외)(29)이었으나, 미국 등 여타 국가와 차이점은 서비스업에 속하는 금융업(보험 및 연금 제외)(41), 사업시설 관리, 사업 지원 및 임대 서비스(50), 금융 및 보험관련 서비스(43)의 비중이 높았다는 점이다. 영국 수출에 있어서 금융업

(보험 및 연금 제외)(41), 보험 및 연금업(42), 금융 및 보험관련 서비스(43)의 높은 비중은 금융분야에 있어서 영국의 높은 경쟁력을 보여주는 것이라 할 수 있다. 수출구조에 있어서 러시아와 브라질은 공통점을 가지고 있는데, 두 국가 공히 제1위 수출산업이 광업이라는 점이다. 러시아의 경우, 2014년 기준으로 수출액의 38%가 광산물 수출이었으며, 브라질의 경우에도 그 비중이 17.2%에 달했다. 러시아에 있어서 광업 다음으로 많은 수출이 이루어진 산업은 도매업(자동차 제외)(29), 육상 운송 및 파이프라인 운송업(31), 코크스, 연탄 및 석유정제품(10), 1차금속제품(15), 화학물질 및 화학제품(11) 순인데, 특히 육상 운송 및 파이프라인 운송업(31)의 수출 비중이 13.0%로 매우 높은 점은 다른 국가에서 발견되지 않는 특징이라 할 수 있다. 광업(4), 코크스, 연탄 및 석유정제품(10), 화학물질 및 화학제품(11), 육상 운송 및 파이프라인 운송업(31)이 모두 직간접적으로 원유 등 에너지 자원과 밀접한 관계(원유의 생산·운송·가공 처리 등)를 가지고 있다는 점에서 러시아의 주요 수출산업은 에너지 관련 산업이라 할 수 있다. 한편 브라질의 수출구조에서 발견되는 특징은 광산물과 함께 1차산업에 속하는 농업의 수출 비중이 높다는 점과 제조업 중 식료품, 음료, 담배(5)의 비중이 여타 국가들에 비해 월등히 더 높다는 점이다.

1.4 주요국 수출의 수출대상국별 구조

세계 주요 국가들(미국, 독일, 일본, 프랑스, 영국, 한국, BRICs 국가)의 수출은 주로 어떤 국가를 상대로 이루어지고 있을까? 국가마다 약간의 차이는 있으나, 주요 국가들의 주요 수출대상국가 역시 주요 국가들(특히 미국, 중국, 독일, 영국, 일본)인 것으로 나타났다. 또한 미국과 중국은 세계의 주요 수출국인 동시에 세계의 주요 수출대상국이기도 했다(〈표 9-2〉, 〈표 9-5〉 참조). 수출대상국에 있어서 국가별 특징을 살펴보면, 미국은 NAFTA 회원국인 캐나다에 대한 수출이 가장 많았고, 그다음으로 많은 수출을 하고 있는 대상국 역시 또 다른 NAFTA 회원국인 멕시코였다. 즉 미국의 수출은 북미에 집중되고 있다. 독일이 미국 다음으로 많은 수출을 하고 있는 대상국은 같은 EU 국가인 프랑스였으며, 영국 역시 주요 수출대상국은 미국과 더불어 같은 유럽국가인 독일과 프랑스였다. 프랑스 역시 주요 수출대상국은 독일과 영국이었다. 즉 주요 국가 중 유럽국가들은 유럽 내 수출을 상대적으로 더 많이 하고 있다고 할 수 있다. 중국 역시 주요 수출대상국은 미국과 더불어 같은 동북아 국가인 한국과 일본이었으며, 이는 한국과 일본에 있어서도 마찬가지

표 9-5 ─○ 주요국의 수출대상국별 수출 비중

대상국\수출국	2000 브라질	중국	독일	프랑스	영국	인도	일본	한국	러시아	미국	2014 브라질	중국	독일	프랑스	영국	인도	일본	한국	러시아	미국
AUS	0.8	1.6	0.6	0.4	1.3	0.8	1.8	1.5	0.0	1.5	0.4	2.0	0.7	0.6	1.2	0.7	1.8	1.6	0.2	1.4
AUT	0.3	0.6	4.8	1.0	0.7	0.2	0.2	0.4	0.9	0.3	0.1	0.5	4.6	0.7	0.5	0.2	0.5	0.2	1.1	0.2
BEL	2.0	0.6	4.0	5.0	2.7	1.1	0.6	0.4	0.4	1.0	1.2	0.5	2.5	5.0	2.8	0.7	0.5	0.3	1.1	1.5
BGR	0.1	0.0	0.1	0.1	0.0	0.0	0.0	0.0	0.7	0.0	0.1	0.0	0.2	0.2	0.1	0.1	0.0	0.0	0.2	0.0
BRA	0.0	0.4	1.0	0.7	0.4	0.8	0.5	1.1	0.3	1.4	0.1	1.6	1.1	1.2	0.7	1.9	0.7	1.7	0.4	2.1
CAN	1.4	1.9	0.9	1.0	2.7	1.7	1.6	1.8	0.2	16.1	1.3	2.0	1.0	1.2	2.3	0.7	1.4	1.1	0.7	15.1
CHE	0.8	0.3	4.8	2.8	2.0	0.7	0.5	0.2	2.3	0.7	0.2	0.3	3.8	2.3	2.6	0.3	0.3	0.1	1.7	0.7
CHN	2.6	0.0	1.5	1.4	0.9	1.9	5.6	10.0	3.1	1.3	15.2	0.0	7.3	4.0	3.6	4.8	15.8	24.2	6.3	5.8
CYP	0.0	0.0	0.1	0.1	0.2	0.1	0.0	0.1	0.1	0.0	0.0	0.0	0.1	0.1	0.1	0.0	0.0	0.0	0.2	0.0
CZE	0.1	0.1	1.6	0.4	0.4	0.1	0.1	0.1	1.7	0.1	0.1	0.4	2.5	0.7	0.4	0.1	0.2	0.3	1.1	0.1
DEU	3.7	4.1	0.0	13.7	10.0	4.6	4.0	3.1	6.1	4.8	2.6	3.6	0.0	12.8	7.2	2.3	2.5	1.4	6.1	4.1
DNK	0.7	0.4	1.5	0.8	1.3	0.4	0.2	0.2	0.4	0.8	0.3	0.3	1.4	0.7	1.1	0.3	0.1	0.3	0.2	0.4
ESP	1.8	0.8	4.3	9.5	4.1	1.2	0.6	0.9	0.9	0.8	1.2	0.9	3.0	6.7	1.7	0.8	0.3	0.3	0.9	0.6
EST	0.0	0.0	0.0	0.0	0.0	0.0	0.0	0.0	0.4	0.0	0.0	0.0	0.1	0.0	0.1	0.0	0.0	0.0	0.2	0.0
FIN	0.2	0.2	1.0	0.5	0.8	0.1	0.2	0.3	2.2	0.4	0.2	0.3	0.1	0.4	0.5	0.3	0.1	0.1	1.3	0.3
FRA	3.0	2.3	9.9	0.0	8.1	2.5	1.5	1.3	1.8	2.8	1.8	1.7	8.0	0.0	6.2	1.8	0.9	0.6	1.5	3.0
GBR	3.5	3.0	7.6	8.9	0.0	6.0	3.0	3.2	1.8	4.6	1.8	2.1	6.1	7.9	0.0	3.3	1.2	1.1	1.9	3.8
GRC	0.3	0.2	0.7	0.8	0.7	0.2	0.1	0.8	1.9	0.4	0.1	0.2	0.5	0.5	0.3	0.1	0.0	0.4	0.3	0.1
HRV	0.1	0.2	0.2	0.1	0.1	0.1	0.2	0.0	0.7	0.0	0.0	0.2	0.2	0.1	0.1	0.1	0.1	0.0	0.2	0.0
HUN	0.2	0.2	1.3	0.5	0.3	0.1	0.2	0.1	1.8	0.2	0.1	0.2	1.6	0.6	0.3	0.1	0.1	0.3	0.3	0.2
IDN	0.7	1.1	0.3	0.5	0.3	1.0	1.5	1.8	0.0	0.3	1.3	1.4	0.3	0.4	0.1	1.1	2.0	1.9	0.7	0.3
IND	2.6	0.5	0.6	0.6	1.0	0.0	0.6	0.9	0.7	0.7	2.5	1.8	0.8	0.8	1.0	0.0	1.0	1.7	0.7	0.8
IRL	0.2	0.1	0.5	0.7	4.3	0.1	0.3	0.2	0.1	2.1	0.3	0.1	0.6	0.7	4.6	0.1	0.3	0.1	0.4	3.2
ITA	4.0	1.4	6.8	8.4	4.3	2.5	0.9	1.0	4.4	2.4	1.5	1.2	5.0	6.4	2.9	1.3	0.4	0.5	2.7	1.0
JPN	4.4	14.9	2.4	1.9	2.6	4.1	0.0	13.3	3.2	7.0	3.4	7.1	1.5	1.5	1.3	1.5	0.0	6.3	4.6	3.3
KOR	1.2	3.9	0.9	0.8	0.8	1.2	6.2	0.0	0.9	3.1	1.6	4.2	1.5	1.3	1.3	1.4	6.9	0.0	1.7	2.3
LTU	0.0	0.0	0.1	0.1	0.1	0.0	0.0	0.0	1.8	0.0	0.0	0.0	0.2	0.1	0.1	0.0	0.0	0.0	0.9	0.0
LUX	0.1	0.2	0.4	0.5	0.8	0.1	0.3	0.1	0.0	0.4	0.0	0.0	0.6	1.0	3.2	0.0	0.0	0.2	0.0	1.1
LVA	0.0	0.0	0.1	0.1	0.1	0.0	0.0	0.0	0.4	0.0	0.1	0.0	0.1	0.1	0.1	0.0	0.0	0.0	0.3	0.0
MEX	4.4	0.8	1.4	0.6	0.6	1.3	1.7	2.2	0.2	11.5	1.8	1.6	0.9	0.6	0.4	1.0	1.8	2.0	0.1	9.3
MLT	0.0	0.0	0.1	0.0	0.1	0.0	0.2	0.0	0.0	0.1	0.0	0.1	0.3	0.1	0.4	0.0	0.0	0.1	0.1	0.0
NLD	4.1	1.2	5.0	3.1	3.7	1.3	1.0	0.6	1.0	2.1	3.2	1.8	4.3	3.3	3.1	1.1	1.0	0.6	0.7	2.5
NOR	0.6	0.2	0.8	0.7	1.0	0.2	0.2	0.3	0.2	0.3	0.6	0.2	0.8	0.7	1.5	0.1	0.2	0.3	0.2	0.3
POL	0.6	0.3	2.5	1.0	0.7	0.2	0.1	0.3	5.0	0.2	0.2	0.6	3.7	1.4	1.0	0.3	0.2	0.7	4.0	0.2
PRT	0.8	0.1	0.4	1.4	0.8	0.1	0.1	0.2	0.1	0.2	0.4	0.1	0.6	0.9	0.4	0.2	0.2	0.1	0.1	0.1
ROU	0.2	0.0	0.4	0.2	0.1	1.9	0.0	0.1	0.8	0.3	0.1	0.1	0.8	0.5	0.2	0.1	0.0	0.1	0.7	0.1
RUS	0.8	0.9	1.3	0.5	0.3	1.9	0.1	0.6	0.0	0.3	1.4	2.7	2.9	1.5	1.9	0.6	1.8	2.2	0.0	0.4
SVK	0.0	0.0	0.5	0.1	0.1	0.0	0.0	0.0	1.4	0.0	0.0	0.1	0.9	0.4	0.1	0.0	0.0	0.6	0.4	0.0
SVN	0.1	0.0	0.3	0.3	0.1	0.0	0.0	0.0	0.1	0.0	0.1	0.1	0.3	0.1	0.1	0.0	0.0	0.1	0.0	0.0
SWE	0.5	0.3	2.3	1.6	2.2	0.5	0.4	0.2	0.5	0.9	0.3	0.5	1.9	1.1	1.6	0.4	0.2	0.2	0.7	0.7
TUR	0.5	0.3	1.3	0.9	0.9	0.8	0.3	0.6	2.9	0.3	0.6	0.5	1.7	1.3	0.8	2.0	0.3	1.4	1.1	0.4
TWN	0.8	1.6	1.1	0.7	0.5	0.5	7.4	5.3	0.3	2.1	1.0	1.8	0.6	0.6	0.3	0.9	5.5	3.2	1.9	0.9
USA	22.1	19.7	11.4	9.7	12.9	17.3	24.5	22.4	4.5	0.0	10.9	14.3	8.1	6.5	11.4	9.9	14.8	11.2	3.0	0.0
ROW	29.7	36.1	13.0	18.4	25.2	44.2	33.7	24.8	43.9	29.5	42.0	42.8	16.4	23.7	30.7	59.2	37.4	32.5	50.3	33.4

주: 국가기호별 국가명은 〈부표 4〉 참조.
자료: WIOD 이용 계산.

였다. 한편 인도의 주요 수출대상국에 있어서 특징은 미국과 중국 이외에 영국과 터키에 대한 비중이 높다는 점이다. 러시아의 경우 중국, 독일, 일본, 폴란드에 대한 수출 비중이 높았으나, 여타 국가에서와 달리 미국에 대한 수출 비중은 상대적으로 낮았다. 브라질의 수출은 중국과 미국에 집중되어 있는 가운데 일본과 네덜란드에 대한 수출 비중 역시 높았다. 한국의 경우 중국에 대한 수출의존도가 주요국에서 가장 높았는데, 2014년 기준 총수출의 약 1/4이 중국에 집중되었는데, 이는 미국에 대한 수출의 2배 이상 규모이다. 2000년까지만 해도 한국 수출의 22.4%가 미국에 대한 것이었으며, 중국에 대한 수출 비중은 10%였다는 점을 고려하면, 한국의 수출대상국 구조에 커다란 변화가 있었음을 의미한다. 그만큼 한국 경제에 있어 중국의 중요성이 높아졌다는 것을 의미하며, 달리 말하면 중국 경제 대한 의존도가 심화되었다는 것을 의미하기도 한다.

❷ 주요국의 국제경쟁력 비교

어떤 국가의 특정 산업이 세계시장에서 경쟁력을 가지고 있는지 여부를 평가하는 지표로는 무역특화지수, 현시비교우위지수 등이 있다. 이 절에서는 주요국들이 어떤 산업에 국제경쟁력을 가지고 있는지, 그리고 국제경쟁력 구조에 어떤 변화가 있었는지 등을 파악하기 위해 현시비교우위지수(Revealed Comparative Advantage, RCA)를 통해 살펴보기로 한다. RCA는 세계 수출에서 특정 산업의 수출 비중(A)과 한 국가의 세계 수출에서 해당 산업의 수출 비중(B)을 비교하여 해당 산업의 비교우위 여부를 판단한다. 즉 B/A가 1보다 크면 그 국가의 해당 산업이 세계시장에서 경쟁력이 있다고 판단한다(〈Box 9-1〉 참조).

2.1 1차산업

2014년 RCA 기준에 따르면, 선진국 중에서는 미국, 프랑스, 캐나다, 그리고 개도국 중에서는 브라질과 인도가 농업에 있어서 비교우위를 보였다(〈표 9-6〉 참조). 특히 브라질에 있어서 비교우위지수가 여타 국가의 비교우위지수에 비해 월등히 높아, 농업에 있어서 브라질이 높은 경쟁력을 가지고 있음을 보였다(〈Box 9-2〉 참조). 또한 주요국 중 광업에 있어서 비교우위를 보인 국가는 러시아, 캐나다, 브라질이었는데, 특히 러시아에서 비교우위지수가 높게 나타났다. 1차산업에 있어서 두드러진 특징은 캐나다가 농업, 임업, 수산업, 광업 등 모든 분야에 있어서 높은 비교우위를 보였다는 점이다. 이는 광물 등 천연자원 부

Box 9-1 국제경쟁력 정의와 지표

어떤 국가의 국제경쟁력(International Competitiveness)에 대한 정의는 시대에 따라, 그리고 학자에 따라 다르다. 국제경쟁력 개념은 Ricardo(1948) 등 고전적 국제무역이론에서 시작되었다. 이 이론에 따르면, 각 국가는 자국이 비교우위에 있는 상품(또는 산업)을 특화하여 생산하고 수출하는데, 각국은 바로 그 특화된 상품에 경쟁력을 가지고 있다. 이러한 정의에 따르면 한 국가의 국제경쟁력은 그 국가의 기업이 생산하여 수출한 상품이 국제시장에서 가지게 되는 경쟁력을 의미한다. 이러한 논리에 따르면 한 국가가 어떤 상품(또는 산업)에 경쟁력이 있는지 여부는 해당 상품(또는 산업)의 수출경쟁력을 통해서 파악할 수 있다. 한 국가의 수출경쟁력은 RCA지수[Revealed Comparative Advantage(RCA) Index], 무역특화지수(Trade Specialization Index, TSI) 등을 통해서 측정될 수 있다. 이 정의에 따르면 한 국가의 경쟁력은 비교우위를 결정하는 요인들(예 : 요소부존 등)에 의해 결정된다.

$$TSI = \frac{(X_{i,j} - M_{i,j})}{(X_{i,j} + M_{i,j})}$$

위에서 $X_{i,j}$는 j국가의 i품목 수출액, $M_{i,j}$는 j국가의 i품목 수입액이다. 어떤 산업의 무역특화지수 부호가 양(+)이면 그 산업은 수출특화, 음(-)이면 수입특화를 의미하며 그 절댓값이 클수록 수출특화 또는 수입특화 정도가 크다.

$$RCA_{kw}^{i} = \frac{(X_{kw}^{i}/X_{ww}^{i})}{(X_{kw}/X_{ww})} = \frac{(X_{kw}^{i}/X_{kw})}{(X_{ww}^{i}/X_{ww})}$$

위에서 X_{kw}^{i}는 k국의 i품목에 대한 세계 수출액, X_{ww}^{i}는 i품목의 세계 수출액, X_{kw}는 k국의 세계 총수출액, X_{ww}는 세계 수출액이다. 현시비교우위지수는 0보다 큰 값을 가지며, 1보다 크면 해당국가의 i품목이 자국의 여타 품목에 비해 비교우위가 있음을 의미한다.

한편 Michael Porter는 고전적 무역이론이 국가의 경쟁력을 충분히 설명할 수 없다며, 다이아몬드 모델을 통해 국가의 경쟁력 결정모델을 제시했다. Michael Porter(1990)는 그의 저서(The Competitive Advantage of Nation)에서 국제경쟁력을 생산성으로 설명하고 생산성에 영향을 미치는 다양한 요인을 국제경쟁력을 결정하는 요인이라고 주장하였다. 그에 따르면, 어떤 기업의 생산성이 향상되면 그 기업의 가격경쟁력과 품질 등 비가격경쟁력이 개선되어 국제경쟁력도 제고된다. 즉 국제무역이론은 무역성과지표를 통해 국제경쟁력을 측정하는 반면 Porter는 기업의 생산성을 통해 국제경쟁력을 측정한다.

Michael Porter는 국가경쟁력의 실체를 국내산업의 생산성이라고 보고 산업경쟁력(생산성)에 영향을 미치는 국가 차원의 요인들도 국가의 국제경쟁력에 영향을 미친다고 보았다. 즉 그는 기업 차원뿐만 아니라 국가 차원의 요인들도 국가의 국제경쟁력에 영향을 미치는 요인에 포함시켰다. Michael Porter는 다이아몬드 모델에서 국가경쟁력에 영향을 미치는 내부요인으로 요소조건(인적자원, 물적자원, 지적자원, 자본, 사회간접자본), 수요조건, 연관산업 및 지원산업, 기업구조와 전략 및 경쟁관계, 외부요인으로 정부역할, 우연(돌연적 발명, 전쟁, 정변, 예기치 않은 해외수요 등)을 들었다.

Micheal Porter 이론 이후 그의 이론을 토대로 국가경쟁력 개념에 대한 다양한 논의가 이루어졌고, IMD 국가경쟁력연감 등을 통해 각국의 국가경쟁력이 측정되어 발표되고 있다. 현재 국가경쟁력은 '국민들의 생활수준과 삶의 질을 지속적으로 향상시킬 수 있는 한 국가의 총체적인 역량'으로 정의되고 있다(한수범, 2017). 경쟁력 개념의 확대 및 변화를 통해 현재는 국제경쟁력(International Competitiveness)과 국가경쟁력(National Competitiveness)은 밀접한 관계가 있지만 상당 정도 다른 개념으로 분화했다고 할 수 있다.

자료 : 한수범(2017), 국가경쟁력과 국제경쟁력 간 연관분석, 『e-비즈니스연구』 18(6) 등 참조

표 9-6 주요국의 현시비교우위지수(RCA) : 1차산업 및 제조업

산업	2000												2014											
	브라질	중국	독일	프랑스	영국	인도	일본	한국	러시아	미국	이탈리아	캐나다	브라질	중국	독일	프랑스	영국	인도	일본	한국	러시아	미국	이탈리아	캐나다
1	4.0	0.9	0.4	1.3	0.3	2.1	0.0	0.1	0.9	1.1	0.7	1.4	7.5	0.3	0.4	1.3	0.2	1.8	0.0	0.0	0.8	1.4	0.7	1.9
2	1.7	0.1	0.2	0.2	0.1	1.5	0.0	0.0	0.0	0.9	0.1	2.6	0.6	0.0	0.2	0.1	0.1	0.5	0.0	0.0	0.0	0.8	0.1	2.1
3	1.1	0.6	0.2	0.7	0.8	5.0	0.6	0.8	0.0	0.5	0.3	2.2	0.3	0.2	0.1	0.4	0.7	2.1	0.2	0.1	0.0	0.5	0.2	1.6
4	0.9	0.4	0.1	0.0	1.0	0.5	0.0	0.3	5.0	0.1	0.0	1.8	2.0	0.1	0.1	0.1	0.4	0.3	0.0	0.0	4.4	0.3	0.0	2.5
5	3.2	0.8	0.8	1.4	1.0	1.2	0.1	0.3	0.1	0.8	1.0	0.8	3.8	0.5	1.0	1.4	0.7	1.1	0.1	0.2	0.2	0.9	1.4	0.8
6	1.0	3.5	0.6	0.7	0.6	4.0	0.2	2.2	0.1	0.3	2.2	0.4	0.5	3.0	0.4	0.7	0.2	2.3	0.2	0.9	0.0	0.2	2.3	0.2
7	2.7	0.8	0.7	0.5	0.2	1.9	0.0	0.0	0.8	0.7	1.1	5.2	1.5	1.4	0.9	0.5	0.1	0.8	0.0	0.0	1.4	0.6	1.0	3.6
8	2.4	0.3	1.2	1.0	0.5	0.2	0.3	0.6	1.2	1.0	0.8	3.1	2.7	0.5	1.5	1.0	0.3	0.2	0.5	0.5	1.7	1.3	1.3	2.0
9	0.3	1.7	0.7	0.0	2.0	0.5	0.2	0.2	0.0	1.2	0.7	3.8	0.2	1.1	1.2	0.1	1.2	0.6	0.2	0.2	0.0	1.7	1.2	5.3
10	1.0	0.4	0.5	0.7	0.8	0.1	0.2	2.2	1.6	0.6	0.7	0.8	0.7	0.3	0.5	0.5	0.4	2.9	0.5	1.9	2.2	1.5	0.6	0.7
11	1.0	0.6	1.5	1.4	1.2	1.4	1.0	1.3	0.8	1.0	0.9	0.5	0.8	0.7	1.5	1.3	0.7	1.3	1.3	1.7	0.7	1.1	0.9	0.5
12	0.3	0.3	1.1	1.5	1.7	0.2	0.3	0.2	0.0	1.3	1.3	0.4	0.3	0.4	1.4	1.8	1.4	1.3	0.3	0.2	0.0	1.1	2.1	0.8
13	0.8	1.8	1.5	1.1	0.9	0.9	1.0	0.9	0.1	0.9	1.6	2.1	0.6	1.3	1.6	1.0	0.6	0.9	1.7	0.7	0.1	0.8	1.5	1.6
14	1.4	1.2	1.2	1.0	0.8	1.0	1.2	0.4	0.2	0.7	2.7	0.9	1.0	2.1	1.2	0.7	0.4	1.1	1.3	0.4	0.2	0.6	2.3	0.6
15	2.5	0.9	1.1	1.1	0.7	1.1	1.9	1.3	3.2	0.4	0.8	1.2	1.6	0.8	0.8	0.7	0.9	1.3	1.8	1.1	1.8	0.4	1.2	1.6
16	0.4	1.2	1.4	0.8	0.7	1.0	1.6	2.5	0.0	1.0	1.9	1.3	0.4	1.6	1.4	0.7	0.4	1.0	2.2	2.6	0.0	1.0	2.2	0.9
17	0.3	1.4	0.7	0.7	0.9	0.1	1.6	0.8	0.1	1.2	0.3	0.5	0.1	2.5	0.5	0.4	0.3	0.5	1.5	1.3	0.1	0.6	0.2	0.3
18	0.5	1.9	1.5	1.0	0.8	0.4	2.5	0.6	0.0	0.6	1.3	0.7	0.4	2.7	1.6	0.8	0.5	0.5	2.1	1.0	0.0	0.5	1.3	0.4
19	0.7	0.6	2.0	1.1	1.1	0.3	2.2	1.0	0.8	1.3	2.2	0.8	0.6	1.4	2.3	1.0	0.8	0.7	1.5	1.6	0.4	1.0	2.8	0.6
20	1.1	0.1	2.2	1.5	0.8	0.3	2.2	1.0	0.1	0.9	0.9	1.6	0.7	0.4	2.7	1.1	0.9	1.3	3.0	1.6	0.0	0.8	1.0	1.2
21	0.8	0.5	1.2	2.6	1.7	0.3	1.0	1.5	0.0	2.1	1.1	1.7	0.7	0.8	1.1	3.1	2.1	1.3	1.2	3.0	0.0	2.5	1.0	1.4
22	1.8	2.2	0.9	0.6	0.7	1.6	0.5	0.7	0.0	0.8	2.1	1.9	1.0	1.7	1.1	0.8	0.6	1.9	0.4	0.1	0.1	0.8	1.8	1.1
23	0.0	0.0	3.3	1.4	0.2	0.0	1.6	0.0	0.0	0.0	0.7	0.7	0.0	0.0	1.5	4.7	0.3	0.0	0.0	0.0	0.0	0.0	3.2	0.0
24	0.4	0.4	3.0	1.1	0.2	0.0	0.0	0.0	0.6	0.3	0.4	0.8	0.4	0.2	1.1	1.1	0.1	0.0	0.1	0.0	0.7	0.2	0.5	1.0
25	0.0	0.8	3.5	0.0	0.2	0.3	0.3	0.0	0.0	0.1	0.0	0.0	0.0	0.2	1.4	0.0	0.1	0.0	0.3	3.5	0.0	0.1	0.6	0.0
26	0.0	0.0	1.1	1.6	1.9	0.0	0.0	0.1	1.3	0.0	2.0	0.3	0.0	0.2	2.3	1.6	2.9	0.0	0.0	0.4	0.0	2.3	0.9	0.7
27	2.4	0.9	1.0	0.0	0.4	1.7	0.0	0.1	0.1	0.0	0.7	0.6	1.2	1.2	0.3	0.0	0.6	0.4	0.0	0.1	0.1	0.8	0.8	0.8

(계속)

산업분류	2000												2014											
	브라질	중국	독일	프랑스	영국	인도	일본	한국	러시아	미국	이탈리아	캐나다	브라질	중국	독일	프랑스	영국	인도	일본	한국	러시아	미국	이탈리아	캐나다
28	0.2	0.0	0.2	2.6	0.1	1.0	0.0	0.7	1.7	0.1	0.5	9.5	0.1	0.0	1.2	1.4	2.9	0.7	0.0	0.8	1.2	0.1	0.9	5.8
29	0.1	1.2	1.0	1.4	0.1	0.4	1.6	0.2	4.2	2.0	0.6	0.5	0.1	1.1	0.8	1.9	1.6	0.3	1.6	0.3	2.5	1.8	0.5	0.7
30	1.0	1.6	0.1	4.5	0.3	4.3	0.5	2.0	1.9	0.2	1.1	0.2	1.1	1.4	0.2	1.0	1.3	2.8	0.5	2.5	1.3	0.1	1.5	0.1
31	0.2	0.7	0.2	1.0	0.2	2.2	0.8	0.0	7.5	1.2	0.6	1.2	0.1	0.6	0.2	1.2	0.2	1.1	0.8	0.1	6.9	1.3	0.5	1.7
32	0.5	1.1	1.0	0.9	1.0	1.0	2.2	1.4	0.1	0.9	0.9	0.1	0.3	0.9	1.4	1.9	1.2	0.7	2.1	1.4	0.1	0.7	0.5	0.2
33	0.8	1.1	0.4	1.1	0.8	0.9	1.2	1.0	0.3	1.9	0.7	0.4	0.5	0.8	0.4	1.7	0.9	0.6	0.4	1.2	0.3	2.2	0.4	0.6
34	1.6	0.0	0.6	0.8	0.6	1.1	1.0	0.1	1.0	0.7	2.2	0.7	0.9	0.2	0.7	0.8	0.7	0.6	0.5	0.2	1.0	0.8	1.4	0.9
35	0.0	0.7	0.4	0.4	0.7	0.0	0.1	0.0	0.0	3.9	0.3	0.7	0.0	0.2	0.6	1.2	2.2	0.0	0.2	0.0	0.0	4.0	0.6	1.2
36	1.6	1.0	0.6	0.0	1.2	0.0	0.6	0.7	0.0	0.0	0.0	1.6	1.1	0.4	0.6	0.0	1.6	0.0	0.5	0.4	0.0	0.1	0.0	2.3
37	0.1	0.0	0.9	0.3	1.4	0.0	0.1	0.4	0.0	3.6	0.7	0.1	0.2	0.0	0.8	0.6	1.9	0.0	0.0	0.1	0.0	3.8	0.3	0.1
38	0.1	0.6	0.9	0.9	2.7	0.0	0.1	0.3	0.0	3.3	1.5	0.5	0.0	0.0	1.3	1.0	4.6	0.0	0.0	0.7	0.0	4.6	0.9	0.7
39	0.5	0.6	0.6	0.7	1.2	2.2	0.5	0.1	0.7	1.7	3.2	0.6	0.3	0.2	0.5	1.6	3.0	1.7	0.2	0.3	0.5	2.3	3.0	1.0
40	0.1	0.2	0.7	0.2	0.9	11.0	0.3	0.0	0.0	0.8	0.9	0.7	0.1	0.3	0.9	0.6	1.0	7.4	0.1	0.2	0.0	0.6	0.3	0.7
41	0.6	0.0	0.8	0.5	3.7	0.0	0.3	0.1	0.0	1.0	0.3	0.5	0.8	0.1	0.9	0.9	4.1	0.0	0.2	0.1	0.0	1.7	0.3	0.6
42	0.0	0.0	0.6	0.3	3.8	0.7	0.3	0.0	0.0	0.7	1.1	0.3	0.0	0.2	0.6	0.3	3.9	0.3	0.2	0.1	0.0	1.1	0.5	0.5
43	0.0	0.0	0.0	0.0	7.6	0.0	0.0	0.3	0.0	3.4	0.9	0.0	0.0	0.0	0.0	0.0	10.1	0.0	0.0	0.2	0.0	5.1	0.5	0.0
44	6.8	2.0	2.0	0.0	0.9	0.0	0.0	0.8	0.0	2.6	2.3	0.7	5.2	1.7	1.2	0.0	1.5	0.0	0.1	1.2	0.0	1.2	3.5	0.9
45	2.0	3.6	1.3	0.9	1.6	0.2	0.0	0.5	0.0	1.3	0.6	0.2	1.0	0.0	1.0	1.3	1.5	0.1	0.0	0.3	0.0	1.1	0.3	0.2
46	2.4	0.0	1.2	1.9	1.6	9.8	0.0	0.8	0.0	1.7	1.0	0.9	2.3	0.1	1.4	2.0	2.3	7.0	0.0	1.4	0.0	2.4	0.7	1.1
47	0.5	0.0	1.9	2.2	3.0	0.0	0.1	2.0	0.0	1.5	1.7	0.4	0.9	0.0	1.2	2.6	1.6	0.0	0.0	1.7	0.0	2.9	1.4	0.8
48	0.0	0.0	0.9	0.5	0.9	0.0	0.7	0.5	0.0	1.5	1.4	0.3	0.0	0.1	1.1	2.2	2.1	0.0	0.3	0.4	0.0	2.9	0.5	0.4
49	0.0	0.0	0.1	0.0	3.0	0.0	2.6	2.6	0.0	0.5	1.4	0.3	0.0	0.1	0.8	0.0	6.1	0.0	2.0	3.2	0.1	0.8	1.5	0.7
50	0.7	0.0	0.1	1.0	1.4	0.0	0.1	0.2	0.1	1.2	0.9	0.7	0.7	0.1	0.3	2.3	2.6	0.0	0.1	0.2	0.1	1.5	1.0	1.0
51	0.6	0.1	0.3	0.9	0.4	0.0	0.3	0.0	0.3	1.2	0.0	0.9	1.3	0.1	0.3	1.1	1.1	0.0	0.2	0.1	0.1	2.5	0.1	2.1
52	1.4	0.2	0.0	0.1	1.6	0.0	0.0	0.0	0.5	0.6	0.2	1.6	1.8	0.2	0.6	0.2	4.0	0.0	0.1	0.4	0.2	1.0	0.1	2.5
53	0.2	0.0	0.0	1.4	0.3	0.0	0.1	0.0	0.1	0.3	0.3	2.1	0.2	0.9	0.3	1.5	0.8	0.0	0.0	0.1	0.0	0.6	1.6	2.8
54	0.6	5.6	0.2	1.0	1.8	8.1	0.2	0.1	0.1	0.3	0.7	0.7	0.7	0.0	0.2	1.3	2.8	5.7	0.2	0.3	0.0	0.4	0.6	0.9
55	0.0	0.0	0.0	0.0	0.1	0.0	0.9	0.0	0.0	0.0	0.0	0.0	0.0	0.0	0.0	0.0	0.1	0.0	2.4	0.0	0.0	0.0	0.0	0.0

주: 산업코드별 산업명은 〈부표 2-2〉 참조
자료: WIOD 이용 계산

| Box 9-2 | 농업강국 브라질 |

브라질 농지는 총토지면적의 33.4%(2014년 기준)로 한반도 면적의 13배, 남한 면적의 29배에 이른다. 브라질이 농업 강국이 된 것은 이러한 광대한 농지가 있기에 가능했다. 브라질 농업에 있어서 특징 중 하나는 대규모 농업과 소규모 농업의 이중구조라 할 수 있다. 여기에서 대규모 농업은 기계화된 자본집약적 농업으로 농산물 수출 등을 통해 이익을 창출하는 농업, 소규모 농업은 지역시장이나 자급자족을 위해 농산물을 생산하는 농업을 의미한다. 종종 전자는 애그리비즈니스*, 후자는 가족농으로 불리기도 한다.

브라질의 애그리비즈니스는 총 520만 농가의 15%, 농촌토지의 3/4 이상을 차지하고 있다. 애그리비즈니스는 브라질 농업 총생산액의 62%를 차지하고 있으며, 브라질의 주요 농산물 수출을 담당하고 있다. 브라질 정부는 애그리비즈니스와 가족농을 담당하는 별도의 정부조직을 두고 있다. 애그리비즈니스는 농축식량공급부(Ministry of Agriculture, Livestock, and Supply), 가족농은 농업개발부(Ministry of Agrarian Development)가 담당한다. 브라질 정부는 오랜 기간 애그리비즈니스와 대규모 농업에 보조금을 지급하는 등 정책적 지원을 제공하였는데(가족농보다는 애그리비즈니스 등 대규모 농가에 대한 보조금이 훨씬 많음), 이러한 노력 등에 힘입어 브라질은 세계에서 주요 농산물 수출국이 되었다.

2013년 기준으로 브라질의 농업총생산액은 약 2,194억 달러로 이 중 58%가 농작물, 42%가 축산물이었다. 브라질 농산물의 주요 수출 대상국은 EU, 중국, 미국, 일본, 러시아, 사우디아라비아 등이다. 2013년 기준으로 브라질의 최대 수출대상국은 중국(총농산물 수출의 23% 차지)이었으며, 다음으로 EU, 미국 순이었다. 브라질 농산물 수출은 대두, 원당 등 일부 품목에 의해 주도되고 있다.

브라질의 주요 농축산물 수출액과 각 품목의 세계 수출 순위(단위 : 백만 달러)

수출품	수출액	세계 수출 순위
대두	22,812.3	1
원당	9,163.7	1
닭고기	7,003.8	1
대두박	6,787.3	2
옥수수	6,307.6	2
쇠고기(뼈 없는)	5,331.4	1
커피 생두	4,582.2	1
정제당	2,678.8	1
오렌지주스	2,295.4	1
대두유	1,365.9	2
밀	348.3	–

자료 : FAO(2016). 김부영(2016) 재인용

* 애그리비즈니스(agribusiness) : 1957년 Goldberg와 Davis에 의해 명명되었는데, 농산물 생산, 생산된 농산물의 가공, 유통, 판매를 포함할 뿐 아니라 종자, 비료, 농약, 농기계, 사료 등 농업자재 산업까지 포함하는 개념이다. 그러나 애그리비즈니스는 종종 가족농에 대비되는 개념으로 대규모이면서 수직적으로 통합되고 기계화된 기업농(corporate farming)을 가리키기도 한다 (Wikipedia 등 참조).

자료 : 김부영(2016), '브라질의 농업현황과 시사점', 농촌경제연구원. 세계농업 제187호.(보고서 내용 중 일부를 발췌하여 요약 및 편집함)

존 측면에 있어서 캐나다의 강점을 그대로 보여주고 있다.

2.2 제조업

1차산업에서의 국가별 비교우위에서와 마찬가지로, 제조업에서의 비교우위 산업 구성도 국가별로 뚜렷한 차이를 보였다. 주요 선진국에서는 독일, 이탈리아, 일본, 그리고 신흥국 중에서는 중국에 있어서 비교우위를 보인 산업이 많았다. 구체적으로 살펴보면, 2014년 기준으로 독일과 이탈리아는 WIOD 기준으로 19개 제조업 중 13개 산업에 있어서 비교우위를 보였으며, 중국은 10개 산업에서 비교우위를 보였다. 한국과 캐나다 역시 비교우위를 보인 제조업 수가 8개로 많았다(〈표 9-6〉 참조).

한편 주요 선진국 중 미국, 영국, 프랑스의 경우 비교우위를 보인 제조업 수는 3~6개에 불과했는데, 특히 영국은 3개 산업에서만 비교우위를 보였다. 2000년과 2014년을 비교할 때 제조업에 있어서 비교우위를 보인 산업 수는 영국과 프랑스에 있어서 모두 감소했는데, 이는 이들 제조업에 있어서 이들 국가의 경쟁력이 점차 더 약화되고 있음을 의미한다.

제조업에 있어서 비교우위가 있는 산업들의 구성이 국가 간에 얼마나 유사한지 살펴보기 위해 통합 유사성 지수(ISI)를 살펴보면, 2014년 기준으로 독일은 체코, **일본**, 헝가리, 오스트리아, 스웨덴 순으로 유사했으며, 그 외 주요국 중에서는 이탈리아와 유사했다(〈부표 16〉 참조). 이탈리아의 경우 오스트리아, 포르투갈, 불가리아, 브라질, 루마니아 순으로 유사했으며, 그 외 주요국 중에서는 일본과 유사했다. 일본의 경우 **독일**, 오스트리아, 스웨덴, 멕시코, **브라질** 순으로 유사했으며, 그 외 주요국 중에서는 **중국**과 유사했다. 이는 세계 제조업 수출시장에서 일본과 독일이 높은 경쟁관계에 있음을 보여준다. 중국의 경우 **한국**, **일본**, **인도**, 멕시코, **독일** 순으로 유사했으며, 그 외 주요국 중에서는 **브라질**과 유사했다. 즉 중국은 주로 주요국들과 비슷한 비교우위 구조를 가지고 있는 바, 이는 중국이 이들 주요 국가와 제조업 수출에 있어서 높은 경쟁관계에 있음을 보여준다. 한편 한국은 **중국**, 대만, **일본**, 헝가리, 멕시코 순으로 유사했으며, 그 외 주요국 중에서는 **독일**과 유사했다. 미국은 캐나다, **프랑스**, **영국**, 네덜란드, **브라질** 순으로 유사했으며, 그 외 주요국 중에서는 **일본**과 유사했다. 영국의 경우 **프랑스**, **미국**, 호주, 노르웨이, 캐나다 순으로 유사했으며 그 외 주요국 중에서는 **브라질**과 유사했다. 프랑스의 경우 **영국**, 노르웨이, **미국**, 스페인, 네덜란드 순으로 유사했으며, 그 외 주요국 중에서는 **브라질**과 유사했다. 인도의 경우 불가리아, **브라질**, 포르투갈, 루마니아, 스페인 순으로 유사했으며, 그 외 주요국 중에서는 **중국**과 유사했다. 브라질의 경우 스페인, 폴란드, 루마니아, 포르투갈, 불가리아 순으로 유사했으며, 그 외 주요국 중에서는 **미국**과 유사했다. 러시아의 경우 불가리아, 벨기에, 그리스, **브라질**, **인도** 순으로 유사했으며, 그 외 주요국 중에서는 **일본**과 유사했다.

한편 세계 제조업에 있어서 주요국의 경쟁력 변화를 보다 자세히 살펴보기 위해, 1) 세계 제조업 생산과 부가가치 중 국가별 비중, 2) 세계 제조업 수출 중 국가별 비중, 3) 주요국의 GDP 대비 제조업 상품수지 비율, 그리고 4) 각국의 산업구조에서 제조업의 비중 변화 등 지표를 검토해보자. 첫째, 세계 제조업 생산과 부가가치에서 주요국 비중을 보면, 미국과 일본의 비중이 크게 감소하고 중국의 비중은 큰 폭으로 증가했음을 알 수 있다(〈표 9-7〉, 〈표 9-8〉 참조). 그럼에도 불구하고 미국과 일본이 세계 제조업에서 차지하는 비중은 여전히 높은데, 부가가치 기준으로 2014년 각각 17.2%와 6.8%로 중국(24.7%)에 이어 2위와 3위를 차지했다. 중국의 부상으로 독일의 비중 역시 줄었으나 축소 폭은 미국이나 일본만큼은 크지 않았다. 2014년 기준으로 독일은 세계 제조업 부가가치의 6.4%를 차지하였다. 한편 프랑스, 영국, 이탈리아, 캐나다의 세계 제조업 부가가치에서의 비중도 주요 선진국에서처럼 축소되었다. 반면 인도, 브라질, 러시아는 소폭이나마 그 비중이 확대되었는데, 이들 국가가 중국과 더불어 세계경제에서의 위상이 커지고 있음을 보여주었다. 이러한

표 9-7 ──○ 세계 제조업 생산 중 국가별 비중

	2000				2014			
	1차산업	제조업	서비스업	전체	1차산업	제조업	서비스업	전체
브라질	2.3	2.0	1.7	1.8	2.7	2.3	2.7	2.5
중국	13.4	8.3	3.3	5.2	24.8	31.9	13.0	19.7
독일	1.7	6.5	5.5	5.6	0.7	4.8	4.6	4.4
프랑스	2.3	3.5	4.2	3.9	1.0	2.0	3.9	3.1
영국	2.6	3.3	5.1	4.4	1.0	1.7	4.4	3.3
인도	4.8	1.7	1.1	1.4	4.0	2.9	2.1	2.5
일본	5.3	15.2	14.1	14.0	1.3	5.5	5.8	5.4
한국	1.2	3.0	1.5	1.9	0.5	3.3	1.7	2.1
러시아	2.1	0.7	0.6	0.7	3.2	1.7	2.2	2.1
미국	14.9	23.4	33.8	29.8	9.9	12.5	23.7	19.2
이탈리아	1.8	4.0	3.5	3.6	0.8	2.3	2.8	2.5
캐나다	2.9	1.8	2.3	2.2	2.4	1.2	2.4	2.0

주 : WIOD 이용 계산

| 표 9-8 | 세계 제조업 부가가치 중 국가별 비중

	2000				2014			
	1차산업	제조업	서비스업	전체	1차산업	제조업	서비스업	전체
브라질	2.4	1.5	1.8	1.8	2.8	2.0	3.0	2.8
중국	13.2	6.6	2.4	3.8	23.2	24.7	10.4	13.9
독일	1.3	7.0	5.6	5.6	0.5	6.4	4.9	4.7
프랑스	1.7	3.3	4.2	3.9	0.7	2.3	4.0	3.4
영국	2.7	3.7	4.7	4.4	0.9	2.3	4.2	3.6
인도	6.2	1.2	1.2	1.4	5.4	2.3	2.5	2.7
일본	4.8	16.9	14.9	14.7	1.0	6.8	6.4	6.0
한국	1.3	2.5	1.4	1.6	0.5	3.2	1.6	1.7
러시아	1.8	0.8	0.6	0.7	3.3	1.9	2.1	2.2
미국	11.4	27.0	35.4	32.5	10.1	17.2	26.5	23.5
이탈리아	1.9	3.4	3.3	3.2	0.8	2.4	2.9	2.6
캐나다	2.6	2.0	2.2	2.2	2.6	1.5	2.4	2.3

주 : WIOD 이용 계산

양상은 세계 제조업 수출에 있어서도 마찬가지였다(〈표 9-9〉 참조). 다만 다른 점은 독일의 경우 세계 생산과 부가가치에서 비중이 축소되었던 것과 달리 세계 수출에서는 비중이 더욱 확대되었다는 점이다. 이는 제조업에 있어서의 독일의 강점을 다시 한 번 확인시켜준다 하겠다. 한편 세계 제조업 수출에서 중국의 비중은 2000년 4.3%에서 2014년 15.7%로

| 표 9-9 | 주요국의 산업별 세계 수출 점유율

	2000				2014			
	1차산업	제조업	3차산업	전체 산업	1차산업	제조업	서비스업	전체 산업
중국	1.7	4.3	2.9	3.7	1.2	15.7	7.1	11.7
독일	1.2	10.0	5.9	8.2	1.1	10.4	6.0	8.1
미국	4.6	12.5	17.2	13.0	4.4	8.3	13.7	9.3
일본	0.2	8.8	5.5	7.2	0.2	5.3	2.6	4.0
한국	0.1	3.6	1.2	2.7	0.0	4.7	1.7	3.4
프랑스	1.6	5.5	5.0	5.0	1.0	3.6	4.8	3.7
영국	4.2	5.0	6.6	5.3	1.3	2.4	7.3	3.6
인도	0.8	0.8	1.2	0.9	1.0	1.8	2.0	1.8
브라질	1.4	1.0	0.6	0.9	3.8	1.2	0.7	1.3
러시아	5.3	0.6	2.0	1.4	8.6	1.1	2.7	2.4
이탈리아	0.6	4.4	3.1	3.8	0.4	3.8	1.8	2.9
캐나다	7.5	4.3	2.8	4.2	6.5	2.2	2.4	2.7

주 : WIOD 이용 계산

| 표 9-10 | 주요국의 GDP 대비 제조업 상품수지 비율 |

	브라질	중국	독일	프랑스	영국	인도	일본	한국	러시아	미국
2005	3.7	8.6	9.9	-0.2	-4.4	0.5	4.3	10.5	1.5	-4.6
2006	2.9	10.9	10.2	-0.2	-4.7	0.4	4.8	10.6	0.1	-4.5
2007	1.5	12.2	11.4	-0.8	-5.4	-0.3	5.6	10.5	-2.4	-4.1
2008	-0.2	12.3	11.4	-1.0	-4.9	-2.1	5.4	13.3	-2.9	-3.5
2009	-0.3	8.1	8.1	-1.2	-4.6	-0.7	3.3	15.0	-1.7	-2.5
2010	-1.4	8.7	8.7	-1.5	-5.4	-0.9	4.7	15.5	-2.1	-3.1
2011	-1.7	8.9	9.0	-2.1	-4.6	-0.1	3.8	17.9	-3.0	-3.2
2012	-1.9	9.3	10.7	-1.8	-6.4	0.3	3.2	17.9	-2.4	-3.2
2013	-2.2	9.2	10.4	-1.6	-2.8	3.8	2.9	17.0	-1.9	-3.0
2014	-2.4	9.3	10.1	-1.6	-5.3	2.9	2.6	15.6	-1.3	-3.3
2015	-1.5	8.5	10.1	-1.7	-5.1	0.2	2.6	14.5	0.2	-3.7
2016	0.0	7.4	9.8	-2.0	-8.0	0.9	2.8	12.6	-2.1	-3.7

자료 : 제조업 상품수지 자료는 OECD, Bilateral Trade in Goods by Industry and End-use(BTDIxE), ISIC Rev.4 이용 계산. GDP 자료는 World Bandk DB

확대되었으나, 그 비중은 세계 생산과 부가가치에서 중국이 차지했던 비중보다는 크게 낮았다. 이는 세계 제조업 수출에서 중국의 영향력이 생산이나 부가가치 측면에서 평가한 것만큼은 크지 않을 수 있음을 보여준다. 또한 세계 제조업 수출에서 한국의 비중은 중국 및 독일과 마찬가지로 증가하였는데 2000년 3.6%에서 2014년 4.7%로 확대되었다.

세계 제조업에 있어서 중국, 독일, 일본, 그리고 한국의 높은 경쟁력은 각국의 GDP 대비 제조업 상품수지 비율을 통해서도 확인할 수 있다(〈표 9-10〉 참조). GDP 대비 각국의 제조업 상품수지 비율은 2016년 기준으로 한국이 12.6%로 가장 높았으며, 이어 독일이 9.8%, 중국이 7.4%, 일본이 2.8%, 인도 0.9% 순이었다. 그 외 주요국의 경우 그 비율이 대부분 마이너스를 보여 제조업에 있어서 상품수지가 적자였음을 보여준다. 특히 영국과 미국에 있어서는 제조업 상품수지 적자가 지속되고 있고 그 규모 역시 높게 유지되어 왔음을 확인할 수 있다.

이상의 지표를 통해서 주요국에 있어서 제조업 경쟁력 변화를 살펴보았는데, 이러한 변화는 주요국의 산업구조 변화에도 반영되어 있다. 즉 각국의 총피고용자 수에서 제조업에 속한 피고용자 수 비중과 각국의 부가가치 중 제조업 비중을 기준으로 할 때, 제조업에 있어 높은 경쟁력을 보이고 있는 독일, 한국, 일본은 미국, 영국, 프랑스에 비해 해당 비율들이 높게 유지되었다(〈표 9-11〉, 〈표 9-12〉 참조).

표 9-11 ──○ 주요국의 총피고용자 수 중 제조업 비중

	미국	독일	일본	프랑스	영국	이탈리아	한국
2005	11.9	19.9	18.3	12.7	10.9	21.7	23.1
2006	11.8	19.5	18.5	12.3	10.5	21.4	22.2
2007	11.6	19.5	18.7	11.9	10.2	21.2	21.4
2008	11.3	19.7	18.6	11.7	9.8	20.9	20.8
2009	10.5	19.2	17.9	11.3	9.4	20.2	19.9
2010	10.5	18.8	17.7	10.8	9.1	19.6	20.3
2011	10.6	18.9	17.5	10.6	9.1	19.4	20.2
2012	10.6	19.0	17.2	10.6	9.0	19.1	20.0
2013	10.7	18.9	16.7	10.5	8.8	18.8	20.2
2014	10.7	18.9	16.5	10.4	8.7	18.5	20.4
2015	10.6	18.8	16.3	10.2	8.6	18.1	20.8

자료 : OECD, STAN Industrial Analysis 이용 계산

표 9-12 ──○ 주요국의 부가가치 중 제조업 비중

	브라질	중국	독일	프랑스	영국	인도	일본	한국	러시아	미국	이탈리아	캐나다
2000	15.7	32.2	23.0	15.7	15.7	14.9	21.3	29.0	20.8	15.2	19.5	16.5
2007	14.8	32.9	23.4	12.7	10.7	15.6	20.7	28.2	17.6	12.9	17.7	11.9
2014	11.7	29.6	22.6	11.2	10.6	14.0	18.9	30.3	14.3	12.2	15.4	11.1

자료 : WIOD 이용 계산

2.3 서비스업

주요국의 서비스업에 있어서 비교우위지수 구조는 선진국과 신흥국 간에 보다 극명하게 나타난다. WIOD에 포함된 33개 서비스업(산업코드 24~56)을 기준으로 할 때, 영국, 프랑스, 미국이 가장 많은 산업에서 비교우위를 보였다(〈표 9-6〉 참조). 이는 제조업에 있어서 이들 국가의 비교우위 양상과 크게 다른 것이다. 즉 영국, 프랑스, 미국은 제조업에 있어서는 독일, 일본, 중국 등에 비해 비교우위를 가진 산업들이 많지 않았으나, 서비스업에 있어서는 보다 많은 산업에 있어서 비교우위를 보이고 있는 것이다. 이는 이들 국가가 여타 주요국가들에 앞서 서비스업 중심 국가로 이행했으며, 그러한 산업구조적 변화가 비교우위 구조에도 반영된 것이라 할 수 있다. 국가별로 살펴보면 영국은 33개 산업 중 23개 산업에 있어서 비교우위를 보였으며, 미국은 18개 산업, 프랑스는 17개 산업에 있어서 비교우위를 보였다. 반면 신흥국인 중국은 4개 산업, 인도는 6개 산업, 러시아는 4개 산업, 브라질은 7개 산업에 있어서만 비교우위를 보였다. 특히 영국의 경우, 금융 및 보험관련 서비

| Box 9-3 | 인도의 IT 서비스산업의 높은 경쟁력 원천 |

IT 분야 중 IT 서비스는 인도가 높은 경쟁력을 가지고 있는 분야로 인도 정부가 핵심 산업으로 육성하고자 하는 산업이다. 인도의 IT&BPM(Business Process Management) 매출액은 2015년 1,360억 달러로 추산되었다. 매출액 중 수출은 985억 달러(HW 4억 달러, IT 서비스 550억 달러, BPM 200억 달러 등)이며, 이 중 IT 서비스 수출은 인도 서비스 수출의 38%를 차지하였다. 인도의 IT&BPM 분야는 매출의 70% 정도를 수출에 의존하고 있는 상황이라는 점을 고려할 때, 주요 수출시장인 미국과 유럽 경제의 회복이 해당 분야의 성장을 결정하는 주요 요인이라 할 수 있다.

2016년 기준으로 인도의 IT기업 수는 15,000개 정도인데 이 중 1,000개 이상이 대기업이며, 관련기업들이 해외 78개국에 640여 개의 역외개발센터를 운영 중이다. 인도는 해당 분야의 훈련(training) 및 연구개발에 매년 16억 달러를 투자하고 있으며, 디지털 인디아 캠페인에 200억 달러를 투자할 계획이다.

한편 인도 정부는 국가 IT 2020 정책(National Policy on Information Technology 2020)을 추진하여 2020년까지 IT&BPM 매출액을 3,000억 달러(수출 2,000억 달러)까지 확대한다는 계획을 수립했다.

인도는 IT관련 다양한 이니셔티브를 추진하고 있다. 대표적인 정책으로는 National Rural Internet Mission(2017), e-governance, ekranti-Electronic Delivery of Services(2017)이며, Software Technology Parks of India를 설립하고, National e-Governance Plan과 National Cyber Security Policy 2013을 추진 중에 있다.

인도 IT 분야에 있어서 강점의 원천은 해당 분야의 풍부하고 우수한 인적자원이라 할 수 있다. 인도의 고등교육기관에서 양성된 고급인력들은 1990년 인도의 개방 이후부터 인도 IT 산업과 제약, 신생 산업을 이끌었을 뿐만 아니라, 인도 기업들이 글로벌 기업으로 성장하도록 이끄는 원동력이 되었다. 인도는 비록 개발도상국이지만, 1950년대부터 고등과학을 배운 고급 인재를 양성하기 위해 대학원 중심 대학인 Indian Institutes of Technology(IITs), National Institute of Technology(NITs), Indian Institutes of Information Technology(IIITs), Indian Institutes of Management(IIMs)를 육성하였다.

인도에서 고등교육을 받는 인구는 약 1억 명으로 매년 40만 명이 IT 전문기관에서 배출되고 있다. 인도 정부는 IT 고급인력 육성을 위해 2008~2009년과 2015~2016년에 각각 8개소와 7개소의 IIT를 추가 설립하는 등 고등교육 육성을 위한 노력을 경주하고 있다.

자료 : 이순철 · 김완중(2016), '수출확대를 위한 국가별 경제협력 방안 수립: 인도', KOTRA 보고서 중 일부 내용을 요약함

스(43), 기타 전문, 과학 및 기술 서비스(49), 영상·오디오 기록물 제작 및 배급업(38), 금융업(41)에 있어서 매우 높은 비교우위를 보였다. 한편 브라질은 부동산업(44), 프랑스는 과학 연구개발(47), 인도는 컴퓨터 프로그래밍, 시스템 통합 및 관리업, 정보 서비스(40), 건축기술, 엔지니어링 및 기타 기술과학 서비스업(46), 기타 서비스업(54), 한국은 수도업(25), 기타 전문, 과학 및 기술 서비스(49), 러시아는 육상 운송 및 파이프라인 운송업(31), 미국은 금융 및 보험관련 서비스(43), 영상·오디오 기록물 제작 및 배급업(38), 우편, 배달업(350), 캐나다는 자동차 판매 및 수리업(28), 이탈리아는 부동산업(44), 통신업(39)에 있어서 높은 비교우위를 보였다.

▣ 세계 수입구조

한 국가의 세계 각국에 대한 수출은 세계 각국의 그 국가로부터의 수입과 같다. 이를 고려할 때 세계 수입의 산업별 구조는 세계 수출의 산업별 구조(〈표 9-1〉 참조)와 같게 된다. 따라서 세계 수입의 산업별 구조에 대한 논의는 여기에서 따로 하지 않도록 한다.

3.1   세계 수입의 국가별 구조

세계에서 가장 많은 수입을 하는 국가는 어디일까? 세계 1위 수입 국가는 미국으로 2014년 세계 수입의 11.7%를 차지했다. 2000년에는 그 비중이 18.1%에 달하기도 했으나 중국 경제의 부상으로 중국의 수입시장이 크게 확대되면서 미국의 비중이 축소되었다. 2014년 기준으로 세계 수입의 약 1/5이 미국과 중국에 의해 이루어지고 있다. 즉 중국은 세계의 주요 생산공장임과 동시에 미국과 더불어 세계 주요 수입시장으로 변모하였다. 구체적으로 살펴보면, 세계 수입시장에서 중국의 비중은 2000년 3.1%에 그쳤으나, 2014년에는 8.9%로 크게 확대되었다(〈표 9-13〉 참조).

한편 세계 수입 기준으로 상위 10위 국가(미국, 중국, 독일, 일본, 프랑스, 영국, 한국, 캐나다, 이탈리아, 네덜란드 순)의 구성은 세계 수출 기준 상위 10위 국가(중국, 미국, 독일, 일본, 프랑스, 영국, 한국, 이탈리아, 네덜란드, 캐나다 순)의 구성과 동일하다. 즉 세계적으로 주요 수출국가는 동시에 주요 수입국가인 것이다. 다만 세계 수출과 수입의 국가별 구조에 있어서 차이점은 2014년 수출 1위 국가는 중국인 데 반해 수입 1위 국가는 미국이라는 점 등 수출과 수입의 국가별 순위가 다소 다를 뿐이다.

그러나 세계 수입시장과 수출시장에서 주요국의 산업별 비중에는 상당한 차이가 있다. 수입 기준 세계 상위 10위 국가 중 일부 국가(네덜란드와 캐나다)를 제외한 나머지 국가들의 1차산업에 있어서 세계 수입 비중은 해당 산업의 세계 수출 비중에 비해 크게 높았다. 예를 들면 중국의 경우 1차산업 세계 수출에서 차지하는 비중이 2014년 1.2%에 불과했으나, 같은 산업의 세계 수입에서 차지하는 비중은 16.7%에 달했다. 미국 역시 그 비중이 수출의 경우 4.4%였으나 수입의 경우 13.0%였으며, 일본도 마찬가지로 수출의 경우 0.2%에 불과했으나 수입의 경우 11.0%에 달했다. 즉 중국, 미국, 일본 3국이 2014년 1차산업 총세계 수입에서 차지하는 비중은 40.7%에 달했으나, 이들 국가가 해당 산업 총세계 수출에서 차지하는 비중은 5.8%에 불과했다.

표 9-13 ○── 세계 수입의 국가별 구조(비중) : 대분류 및 전체 산업

국가명	국가코드	2000				2014			
		1차산업	제조업	3차산업	전체 산업	1차산업	제조업	서비스업	전체 산업
Rest of World	44	12.9	13.7	35.7	19.4	14.5	19.7	39.9	24.7
United States	43	20.4	20.4	11.4	18.1	13.0	13.2	7.7	11.7
China	8	3.4	3.8	1.1	3.1	16.7	9.3	4.9	8.9
Germany	11	6.0	7.9	6.3	7.3	3.8	6.8	6.1	6.3
Japan	25	12.6	5.4	4.7	5.8	11.0	4.1	2.0	4.3
France	16	4.6	5.5	2.5	4.6	2.5	4.0	3.8	3.8
United Kingdom	17	3.5	5.4	5.7	5.3	2.2	3.9	4.0	3.7
Korea	26	5.2	2.4	1.1	2.3	5.7	2.8	1.3	2.7
Canada	6	3.1	4.3	1.3	3.4	2.0	3.3	1.4	2.6
Italy	24	4.6	3.5	3.7	3.6	2.4	2.6	2.3	2.5
Netherlands	32	1.5	2.1	3.0	2.3	0.9	2.3	2.5	2.2
Spain	13	3.0	2.4	2.4	2.5	2.8	1.9	1.3	1.9
Russia	37	0.7	0.8	0.4	0.7	1.2	2.5	0.7	1.8
India	22	2.4	0.8	0.9	0.9	6.0	1.6	0.7	1.8
Mexico	30	0.8	3.1	1.0	2.4	0.7	2.4	0.7	1.8
Belgium	3	1.4	1.9	1.9	1.9	1.0	1.4	2.7	1.7
Brazil	5	1.0	1.1	0.8	1.0	1.3	1.7	1.3	1.5
Taiwan	42	2.1	2.5	1.3	2.2	2.2	1.6	0.8	1.4
Australia	1	1.2	1.3	0.9	1.2	0.9	1.6	1.1	1.4
Switzerland	7	0.6	1.4	1.8	1.4	0.3	1.2	1.9	1.3
Poland	34	0.8	0.8	0.7	0.8	1.0	1.3	0.8	1.1
Turkey	41	0.8	0.6	1.5	0.8	0.6	1.6	0.3	1.1
Ireland	23	0.4	0.7	1.8	0.9	0.3	0.4	2.7	1.0
Sweden	40	1.1	1.2	1.3	1.2	0.6	0.9	1.3	1.0
Indonesia	21	0.8	0.7	0.7	0.7	0.9	1.3	0.3	1.0
Austria	2	0.5	1.1	0.9	1.0	0.6	1.0	1.0	0.9
Denmark	12	0.5	0.7	1.0	0.8	0.3	0.6	1.0	0.7
Czech Republic	10	0.4	0.4	0.3	0.4	0.4	0.8	0.5	0.7
Norway	33	0.3	0.7	0.6	0.6	0.2	0.6	0.7	0.6
Hungary	20	0.2	0.5	0.3	0.4	0.4	0.6	0.4	0.5
Luxembourg	28	0.0	0.2	0.8	0.3	0.0	0.1	1.5	0.5
Finland	15	0.7	0.5	0.5	0.5	0.4	0.4	0.6	0.5
Portugal	35	0.8	0.7	0.3	0.6	0.6	0.4	0.3	0.4
Romania	36	0.2	0.2	0.1	0.2	0.5	0.4	0.2	0.4
Slovak Republic	38	0.2	0.2	0.1	0.1	0.4	0.5	0.2	0.4
Greece	18	0.9	0.6	0.6	0.6	0.6	0.3	0.3	0.4
Bulgaria	4	0.2	0.1	0.1	0.1	0.3	0.2	0.1	0.2

(계속)

국가명	국가 코드	2000				2014			
		1차산업	제조업	3차산업	전체 산업	1차산업	제조업	서비스업	전체 산업
Lithuania	27	0.2	0.1	0.1	0.1	0.4	0.1	0.1	0.1
Slovenia	39	0.1	0.2	0.1	0.1	0.1	0.2	0.1	0.1
Croatia	19	0.1	0.1	0.1	0.1	0.1	0.1	0.1	0.1
Estonia	14	0.0	0.1	0.0	0.0	0.0	0.0	0.1	0.1
Latvia	29	0.0	0.1	0.0	0.0	0.0	0.1	0.1	0.1
Malta	31	0.0	0.1	0.1	0.1	0.0	0.0	0.2	0.1
Cyprus	9	0.0	0.1	0.1	0.1	0.0	0.1	0.1	0.1

자료 : WIOD 이용 계산

　　제조업 분야 세계 수입에서 주요국들이 차지하는 비중은 세계 수출에서 이들 국가가 차지하는 비중과 다른 양상을 보이고 있다. 즉 미국은 2014년 세계 제조업 수입의 13.2%를 차지했으나, 세계 제조업 수출에서 차지하는 비중은 8.3%에 그쳤다. 이러한 양상은 영국에 있어서도 마찬가지였다. 이와 대조적으로 중국은 세계 제조업 수입의 9.3%를 차지했으나, 세계 제조업 수출에서는 15.7%나 차지했다. 독일 역시 세계 제조업 수입의 6.8%를 차지한 반면, 세계 제조업 수출에서 차지하는 비중은 10.4%에 달했다. 한국과 일본 역시 중국 및 독일과 같은 양상을 보였다. 이는 세계 제조업에 있어서 미국과 영국의 경쟁력이 약화된 반면 중국, 독일, 한국의 경쟁력은 제고되고 있는 모습을 반영하고 있다(주요국의 산업별 경쟁력 비교는 앞 절에서 상술함). 그러나 서비스업에 있어서는 이러한 모습은 크게 달라진다. 2014년 세계 서비스업 수입에서 미국은 7.7%를 차지하였으나 세계 서비스 수출에서는 13.7%를 차지했다. 이는 제조업에 있어서와 크게 다른 모습이다. 영국 역시 세계 서비스업 수입에서 차지하는 비중은 4.0%인 데 반해 세계 서비스 수출에서 차지하는 비중은 7.3%에 달했다. 이러한 양상은 세계 서비스시장에서 미국과 영국의 높은 경쟁력을 보여준다.

　　주요국의 수출구조와 수입구조에 있어서도 상당한 차이가 있다. 주요국의 수입에서 1차산업이 차지하는 비중은 수출에서 1차산업이 차지하는 비중에 비해 더 높았다. 즉 주요국들은 대체적으로 수출에 비해 수입에 있어서 1차산업의 비중이 더 높은 반면 제조업에 있어서는 수출에서의 비중이 수입에서의 비중보다 더 높았다.

3.2 주요국의 산업별 수입구조

한편 주요국(선진 5개국, BRICs, 한국)의 수입에서 산업별 비중을 보면 2014년 기준으로

표 9 - 14 ─○ 각국의 산업별 수입구조(비중) : 대분류

국가명	국가 코드	2000				2014			
		1차산업	제조업	서비스업	전체 산업	1차산업	제조업	서비스업	전체 산업
Australia	1	8.6	71.3	20.1	100	6.7	71.7	21.5	100
Austria	2	4.0	73.3	22.7	100	7.1	65.1	27.8	100
Belgium	3	6.1	67.1	26.8	100	6.3	50.5	43.2	100
Bulgaria	4	19.5	59.5	21.0	100	21.7	60.7	17.6	100
Brazil	5	8.5	70.1	21.4	100	9.2	67.7	23.1	100
Canada	6	7.6	82.6	9.8	100	8.5	76.8	14.7	100
Switzerland	7	3.4	63.8	32.8	100	2.8	57.0	40.2	100
China	8	9.2	81.4	9.5	100	20.6	64.2	15.2	100
Cyprus	9	2.6	63.2	34.3	100	2.5	60.9	36.6	100
Czech Republic	10	8.6	69.9	21.5	100	6.6	72.6	20.8	100
Germany	11	6.9	70.8	22.3	100	6.7	66.3	27.0	100
Denmark	12	4.9	62.1	32.9	100	4.5	54.1	41.4	100
Spain	13	10.2	64.6	25.2	100	16.8	64.0	19.2	100
Estonia	14	3.5	76.0	20.5	100	3.3	73.6	23.1	100
Finland	15	10.6	65.3	24.0	100	10.1	57.2	32.7	100
France	16	8.3	77.8	13.9	100	7.3	65.2	27.6	100
United Kingdom	17	5.5	66.6	27.9	100	6.6	64.0	29.5	100
Greece	18	12.8	62.2	25.1	100	19.2	55.4	25.4	100
Croatia	19	8.6	66.3	25.2	100	11.0	64.3	24.7	100
Hungary	20	4.3	75.8	20.0	100	8.1	69.4	22.5	100
Indonesia	21	9.5	65.8	24.7	100	10.6	79.8	9.6	100
India	22	20.8	53.6	25.6	100	36.3	53.7	10.0	100
Ireland	23	3.2	46.4	50.4	100	3.7	23.8	72.4	100
Italy	24	10.6	63.2	26.1	100	10.6	64.0	25.4	100
Japan	25	17.9	61.1	20.9	100	28.2	58.9	12.9	100
Korea	26	18.8	68.7	12.5	100	23.2	63.2	13.6	100
Lithuania	27	22.6	52.3	25.1	100	26.7	52.5	20.8	100
Luxembourg	28	1.2	31.0	67.8	100	0.8	17.6	81.5	100
Latvia	29	5.7	75.0	19.3	100	7.1	69.7	23.3	100
Mexico	30	2.9	86.4	10.7	100	4.2	85.0	10.7	100
Malta	31	1.6	53.1	45.3	100	1.2	29.4	69.4	100
Netherlands	32	5.5	60.7	33.8	100	4.6	63.4	32.0	100
Norway	33	3.7	70.5	25.9	100	3.5	63.0	33.5	100
Poland	34	8.2	68.1	23.6	100	9.4	71.5	19.1	100
Portugal	35	11.3	74.6	14.2	100	15.7	65.6	18.7	100
Romania	36	10.0	74.0	16.1	100	13.8	68.6	17.6	100
Russia	37	7.9	76.7	15.4	100	7.3	82.9	9.8	100

(계속)

국가명	국가 코드	2000				2014			
		1차산업	제조업	서비스업	전체 산업	1차산업	제조업	서비스업	전체 산업
Slovak Republic	38	9.9	72.9	17.1	100	10.8	76.2	13.1	100
Slovenia	39	5.3	75.7	19.0	100	4.7	72.0	23.3	100
Sweden	40	7.2	66.2	26.6	100	7.0	55.6	37.4	100
Turkey	41	7.4	47.3	45.3	100	5.6	86.9	7.5	100
Taiwan	42	8.0	76.9	15.1	100	16.7	67.9	15.4	100
United States	43	9.4	74.3	16.3	100	12.3	69.5	18.2	100
Rest of World	44	5.6	46.7	47.7	100	6.5	48.9	44.6	100

자료 : WIOD 이용 계산

인도와 러시아를 제외하고는 모든 주요국에 있어서 수입 중 제조업 비중이 약 60%를 보였다(〈표 9-14〉 참조). 러시아 수입 중 제조업 비중은 82.9%로 매우 높았으나, 인도의 수입 중 제조업 비중은 53.7%로 상대적으로 낮았다. 주요국에 있어서 수입 중 1차산업 비중이 높은 국가는 인도, 일본, 한국, 중국을 들 수 있다. 주요국 중 서비스 수입 비중이 높은 국가로는 영국, 프랑스, 독일을 들 수 있는데 이들 중 영국과 프랑스는 서비스 수출 비중에 있어서도 여타 국가들에 비해 상대적으로 높았는데, 이는 이들 국가의 경제가 서비스업에 크게 의존하고 있다는 것을 보여준다. 주요국의 수입구조를 좀 더 상세히 살펴보면, 수입 중 1차산업 비중이 여타 국가에 비해 상대적으로 높았던 인도, 일본, 한국, 중국의 경우 에너지자원 관련 광업 분야에 있어서 수입이 많았다(〈표 9-15〉 참조). 제조업부문 세계 수입에 있어서 가장 많은 비중을 차지하고 있는 미국의 경우, 컴퓨터, 전자·광학제품(17), 자동차 및 트레일러(20), 섬유제품, 의복, 가죽·가방·신발(6), 화학물질 및 화학제품(11), 기타 기계 및 장비(19) 순으로 많은 수입을 하고 있는데, 이들 상위 5위 수입품목의 수입액이 2014년 미국 내 총수입의 40.1%를 차지했다. 특히 컴퓨터, 전자·광학제품(17)과 자동차 및 트레일러(20)에 있어서의 수입이 미국 수입의 주요 품목이었다. 미국 수입에서 특징은 서비스업 중 사업시설 관리, 사업 지원 및 임대 서비스(50)의 비중(총수입의 4.6%)이 여타 서비스업에 비해 매우 높다는 점이다. 중국의 상위 5위 수입 산업 중 한 산업[가구, 기타 제품(22)]을 제외한 나머지 산업들은 미국의 상위 5위 수입 산업과 같았다. 즉 중국의 산업별 수입구조는 미국과 비슷하였으나 중국에 있어서는 컴퓨터, 전자·광학제품(17)과 화학물질 및 화학제품(11)의 비중이 크게 높았다. 특히 컴퓨터, 전자·광학제품(17)의 수입 비중이 2014년 총수입의 20.4%나 차지했다. 독일의 상위 5위 수입 산업 구성은 중국의 상위 5위

표 9-15 ─○ 각국의 산업별 수입구조(비중) : 중분류 및 대분류(2014)

산업	브라질	중국	독일	프랑스	영국	인도	일본	한국	러시아	미국
1차산업	9.2	20.6	6.7	7.3	6.6	36.3	28.2	23.2	7.3	12.3
1	1.4	3.1	2.5	1.5	1.7	1.2	2.4	1.6	1.9	1.5
2	0.2	1.1	0.1	0.0	0.0	0.4	0.2	0.1	0.1	0.4
3	0.2	0.1	0.1	0.2	0.1	0.0	0.1	0.0	4.7	0.3
4	7.5	16.3	4.0	5.5	4.7	34.7	25.5	21.4	0.6	10.1
제조업	67.7	64.2	66.3	65.2	64.0	53.7	58.9	63.2	82.9	69.5
5	3.8	2.8	4.8	5.7	6.4	2.4	6.7	3.1	6.2	3.1
6	3.0	1.7	3.7	4.6	4.9	1.3	5.6	3.5	22.7	6.4
7	0.1	0.4	0.7	0.6	0.6	0.2	1.1	0.4	0.5	0.6
8	0.7	0.8	1.4	1.3	1.1	0.9	0.7	0.8	0.6	1.1
9	0.1	0.1	0.2	0.1	0.1	0.2	0.1	0.1	1.1	0.1
10	7.2	2.0	4.0	4.7	4.5	2.9	4.2	6.8	1.1	3.9
11	12.1	7.1	7.3	6.4	4.3	9.3	4.1	6.9	7.0	5.8
12	2.6	1.0	2.3	3.6	4.0	0.2	2.1	1.0	0.2	2.2
13	2.0	1.2	2.6	2.5	1.8	0.9	1.8	1.6	0.6	2.0
14	0.9	0.7	1.0	1.1	0.7	0.6	0.8	1.9	0.9	0.9
15	3.0	6.7	4.8	3.4	2.8	9.8	4.6	7.4	1.8	3.7
16	1.9	1.0	2.7	2.3	1.8	1.8	2.3	2.6	1.4	2.5
17	8.6	20.4	6.9	5.9	6.7	5.8	12.2	12.6	3.1	11.4
18	3.1	3.3	4.2	3.3	2.8	2.2	4.5	2.8	1.8	3.6
19	6.6	6.1	6.1	5.7	4.4	5.1	2.2	5.7	12.0	5.6
20	7.2	4.3	8.4	7.2	7.8	2.0	2.7	2.5	19.0	10.9
21	2.7	1.6	2.3	3.4	6.4	3.7	1.6	1.8	1.7	2.0
22	1.2	3.3	2.7	2.9	2.5	4.2	1.6	1.7	1.1	3.7
23	1.1	0.0	0.2	0.3	0.2	0.0	0.0	0.0	0.1	0.0
서비스업	23.1	15.2	27.0	27.6	29.5	10.0	12.9	13.6	9.8	18.2
24	0.5	0.1	0.4	0.3	0.2	0.2	0.1	0.1	0.1	0.2
25	0.0	0.0	0.0	0.0	0.0	0.0	0.0	0.0	0.0	0.0
26	0.0	0.1	1.1	0.5	0.6	0.1	0.1	0.1	0.0	0.5
27	0.3	0.3	0.8	0.4	0.6	0.3	0.1	0.2	1.0	0.1
28	0.2	0.1	0.6	0.4	0.4	0.1	0.1	0.1	0.4	0.2
29	1.9	2.2	4.8	4.8	3.2	1.9	2.9	1.9	3.3	1.8
30	0.7	0.5	1.0	0.9	0.7	0.2	0.4	0.5	0.8	0.5
31	0.6	1.4	1.8	2.4	1.0	0.9	1.3	0.9	1.8	0.5
32	0.0	0.3	0.4	0.2	0.8	0.5	1.4	0.0	0.1	0.0
33	1.0	2.1	0.3	1.2	1.9	0.6	0.9	0.5	0.1	1.4
34	0.6	0.1	1.7	1.3	0.4	0.2	0.2	0.7	0.5	0.1
35	0.0	0.0	0.2	0.2	0.2	0.0	0.0	0.0	0.0	0.0

(계속)

산업	브라질	중국	독일	프랑스	영국	인도	일본	한국	러시아	미국
36	3.8	1.3	0.7	0.0	2.8	0.0	1.5	0.3	0.1	0.3
37	0.3	0.0	0.6	0.6	0.5	0.0	0.1	0.2	0.0	0.2
38	0.3	0.0	0.5	0.7	0.4	0.0	0.1	0.2	0.0	0.2
39	0.1	0.2	0.5	0.6	1.0	0.2	0.1	0.3	0.5	0.1
40	1.4	0.6	2.0	1.4	1.2	0.4	0.4	0.6	0.1	1.0
41	2.1	0.2	1.1	0.8	1.8	0.0	0.3	0.4	0.0	0.2
42	0.1	0.3	0.3	0.2	0.4	0.2	0.6	0.2	0.1	2.1
43	0.0	0.0	0.0	0.0	0.4	0.0	0.0	0.1	0.0	0.0
44	0.5	0.0	0.1	0.0	0.9	0.0	0.0	0.0	0.0	0.0
45	0.5	2.7	4.1	2.3	1.0	0.5	0.3	0.9	0.1	0.8
46	1.2	0.0	1.0	1.5	0.5	1.9	0.0	0.4	0.0	1.1
47	0.2	0.2	0.6	0.6	0.3	0.0	0.0	1.1	0.1	0.4
48	0.0	0.0	0.4	0.7	0.4	0.0	0.2	0.8	0.0	0.5
49	0.0	0.0	0.2	0.0	1.0	0.0	0.8	1.5	0.0	0.2
50	5.6	0.4	0.8	4.2	4.0	0.0	0.1	0.7	0.1	4.6
51	0.2	0.2	0.7	0.4	0.4	0.3	0.2	0.3	0.2	0.3
52	0.2	0.2	0.1	0.2	0.2	0.5	0.1	0.2	0.2	0.2
53	0.1	0.1	0.1	0.1	0.4	0.0	0.0	0.1	0.0	0.2
54	0.6	1.4	0.1	0.7	1.6	0.8	0.1	0.1	0.0	0.2
55	0.0	0.0	0.0	0.0	0.0	0.0	0.6	0.0	0.0	0.0
56	0.0	0.0	0.0	0.0	0.0	0.0	0.0	0.0	0.0	0.0

주 : 산업코드별 산업명은 〈부표 2-2〉 참조
자료 : WIOD 이용 계산

수입 산업 구성과 같았으나, 중국에 비해 수입에 있어 특정 산업에 대한 집중 정도는 낮았
다. 독일 수입구조에 있어서 특징은 서비스업 중 도매업(자동차 제외)(29)(4.8%)과 법률·
회계·경영자문(45)(4.1%)의 비중이 높다는 것이다. 프랑스와 영국의 수입구조 역시 독일
과 매우 비슷하였지만, 프랑스와 영국은 독일과 달리 서비스업 중 사업시설 관리, 사업 지
원 및 임대 서비스(50)의 수입 비중이 상대적으로 더 높았다. 일본의 수입에 있어서도 컴퓨
터, 전자·광학제품(17)의 비중이 높은 것은 주요 국가들에 있어서와 마찬가지였다. 그러
나 여타 국가들에 비해 일본은 식료품, 음료, 담배(5)의 수입 비중(6.7%)이 높았으나, 기타
기계 및 장비(19)와 자동차 및 트레일러(20)의 수입 비중은 상대적으로 더 낮았는데 이 점
역시 일본 수입시장 구조에서 특징이라 할 수 있다. 한국의 수입구조는 대체로 일본과 매
우 유사했으나 코크스, 연탄 및 석유정제품(10), 화학물질 및 화학제품(11), 기타 기계 및
장비(19)의 수입 비중은 일본보다 높게 나타났다. 러시아의 수입구조는 주요국가들과 상

당한 차이를 보였다. 즉 주요국에서 높은 수입 비중을 보였던 산업인 컴퓨터, 전자·광학 제품(17)의 비중이 여타 주요국가에 비해 크게 낮았다. 반면 섬유제품, 의복, 가죽·가방· 신발(6)에 있어서의 수입은 러시아 전체 수입의 22.7%나 차지해 다른 국가들에 비해 압도 적으로 높았으며, 기타 기계 및 장비(19)와 자동차 및 트레일러(20)의 수입 비중 역시 여타 국가들에 비해 월등히 높았다. 인도의 수입구조에 있어서 가장 큰 특징은 광업(4) 비중이 여타 국가에 비해 현격히 높다는 점이다. 그 점을 제외하고는 인도의 수입구조는 주요국들 과 대체로 비슷하였다. 다만 1차금속제품(15)의 수입 비중이 여타 주요국가들에 비해 상대 적으로 높았다. 브라질의 수입구조 역시 인도와 비슷하였는데, 다만 제조업 중 화학물질 및 화학제품(11), 서비스업 중 숙박, 음식점 및 주점업(36)과 사업시설 관리, 사업 지원 및 임대 서비스(50)의 수입 비중이 다른 주요국가들보다 매우 높았다.

3.3 주요국 수입의 수입대상국별 구조

주요국의 수입구조를 수입대상국별로 살펴보면, 대체로 수출구조에 있어서와 비슷한 측면 이 많았지만 차이점도 발견되었다. 예를 들면, 2014년 기준으로 중국의 상위 5위 수입대상 국은 한국, 일본, 독일, 대만, 미국 순으로, 5위 수출대상국은 미국, 일본, 한국, 독일, 러 시아로 순서와 구성 국가에 있어 비슷하였다. 그러나 수출에 있어서와 달리 수입에 있어서 는 한국과 일본에 대한 의존도가 더 높았을 뿐만 아니라 대만으로부터의 수입 비중 역시 높게 나타났다. 같은 동북아 국가들인 한국, 일본, 대만으로부터 중국의 누적 수입 비중은 22.7%에 달했다(〈표 9-16〉 참조). 특히 중국 수입 중 한국으로부터의 수입 비중이 2014년 9.2%로 수입대상국 중 1위였는데, 이는 2000년 8.7%에 비해서도 더 높아진 것이다. 즉 중 국의 수입 중 일본의 비중은 크게 하락(13.1% → 7.0%)한 반면 한국의 비중은 상승하여 대 조를 보였다. 중국 수입에 있어서 또 다른 특징은 수출에 있어서와 달리 대만으로부터의 수입 비중(2014년 6.5%)이 높으며, 그 비중이 미국으로부터의 수입 비중보다도 더 높았다 는 점이다. 다음으로 미국의 경우 상위 5위 수입대상국가(캐나다, 중국, 멕시코, 독일, 일 본 순)는 상위 5위 수출대상국가(캐나다, 멕시코, 중국, 독일, 일본)와 구성에 있어서 같았 다. 그러나 수입에 있어서 2위 대상국가인 중국으로부터의 수입 비중이 2014년 총수입의 14.4%에 달했으나, 미국의 중국에 대한 수출은 총수출의 5.8%에 그쳐 큰 차이를 보였다. 한편 NAFTA 국가인 캐나다와 멕시코로부터의 미국 수입 비중은 2014년 25.7%로 이들 국

표 9–16 ──○ 주요국의 수입대상국별 수입 비중

수입국 대상국	2000										2014									
	브라질	중국	독일	프랑스	영국	인도	일본	한국	러시아	미국	브라질	중국	독일	프랑스	영국	인도	일본	한국	러시아	미국
AUS	0.8	2.2	0.3	0.2	1.1	1.6	3.8	4.3	0.3	0.6	0.6	4.2	0.1	0.2	0.5	2.1	5.2	2.9	0.1	0.4
AUT	0.4	0.3	4.3	0.9	0.9	0.3	0.4	0.2	1.2	0.3	0.4	0.4	4.8	1.0	0.7	0.3	0.2	0.3	1.1	0.4
BEL	0.7	0.3	5.2	7.0	3.3	0.7	0.4	0.3	1.6	0.6	0.8	0.5	4.8	6.1	3.6	0.5	0.3	0.3	1.3	1.0
BGR	0.0	0.0	0.0	0.0	0.0	0.0	0.0	0.0	0.0	0.0	0.0	0.0	0.2	0.1	0.1	0.0	0.0	0.0	0.2	1.0
BRA	0.0	0.7	0.5	0.6	0.6	2.5	0.7	0.5	1.0	1.1	0.0	2.2	0.5	0.6	0.6	1.9	1.0	0.8	1.0	1.2
CAN	1.2	1.1	0.7	0.6	2.3	0.7	2.9	1.3	0.5	17.3	0.7	1.0	0.3	0.9	1.8	0.7	1.6	0.8	0.4	14.6
CHE	1.1	0.4	4.1	2.3	2.1	2.7	0.8	0.5	0.9	0.7	0.9	0.6	3.7	2.5	1.6	0.7	0.8	0.6	1.7	1.4
CHN	1.5	0.0	2.1	1.8	2.1	1.9	9.3	6.3	4.6	4.0	12.3	0.6	6.8	5.3	6.7	12.1	19.4	18.1	17.2	14.4
CYP	0.0	0.0	0.0	0.0	0.1	0.0	0.0	0.0	0.0	0.1	0.0	0.0	0.0	0.0	0.0	0.0	0.0	0.0	0.2	0.0
CZE	0.1	0.1	1.8	0.3	0.3	0.1	0.0	0.0	1.1	0.1	0.1	0.2	3.6	1.0	0.9	0.1	0.1	0.1	1.6	0.2
DEU	7.8	3.9	0.0	17.5	11.8	5.2	3.4	3.1	14.9	5.2	5.6	6.7	0.0	17.2	13.4	3.5	2.8	4.5	13.0	5.6
DNK	0.3	0.2	1.6	0.8	1.5	0.8	0.7	0.3	1.1	0.3	0.4	0.4	1.5	0.6	1.4	0.3	0.4	0.2	0.6	0.3
ESP	1.9	0.2	3.2	7.6	3.6	0.5	0.3	0.3	1.0	0.6	1.6	0.3	2.8	6.7	2.8	0.4	0.4	0.5	1.4	0.7
EST	0.0	0.0	0.0	0.0	0.0	0.0	0.0	0.0	0.2	0.0	0.0	0.0	0.1	0.0	0.1	0.0	0.0	0.0	0.5	0.0
FIN	0.5	0.6	1.1	0.8	1.1	0.3	0.2	0.2	3.4	0.4	0.2	0.3	0.8	0.3	0.6	0.2	0.2	0.4	1.5	0.3
FRA	3.6	2.3	9.4	0.0	8.4	3.4	1.6	1.8	3.8	2.7	2.8	1.6	7.5	0.0	7.8	1.7	1.3	1.8	3.1	2.1
GBR	2.1	1.5	7.3	9.4	0.0	5.4	2.4	1.8	2.5	3.8	1.6	1.5	4.2	6.0	0.0	2.0	1.1	1.7	3.8	3.6
GRC	0.0	0.0	0.3	0.1	0.3	0.0	0.0	0.0	0.4	0.0	0.0	0.0	0.2	0.1	0.2	0.0	0.0	0.0	0.1	0.0
HRV	0.1	0.1	0.1	0.1	0.1	0.1	0.1	0.0	0.1	0.0	0.1	0.1	0.1	0.1	0.1	0.0	0.0	0.0	0.0	0.0
HUN	0.1	0.1	1.6	0.5	0.3	0.7	0.1	0.1	0.7	0.2	0.1	0.1	2.3	0.6	0.6	0.1	0.1	0.1	0.5	0.2
IDN	0.5	1.5	0.4	0.3	0.6	1.7	3.6	3.4	0.7	0.8	0.9	1.1	0.3	0.2	0.3	2.2	2.9	1.9	0.5	0.8
IND	0.7	0.5	0.5	0.5	1.0	0.1	0.6	0.5	2.3	0.8	2.2	1.0	0.7	0.9	1.6	0.0	0.6	0.9	2.3	1.5
IRL	0.6	0.2	1.4	1.7	4.2	0.7	0.6	0.6	0.3	1.0	0.4	0.3	1.2	1.3	4.8	0.1	0.3	0.3	0.5	1.3
ITA	3.5	1.1	6.8	9.7	5.2	1.6	1.3	1.2	6.2	2.3	2.4	1.0	5.9	8.1	4.4	1.0	1.0	1.3	4.4	1.9
JPN	3.8	13.1	3.9	2.4	4.0	4.9	0.0	19.5	1.4	9.8	1.8	7.0	1.6	0.9	1.3	2.2	0.0	10.0	3.9	5.0
KOR	3.1	8.7	1.1	0.7	1.6	2.6	6.1	0.0	2.2	3.3	3.8	9.2	0.8	0.6	1.0	3.2	5.0	0.0	4.0	3.3
LTU	0.0	0.0	0.1	0.0	0.0	0.0	0.0	0.0	0.3	0.0	0.0	0.0	0.2	0.1	0.2	0.0	0.0	0.0	0.7	0.1
LUX	0.0	0.0	0.4	0.6	0.1	0.0	0.0	0.0	0.0	0.0	0.0	0.0	0.9	0.7	0.4	0.0	0.0	0.0	0.2	0.0
LVA	0.0	0.0	0.3	0.2	0.1	0.4	0.0	0.0	0.2	0.0	0.0	0.0	0.1	0.0	0.1	0.0	0.0	0.0	0.3	0.0
MEX	1.5	0.2	0.3	0.2	0.4	0.4	0.5	0.2	0.4	10.6	1.7	0.4	0.3	0.3	0.3	0.7	0.5	0.5	0.1	11.1
MLT	0.0	0.0	0.1	0.1	0.1	0.0	0.0	0.0	0.0	0.0	0.0	0.0	0.3	0.1	0.5	0.0	0.0	0.0	0.0	0.0
NLD	1.0	0.6	8.6	5.0	3.9	1.0	0.6	0.4	1.9	1.1	1.4	0.8	11.4	5.6	5.7	0.7	0.4	0.6	1.7	1.1
NOR	0.4	0.2	1.5	2.1	2.9	0.1	0.4	0.4	0.7	0.5	1.2	0.2	1.6	1.6	3.3	0.7	0.3	0.6	0.8	1.1
POL	0.1	0.1	2.9	0.7	0.5	0.1	0.0	0.0	2.3	0.1	0.2	0.2	4.9	1.8	1.8	0.1	0.1	0.2	2.5	0.3
PRT	0.3	0.2	0.6	0.7	0.6	0.0	0.0	0.0	0.0	0.1	0.6	0.1	0.4	0.8	0.5	0.1	0.1	0.1	0.1	0.2
ROU	0.0	0.2	0.3	0.2	0.1	0.1	0.0	0.0	0.2	0.1	0.1	0.1	0.9	0.6	0.3	0.1	0.0	0.1	0.3	0.1
RUS	0.3	1.4	1.2	0.5	0.5	1.1	0.7	0.6	0.0	0.3	0.6	1.7	2.3	0.9	1.2	0.9	2.6	1.5	0.0	0.6
SVK	0.0	0.0	0.4	0.1	0.0	0.0	0.0	0.0	0.6	0.0	0.0	0.0	1.2	0.5	0.6	0.0	0.0	0.1	0.9	0.1
SVN	0.0	0.0	0.3	0.1	0.0	0.0	0.0	0.0	0.2	0.0	0.0	0.0	0.5	0.2	0.1	0.0	0.0	0.0	0.1	0.0
SWE	1.3	0.9	1.9	1.6	2.1	0.5	0.6	0.4	1.4	1.0	0.7	0.4	1.6	1.1	1.6	0.4	0.2	0.4	1.3	0.5
TUR	0.2	0.1	2.3	1.3	1.2	0.4	0.1	0.1	4.7	0.6	0.5	0.2	2.0	1.4	1.7	0.4	0.1	0.1	4.0	0.4
TWN	1.7	9.8	1.4	1.0	1.7	0.9	4.5	2.1	0.2	3.0	1.5	6.5	0.6	0.3	0.6	1.0	2.7	2.2	0.3	1.4
USA	18.3	5.7	8.6	8.0	11.4	9.3	15.6	17.7	5.7	0.0	12.8	6.1	6.2	7.4	9.6	4.4	7.2	7.8	1.9	0.0
ROW	40.7	41.8	11.6	12.2	17.9	48.4	37.8	32.0	29.2	26.6	39.0	43.6	9.8	15.1	14.7	56.0	41.2	38.3	22.1	23.7

주 : 국가기호별 국가명은 〈부표 4〉 참조
자료 : WIOD 이용 계산

가에 대한 미국의 수출 비중 24.4%와 비슷하였다. 즉 미국은 수입뿐만 아니라 수출에 있어서 NAFTA에 대한 의존도가 매우 높았다. 한편, 독일, 프랑스, 영국의 국가별 수입구조는 수출구조에서와 비슷하였다. 즉 이들 국가들은 유럽국가들로부터 보다 많이 수입하기도 하고 보다 많이 수출도 하는 것으로 나타났다. 일본의 국가별 수입구조 역시 수출구조와 거의 같았다. 즉 수출에 있어서와 마찬가지로 수입에 있어서도 동북아 국가에 대한 의존도가 높았다. 이는 한국에 있어서도 동일하였다. 러시아의 국가별 수입구조도 수출구조와 비슷하였으나, 수입에 있어서 중국과 독일에 대한 의존도가 수출에 있어서의 의존도에 비해 월등히 높았다. 즉 2014년 기준으로 러시아 수입에서 중국과 독일로부터의 누적 수입 비중은 30.2%에 달했으나, 이들 국가에 대한 누적 수출 비중은 12.4%에 그쳤다. 또한 러시아 수입에 있어서 터키로부터의 수입이 차지하는 비중이 2014년 4.0%로 높았는데, 이는 여타 주요국가들의 수입구조에서 발견되지 않은 양상이다. 브라질의 국가별 수입구조 역시 수출구조에서와 흡사하였다. 즉 수출에 있어서와 마찬가지로 중국과 미국에 대한 의존도가 매우 높았다. 다만 브라질의 국가별 수입구조에 있어서 특징은 수출에 있어서와 달리 한국에 대한 수입의존도가 높았다는 점이다.

3.4 세계 수입의 수요원별(수요처별) 구조

지금까지는 어떤 한 국가가 어떤 상품을 주로 많이 수입하는가에 초점을 맞추었다. 그러나 그 국가의 시장에 진출하고자 하는 기업이라면 그러한 정보에 함께, 그 상품이 어떤 곳에서 주로 수요되고 있는가를 아는 것 역시 중요한 정보라 할 수 있다. 왜냐하면 각 수입상품의 주요 수요처를 정확히 파악해야 수요처에 맞는 효과적인 판매전략을 수립할 수 있기 때문이다. 특정 국가에 있어 수입관련 기존 자료는 대부분이 총수입액과 총수입에서 각 수입품이 차지하는 비율을 토대로 한 수입시장 구조분석에 그쳤다. 즉 각 수입품의 주요 수요처가 어디인가에 대한 정보를 제공하지 못했다. 투입산출표를 이용하여 수입자료를 집계할 경우, 각 산업별 수요가 어떤 곳에서 발생하는지를 파악할 수 있다. 이하에서는 세계수요와 각국의 수요를 수요처를 기준으로 파악해보도록 한다.

〈표 9-1〉은 수입품들을 상품 특성에 따라 유사한 유형별로 분류했을 때의 산업별 세계 수입구조(이하 수입구조 또는 유형별 수입구조)를 보여준다. 한편 〈표 9-17〉은 세계의 수입을 수요처별(이하 수입수요구조 또는 수입처별 수입구조)로 보여준다. 이들 표에 따르면

표 9-17 ─○ 세계 수입시장의 산업구조(수요처별 구조)

		세계 수입 중 수요처별 비중		대분류 내 상대 비중	
		2000	2014	2000	2014
중간재	1차산업	2.4	3.4	100	100
	광업	1.0	2.0	42.8	58.5
	농업	1.2	1.2	48.6	35.9
	임업	0.1	0.1	4.6	3.1
	어업	0.1	0.1	4.0	2.6
	제조업	33.1	34.7	100.0	100.0
	코크스, 연탄 및 석유정제품	3.8	5.4	11.4	15.6
	컴퓨터, 전자·광학제품	4.9	3.8	14.9	10.8
	자동차 및 트레일러	3.5	3.5	10.5	10.0
	1차금속제품	2.3	3.4	6.9	9.9
	화학물질 및 화학제품	2.7	3.2	8.1	9.1
	식료품, 음료, 담배	2.2	2.5	6.7	7.1
	기타 기계 및 장비	2.1	2.3	6.3	6.7
	전기장비	1.5	1.6	4.6	4.5
	금속가공제품	1.5	1.5	4.5	4.2
	섬유제품, 의복, 가죽·가방·신발	1.9	1.3	5.8	3.7
	고무 및 플라스틱제품	1.3	1.3	3.8	3.6
	기타 운송장비	0.9	1.1	2.8	3.2
	비금속광물제품	0.8	0.9	2.5	2.6
	의료용 물질 및 의약품	0.6	0.8	1.9	2.3
	가구, 기타 제품	1.0	0.7	2.9	2.2
	종이 및 종이제품	0.9	0.6	2.6	1.8
	목재제품	0.5	0.4	1.6	1.2
	산업용 기계 및 장비 수리업	0.3	0.2	0.9	0.7
	인쇄 및 기록매체 복제업	0.4	0.2	1.2	0.7
	서비스업	24.2	26.5	100.0	100.0
	건설업	4.4	5.0	18.0	19.0
	전기, 가스, 증기 및 공기 조절 공급업	2.3	2.7	9.5	10.0
	도매업(자동차 제외)	1.7	1.6	7.2	6.2
	공공 행정, 국방 및 사회보장 행정	1.8	1.6	7.4	6.2
	보건업 및 사회복지 서비스업	1.2	1.6	5.0	5.9
	육상 운송 및 파이프라인 운송업	1.2	1.5	5.1	5.7
	법률·회계·경영자문	0.6	1.0	2.4	3.7
	금융업(보험 및 연금 제외)	0.8	0.9	3.5	3.3
	컴퓨터 프로그래밍, 시스템 통합 및 관리업, 정보 서비스	0.5	0.8	2.1	3.1
	기타 서비스업	0.8	0.8	3.4	3.1
	숙박, 음식점 및 주점업	0.8	0.8	3.4	3.1

(계속)

		세계 수입 중 수요처별 비중		대분류 내 상대 비중	
		2000	2014	2000	2014
중간재	소매업(자동차 제외)	0.9	0.8	3.6	3.1
	사업시설 관리, 사업 지원 및 임대 서비스	0.8	0.8	3.2	3.0
	통신업	0.7	0.7	3.0	2.6
	교육 서비스	0.5	0.6	2.0	2.4
	항공 운송업	0.5	0.6	2.1	2.1
	창고 및 운송관련 서비스	0.4	0.6	1.7	2.1
	자동차 판매 및 수리업	0.7	0.5	2.9	2.0
	보험 및 연금업	0.4	0.5	1.7	2.0
	수상 운송업	0.6	0.5	2.3	1.9
	부동산업	0.5	0.5	2.1	1.7
	건축기술, 엔지니어링 및 기타 기술과학 서비스	0.3	0.4	1.3	1.3
	기타 전문, 과학 및 기술 서비스	0.2	0.3	0.7	1.1
	하수, 폐수 및 분뇨 처리업	0.3	0.3	1.3	1.1
	과학 연구개발	0.2	0.2	0.8	0.9
	금융 및 보험관련 서비스	0.2	0.2	0.8	0.7
	영상·오디오 기록물 제작 및 배급업	0.2	0.2	0.8	0.6
	출판업	0.3	0.2	1.2	0.6
	광고 및 시장 조사업	0.2	0.1	0.6	0.5
	수도업	0.1	0.1	0.5	0.4
	우편, 배달업	0.1	0.1	0.4	0.4
	가구 내 고용활동 등*	0.0	0.0	0.1	0.0
	국제 및 외국기관	0.0	0.0	0.0	0.0
	중간재 소계	59.7	64.6		
최종재	민간소비	24.3	22.8		
	고정자본형성	14.0	11.0		
	정부지출	1.0	1.1		
	기타(재고변화 등)	0.9	0.5		
	비영리기관 소비	0.0	0.0		
	최종재 소계	40.3	35.4		

주 : *가구 내 고용활동 및 달리 분류되지 않은 자가 소비 생산활동
자료 : WIOD 이용 계산

2014년을 기준을 세계 수입에서 1차산업에 속한 상품 비중이 11.0%, 제조업에 속한 상품 비중이 61.4%, 서비스업에 속한 수입품의 비중이 27.6%였는데(이상은 수입구조 기준), 이렇게 수입된 수입품 중 생산 과정에 투입된 수입품 비중이 64.6%, 소비나 고정자본형성 등 최종재로 사용된 수입품 비중이 35.4%였다고 이해할 수 있다(이상은 수입수요구조 기준).

〈표 9-17〉에 따르면 세계 총수입 중 산업 생산에 필요한 중간재 용도로 수입된 수입품

비중이 2000년 59.7%(1차산업 생산에 필요한 수입 비중 2.4%+제조업 생산에 필요한 수입 비중 33.1%+서비스업 생산에 필요한 수입 비중 24.2%)에서 2014년 64.6%로 확대되었음을 알 수 있다. 즉 세계 수입에서 보다 많은 부분이 최종재(소비나 고정자본형성에 필요한 수입)보다는 생산 과정에 투입되는 중간재 용도로 수입되었던 것이다. 중분류 기준으로 예를 들면, 2014년 세계총수입 중 코크스, 연탄 및 석유정제품(10)으로 분류되는 상품들의 수입(각 산업 생산 과정에서 해당 산업에 대한 수입 수요+최종재 수요 중 해당 산업에 대한 수입) 비중은 4.3%였다(〈표 9-1〉 참조). 한편 세계 총수입 중 코크스, 연탄 및 석유정제품(10) 생산 과정에 필요해서 수입된 각종 수입품(코크스, 연탄 및 석유정제품 생산 과정에 필요한 여러 산업으로부터의 원자재 및 중간재 수입 등)이 차지하는 비중은 5.4%였다(〈표 9-17〉 참조). 〈표 9-1〉과 〈표 9-17〉에서 보듯이 수입의 수요처를 기준으로 했을 때 산업별 세계 수입구조와 수입품이 속하는 산업을 기준으로 했을 때의 세계 수입구조가 대체로 비슷한 것은 특정 산업에 속한 상품들의 수입의 많은 부분이 해당 산업의 생산 과정에서 사용되고 있기 때문이다.

주요국의 수입수요구조와 수입구조는 어떻게 다를까? 〈표 9-18〉은 세계 수입에서 각국의 수입 비중을 보여주는데, 수입품의 수요처별로 나타내고 있다. 즉 중국의 경우 2014년 세계 총수입의 8.9%를 수입했는데, 이를 수요처별로 살펴보면 중국은 세계 중간재 수입액의 10.3%, 최종재 수입액의 6.4%를 차지했다. 이는 세계 수입시장으로서 중국의 영향력은 최종재 수입시장으로서보다는 중간재 수입시장으로서 더 크다는 것을 보여준다. 한편 미국 수입이 세계 총수입에서 차지하는 비중은 2014년 11.7%인데, 세계 수입시장으로서 미국의 영향력은 중국과 달리 중간재 수입시장(세계 중간재 수입시장에서 미국 수입 비중은 10.4%)으로서보다는 최종재 수입시장(세계 최종재 수입시장에서 미국 수입 비중은 13.9%)으로서 더 컸다. 주요국 중 미국과 중국을 제외하고는 중간재 수입시장으로서 비중과 최종재 수입시장으로서 비중이 거의 비슷했다.

주요국의 수입수요구조와 수입구조를 상세분류를 통해 살펴보자. 세계에서 가장 많은 수입을 하고 있는 미국의 경우, 2014년 수입구조상으로 컴퓨터, 전자·광학제품(17), 자동차 및 트레일러(20), 섬유제품, 의복, 가죽·가방·신발(6), 화학물질 및 화학제품(11), 기타 기계 및 장비(19) 순으로 수입이 가장 많이 이루어졌으나(〈표 9-4〉 참조), 수입수요구조상으로 코크스, 연탄 및 석유정제품(10), 자동차 및 트레일러(20), 공공 행정, 국방 및 사회보

표 9-18 세계 수입의 수요처별 및 국가별 구조 : 중간재(대분류) 및 최종재

	2000 중간재				2000 최종재				2000 전체	2014 중간재				2014 최종재				2014 전체
	1차산업	제조업	서비스업	전산업	민간소비	정부지출	투자	전부문		1차산업	제조업	서비스업	전산업	민간소비	정부지출	투자	전부문	
Australia	2.0	0.8	1.4	1.1	1.1	2.8	1.5	1.3	1.2	2.3	0.7	1.8	1.2	1.6	2.9	2.0	1.7	1.4
Austria	0.5	1.0	0.9	0.9	0.9	2.1	1.2	1.0	1.0	0.3	1.1	0.9	1.0	0.8	1.8	1.1	0.9	0.9
Belgium	0.7	2.2	1.9	2.0	1.6	4.4	1.5	1.6	1.9	0.4	2.0	2.1	1.9	1.3	3.6	1.3	1.3	1.7
Bulgaria	0.1	0.1	0.1	0.1	0.1	0.1	0.0	0.1	0.1	0.1	0.2	0.2	0.2	0.2	0.1	0.2	0.2	0.2
Brazil	1.9	1.2	1.0	1.1	0.7	0.2	1.1	0.8	1.0	2.6	1.7	1.4	1.6	1.2	0.3	1.9	1.4	1.5
Canada	5.0	3.5	3.3	3.5	3.5	0.2	2.9	3.2	3.4	3.2	2.0	3.1	2.5	3.1	0.1	2.6	2.8	2.6
Switzerland	0.5	1.2	1.5	1.3	1.4	0.8	2.1	1.6	1.4	0.2	1.1	1.5	1.2	1.2	0.6	1.9	1.4	1.3
China	5.0	4.4	2.8	3.7	1.2	1.6	3.9	2.1	3.1	11.8	13.5	5.9	10.3	3.9	8.1	10.9	6.4	8.9
Cyprus	0.0	0.0	0.1	0.1	0.1	0.1	0.1	0.1	0.1	0.0	0.0	0.0	0.0	0.0	0.0	0.0	0.1	0.1
Czech Republic	0.3	0.5	0.4	0.4	0.2	0.9	0.5	0.3	0.4	0.4	1.0	0.6	0.8	0.4	0.9	0.7	0.5	0.7
Germany	2.7	8.4	5.4	7.0	7.0	12.5	8.1	7.8	7.3	1.7	7.8	4.6	6.2	5.7	9.8	7.2	6.4	6.3
Denmark	0.5	0.6	1.2	0.9	0.6	1.0	0.7	0.7	0.8	0.5	0.5	1.2	0.8	0.5	1.0	0.6	0.5	0.7
Spain	1.3	2.7	2.6	2.6	2.2	5.0	2.2	2.2	2.5	0.6	2.3	1.5	1.9	1.8	3.8	1.7	1.8	1.9
Estonia	0.1	0.0	0.0	0.0	0.0	0.0	0.0	0.0	0.0	0.1	0.1	0.1	0.1	0.1	0.1	0.1	0.1	0.1
Finland	0.3	0.7	0.4	0.6	0.4	1.3	0.4	0.4	0.5	0.3	0.5	0.5	0.5	0.4	0.6	0.4	0.4	0.5
France	3.8	5.2	4.3	4.8	4.7	10.8	3.5	4.4	4.6	2.1	3.3	4.5	3.7	4.0	10.0	2.9	3.8	3.8
United Kingdom	3.0	3.6	6.8	4.9	7.3	2.1	4.0	5.9	5.3	1.8	2.2	4.9	3.3	5.0	1.2	3.7	4.5	3.7
Greece	0.5	0.3	0.6	0.4	0.8	2.4	0.6	0.8	0.6	0.3	0.3	0.3	0.3	0.5	1.5	0.3	0.5	0.4
Croatia	0.5	0.1	0.1	0.1	0.1	0.2	0.1	0.1	0.1	0.3	0.1	0.1	0.1	0.1	0.1	0.1	0.1	0.1
Hungary	0.4	0.6	0.3	0.5	0.2	0.9	0.4	0.3	0.4	0.3	0.8	0.4	0.6	0.3	0.8	0.4	0.3	0.5
Indonesia	1.2	0.8	0.9	0.9	0.4	0.2	0.6	0.5	0.7	1.3	1.0	1.4	1.1	0.7	0.2	0.8	0.7	1.0
India	0.9	1.5	0.8	1.2	0.5	2.4	0.7	0.6	0.9	0.8	3.3	1.1	2.3	0.5	1.7	1.6	1.0	1.8
Ireland	0.8	1.2	1.1	1.1	0.8	1.5	0.5	0.7	0.9	0.8	0.8	1.9	1.2	0.6	1.1	0.5	0.6	1.0
Italy	1.6	4.1	3.4	3.7	3.7	4.1	3.2	3.5	3.6	0.9	3.0	2.3	2.6	2.8	3.2	1.6	2.4	2.5
Japan	4.5	6.3	5.7	6.0	6.5	1.1	4.9	5.7	5.8	3.2	5.1	4.2	4.6	3.7	0.5	4.4	3.8	4.3
Korea	0.9	4.0	1.7	2.9	0.8	1.4	2.2	1.3	2.3	0.5	4.5	2.2	3.3	1.4	0.2	2.4	1.6	2.7
Lithuania	0.1	0.1	0.0	0.1	0.0	0.1	0.0	0.1	0.1	0.2	0.2	0.1	0.2	0.2	0.2	0.1	0.2	0.1
Luxembourg	0.0	0.1	0.9	0.4	0.2	0.2	0.1	0.2	0.3	0.0	0.1	1.5	0.7	0.2	0.2	0.2	0.2	0.5
Latvia	0.1	0.0	0.0	0.0	0.1	0.1	0.0	0.1	0.0	0.1	0.0	0.1	0.1	0.1	0.1	0.1	0.1	0.1
Mexico	2.0	3.6	1.8	2.8	1.6	1.6	2.1	1.8	2.4	1.4	2.4	1.4	1.9	1.3	0.0	1.7	1.4	1.8
Malta	0.0	0.1	0.1	0.1	0.1	0.0	0.0	0.1	0.1	0.0	0.2	0.2	0.1	0.0	0.0	0.0	0.1	0.1
Netherlands	1.8	2.0	2.8	2.3	2.5	3.8	1.5	2.3	2.3	1.4	2.3	2.5	2.3	1.8	3.1	2.2	1.9	2.2
Norway	0.7	0.4	0.7	0.5	0.6	2.1	0.8	0.8	0.6	1.2	0.2	0.2	0.6	0.6	0.4	0.6	0.6	0.6
Poland	1.2	0.7	0.9	0.8	0.6	1.4	0.8	0.7	0.8	0.9	1.3	0.9	1.1	1.0	1.7	1.2	1.1	1.1
Portugal	0.4	0.6	0.5	0.6	0.7	1.4	0.6	0.6	0.6	0.2	0.5	0.3	0.4	0.5	0.8	0.3	0.4	0.4
Romania	0.4	0.2	0.2	0.2	0.1	0.2	0.2	0.2	0.2	0.3	0.3	0.5	0.4	0.3	0.4	0.4	0.3	0.4
Russia	2.1	0.5	0.6	0.6	1.0	0.4	0.6	0.9	0.7	2.1	0.9	1.4	1.2	3.8	0.3	1.9	3.0	1.8
Slovak Republic	0.2	0.2	0.1	0.2	0.1	0.3	0.1	0.1	0.1	0.1	0.6	0.2	0.4	0.3	0.9	0.2	0.3	0.4
Slovenia	0.1	0.1	0.1	0.1	0.1	0.2	0.2	0.2	0.1	0.1	0.1	0.1	0.1	0.3	0.2	0.1	0.2	0.1
Sweden	0.5	1.4	1.3	1.3	0.9	2.4	1.3	1.1	1.2	0.3	0.9	1.1	0.9	0.8	3.3	1.4	1.1	1.0
Turkey	1.0	0.9	0.9	0.9	0.5	6.8	0.9	0.8	0.8	1.2	1.4	0.9	1.2	0.6	0.9	1.8	1.0	1.1
Taiwan	0.8	3.4	1.3	2.5	1.1	0.9	2.7	1.7	2.2	0.3	2.4	1.0	1.7	0.8	0.7	0.9	0.9	1.4
United States	16.3	15.1	15.5	15.3	20.6	0.2	26.3	22.1	18.1	9.2	10.2	10.9	10.4	13.7	0.1	15.8	13.9	11.7
Rest of World	33.2	15.9	23.1	19.5	22.4	18.0	15.1	19.2	19.4	44.1	17.5	27.3	22.9	32.1	32.5	20.2	28.0	24.7

주 : 세계 수입에 중 각국 수입액 비중. 중간재 산업분류는 수입수요처 기준

장 행정(51), 건설업(27), 화학물질 및 화학제품(11) 순(중간재 수입수요 기준)으로 많은 수입수요가 있었다(〈표 9-19〉 참조). 종합하면, 미국의 경우 2014년 총수입의 57.7%가 각 산업의 생산 과정에서의 중간재 수요를 위해 수입되었고, 42.3%가 소비 등 최종재 수요를 충족하기 위해 수입되었는데, 중간재 수입수요는 주로 코크스, 연탄 및 석유정제품(10)과 자동차 및 트레일러(20)에서 집중되어 있었다. 한편 미국 다음으로 많은 수입을 하고 있는 중국의 경우, 수입구조상으로 컴퓨터, 전자·광학제품(17), 화학물질 및 화학제품(11), 1차금속제품(15), 기타 기계 및 장비(19), 자동차 및 트레일러(20) 순(중간재 수입수요 기준)으로 많은 수입을 하였으나, 수입수요구조상으로는 컴퓨터, 전자·광학제품(17), 1차금속제품(15), 코크스, 연탄 및 석유정제품(10), 건설업(27), 화학물질 및 화학제품(11) 순으로 많은 수입수요(해당산업 수입수요＋여타 산업에 대한 수입수요)가 있었다. 미국에서와 마찬가지로 중국에 있어서도 수입구조와 수입수요구조에 차이가 있음을 확인할 수 있다. 요약하면 중국은 자국 내 총수입의 68.5%가 각 산업의 생산에 필요한 중간재 수입수요를 위해서 수입되었으며, 나머지 31.5%가 소비와 고정자본형성 등 최종재 수입수요를 충족시키기 위해서 수입되었는데, 중간재 수입수요는 주로 컴퓨터, 전자·광학제품(17)과 1차금속제품(15)에서 각종 수입수요가 많았다. 주요국 중에서 수입구조와 수입수요구조에 있어서 많은 차이를 보이고 있는 국가는 영국이다. 영국은 수입구조상 자동차 및 트레일러(20), 컴퓨터, 전자·광학제품(17), 식료품, 음료, 담배(5), 섬유제품, 의복, 가죽·가방·신발(6), 기타 기계 및 장비(19) 순으로 이들 산업 상품을 많이 수입하였다. 그러나 수입수요구조상에서는 보건업 및 사회복지 서비스업(53), 전기, 가스, 증기 및 공기 조절 공급업(24), 건설업(27), 자동차 및 트레일러(20), 공공 행정, 국방 및 사회보장 행정(51) 순으로 많은 수입수요가 있었다. 즉 수입구조상으로 제조업 분야의 상품이 주로 수입되었는데, 수입수요구조상으로 볼 때 영국으로 수입된 수입품(중간재 용도의 수입) 중 많은 부분이 주로 서비스업 생산에 사용되었다고 할 수 있다. 주요국가들의 수입수요구조에서 공통적으로 발견되는 특징은 대체적으로 제조업 중 코크스, 연탄 및 석유정제품(10), 화학물질 및 화학제품(11), 1차금속제품(15)에서, 그리고 서비스업 중에서는 전기, 가스, 증기 및 공기 조절 공급업(24)과 건설업(27)에서 중간재 수입수요가 많이 발생하고 있다는 점이다. 또한 서비스업 중 사업시설 관리, 사업 지원 및 임대 서비스(50), 공공 행정, 국방 및 사회보장 행정(51), 교육 서비스(52), 보건업 및 사회복지 서비스업(53)에서도 수입수요가 적지 않았다는 점이다.

표 9-19──○ 주요국의 수입수요처별 구조(2014) : 중분류

		브라질	중국	독일	프랑스	영국	인도	일본	한국	러시아	미국
중간재	1차산업	5.9	4.5	0.9	1.9	1.6	1.6	2.6	0.6	4.0	2.7
	1	3.6	1.2	0.7	1.6	0.6	1.2	0.6	0.5	2.1	1.0
	2	0.1	0.3	0.1	0.1	0.0	0.0	0.1	0.0	0.0	0.1
	3	0.0	0.1	0.0	0.1	0.1	0.0	0.1	0.1	0.0	0.0
	4	2.2	3.0	0.2	0.1	1.0	0.4	1.8	0.0	1.8	1.6
	제조업	38.2	52.5	43.4	30.4	20.9	63.4	40.8	57.1	17.6	30.2
	5	2.8	2.3	3.0	2.4	1.8	1.9	2.1	1.8	1.7	1.8
	6	1.5	1.7	0.7	1.0	0.3	2.0	0.3	1.4	0.8	0.4
	7	0.2	0.9	0.4	0.3	0.3	0.4	0.2	0.1	0.2	0.4
	8	0.7	0.7	0.9	0.6	0.4	0.5	0.5	0.4	0.5	0.8
	9	0.2	0.2	0.3	0.3	0.3	0.4	0.2	0.2	0.0	0.2
	10	8.3	6.8	5.4	5.1	2.4	22.6	9.7	15.4	1.2	8.0
	11	4.9	4.4	4.3	3.1	1.9	5.4	3.6	5.8	1.7	2.4
	12	0.5	0.4	0.7	0.7	0.6	0.6	0.4	0.7	0.0	0.9
	13	1.6	1.5	2.1	1.3	0.9	1.5	1.1	0.5	1.1	1.2
	14	0.9	2.3	0.8	0.7	0.5	2.0	1.1	0.5	0.4	0.4
	15	2.3	8.4	3.4	1.6	1.4	11.3	8.9	6.7	1.6	1.6
	16	1.0	1.5	2.0	1.6	1.1	2.6	1.4	2.2	0.0	1.5
	17	3.0	11.4	1.6	0.9	1.2	0.9	3.3	10.7	0.9	1.2
	18	1.1	3.1	2.3	1.0	0.7	1.3	1.8	1.9	0.0	0.6
	19	2.2	3.2	5.0	1.5	1.4	2.2	1.8	2.6	1.7	2.0
	20	4.2	2.4	7.8	3.1	3.0	3.2	3.0	2.8	5.2	4.0
	21	1.3	1.0	1.1	3.3	1.8	1.2	0.8	2.8	0.0	2.0
	22	1.7	0.3	0.9	0.6	0.6	3.4	0.4	0.4	0.5	0.8
	23	0.0	0.0	0.8	1.6	0.4	0.0	0.0	0.0	0.0	0.1
	서비스업	24.4	17.6	19.6	32.0	34.9	16.3	25.7	21.2	19.8	24.8
	24	1.2	3.3	2.1	3.0	3.6	2.5	7.4	6.0	1.7	0.9
	25	0.3	0.0	0.1	0.2	0.1	0.0	0.0	0.2	0.0	0.0
	26	0.0	0.1	0.5	0.6	0.5	0.0	0.0	0.3	0.0	0.3
	27	4.6	4.7	3.3	5.7	3.3	5.8	6.2	4.2	4.1	2.9
	28	0.8	0.0	0.4	0.9	0.9	0.0	1.0	0.1	0.3	0.4
	29	0.9	1.0	1.1	2.5	1.4	0.2	0.8	0.6	2.4	1.0
	30	1.3	0.2	0.7	1.4	1.4	0.4	0.4	0.8	0.9	0.8
	31	2.2	0.4	0.6	1.2	1.0	3.4	0.7	1.0	1.8	1.0
	32	0.1	0.1	0.4	0.4	0.4	0.1	0.9	0.3	0.1	0.1
	33	0.5	0.3	0.6	0.6	0.6	0.0	0.2	0.3	0.4	0.5
	34	0.5	0.3	0.8	0.6	0.5	0.1	0.1	0.5	0.8	0.2
	35	0.0	0.0	0.2	0.1	0.4	0.0	0.0	0.1	0.0	0.1

(계속)

		브라질	중국	독일	프랑스	영국	인도	일본	한국	러시아	미국
중간재	36	0.7	0.3	0.5	0.8	1.0	0.8	1.0	0.5	0.3	0.9
	37	0.1	0.0	0.2	0.4	0.2	0.0	0.1	0.3	0.0	0.2
	38	0.2	0.0	0.1	0.4	0.4	0.0	0.1	0.2	0.0	0.4
	39	0.7	0.4	0.5	0.9	1.2	0.2	0.3	0.2	0.3	1.2
	40	0.6	0.4	0.7	0.6	0.8	0.5	0.3	0.5	0.0	0.7
	41	1.2	0.5	0.7	0.6	1.4	0.2	0.3	0.8	0.9	0.2
	42	0.0	0.2	0.2	0.3	1.1	0.1	0.2	0.2	0.2	0.9
	43	0.0	0.0	0.1	0.3	0.3	0.0	0.0	0.1	0.0	0.4
	44	0.3	0.2	0.5	0.7	0.7	0.0	0.2	0.1	0.6	0.6
	45	0.4	1.3	0.8	1.3	0.8	0.0	0.0	0.1	0.0	1.2
	46	0.5	0.0	0.4	1.1	0.4	0.7	0.0	0.2	0.0	0.5
	47	0.3	0.2	0.2	0.7	0.2	0.0	0.1	0.4	0.0	0.3
	48	0.0	0.0	0.1	0.3	0.2	0.0	0.1	0.0	0.0	0.3
	49	0.0	0.6	0.1	0.2	0.4	0.0	0.4	0.1	0.0	0.1
	50	1.1	0.1	0.8	1.8	2.0	0.0	0.1	0.3	1.0	1.1
	51	1.8	0.9	1.1	1.3	2.7	0.0	1.4	0.6	2.5	4.3
	52	1.0	0.8	0.3	0.4	0.9	0.1	0.2	0.5	0.4	0.3
	53	1.6	0.4	1.2	1.7	5.4	0.7	2.7	1.0	1.2	2.2
	54	1.5	0.8	0.5	1.2	0.9	0.3	0.4	0.6	0.4	0.9
	55	0.0	0.0	0.0	0.0	0.0	0.0	0.1	0.0	0.0	0.0
	56	0.0	0.0	0.0	0.0	0.0	0.0	0.0	0.0	0.0	0.0
	중간재 소계	68.5	74.6	64.0	64.3	57.5	81.3	69.0	78.9	41.3	57.7
최종재	민간소비	16.9	9.9	20.8	24.2	30.4	6.6	19.6	11.4	46.8	26.9
	비영리기관 소비	0.2	0.0	0.0	0.0	0.2	0.0	0.0	0.0	0.0	0.0
	정부지출	0.2	1.0	1.7	2.8	0.4	1.0	0.1	0.1	0.2	0.0
	고정자본형성	13.3	13.4	12.6	8.4	11.0	9.7	11.2	9.5	11.2	14.9
	기타(재고 등)	0.8	1.1	0.9	0.3	0.5	1.4	0.0	0.1	0.5	0.5
	최종재 소계	31.5	25.4	36.0	35.7	42.5	18.7	31.0	21.1	58.7	42.3

주 : 각국의 총수입에서 각 산업이 차지하는 비중. 중간재 산업분류는 수입수요처 기준. 산업코드명은 〈부록 2-2〉 참조
자료 : WIOD 이용 계산

10 세계시장에서 국가 간 경쟁구도

1 주요 선진국 수입시장에서 국가 간 경쟁구도

1.1 미국 수입시장

미국 내 총수요(생산 과정에서의 중간재 수요 및 최종재 수요)에서 수입(수요)의 비중은 2000년 6.8%에서 2014년 7.6%로 확대되었다(〈표 10-2〉 마지막 열 참조). 이는 미국의 시장이 더 많이 개방되었다는 것을 의미한다. 미국의 총수입시장(중간재 및 최종재)에서 주요 국가들의 2000년과 2014년 점유율 변화를 살펴보면, 중국의 비중이 크게 증가한 반면 여타 국가들의 비중은 크게 위축된 것을 확인했다. 미국 수입시장에서 중국의 점유율은 2000년 4.1%로 독일(5.3%)에 비해 낮았으나, 2014년에는 14.7%로 3배 이상 확대되었다. 즉 미국 수입시장에서 중국이 여타 국가들의 시장을 잠식하였다 할 수 있다. 보다 자세히 살펴보면 생산 과정에서의 중간재 수입의 대부분 산업, 그리고 최종재에서 민간소비와 고정자본형성(투자) 부문에서 중국의 점유율이 크게 신장되었다. 미국 민간소비 수입시장에 있어서 중국의 점유율은 2000년 7.2%에서 2014년 19.9%로 크게 확대되었으며, 고정자본형성 수입시장 부문에서도 중국 점유율은 2000년 4.1%에서 2014년 24.9%로 대폭 확대되었다. 대부분의 중간재 수입시장에서도 중국 점유율이 확대되었으나 서비스업(WIOD 기준, 24~56)에서보다는 제조업(5~23)에 있어서 점유율 확대 폭이 더 컸다. 특히 제조업 생산 중간재 수입시장에 있어서 컴퓨터, 전자·광학제품(17)의 경우 중국의 점유율이 2014년 기준으로 22.4%에 달했으며, 기타 기계 및 장비(19)와 전기장비(18)의 경우에도 그 비율이 각각 17.2%와 16.2%로 높았다. 또한 서비스업 생산의 중간재 미국 수입시장에 있어서도 통신업(39)과 영상·오디오 기록물 제작 및 배급업(38)의 경우 중국의 시장점유율이 각각 19.0%와 13.5%로 높았다. 다만 제조업 중에서 코크스, 연탄 및 석유정제품(10), 1차금속제품(15), 서비스업 중에서 전기, 가스, 증기 및 공기 조절 공급업(24), 수도업(25), 육상 운송 및 파이프라인 운송업(31), 수상 운송업(32), 항공 운송업(33), 보험 및 연금업(42), 금융 및 보험관련 서비스(43)에 있어서는 중국의 점유율 확대 폭이 크지 않았다. 이는 이들 산업에 있어서는 중국의 국제경쟁력이 높지 못함을 보여준다.

미국 수입시장에서 중국의 급속한 점유율 확대 과정에서 여타 대부분 국가들의 점유율이 축소되었으나 유독 독일의 점유율은 오히려 소폭 증가(2000년 5.3% → 2014년 5.7%)했는데, 이는 세계시장에서 독일의 높은 국제경쟁력을 방증해준다 하겠다. 인도 역시 0.8%에서 1.5%로 상승하였다. 중국의 부상에도 불구하고 미국 수입시장에서 한국의 시장점유율 역시 2000년 3.4%에서 2014년 3.3%로 별다른 영향을 받지 않았다. 프랑스는 2.7%에서 2.1%로, 영국은 3.9%에서 3.6%로 하락하였으며, 특히 일본의 점유율은 2000년 10%에서 2014년 5.1%로 크게 하락하였다. 미국 수입시장에서의 중국의 시장점유율 확대가 국제시장에서의 중국의 국제경쟁력 강화를 의미한다는 논리라면 일본의 점유율은 하락은 일본의 국제경쟁력 하락을 의미할까? 이에 대한 답은 명확하지 않다. 왜냐하면 많은 일본기업들은 해외직접투자의 형태로 중국, 동남아 등에 진출하여 현지에서 생산한 제품을 미국 등 제3국으로 수출하고 있어 일본에서 미국으로 수출되던 것이 제3국을 통해서 미국으로 우회 수출되는 측면이 있기 때문이다. 하지만 일본 이외 독일, 한국 등 미국 시장에서 점유율이 오히려 확대되었거나 변화가 없는 국가들의 경우 역시 많은 해외직접투자가 이루어졌다는 점을 고려할 때 미국 시장에서의 일본 시장점유율 하락은 일본의 국제경쟁력 하락을 어느 정도는 반영한다고 할 수 있겠다. 하지만 미국 시장에서의 일본 시장점유율은 큰 폭의 하락에도 불구하고 여전히 독일의 점유율과 비슷한 수준을 유지하고 있다는 점에 주목할 필요가 있다.

미국 수입시장에서의 가장 큰 특징은 NAFTA 회원국인 캐나다와 멕시코의 점유율이 매우 높다는 것이다. 미국 수입시장에서 캐나다의 점유율은 2000년 17.4%에서 2014년 14.5%로 하락했으나 여전히 중국 다음으로 높았으며, 멕시코의 경우 중국의 부상에도 불구하고

표 10-1 미국 산업 생산의 중간재 수입시장에서 수출국가별 점유율(2000, 2014)

수출국＼산업	1	2	3	4	5	6	7	8	9	10	11	12	13	14	15	16	17	18	19	20	21	22	23	24	25	26	27	28	29	30	31
M(2000)	7.5	9.8	9.8	15.1	4.8	11.2	10.8	10.3	8.9	30.8	12.3	12.3	11.9	11.6	14.0	12.2	16.7	13.5	13.9	15.3	18.1	10.8	4.7	12.5	12.5	8.7	10.0	5.0	4.0	3.2	6.9
브라질	1.8	1.3	1.8	0.7	2.2	1.4	1.3	2.8	2.5	0.2	1.5	1.5	1.6	1.4	2.5	2.9	0.5	2.0	1.9	1.7	0.9	1.5	1.1	0.5	0.5	0.9	1.3	1.0	0.9	0.8	1.5
중국	2.1	2.1	2.1	1.0	3.2	3.3	1.4	2.6	3.1	0.4	2.4	2.4	2.9	2.4	2.0	3.1	3.5	3.6	3.1	2.1	1.7	3.1	3.0	0.7	0.7	1.7	2.9	2.6	2.7	2.2	1.4
독일	5.7	4.9	4.9	2.8	4.9	5.4	2.1	5.9	6.1	0.2	7.1	7.1	7.4	3.8	4.5	5.5	2.9	5.4	7.4	6.0	6.8	4.1	5.9	0.7	0.7	6.4	4.7	5.4	4.1	4.6	3.2
프랑스	4.0	4.6	4.6	2.2	3.1	3.4	1.7	3.2	3.4	0.1	4.7	4.7	4.6	2.5	2.9	2.9	1.9	2.7	3.2	2.7	9.8	2.5	3.4	0.8	0.8	6.3	2.7	3.3	3.8	3.9	3.3
영국	4.7	4.9	4.9	3.5	3.3	4.8	1.6	4.0	4.2	3.2	6.1	6.1	5.8	3.4	4.0	3.5	2.3	3.4	4.1	2.7	12.1	3.1	4.2	3.5	3.5	7.3	3.1	4.3	4.7	4.5	3.9
인도	1.3	2.6	2.6	0.2	0.9	2.6	1.1	0.6	0.6	0.0	0.9	0.9	1.1	0.7	0.7	1.0	0.2	0.9	0.8	0.7	0.3	1.8	1.0	0.1	0.1	0.3	0.8	0.9	0.7	0.8	0.2
일본	8.1	8.8	8.8	3.8	6.7	6.2	4.2	6.0	7.9	0.2	9.1	9.1	10.1	5.9	4.5	8.5	13.3	11.2	13.8	16.9	9.1	6.9	13.3	1.0	1.0	5.4	9.5	13.2	7.6	7.2	7.5
한국	1.8	1.8	1.8	0.8	2.3	5.7	1.2	2.9	3.9	0.1	2.4	2.4	2.7	1.8	1.8	3.0	9.8	3.4	2.8	2.6	2.9	3.1	2.7	0.7	0.7	1.5	1.9	3.6	3.9	2.9	1.9
러시아	0.7	0.6	0.6	0.5	0.6	0.5	0.2	0.4	0.4	0.4	1.1	1.1	1.1	0.5	2.9	3.1	0.2	1.8	1.2	0.8	0.4	1.0	0.3	0.4	0.4	0.2	0.2	0.2	0.2	0.1	0.3
캐나다	16.6	19.3	19.3	19.0	25.9	17.0	61.2	32.6	24.4	26.6	13.6	13.6	17.7	23.2	23.4	22.4	10.0	19.5	19.2	21.9	23.7	29.3	17.9	23.9	23.9	9.8	27.1	17.5	14.9	15.6	15.9
멕시코	5.8	5.7	5.7	5.8	8.1	7.2	3.9	4.6	5.3	7.2	4.8	4.8	6.0	8.8	7.0	8.6	8.6	12.9	11.3	17.6	7.4	6.6	12.7	6.2	6.2	3.9	10.9	12.5	5.5	6.8	7.8
M(2014)	10.1	14.4	14.4	18.2	6.3	13.7	12.5	13.1	12.3	30.3	18.2	18.2	18.4	14.8	17.5	15.8	25.6	19.8	19.3	21.2	22.0	14.2	8.4	15.8	15.8	13.2	13.1	7.8	4.5	3.8	9.2
브라질	1.6	1.3	1.3	1.2	2.6	2.4	2.3	4.7	3.1	1.0	2.0	2.0	2.1	2.4	3.5	3.4	0.6	2.5	1.8	1.2	1.2	2.2	0.9	1.2	1.2	1.0	1.7	0.9	1.1	1.3	1.6
중국	7.3	8.9	8.9	5.2	10.8	14.8	11.4	12.0	13.8	0.4	10.6	10.6	12.6	9.6	5.4	10.2	22.4	16.2	17.2	13.3	13.2	14.4	12.9	1.4	1.4	13.0	15.5	11.1	9.7	8.4	4.6
독일	4.6	5.1	5.1	3.2	5.6	5.3	3.3	6.3	6.2	0.3	7.6	7.6	7.5	4.1	4.4	5.6	3.8	5.6	7.2	8.4	4.7	5.0	8.2	1.2	1.2	9.5	5.6	8.7	6.0	6.8	3.5
프랑스	2.5	2.7	2.7	1.3	2.2	2.3	1.8	2.5	2.6	0.2	3.0	3.0	2.9	1.7	1.4	1.7	1.4	1.7	1.8	1.2	5.4	1.9	2.2	0.9	0.9	2.9	2.1	2.1	3.5	3.5	2.6
영국	3.7	4.1	4.1	2.1	2.7	3.6	2.2	3.0	3.6	0.5	3.8	3.8	3.5	2.0	3.3	3.0	2.1	2.6	2.8	1.8	7.6	3.1	4.9	2.2	2.2	2.5	2.9	4.8	7.0	7.6	5.4
인도	2.9	2.8	2.8	1.0	2.3	4.3	1.4	1.6	2.6	0.2	2.8	2.8	2.7	1.2	1.0	1.6	0.6	1.4	1.6	1.3	1.0	2.5	1.5	0.9	0.9	1.4	1.8	1.5	1.0	1.6	2.7
일본	4.0	4.8	4.8	2.4	4.2	4.6	3.0	4.8	5.2	6.8	6.8	6.8	6.9	3.5	3.4	5.9	6.8	6.4	7.4	10.4	8.7	4.6	7.3	0.7	0.7	5.6	5.5	8.1	3.3	3.5	3.6
한국	2.9	2.9	2.9	1.5	2.9	6.4	2.0	3.8	4.8	0.2	3.7	3.7	4.1	2.1	3.1	4.3	6.3	4.2	4.1	5.6	4.1	3.7	4.7	1.1	1.1	3.3	3.1	5.2	4.1	4.3	4.1
러시아	1.7	1.0	1.0	0.8	0.5	0.7	0.5	0.6	0.8	0.5	1.5	1.5	1.2	0.6	2.7	2.7	0.4	1.8	1.1	0.5	0.5	1.1	0.4	1.3	1.3	0.7	0.9	0.3	0.3	0.3	3.2
캐나다	15.1	13.2	13.2	27.6	19.8	11.3	38.8	18.1	12.2	40.7	10.5	10.5	11.7	23.7	24.9	16.8	7.0	13.4	12.1	13.6	12.9	18.0	11.8	34.2	34.2	10.6	16.7	12.1	10.1	11.8	15.0
멕시코	7.1	7.5	7.5	9.9	10.2	6.4	6.3	7.3	7.4	10.1	5.4	5.4	6.7	10.6	11.8	12.7	10.1	15.1	15.8	20.3	12.2	8.9	13.7	8.9	8.9	10.4	13.2	15.3	5.0	6.3	8.2

주: M(2000)은 1~56의 경우, 2000년 미국의 각 산업 생산 과정에서 투입된 중간재 중 수입품 비중. 그리고 57~61의 경우, 최종재 수요에서 수입 비중을 나타냄. 산업코드명은 〈부표 2-2〉 참조
자료: WIOD 이용 계산

표 10-2 ─○ 미국 산업 생산의 중간재 및 최종재 수입시장에서 수출국가별 점유율(2000, 2014)

수출국 \ 산업	32	33	34	35	36	37	38	39	40	41	42	43	44	45	46	47	48	49	50	51	52	53	54	55	56	57	58	59	60	61	총수입
M(2000)	6.8	9.4	4.2	4.4	3.8	4.4	3.8	4.0	5.0	1.6	2.1	3.1	2.0	3.9	3.8	3.8	3.8	3.8	4.0	6.7	3.6	5.3	4.1	4.7		5.2	·	0.0	11.2	24.6	6.8
브라질	1.1	1.7	1.2	1.1	1.5	1.1	0.5	0.3	0.5	0.8	0.1	0.3	0.9	0.5	0.8	0.8	0.8	0.8	1.1	1.3	1.1	1.2	1.1	1.1		0.9	·	0.0	1.0	0.5	1.1
중국	1.2	0.8	2.3	2.2	3.0	2.5	2.4	2.2	2.6	3.9	0.7	1.1	2.2	2.3	2.8	2.8	2.8	2.8	2.8	2.4	2.8	2.9	2.9	3.0		7.2	·	0.2	4.1	4.8	4.1
독일	3.7	1.5	5.3	4.8	4.4	6.7	4.1	3.3	3.4	4.6	6.3	2.6	6.7	3.8	5.0	5.0	5.0	5.0	4.3	4.4	6.2	6.1	5.6	5.9		4.4	·	20.6	8.4	6.9	5.3
프랑스	6.5	3.9	4.8	5.2	3.4	3.6	4.2	4.0	4.0	4.5	2.2	4.8	4.4	4.4	4.7	4.7	4.7	4.7	4.1	4.5	3.9	4.1	3.6	3.4		2.2	·	0.0	2.4	1.3	2.7
영국	7.2	3.2	5.9	6.4	3.6	4.3	5.4	4.0	3.8	8.9	31.2	4.1	7.7	4.6	5.7	5.7	5.7	5.7	5.0	5.5	4.2	6.2	4.7	4.2		3.2	·	6.4	3.3	3.1	3.9
인도	0.2	0.1	0.5	0.4	1.1	0.6	0.3	0.4	0.7	0.7	0.2	1.0	0.9	0.7	0.9	0.9	0.9	0.9	0.8	0.8	1.1	1.8	1.0	1.0		1.5	·	0.0	0.1	0.2	0.8
일본	3.9	2.0	7.5	6.0	6.0	7.3	7.8	7.3	8.0	8.1	2.6	3.2	5.3	6.7	8.0	8.0	8.0	8.0	7.7	6.8	8.1	7.5	11.3	13.3		8.1	·	19.2	16.7	17.8	10.0
한국	1.9	2.2	1.8	1.8	2.3	3.6	5.2	4.7	4.3	4.5	2.0	2.0	1.8	3.9	3.7	3.7	3.7	3.7	3.1	3.0	2.5	2.4	2.7	2.7		3.0	·	0.1	4.9	5.2	3.4
러시아	0.2	0.3	0.2	0.2	0.2	0.2	0.1	0.1	0.1	0.2	0.0	0.1	0.5	0.2	0.3	0.3	0.3	0.3	0.3	0.3	0.2	0.7	0.3	0.3		0.1	·	0.0	0.0	0.0	0.3
캐나다	13.6	9.5	19.0	20.0	22.5	17.9	12.2	9.1	9.5	8.9	5.3	5.0	16.5	8.4	12.2	12.2	12.2	12.2	12.8	16.7	13.7	13.3	17.0	17.9		12.8	·	3.1	17.9	17.6	17.2
멕시코	3.3	1.7	6.5	5.3	6.7	4.7	4.5	5.2	4.9	2.9	1.1	1.2	3.6	4.0	5.2	5.2	5.2	5.2	5.3	5.3	5.7	4.1	10.7	12.7		11.5	·	0.0	16.0	17.7	10.6
M(2014)	7.3	11.0	5.5	6.1	5.0	4.8	7.4	9.0	7.7	2.8	4.3	4.5	2.0	6.3	6.9	6.9	6.9	6.9	6.1	8.9	4.9	6.0	6.8	8.4		5.3	·	0.0	10.7	17.6	7.6
브라질	1.5	1.6	1.5	1.7	1.7	0.8	0.5	0.4	0.8	0.9	0.2	0.5	1.2	0.8	1.3	1.3	1.3	1.3	1.3	1.4	1.1	1.2	1.0	0.9		0.5	·	0.0	0.9	3.9	1.2
중국	2.7	0.9	9.2	7.8	10.2	8.6	17.1	19.0	13.5	11.0	1.3	3.4	8.7	8.7	11.6	11.6	11.6	11.6	10.7	8.9	11.5	10.9	11.5	12.9		19.9	·	0.4	24.9	20.0	14.7
독일	4.8	1.1	6.2	5.5	5.7	4.0	4.8	4.5	4.9	5.4	3.2	4.0	6.6	5.9	7.1	7.1	7.1	7.1	6.2	4.6	6.4	5.7	7.6	8.2		4.9	·	23.4	10.2	10.6	5.7
프랑스	3.7	3.4	3.2	3.4	2.8	2.4	2.3	2.1	3.0	3.6	0.9	3.9	3.0	3.7	3.6	3.6	3.6	3.6	3.1	3.5	2.9	2.7	2.5	2.2		2.2	·	0.0	1.4	4.0	2.1
영국	9.1	5.1	6.4	6.9	4.8	4.3	5.4	4.3	5.0	8.0	7.9	5.5	7.9	6.7	7.3	7.3	7.3	7.3	6.0	6.5	5.1	5.6	5.4	4.9		3.6	·	16.4	2.6	2.3	3.6
인도	2.6	2.9	1.9	2.0	2.2	1.1	0.6	0.6	1.3	1.0	0.2	1.8	1.4	1.6	1.4	1.4	1.4	1.4	2.0	2.3	1.8	2.8	1.6	1.5		2.1	·	0.0	0.3	0.6	1.5
일본	1.8	1.1	4.5	3.9	3.2	2.7	5.1	5.7	3.9	2.7	0.7	1.2	2.3	3.2	4.4	4.4	4.4	4.4	4.1	4.5	4.3	3.2	6.1	7.3		4.0	·	7.5	9.5	8.1	5.1
한국	3.5	3.3	3.5	3.4	2.7	3.2	5.4	5.8	4.3	4.4	0.7	2.3	2.1	4.1	4.4	4.4	4.4	4.4	3.7	3.7	3.1	2.8	4.3	4.7		2.4	·	1.0	5.0	3.9	3.3
러시아	3.3	3.8	1.5	1.9	0.3	0.1	0.1	0.1	0.1	0.4	0.0	0.1	0.7	0.3	0.4	0.4	0.4	0.4	0.6	1.4	0.4	0.7	0.5	0.4		0.3	·	0.8	0.1	0.1	0.6
캐나다	13.3	12.1	13.6	15.3	17.2	8.7	7.1	6.7	8.5	6.1	2.3	4.3	14.4	6.5	9.6	9.6	9.6	9.6	10.4	14.1	11.0	9.7	11.9	11.8		9.3	·	2.1	11.3	15.9	14.5
멕시코	4.1	3.2	8.9	7.7	7.7	3.5	7.3	8.2	5.9	3.2	0.4	0.8	4.5	4.1	6.8	6.8	6.8	6.8	7.3	7.6	8.5	4.5	11.4	13.7		9.3	·	0.0	18.5	15.4	10.9

주 : 57(민간소비), 58(비영리단체 소비), 59(정부소비), 60(고정자본형성), 61(재고변화). '총수입'은 총수요 중 수입 비중. 산업코드별 산업평균은 <부표 2-2> 참조.
자료 : WIOD 이용 계산.

점유율이 2000년 10.6%에서 2014년 10.9%로 오히려 더 확대되었다. 캐나다의 경우 중간재 수입시장에서의 점유율이 특히 높았으며, 멕시코의 경우 최종재 중 고정자본형성 수입시장에서의 점유율이 높았다. 캐나다와 멕시코는 2014년 기준으로 각각 미국 민간소비 수입시장의 9.3%, 9.3%를 차지했으며, 고정자본형성 수입시장의 11.3%와 18.5%를 차지했다. 생산 과정의 중간재 수입시장에서 캐나다 비중이 높은 산업은 제조업의 경우 코크스, 연탄 및 석유정제품(10)(2014년 해당 산업 수입의 40.7%), 목재제품(7)(38.8%), 광업(4)(27.6%), 1차금속제품(15)(24.9%), 비금속광물제품(14)(23.7%), 서비스업의 경우 전기, 가스, 증기 및 공기 조절 공급업(24)와 수도업(25)(두 산업 합계 34.2%), 숙박, 음식점 및 주점업(36) (17.2%), 우편, 배달업(35)(15.3%)을 들 수 있다. 생산 과정의 중간재 수입시장에서 멕시코 비중이 높은 산업은 자동차 및 트레일러(20)(20.3%), 기타 기계 및 장비(19)(15.8%), 전기장비(18)(15.1%), 자동차 판매 및 수리업(28)(15.3%), 55(13.7%), 건설업(27)(13.2%)을 들 수 있으나 대체로 캐나다의 점유율에 비해서 낮았다.

1.2 일본 수입시장

일본 내 총수요(생산 과정에서의 중간재 수요 및 최종재 수요)에서 수입의 비중은 2000년 4.7%에서 2014년 10.1%로 대폭 확대되었는데, 이는 미국 내 총수요(또는 총지출) 중 수입 비중보다 더 높은 수준이다(⟨표 10-4⟩ 마지막 열 참조). 이는 그동안 여타 주요 선진국에 비해 폐쇄적이었던 일본 수입시장이 그만큼 많이 개방되었다는 것을 의미한다. 개방 속도가 빨라 미국보다 더 개방적이 되었으나 독일, 영국, 프랑스에 비해서는 여전히 시장개방 정도가 낮은 편이다(독일, 영국, 프랑스에 대해서는 후술). 일본의 총수입시장(중간재 및 최종재)에서 주요국가들의 2000년과 2014년 점유율 변화를 살펴보면, 중국의 비중이 크게 증가한 반면 여타 국가들의 비중은 크게 위축된 것을 확인할 수 있다. 일본 수입시장에서 중국의 점유율은 2000년 9.4%로 미국(15.1%)에 비해 낮았으나, 2014년에는 19.8%로 2배 이상 확대되었다. 즉 일본 수입시장에서 중국이 미국 등 여타 국가들의 시장점유율을 잠식하였다 할 수 있다. 보다 자세히 살펴보면 생산 과정에서의 중간재 수입의 대부분 산업, 그리고 최종재에서 민간소비와 고정자본형성(투자) 부문에서 중국의 점유율이 크게 신장되었다. 일본 민간소비 수입시장에 있어서 중국의 점유율은 2000년 17.8%에서 2014년 32.9%로 2배 이상 확대되었으며, 고정자본형성 수입시장 부문에서도 중국 점유율이 9.1%

에서 49.1%로 5배 이상 확대되었다. 대부분의 중간재 수입시장에서도 중국 점유율이 확대되었으나 서비스업에서보다는 제조업에 있어서 점유율 확대 폭이 더 컸다. 특히 제조업 생산 중간재 수입시장에 있어서 기타 기계 및 장비(19)의 경우 중국의 점유율이 2014년 기준으로 34.5%에 달했으며, 컴퓨터, 전자·광학제품(17)과 섬유제품, 의복, 가죽·가방·신발(6)의 경우에도 그 비율이 각각 27.9%와 26.5%로 높았다. 또한 서비스업 생산 중간재 일본 수입시장에 있어서도 숙박, 음식점 및 주점업(36)과 출판업(37)의 경우 중국의 시장점유율이 각각 15.4%와 15.2%로 높았다. 그러나 일본 서비스 생산 중간재 수입시장들에서 중국의 점유율은 아직까지는 미국에 뒤졌다. 다만 제조업 중에서 코크스, 연탄 및 석유정제품(10), 비금속광물제품(14), 1차금속제품(15), 그리고 서비스업 중에서 전기, 가스, 증기 및 공기 조절 공급업(24), 부동산업(44), 육상 운송 및 파이프라인 운송업(31), 수상 운송업(32), 항공 운송업(33), 보험 및 연금업(42), 광고 및 시장 조사업(48)에 있어서는 중국의 점유율 확대 폭이 크지 않았다.

일본 수입시장에서 중국의 급속한 점유율 확대 과정에서 주요 여타 대부분 국가들의 점유율이 축소되었으나 러시아와 브라질의 점유율은 오히려 소폭 증가(러시아 2000년 0.6% → 2014년 2.4%, 브라질은 0.6% → 0.9%)했는데, 러시아의 경우 주로 광업(4), 에너지 자원 관련 산업[코크스, 연탄 및 석유정제품(10), 전기, 가스, 증기 및 공기 조절 공급업(24)]에 있어서의 높은 국제경쟁력을 반증해준다 하겠다. 중국의 부상으로 일본 수입시장에서 한국의 시장점유율은 2000년 6.3%에서 2014년 5.1%로 소폭 하락했다. 미국, 독일, 프랑스, 영국의 점유율 역시 소폭씩 하락했다. 특히 미국의 점유율은 2000년 15.1%에서 2014년 6.6%로 대폭 하락하였다. 이는 일본 수입시장에서 미국의 경쟁력이 중국에 비해 하락했다는 것을 의미한다. 그러나 일본 수입시장에서의 미국 점유율 변화를 해석할 때는 미국기업들이 중국 등 여타 국가에 직접투자 형태로 많이 진출하여 예전에 미국에서 일본으로 직접 수출되었던 것 중 일부가 직접투자대상국인 제3국을 통해 우회적으로 일본 수입시장에 수출될 수도 있다는 측면을 고려할 필요가 있다. 일본 수입시장에서의 미국의 시장점유율은 큰 폭으로 하락하였으나 여전히 중국 다음으로 많은 높으며, 특히 독일, 영국, 프랑스에 비해 그 비율이 월등히 높았다. 일본 수입시장에서 국가별 점유율 변화에서 두드러진 특징은 한국의 경우 점유율이 하락하였으나 여전히 독일 등 유럽 국가들에 비해서 그 비율이 월등히 높게 유지되고 있다는 점이다. 일본 수입시장에서 한국의 점유율이 상대적으로 높

표 10-3 ○ 일본 산업 생산의 중간재 수입시장에서 수출국가별 점유율(2000, 2014)

산업 / 수출국	1	2	3	4	5	6	7	8	9	10	11	12	13	14	15	16	17	18	19	20	21	22	23	24	25	26	27	28	29	30	31
M(2000)	4.4	5.2	5.5	21.2	3.2	6.2	9.0	5.1	3.8	51.1	8.0	4.4	5.6	10.5	11.2	5.5	10.3	7.6	7.1	3.4	6.6	6.3	·	16.4	1.6	3.6	6.4	5.2	3.5	2.9	4.0
브라질	1.1	0.5	0.4	0.4	1.1	0.8	0.7	2.5	2.1	0.4	0.8	0.8	0.7	0.6	2.2	2.2	0.3	0.8	0.8	0.9	0.9	0.9	·	0.4	0.4	0.5	0.6	0.2	0.6	0.5	0.4
중국	5.6	4.6	5.5	2.6	6.5	11.1	3.8	4.4	7.1	2.0	6.0	6.1	8.4	3.8	6.3	10.0	7.0	11.5	8.5	9.7	6.4	6.2	·	2.2	7.1	5.4	6.3	9.1	5.0	4.5	3.6
독일	5.2	2.0	1.9	0.7	2.9	3.9	1.9	2.4	3.5	0.2	6.8	5.4	7.2	1.4	1.9	3.6	2.3	4.2	4.7	4.5	3.2	2.7	·	0.3	3.1	2.6	2.1	4.6	1.8	1.6	1.7
프랑스	2.6	1.2	1.0	0.2	1.7	2.7	0.7	1.3	1.8	0.1	3.1	2.5	3.4	0.7	0.6	1.3	1.0	1.4	1.7	1.7	1.5	1.2	·	0.1	1.3	1.3	0.9	1.7	1.1	0.7	0.7
영국	2.9	2.0	2.9	0.5	2.0	3.7	0.9	1.4	2.5	0.1	2.5	3.3	2.8	1.0	1.8	2.9	1.2	2.3	2.9	3.1	4.8	1.7	·	0.4	3.9	3.5	1.9	2.7	4.5	4.7	3.5
인도	0.9	0.5	0.7	0.5	1.0	2.7	0.2	0.3	0.3	0.5	0.7	0.6	0.7	0.5	0.4	0.4	0.1	0.3	0.3	0.3	0.3	0.7	·	0.5	0.4	0.5	0.5	0.2	0.5	0.5	0.2
한국	6.0	8.0	10.2	2.7	5.6	9.4	2.2	4.4	5.8	0.7	7.2	5.9	6.9	2.7	5.0	9.4	12.0	9.3	7.9	6.6	4.6	5.9	·	1.7	7.0	8.4	5.9	8.2	7.8	8.6	12.1
러시아	0.1	0.1	0.1	0.5	0.1	0.1	0.4	0.2	0.2	0.6	0.2	0.1	0.2	0.6	4.5	4.3	0.3	1.4	1.4	1.5	1.8	0.9	·	0.6	0.2	0.2	0.9	0.1	0.1	0.1	0.1
미국	22.9	13.6	19.9	3.6	19.4	13.1	9.8	25.1	26.2	1.5	23.1	25.1	23.2	6.9	4.6	10.1	19.6	15.1	22.2	17.6	41.0	14.0	·	2.6	11.6	17.3	8.9	22.8	19.1	15.9	16.3
호주	5.9	3.5	3.9	7.4	9.0	3.8	4.0	2.1	1.1	8.5	2.0	1.2	1.2	1.3	6.7	7.9	0.8	2.8	3.0	3.5	3.4	3.9	·	7.8	1.6	1.9	5.2	0.9	1.7	1.8	3.4
인도네시아	4.1	8.3	8.8	6.5	3.7	6.3	9.1	8.1	5.5	5.9	4.3	2.6	4.3	5.4	3.7	3.0	1.6	2.7	4.2	4.0	2.0	6.2	·	6.1	4.8	5.3	6.0	4.0	4.2	5.5	10.4
M(2014)	8.9	10.3	12.3	62.9	6.0	11.5	17.6	9.8	6.6	83.5	17.5	8.9	11.5	28.1	28.2	11.0	19.0	16.7	14.9	10.2	15.9	11.4	·	48.5	2.6	5.7	15.7	14.4	5.0	3.9	8.0
브라질	0.9	0.5	0.3	0.9	1.1	1.0	1.4	1.5	1.5	0.6	0.6	0.5	0.5	0.8	1.8	2.0	0.2	0.2	0.8	0.7	0.7	1.2	·	0.9	0.2	0.3	0.9	0.2	0.2	0.5	0.1
중국	14.2	8.4	9.5	0.5	17.9	26.5	16.2	12.5	16.8	0.2	12.8	14.7	20.8	3.9	3.9	24.8	27.9	34.1	34.5	27.4	14.3	19.8	·	0.4	16.2	10.5	14.3	35.1	10.3	10.6	5.2
독일	3.8	0.9	1.3	0.1	4.6	2.5	1.4	2.5	3.8	0.0	4.1	6.2	5.2	0.6	0.6	3.2	1.8	3.3	4.0	5.7	2.2	2.5	·	0.1	3.0	3.1	1.7	4.3	1.3	1.6	0.9
프랑스	2.1	0.9	1.3	0.0	1.9	1.2	0.5	0.7	0.7	0.0	1.7	3.1	2.1	0.3	0.3	0.9	0.5	0.8	1.1	1.5	1.6	0.9	·	0.0	1.1	1.6	0.5	1.2	0.6	0.6	0.6
영국	1.2	0.6	3.7	0.0	1.1	1.2	0.5	0.7	0.7	0.0	1.7	2.1	1.5	0.3	0.6	1.6	0.9	0.5	1.4	1.2	8.9	1.1	·	0.1	3.0	1.9	0.8	1.4	2.3	2.4	3.6
인도	1.8	1.5	2.3	0.3	1.4	2.0	0.4	0.7	0.5	0.7	0.7	0.9	1.2	0.4	0.5	0.4	0.2	0.5	0.6	1.2	0.6	0.8	·	0.7	0.8	1.6	5.4	0.5	1.2	1.6	2.4
한국	7.4	7.1	10.1	0.6	6.1	10.4	2.3	4.0	7.4	0.2	10.3	6.7	9.3	1.9	4.4	12.9	8.4	9.7	9.7	7.8	5.9	6.5	·	0.7	9.5	9.4	5.4	8.2	9.1	10.1	10.8
러시아	0.4	1.1	0.7	6.3	0.3	7.0	1.8	2.5	16.2	0.7	6.6	0.8	0.2	5.5	6.5	3.0	0.3	1.0	1.1	0.9	1.2	1.7	·	6.4	0.2	0.7	3.5	0.1	0.5	0.6	0.8
미국	12.1	2.9	1.7	13.0	11.5	7.0	6.5	12.9	16.2	0.7	12.1	16.1	12.3	2.5	1.7	6.2	4.3	5.0	7.6	5.0	34.1	7.4	·	1.0	7.8	11.0	4.4	7.6	11.2	11.0	16.7
호주	3.6	2.9	1.7	2.6	4.5	1.5	5.5	4.6	0.8	2.6	3.2	0.9	1.1	2.8	1.7	3.7	0.5	1.4	1.4	1.2	1.5	3.8	·	13.0	0.7	1.6	7.2	3.2	0.9	1.1	1.4
인도네시아	3.2	5.2	3.6	2.6	4.5	6.9	9.3	7.5	8.0	2.6	2.6	3.3	8.3	2.8	3.7	4.6	1.5	3.5	2.9	5.6	2.4	7.0	·	2.7	7.9	4.0	4.2	3.2	2.5	4.3	2.5

주: M(2000)은 1~56의 경우, 2000년 일본의 각 산업 생산 과정에서 투입된 중간재 생산 과정에서 수입된 중간재 수요에서 수입품 중 수입품 비중, 최종재 수요에서 수입 비중을 나타냄. 그리고 57~61의 경우, 최종재 수입 과정에서 수입품 중 수입품 비중을 나타냄. 산업코드명은 〈부표 2-2〉 참조

표 10-4   일본 산업 생산의 중간재 및 최종재 수입시장에서 수출국가별 점유율(2000, 2014)

수출국\산업	32	33	34	35	36	37	38	39	40	41	42	43	44	45	46	47	48	49	50	51	52	53	54	55	56	57	58	59	60	61	총수입
M(2000)	19.5	12.3	3.5	6.2	2.5	3.8	2.4	3.0	3.6	2.4	3.5	·	1.2	·	·	2.9	1.3	3.5	1.6	3.7	2.8	2.5	3.2	2.4	·	4.3	0.1	0.1	4.1	-2.6	4.7
브라질	1.0	0.7	0.9	0.8	1.1	1.7	0.4	0.5	0.5	0.4	0.4	·	0.2	·	·	0.5	0.3	0.5	0.4	0.4	0.6	0.5	0.5	0.7	·	0.5	0.2	0.7	0.1	0.1	0.6
중국	6.3	5.5	4.4	6.3	5.8	7.1	4.6	5.3	3.9	4.1	4.4	·	2.1	·	·	5.4	4.9	4.5	4.2	5.1	5.0	4.9	6.2	5.6	·	17.8	3.6	7.0	9.1	10.9	9.4
독일	7.4	2.4	1.6	2.5	2.2	2.3	2.7	1.7	1.7	1.7	1.6	·	1.4	·	·	1.9	3.9	1.9	2.4	2.2	2.0	4.8	2.9	2.9	·	3.5	2.0	2.1	8.0	2.8	3.5
프랑스	1.9	2.5	0.6	2.3	1.6	1.6	1.3	0.5	0.7	0.5	0.5	·	0.3	·	·	0.9	1.4	0.9	1.1	1.1	1.3	1.7	1.3	1.2	·	3.0	0.5	2.3	1.6	0.9	1.7
영국	2.6	2.8	4.6	2.7	2.5	2.7	4.9	5.0	5.3	7.3	5.1	·	13.0	·	·	3.7	5.6	5.8	9.8	3.9	3.6	4.1	3.7	6.7	·	2.8	6.9	4.1	2.7	2.5	2.5
인도	0.2	0.4	0.3	0.5	1.5	0.3	0.5	0.6	0.4	0.4	0.4	·	0.2	·	·	0.5	0.3	0.5	0.7	0.7	0.7	0.5	0.8	0.5	·	1.1	0.2	0.8	0.1	0.1	0.6
한국	7.1	6.8	6.6	6.2	4.0	4.7	7.7	7.0	8.3	6.1	6.9	·	8.0	·	·	9.8	5.5	7.8	6.4	8.0	8.4	6.8	7.8	6.6	·	5.9	1.2	4.4	7.9	9.7	6.3
러시아	0.1	0.3	0.3	0.2	0.1	0.1	0.1	0.1	0.1	0.1	0.1	·	0.0	·	·	0.1	0.1	0.1	0.1	0.1	0.2	0.1	0.2	1.3	·	0.1	4.2	1.6	0.0	0.0	0.6
미국	19.8	37.8	13.0	33.3	18.5	30.6	25.0	14.0	17.0	15.9	14.5	·	11.2	·	·	15.8	30.6	17.0	18.6	25.3	21.6	21.2	15.8	16.1	·	15.0	13.0	22.9	22.5	17.5	15.1
호주	0.4	1.1	2.3	0.8	7.5	0.8	0.9	1.7	1.0	1.2	1.2	·	0.9	·	·	2.1	1.2	1.2	1.3	1.6	1.5	1.7	2.1	2.4	·	2.9	2.6	5.0	0.5	0.4	3.7
인도네시아	1.5	3.5	5.0	2.6	2.7	3.4	2.1	2.5	2.5	2.0	2.2	·	2.4	·	·	6.0	2.2	2.6	3.3	3.9	4.6	2.8	4.8	4.7	·	2.9	1.7	2.6	1.9	1.6	3.7
M(2014)	22.2	14.2	4.5	7.2	4.7	4.9	3.2	4.2	4.0	2.5	3.8	·	1.7	·	·	5.3	1.7	4.2	2.9	6.8	4.8	11.1	5.1	2.8	·	6.6	0.0	0.1	9.8	0.0	10.1
브라질	0.1	0.1	0.7	0.2	1.2	1.0	0.1	0.2	0.2	0.2	0.1	·	0.1	·	·	0.2	0.1	0.3	0.2	0.2	0.2	0.3	0.3	0.7	·	1.3	0.7	2.3	0.2	·	0.9
중국	8.1	8.1	11.9	11.5	15.4	15.2	12.3	8.6	9.4	8.6	8.1	·	3.6	·	·	9.8	8.1	9.9	11.3	13.2	8.2	8.9	13.9	11.2	·	32.9	4.1	12.5	49.1	19.8	19.8
독일	4.7	1.0	1.9	1.6	2.0	2.9	1.9	1.4	1.9	1.7	1.6	·	1.1	·	·	1.8	1.8	1.9	1.9	2.6	1.3	9.8	2.3	1.9	·	3.0	1.0	1.8	7.3	2.8	2.8
프랑스	1.6	1.3	0.5	1.4	1.9	1.0	0.7	0.4	0.6	0.5	0.5	·	0.3	·	·	0.8	0.6	0.6	0.7	1.5	0.6	6.0	0.9	0.8	·	2.5	0.7	2.1	2.0	1.3	1.3
영국	1.4	3.9	3.1	1.2	1.1	1.3	2.9	3.0	5.1	4.5	3.7	·	5.3	·	·	2.7	2.9	4.2	3.3	4.7	1.8	3.1	1.7	3.8	·	1.1	9.2	4.2	1.2	1.1	1.1
인도	0.6	1.5	0.5	0.9	1.5	0.4	0.7	0.5	0.7	0.7	0.6	·	0.6	·	·	1.5	0.9	0.8	1.0	1.2	1.8	0.3	1.7	1.4	·	0.9	0.1	0.4	0.2	0.6	0.6
한국	5.5	8.2	7.8	7.0	4.2	5.0	7.9	5.7	10.8	7.6	7.5	·	8.1	·	·	10.9	7.3	9.7	7.5	7.8	8.0	3.8	9.8	9.1	·	4.0	1.3	2.9	6.7	5.1	5.1
러시아	0.2	0.5	0.8	0.4	0.5	0.8	0.2	0.1	0.2	0.2	0.1	·	0.2	·	·	0.8	0.2	0.3	0.2	0.3	0.5	0.1	0.5	1.4	·	0.3	1.4	0.6	0.0	·	2.4
미국	14.4	27.1	9.0	21.4	10.8	23.7	13.4	8.3	13.3	14.8	10.2	·	8.4	·	·	11.3	15.9	11.8	9.9	19.2	10.5	15.5	10.5	9.4	·	7.8	8.8	15.1	8.1	6.6	6.6
호주	0.5	0.8	1.8	0.6	4.9	0.4	0.7	0.9	0.7	0.5	0.5	·	0.5	·	·	1.6	0.6	0.8	0.6	0.8	0.9	0.5	1.3	2.2	·	2.2	2.0	5.6	0.2	·	5.2
인도네시아	0.7	1.7	5.3	1.7	2.9	4.8	1.5	1.5	2.4	2.0	1.9	·	1.2	·	·	2.8	1.8	2.1	1.7	2.4	1.9	1.8	3.3	4.3	·	2.4	3.6	2.0	1.4	2.9	2.9

주 : 57(민간소비), 58(비영리단체 소비), 59(정부소비), 60(고정자본형성), 61(재고변화). '총수입'은 총수요 중 수입 비중. 산업코드별 산업명은 <부표 2-2> 참조
자료 : WIOD 이용·계산

은 산업은 제조업 생산의 중간재 중에서는 금속가공제품(16), 화학물질 및 화학제품(11), 섬유제품, 의복, 가죽·가방·신발(6), 전기장비(18), 기타 기계 및 장비(19), 고무 및 플라스틱제품(13), 서비스업 중에서는 과학 연구개발(47), 금융업(보험 및 연금 제외)(41), 기타 서비스업(54), 가구 내 고용활동 및 달리 분류되지 않은 자가 소비 생산활동(55) 순이었다.

일본 수입시장에서의 특징은 영국, 프랑스, 독일 등 유럽국가들의 점유율이 매우 낮은데, 특히 미국, 영국, 프랑스, 독일 수입시장에서 유럽국가들의 점유율에 비해 크게 낮다는 것이다. 또한 일본 수입시장에서 호주, 인도네시아, 대만의 비중이 높다는 점 역시 두드러진다. 호주의 점유율은 2000년 3.7%에서 2014년 5.2%로 상승하였는데, 주로 생산 과정의 중간재 수입시장에서의 점유율이 높았다. 구체적으로 살펴보면 광업(4)(13.0%), 코크스, 연탄 및 석유정제품(10)(13.5%), 1차금속제품(15)(11.7%), 비금속광물제품(14)(11.2%), 전기, 가스, 증기 및 공기 조절 공급업(24)(13.0%) 수입시장에서 호주의 점유율이 높았다. 일본 수입시장에서 인도네시아와 대만의 점유율은 각각 3.7% → 2.9%, 4.7% → 2.7%로 하락했으나, 독일의 점유율과 비슷한 수준이었다.

1.3 독일 수입시장

독일 내 총수요(생산 과정에서의 중간재 수요 및 최종재 수요)에서 수입의 비중은 2000년 15.2%에서 2014년 19.1%로 확대되었으며, 주요 선진국(미국, 일본, 프랑스, 영국) 중에서 가장 높았다(〈표 10-6〉 마지막 열 참조). 독일의 총수입시장(중간재 및 최종재)에서 주요 국가들의 2000년 및 2014년 비중 변화를 살펴보면, 중국과 네덜란드의 점유율이 증가하고 미국과 일본 등의 점유율이 하락하는 등 국가별 구조에 큰 변화가 있었다. 독일 수입시장에서 중국의 점유율은 2000년 2.1%로 일본(4.0%)에 비해서도 크게 낮았으나, 2014년에는 7.0%로 3배 이상 확대되어 미국을 앞질렀다. 그러나 미국이나 일본 수입에서 중국의 점유율에 비해서는 독일 수입시장에서 중국의 점유율은 훨씬 낮았다. 이는 독일 수입시장에서 중국과 여타 국가들 특히 EU 회원국가들과의 경쟁이 그만큼 치열했음을 의미한다. 독일 수입시장에서 가장 높은 점유율을 차지하고 있는 국가는 네덜란드로 2000년 8.2%에서 2014년 11.3%로 점유율이 크게 확대되었다. 이 외에도 폴란드 역시 독일 수입시장에서의 점유율이 2.9%에서 4.9%로 확대되었다. 독일 수입시장에서 중국, 네덜란드, 폴란드의 점유율 확대로 여타 국가들의 점유율은 크게 축소되었는데, 주요국가 중에서는 프랑스, 영국, 일본, 미국의 점유율이 2~3%포인트씩 하락하였다. 독일 수입시장에서 한국의 점유율도 2000년 1.2%에서 2014년 0.8%로 하락하였다. 독일 수입시장에서 한국의 점유율 수준은 미국이나 일본 수입시장에서의 점유율에 비해 크게 낮았다.

독일 수입시장에서 중국의 점유율을 보다 자세히 살펴보면 생산 과정에서의 중간재 수입의 대부분 산업, 그리고 최종재에서 민간소비와 고정자본형성 부문에서 중국의 점유율이 확대되었다. 독일 민간소비 수입시장에 있어서 중국의 점유율은 2000년 3.3%에서 2014년 10.2%로 크게 확대되었으며, 고정자본형성 수입시장 부문에서도 중국 점유율이 2000년 2.5%에서 2014년 11.4%로 대폭 확대되었다. 대부분의 중간재 수입시장에서도 중국 점유율이 확대되었으나 대체로 서비스업에서보다는 제조업에 있어서 점유율이 더 높았다. 특히 제조업 생산 중간재 수입시장에 있어서 컴퓨터, 전자·광학제품(17)의 경우 중국의 점유율이 2014년 기준으로 12.6%에 달했으며, 전기장비(18)와 가구, 기타 제품(22)의 경우에도 그 비율이 10%로 높았다. 또한 서비스 생산 중간재의 독일 수입시장 중 법률·회계·경영자문(45)과 부동산업(44)의 경우 중국의 시장점유율이 각각 23.1%와 17.4%로 높았다. 다만 제조업 중에서 코크스, 연탄 및 석유정제품(10), 1차금속제품(15), 그리고 서비스업 중에서 전기, 가스, 증기 및 공기 조절 공급업(24), 하수, 폐수 및 분뇨 처리업(26), 육상 운송 및 파이프라인 운송업(31), 수상 운송업(32), 항공 운송업(33), 우편, 배달업(35), 컴퓨터 프로그래밍, 시스템 통합 및 관리업, 정보 서비스(40)에 있어서는 중국의 점유율은 매우 낮았다. 이는 이들 산업에 있어서는 중국의 독일 내 경쟁력이 높지 못함을 보여준다.

독일 수입시장에서 가장 높은 점유율을 차지하고 있는 네덜란드는 최종재에서보다는 중간재 부문에서 높은 시장점유율을 보이고 있어, 최종재 중심의 중국과 대조를 보였다. 독일의 최종재 중 소비 수입시장에서 네덜란드 점유율은 2000년 6.9%에서 7.1%로, 고정자본형성 부문에서 2.9%에서 3.9%로 소폭 상승하는 데 그쳐, 해당 분야에서의 중국 점유율에 미치지 못하였다. 최종재 수입시장에서의 이러한 점유율과 독일 전체 수입시장에서의 비중(11.3%)을 고려할 때 독일 수입시장에서 네덜란드의 높은 점유율은 주로 생산에 필요한 중간재 수입에 기인하고 있음을 알 수 있다. 구체적으로 살펴보면 네덜란드는 2014년 기준으로 독일 광업 수입시장의 37.4%를 차지했으며, 제조업 생산 과정의 중간재 수입시장에 있어서는 코크스, 연탄 및 석유정제품(10)(해당 산업 수입의 55.0%), 비금속광물제품(14)(25.1%), 1차금속제품(15)(20.3%), 식료품, 음료, 담배(5)(17.7%), 화학물질 및 화학제품(11)

표 10-5 독일 산업 생산의 중간재 수입시장에서 수출국가별 점유율(2000, 2014)

산업\수출국	1	2	3	4	5	6	7	8	9	10	11	12	13	14	15	16	17	18	19	20	21	22	23	24	25	26	27	28	29	30	31
M(2000)	16.5	18.5	46.5	16.3	12.8	38.9	23.4	30.7	21.3	52.0	31.9	23.6	30.4	20.1	31.8	22.1	39.9	25.4	26.1	21.3	39.5	24.4	28.3	22.3	17.2	13.2	15.0	13.4	11.6	8.4	12.3
브라질	0.9	0.8	0.2	0.3	1.2	0.4	1.0	0.7	0.7	0.3	0.5	0.4	0.5	0.3	0.5	0.5	0.1	0.2	0.6	0.5	0.1	0.4	0.3	0.2	0.2	0.1	0.4	0.3	0.1	0.2	0.1
중국	1.4	0.9	1.2	1.1	1.7	1.6	1.1	0.6	0.7	0.4	1.4	1.7	1.6	1.0	0.7	1.3	2.1	2.3	1.6	1.0	1.0	1.8	1.6	1.0	1.0	0.9	1.6	1.5	1.5	1.7	0.9
프랑스	11.2	12.8	10.0	6.4	10.1	10.7	8.8	9.6	9.5	2.4	12.7	11.1	13.3	7.6	11.1	11.6	7.0	9.0	10.2	12.1	12.4	7.9	10.3	5.8	7.3	7.0	10.2	9.9	5.5	5.6	7.4
영국	8.1	5.5	5.8	6.3	5.4	6.4	4.4	4.5	4.3	7.4	10.0	9.6	9.5	6.7	6.5	6.1	6.4	6.5	6.7	9.6	15.2	5.7	9.2	4.3	6.8	10.0	6.2	8.7	5.3	7.0	6.9
인도	0.6	0.4	1.8	0.4	0.4	1.8	0.4	0.2	0.2	0.1	0.8	0.5	0.8	0.5	0.2	0.4	0.2	0.4	0.4	0.4	0.7	0.5	0.5	0.3	0.8	1.4	0.5	0.4	0.2	0.4	0.7
일본	1.9	1.9	4.7	2.1	1.4	1.7	1.2	0.8	1.6	0.5	2.5	1.8	2.7	1.8	1.1	2.3	9.5	8.0	5.0	2.6	2.6	4.4	5.0	1.7	2.3	1.5	3.9	2.3	4.1	1.8	2.1
한국	0.4	0.3	0.9	0.3	0.3	1.3	0.3	0.1	0.5	0.0	0.5	0.6	0.7	0.4	0.5	0.5	5.4	2.0	1.4	0.5	0.3	2.1	1.8	0.2	0.6	0.5	0.6	0.5	0.8	0.7	0.3
러시아	0.9	0.8	0.2	3.6	1.0	0.3	0.9	1.4	1.3	10.4	1.2	0.6	0.7	3.5	3.3	1.5	0.2	0.6	0.8	0.7	0.3	0.6	0.6	4.2	1.9	0.5	0.9	0.9	1.0	1.7	1.2
미국	7.1	6.6	4.0	8.0	7.6	3.1	5.6	5.8	5.7	1.4	7.8	13.5	7.1	7.5	4.1	4.3	14.5	8.7	9.6	4.9	20.7	7.9	12.3	5.5	12.2	20.8	5.4	6.7	9.9	13.9	8.5
이탈리아	5.2	6.0	12.6	4.3	4.5	19.6	5.2	4.8	4.7	0.5	5.3	6.1	7.3	6.8	5.7	8.2	4.1	6.4	8.7	8.5	8.9	8.2	7.5	2.7	4.8	5.6	9.2	6.9	4.8	4.2	4.7
네덜란드	16.9	9.0	5.7	14.0	13.6	5.8	8.0	8.2	7.1	33.7	15.2	9.0	12.4	15.0	11.4	6.8	2.7	4.6	4.3	4.3	3.3	4.7	3.9	14.1	9.4	7.5	8.9	7.1	11.2	9.3	16.1
M(2014)	20.3	22.1	38.4	31.8	17.9	47.2	25.1	33.2	26.6	76.4	45.4	32.0	43.3	26.7	42.7	27.2	41.3	38.3	34.7	33.6	39.6	32.6	35.2	26.2	19.2	17.6	21.1	18.6	12.9	9.4	12.4
브라질	1.2	0.6	0.5	0.3	2.5	0.9	0.8	0.7	0.7	0.3	0.5	0.3	0.4	0.3	0.5	0.4	0.2	0.2	0.5	0.4	0.2	0.3	0.3	0.2	0.2	0.1	0.3	0.3	0.2	0.2	0.1
중국	3.4	4.9	5.5	1.8	4.1	8.1	5.0	1.9	3.7	0.4	3.1	5.3	3.8	3.3	1.5	4.0	12.6	10.0	7.4	3.9	3.7	10.0	7.5	2.2	4.2	2.3	6.3	4.3	4.8	5.6	2.1
프랑스	8.4	7.6	6.4	3.7	8.1	6.3	6.9	8.8	8.6	1.6	9.8	8.5	10.2	5.7	6.9	7.5	6.1	6.4	7.2	8.0	14.5	6.4	9.0	2.5	6.2	7.4	6.9	7.6	4.5	5.2	4.4
영국	4.6	2.8	3.4	3.6	3.4	4.5	2.6	3.2	3.0	3.1	4.7	4.9	4.9	3.8	4.9	4.4	4.0	3.4	3.4	3.7	13.2	4.3	6.8	3.1	4.6	6.9	3.3	4.2	3.6	5.0	3.4
인도	0.9	0.6	2.4	0.4	0.5	2.4	0.6	0.4	0.4	0.1	1.2	0.8	1.4	0.7	0.4	0.9	0.8	0.8	0.8	0.7	0.7	0.8	0.6	0.3	0.8	0.9	0.9	0.7	0.3	0.4	0.5
일본	1.3	1.2	1.1	0.5	0.5	1.0	0.8	0.7	1.4	0.2	1.6	1.5	1.8	1.0	0.6	1.4	5.5	3.5	2.4	1.9	2.6	2.2	3.2	0.6	1.2	0.5	1.8	1.6	1.7	0.8	0.9
한국	0.9	0.6	0.8	0.3	0.3	1.5	0.4	0.4	0.7	0.2	1.0	0.7	1.2	0.4	0.3	0.7	2.8	1.6	1.1	0.7	0.7	1.2	1.4	0.3	0.7	0.5	0.8	0.7	0.7	0.5	0.4
러시아	2.8	2.3	1.2	7.8	1.6	0.7	2.0	1.7	2.0	11.3	3.3	0.9	5.0	7.2	7.1	3.0	2.8	1.3	1.5	1.6	1.0	1.2	1.5	8.5	2.8	1.0	1.9	2.1	3.2	3.0	4.3
미국	7.2	4.9	3.1	5.2	7.1	3.3	5.1	6.4	4.6	0.9	6.2	9.4	7.0	5.0	3.0	4.9	6.7	4.8	4.7	2.9	14.0	5.4	8.1	3.2	14.0	26.6	4.7	5.2	9.2	13.5	10.0
이탈리아	5.6	6.6	9.5	2.6	4.1	13.9	4.8	5.9	5.7	0.7	5.5	5.2	7.3	7.2	7.3	10.0	3.7	6.9	9.5	8.3	5.6	7.5	6.4	1.9	4.9	3.7	8.5	7.2	3.2	3.3	3.5
네덜란드	14.0	8.4	7.1	37.4	17.7	6.2	6.5	9.1	6.7	55.0	15.7	8.6	11.1	25.1	20.3	7.0	5.1	5.8	6.5	4.7	3.7	6.8	6.2	41.5	13.9	7.1	8.3	5.2	9.6	10.4	9.4

주: M(2000)은 1~56의 경우, 2000년 독일의 각 산업 생산 과정에서 투입된 특정국 중간재 투입액 중 수입품 비중, 그리고 57~61의 경우, 최종재 수요에서 수입 비중을 나타냄. 산업코드네임은 (부표 2-2) 참조

표 10-6 ── 독일 산업 생산의 중간재 및 최종재 수입시장에서 수출국가별 점유율(2000, 2014)

산업 수출국	32	33	34	35	36	37	38	39	40	41	42	43	44	45	46	47	48	49	50	51	52	53	54	55	56	57	58	59	60	61	총수입
M(2000)	13.6	24.6	9.6	8.8	8.3	8.6	7.6	16.9	13.4	6.0	4.3	4.9	5.0	10.0	10.5	13.6	7.1	10.3	6.2	15.4	8.0	11.4	8.4	·	·	12.3	1.5	2.4	19.7	119.2	15.2
브라질	0.1	0.0	0.1	0.1	1.5	0.1	0.0	0.1	0.0	0.0	0.0	0.0	0.1	0.1	0.1	0.1	0.1	0.1	0.1	0.1	0.2	0.6	0.3	·	·	0.3	0.0	0.1	0.3	0.3	0.4
중국	0.7	0.8	1.0	1.0	1.7	1.0	1.2	1.9	1.7	3.9	4.4	1.7	7.4	8.3	5.1	0.8	1.9	4.0	3.8	1.0	1.1	2.3	1.5	·	·	3.3	0.0	1.2	2.5	1.5	2.1
프랑스	6.7	10.3	5.3	5.3	8.3	3.9	4.1	5.5	4.3	2.8	2.4	1.9	3.5	3.8	4.9	6.3	3.5	5.1	5.1	8.8	5.2	8.7	6.3	·	·	9.2	8.6	11.0	12.1	3.8	9.4
영국	4.7	11.5	4.4	6.2	5.9	8.6	9.9	7.1	7.8	13.1	14.6	11.3	11.5	10.3	10.5	10.8	11.8	9.0	9.2	13.4	6.9	6.9	7.3	·	·	5.7	21.3	9.5	8.3	8.3	7.4
인도	0.2	0.3	0.6	0.5	0.6	0.6	0.3	0.3	1.6	0.5	0.3	0.4	0.5	0.4	1.0	1.2	0.4	0.5	0.6	0.5	0.4	0.6	0.4	·	·	0.9	0.4	0.7	0.2	0.1	0.5
일본	3.7	1.5	3.8	3.9	1.4	1.3	3.4	8.3	5.4	1.1	1.0	1.1	0.5	0.6	0.8	2.6	0.7	1.4	1.4	2.1	3.0	2.2	3.6	·	·	3.4	0.3	2.7	8.2	4.1	4.0
한국	0.2	0.1	0.3	1.5	0.5	0.4	1.8	4.8	3.0	0.4	0.2	0.2	0.4	0.6	0.4	1.6	0.3	0.5	0.6	0.9	1.4	0.8	1.6	·	·	0.8	1.7	0.4	2.4	0.9	1.2
러시아	1.5	0.9	1.4	0.8	0.7	0.7	0.4	0.2	0.2	0.2	0.2	0.2	0.1	0.2	0.3	0.4	0.3	0.5	0.5	0.6	1.1	0.5	0.6	·	·	0.2	0.7	0.3	0.2	8.3	1.2
미국	5.3	12.4	9.8	16.8	11.9	19.3	31.9	17.6	14.5	14.6	17.3	11.6	18.3	20.0	22.5	19.3	42.0	18.7	18.0	19.1	16.0	12.0	12.0	·	·	6.3	18.2	11.5	11.4	3.9	8.7
이탈리아	5.7	4.9	5.8	5.5	4.7	3.3	3.0	4.3	2.5	1.9	1.8	1.4	2.2	2.2	3.1	4.6	2.0	3.2	3.3	6.3	3.3	5.9	4.1	·	·	8.7	8.2	8.2	6.5	2.2	6.7
네덜란드	21.8	21.0	12.3	9.9	14.2	6.5	5.8	2.5	3.8	6.0	6.3	4.9	8.1	10.0	8.4	6.0	7.2	9.0	9.1	6.4	8.2	7.8	7.6	·	·	6.9	5.8	5.5	2.9	22.8	8.2
M(2014)	20.1	29.1	11.0	10.1	10.7	10.7	10.2	13.5	16.9	9.5	4.9	8.3	5.9	13.6	15.4	15.9	11.0	12.5	9.1	14.3	8.1	14.4	10.0	·	·	14.7	0.3	2.9	23.1	−35.7	19.1
브라질	0.1	0.0	0.1	0.1	3.7	0.1	0.1	0.1	0.0	0.0	0.0	0.2	0.4	0.0	0.0	0.1	0.1	0.1	0.1	0.4	0.3	1.0	0.3	·	·	0.3	0.0	0.1	0.2	0.5	0.4
중국	1.7	0.8	1.7	2.4	5.0	3.6	3.5	9.1	2.9	12.2	13.0	9.0	17.1	23.1	17.4	7.3	6.2	12.7	11.2	5.1	4.1	7.9	5.4	·	·	10.2	0.5	3.3	11.4	12.5	7.0
프랑스	4.3	5.6	3.3	3.3	7.3	4.2	2.9	2.0	2.9	4.6	4.6	3.4	5.5	6.1	6.6	6.0	4.0	5.7	6.3	7.6	4.3	7.0	5.6	·	·	6.5	8.1	9.2	13.5	7.1	7.5
영국	2.4	4.2	2.6	3.4	4.0	7.1	8.0	5.0	4.8	9.0	8.4	9.7	9.0	6.3	5.9	5.0	7.6	7.3	5.7	7.6	4.0	5.4	5.8	·	·	4.2	11.0	8.0	3.5	3.5	4.3
인도	0.1	0.1	0.4	0.6	0.7	0.6	0.2	0.5	0.5	0.4	0.3	0.2	0.4	0.3	0.7	0.8	0.5	0.5	0.6	0.5	0.6	0.6	0.6	·	·	0.9	0.2	0.2	0.4	1.0	0.7
일본	1.8	0.5	1.2	1.2	0.6	0.8	1.0	3.9	0.8	0.4	0.4	0.4	0.2	0.3	1.3	2.2	0.7	0.7	0.6	1.9	1.5	1.1	1.4	·	·	1.1	0.1	0.8	2.8	2.8	1.6
한국	0.4	0.2	0.3	0.5	0.4	0.9	0.7	2.0	0.5	0.6	0.8	0.9	0.5	0.7	1.1	1.2	0.7	1.0	0.8	0.9	0.7	0.5	0.9	·	·	0.6	1.9	0.3	1.2	0.8	0.8
러시아	5.7	11.1	3.9	5.2	1.0	2.7	1.2	0.5	0.4	0.4	0.3	0.3	0.5	0.5	0.5	1.0	0.8	1.2	1.3	2.4	1.7	0.7	1.7	·	·	1.0	2.2	0.5	0.5	0.8	2.4
미국	6.4	4.4	10.5	10.3	7.4	12.0	36.7	15.5	7.8	10.8	12.9	9.1	12.6	14.1	16.4	11.4	31.3	13.1	13.3	12.1	11.3	8.0	10.0	·	·	5.6	23.7	8.9	7.4	4.3	6.3
이탈리아	2.5	1.8	3.3	3.7	4.7	2.4	2.3	2.5	1.4	1.2	1.5	1.3	1.4	1.4	2.1	2.1	3.3	2.7	3.2	3.0	2.3	5.2	4.0	·	·	6.3	4.2	8.8	6.2	9.1	5.9
네덜란드	16.5	23.2	8.9	8.6	14.8	3.4	3.6	3.5	3.3	3.8	4.0	2.9	4.0	5.5	4.8	5.3	3.5	5.8	6.4	10.1	6.3	8.7	6.8	·	·	7.1	2.0	4.7	3.9	6.2	11.3

주 : 57(민간소비), 58(비영리단체 소비), 59(정부소비), 60(고정자본형성), 61(재고변화). '총수입'은 총수요 중 수입 비중. 산업코드별 산업명은 〈부표 2-2〉 참조
자료 : WIOD 이용 계산

(15.7%)에서, 서비스 생산 과정의 중간재 수입시장에서는 전기, 가스, 증기 및 공기 조절 공급업(24)(41.5%), 항공 운송업(33)(23.2%), 수상 운송업(32)(16.5%), 숙박, 음식점 및 주점업(36)(14.8%), 수도업(25)(13.9%), 소매업(자동차 제외)(30)(10.4%)에 있어서 높은 점유율을 차지했다. 한편 독일 수입시장에서 폴란드의 시장점유율은 주로 생산 과정의 중간재 수입보다는 최종재 특히 소비에 있어서 높게 나타났다. 독일 소비 수입시장에서 폴란드의 점유율은 2000년 3.8%에서 6.5%로 크게 높아져, 해당 분야에서의 프랑스 점유율과 같고 미국, 영국의 점유율보다도 높았다.

1.4 프랑스 수입시장

프랑스 수입시장에 있어서도 전체적인 구조변화 방향은 독일 수입시장에서와 비슷하였다. 즉 프랑스 수입시장에서 가장 높은 점유율을 차지한 국가는 EU회원국 중 하나인 독일(2014년 기준으로 프랑스 수입시장의 17.4% 차지)이었으며, 독일 이외에도 EU 국가인 이탈리아(8.1%), 스페인(6.5%), 벨기에(6.1%), 네덜란드(5.5%)의 비중이 높았는데, 2014년 기준으로 이들 EU 각 국가들의 점유율은 중국 점유율(5.4%)보다 높았다(⟨표 10-8⟩ 마지막 열 참조). 즉 미국과 일본 수입시장에서 중국이 주도권을 잡았던 것과 달리 프랑스 수입시장에서는 인접한 EU회원국들이 수입시장을 주도하였다. 이러한 양상은 독일 수입시장에서 중국보다 네덜란드의 점유율이 높았던 것과 동일하다. 프랑스 수입시장에서는 중국과 더불어 네덜란드의 비중이 확대된 반면, 벨기에, 스페인, 이탈리아 등 주요 국가들의 점유율은 대체로 하락하였다. 프랑스 수입시장에서 가장 높은 시장점유율을 보인 독일의 경우, 특히 최종재 중 고정자본형성 부문에 있어서 점유율이 높았는데, 해당 부문에서 독일 점유율은 2000년 22.6%에서 2014년 33.8%에 달했다. 생산 과정의 중간재 수입시장에 있어서 제조업의 경우 고무 및 플라스틱제품(13), 인쇄 및 기록매체 복제업(9), 산업용 기계 및 장비 수리업(23), 금속가공제품(16), 기타 기계 및 장비(19), 자동차 및 트레일러(20), 그리고 서비스업의 경우, 수도업(25), 하수, 폐수 및 분뇨 처리업(26), 건설업(27), 자동차 판매 및 수리업(28), 출판업(37)에 있어서 독일의 점유율이 특히 높았다.

표 10-7 ○ 프랑스 산업 생산의 중간재 수입시장에서 수출국가별 점유율(2000, 2014)

산업 수출국	1	2	3	4	5	6	7	8	9	10	11	12	13	14	15	16	17	18	19	20	21	22	23	24	25	26	27	28	29	30	31
M(2000)	21.8	15.3	26.7	20.8	10.8	24.9	17.1	25.7	22.7	63.4	31.2	21.5	33.4	19.0	27.8	27.9	34.3	38.6	31.5	34.4	51.6	22.5	28.0	20.6	11.6	20.8	17.8	21.6	7.3	9.2	8.8
브라질	1.7	0.4	0.5	0.5	4.0	0.4	2.2	0.9	0.9	0.3	0.4	0.4	0.3	0.4	0.5	0.5	0.1	0.2	0.3	0.2	0.1	0.8	0.3	0.3	0.3	0.6	0.4	0.3	0.5	0.6	0.5
중국	0.7	0.7	1.2	1.1	1.4	1.4	1.1	0.9	0.6	0.2	0.8	0.8	1.0	0.9	0.6	0.9	2.0	1.7	1.3	0.9	0.8	1.4	1.2	0.8	2.7	0.4	1.5	1.0	2.1	2.1	2.5
독일	21.9	21.8	21.7	21.1	17.2	17.2	16.1	20.9	21.7	2.4	21.3	19.2	24.7	16.6	18.5	22.9	20.3	21.9	23.7	24.0	29.4	19.5	24.2	9.6	20.8	21.0	20.7	22.7	13.3	16.4	10.4
영국	9.2	9.5	9.6	8.6	7.1	8.4	4.8	6.9	6.6	8.3	10.0	8.9	9.7	7.2	6.8	6.9	11.4	9.7	8.7	8.7	16.6	7.9	9.0	8.5	9.5	8.1	8.0	9.3	10.1	9.4	10.4
인도	0.5	0.3	0.4	0.3	0.7	1.3	0.2	0.3	0.3	0.1	0.4	0.3	0.5	0.2	0.2	0.2	0.1	0.2	0.2	0.2	0.1	0.4	0.2	0.2	0.3	0.2	0.4	0.2	0.3	0.3	0.3
일본	2.0	2.2	2.1	2.3	1.4	1.6	1.2	1.3	1.0	0.2	1.9	1.7	2.3	1.5	1.1	1.9	4.5	4.1	3.2	2.8	1.8	2.4	2.9	1.0	2.4	1.1	2.6	2.6	1.9	2.1	1.4
한국	0.3	0.3	0.3	0.3	0.3	1.7	1.0	0.6	0.2	0.6	0.4	0.4	0.5	0.3	0.4	0.4	2.0	1.3	0.8	0.7	0.7	0.9	0.8	0.2	0.4	0.7	0.4	0.5	0.5	0.5	0.1
러시아	0.6	0.6	0.8	0.7	0.5	0.2	0.7	0.5	0.6	3.9	1.0	0.5	0.5	1.1	1.2	0.6	0.1	0.3	0.3	0.2	0.1	0.4	0.3	2.8	0.4	0.7	0.4	0.2	0.6	0.4	1.3
미국	9.3	9.6	9.4	8.4	7.0	4.3	5.5	5.3	6.3	1.1	8.2	16.1	8.4	5.7	4.2	4.5	10.5	7.6	7.5	5.9	20.5	7.2	8.4	3.8	9.8	6.0	7.0	6.4	11.1	9.5	9.0
스페인	4.7	6.0	4.2	5.7	6.2	6.5	6.0	5.9	5.9	0.7	4.2	4.0	4.8	6.7	4.9	5.7	3.2	4.3	5.7	10.1	3.0	5.4	5.0	2.0	6.4	7.2	6.5	13.3	9.1	8.9	10.6
이탈리아	8.1	11.8	8.1	12.4	9.0	19.2	8.2	11.1	8.7	1.0	7.1	6.9	8.8	11.5	10.1	12.3	9.9	10.9	13.0	14.0	6.9	11.4	12.6	3.1	12.3	11.5	12.8	13.6	9.1	11.1	8.6
M(2014)	24.9	16.2	33.0	26.8	15.7	54.0	22.6	32.0	28.6	68.0	38.8	34.4	40.9	24.0	33.9	31.5	43.5	43.9	37.7	43.0	43.5	35.7	33.6	24.4	14.5	19.6	20.3	27.0	12.7	14.9	18.4
브라질	1.5	0.5	0.5	0.6	2.7	0.4	1.3	1.0	1.1	0.5	0.4	0.3	0.3	0.5	0.3	0.3	0.3	0.3	0.3	0.3	0.5	0.5	0.6	0.5	0.5	0.4	0.7	0.5	0.5	0.5	0.3
중국	2.2	3.7	3.1	4.0	3.2	8.7	5.7	4.5	2.5	0.5	2.1	3.4	3.1	3.4	2.1	3.8	10.6	8.3	6.2	4.9	5.0	7.8	6.2	1.3	4.4	2.6	5.4	4.4	5.6	5.2	2.9
독일	21.1	17.8	19.6	20.5	15.6	12.1	18.6	21.4	24.6	3.3	20.7	18.8	26.4	15.6	19.4	24.0	19.9	22.3	24.0	23.2	18.6	19.0	24.1	6.9	20.0	21.7	20.6	19.7	11.2	14.7	8.9
영국	4.1	4.5	5.1	4.4	5.9	4.4	3.8	4.5	4.9	2.7	4.4	6.3	4.7	4.4	5.2	5.0	3.9	4.1	4.2	3.6	6.8	4.9	4.2	3.5	12.4	11.3	4.8	6.2	11.1	9.1	4.4
인도	1.2	1.0	1.0	0.9	1.0	2.5	0.6	1.0	0.6	0.2	1.2	0.9	0.9	0.6	0.5	1.0	0.7	0.8	0.7	0.6	0.9	0.9	0.7	0.3	0.8	0.6	0.9	0.8	1.0	0.8	1.6
일본	1.2	1.1	1.2	1.1	0.6	0.6	0.6	0.8	0.9	0.2	1.2	1.6	1.6	0.7	1.0	1.0	1.7	1.6	1.5	2.0	0.9	0.9	1.3	0.4	1.0	1.1	1.1	2.1	0.7	0.8	0.5
한국	0.5	0.4	0.4	0.4	0.3	0.3	0.3	0.6	0.6	0.1	0.5	0.6	0.6	0.6	0.3	0.4	1.2	0.8	0.6	0.6	0.2	0.5	0.5	0.2	0.4	0.3	0.5	0.5	0.4	0.5	0.4
러시아	1.9	1.5	1.8	1.4	0.7	0.3	0.8	0.6	0.8	4.3	2.5	0.7	1.2	1.6	1.8	0.9	0.3	0.5	0.5	0.3	0.3	0.5	0.5	3.5	0.7	0.9	0.7	0.4	1.1	0.7	3.5
미국	7.7	11.3	7.1	7.3	7.9	2.4	4.8	3.7	5.4	2.1	8.0	9.2	4.7	5.3	3.7	3.7	4.7	3.9	4.3	3.9	27.6	4.9	4.5	2.4	7.8	9.9	6.3	5.1	10.1	10.7	16.0
스페인	7.5	6.1	6.3	5.8	6.8	8.6	6.1	8.1	8.1	1.3	7.3	5.5	7.8	6.8	6.2	7.5	4.6	6.3	6.2	8.0	3.8	5.9	5.9	2.1	6.2	7.2	7.1	8.4	6.3	6.6	7.0
이탈리아	6.4	9.6	7.5	11.6	6.8	19.9	9.3	13.2	9.9	1.4	6.4	5.6	8.5	10.7	11.2	14.1	10.6	11.8	14.0	13.6	6.9	12.4	14.0	2.4	10.1	10.3	12.4	11.7	7.4	8.4	5.5

주 : M(2000)은 1~56의 경우, 2000년 프랑스의 각 산업 생산 과정에서 투입된 중간재 중 수입품 비중. 그리고 57~61의 경우, 최종재 수요에서 수입 비중을 나타냄. 산업코드명은 〈부표 2-2〉 참조

표 10-8 ─○ 프랑스 산업 생산의 중간재 및 최종재 수입시장에서 수출국가별 점유율(2000, 2014)

산업 / 수출국	32	33	34	35	36	37	38	39	40	41	42	43	44	45	46	47	48	49	50	51	52	53	54	55	56	57	58	59	60	61	총수입
M(2000)	14.4	19.0	10.9	10.2	6.7	15.0	11.5	12.3	10.6	3.1	3.3	5.5	3.9	5.9	12.3	15.2	7.8	13.8	9.3	13.8	7.1	13.7	13.7	·	·	12.3	0.2	2.5	12.9	26.8	13.9
브라질	0.6	0.7	0.9	0.2	8.2	0.8	1.1	0.2	0.2	0.3	0.3	0.5	0.6	0.5	0.4	0.3	0.6	0.4	0.5	0.4	2.4	0.6	0.6	·	·	0.3	0.1	0.1	1.1	0.5	0.6
중국	1.2	1.5	1.7	2.1	1.0	0.9	1.6	2.5	2.6	0.7	0.7	0.8	1.8	2.7	1.1	1.7	3.5	1.6	3.1	0.7	1.2	1.5	11.5	·	·	3.4	0.6	1.2	1.5	0.8	1.8
독일	19.7	14.3	15.3	18.2	12.5	19.9	18.4	17.8	16.2	10.1	9.3	11.6	12.4	14.6	13.4	20.3	10.7	16.9	15.9	22.3	14.3	16.0	16.0	·	·	12.8	0.4	11.7	26.2	20.5	17.8
영국	14.1	12.0	9.3	11.1	6.3	7.2	7.8	11.6	11.5	11.7	12.1	9.5	13.5	11.4	10.6	13.2	11.9	10.2	11.2	13.3	9.4	9.2	9.3	·	·	8.9	28.9	14.6	9.8	8.6	9.5
인도	0.3	0.4	0.4	0.2	1.2	0.2	0.4	0.2	0.3	0.4	0.6	0.4	0.9	0.3	3.1	0.3	0.4	0.3	0.5	0.4	0.6	0.3	0.3	·	·	1.0	11.1	0.4	0.1	0.1	0.5
일본	1.2	1.6	2.4	3.9	1.0	1.1	1.2	4.0	3.5	1.2	0.9	1.1	1.0	1.9	0.8	2.8	1.3	2.5	2.2	1.2	1.6	2.5	2.7	·	·	2.3	0.7	1.2	4.7	3.0	2.4
한국	0.2	0.3	0.4	1.4	0.3	0.4	0.4	1.6	1.5	0.5	0.3	0.3	0.3	0.6	0.5	1.1	0.4	0.9	0.7	0.5	0.6	0.9	1.1	·	·	0.8	0.1	0.4	1.3	0.8	0.7
러시아	0.6	0.7	0.5	0.2	0.3	0.4	0.5	0.1	0.2	0.1	0.1	0.2	0.2	0.2	0.1	0.2	0.3	0.2	0.6	0.3	0.3	0.1	0.2	·	·	0.1	0.0	0.1	0.0	1.1	0.5
미국	15.6	19.3	11.9	12.5	6.4	9.7	9.4	11.4	14.0	17.1	17.5	18.8	14.4	13.5	22.9	15.2	13.9	16.3	13.1	17.5	13.0	15.9	10.8	·	·	5.5	3.0	18.8	7.9	6.0	8.1
스페인	7.7	11.0	11.5	5.1	6.2	5.8	6.6	5.0	4.8	8.6	10.6	9.7	12.0	8.2	11.0	5.3	11.4	5.1	8.4	5.7	8.0	4.5	5.5	·	·	9.8	36.1	4.3	11.7	11.3	7.4
이탈리아	7.7	5.8	10.7	9.5	7.3	8.9	9.7	10.0	8.8	6.2	8.0	6.8	9.1	8.3	10.9	8.3	10.5	7.9	9.5	8.6	8.1	7.4	8.6	·	·	10.6	1.1	8.9	9.9	7.9	9.8
M(2014)	20.6	34.2	13.4	14.1	10.7	17.3	17.7	15.4	13.8	6.2	4.4	9.3	7.2	9.1	18.8	15.9	15.7	18.2	14.3	15.1	11.4	21.2	21.1	·	·	13.7	0.2	3.2	11.5	43.1	15.5
브라질	0.6	0.6	0.9	0.3	4.8	1.1	0.9	0.4	0.5	0.6	0.8	0.8	0.8	0.8	4.0	0.9	0.7	0.6	0.9	0.8	1.6	0.5	0.6	·	·	0.2	0.7	0.3	0.5	0.2	0.6
중국	3.2	3.8	4.9	7.3	3.9	3.5	5.4	8.0	6.7	2.7	2.8	4.0	3.6	9.5	2.4	6.3	2.7	6.0	4.8	3.5	3.9	7.2	8.9	·	·	7.9	9.6	3.3	6.5	8.7	5.4
독일	12.3	8.7	12.9	15.7	12.4	20.3	15.9	15.0	13.3	10.7	9.4	10.6	15.5	12.7	18.4	14.8	11.4	15.0	13.1	14.1	11.0	14.0	12.9	·	·	15.5	1.6	13.8	33.8	25.7	17.4
영국	8.3	4.8	7.8	12.1	7.3	7.4	7.6	11.1	9.4	14.7	18.8	15.5	18.8	16.0	7.8	14.3	17.3	10.3	17.1	11.9	14.2	8.9	8.0	·	·	5.0	37.2	6.5	3.5	3.0	6.1
인도	1.3	1.8	0.8	0.8	1.4	0.5	1.2	0.8	1.5	0.6	0.7	0.7	0.9	0.7	3.3	0.7	0.6	0.6	0.9	0.9	0.5	0.6	0.7	·	·	0.9	22.7	0.6	0.7	1.4	0.9
일본	0.6	0.2	0.9	1.2	0.4	0.6	0.7	1.2	2.7	0.3	0.3	0.6	0.6	0.5	0.3	0.9	0.4	0.6	0.6	0.5	0.5	0.8	1.0	·	·	0.9	0.7	0.7	1.3	1.0	0.9
한국	0.5	0.6	0.4	0.8	0.3	0.6	0.6	0.6	0.6	0.6	0.6	0.4	0.4	0.4	0.5	0.7	0.3	0.3	0.6	0.6	0.3	0.4	0.5	·	·	0.8	0.0	0.1	1.0	0.4	0.6
러시아	2.5	4.0	1.0	0.6	0.5	0.4	0.7	0.4	0.4	0.2	0.2	0.2	0.2	0.4	0.2	0.4	0.6	0.4	0.6	0.6	0.6	0.2	0.5	·	·	0.5	0.0	0.1	0.1	0.2	0.9
미국	14.3	17.9	8.9	5.9	6.9	8.4	7.7	7.2	9.0	10.3	12.6	9.8	8.5	10.8	29.1	10.0	18.4	9.6	10.6	18.5	9.5	7.3	7.0	·	·	5.6	1.4	11.9	5.3	3.1	7.5
스페인	6.1	7.8	5.4	5.4	6.7	6.7	7.1	4.9	4.0	3.7	5.1	4.9	6.5	5.5	5.0	5.5	6.5	5.4	6.4	5.0	6.3	4.3	4.9	·	·	9.1	2.5	4.4	6.1	3.3	6.5
이탈리아	6.1	4.9	8.1	8.6	7.1	9.3	11.7	8.9	5.6	3.8	3.7	4.4	5.9	5.4	5.0	6.4	4.7	7.8	6.9	5.8	6.3	7.8	7.5	·	·	8.0	4.7	7.0	7.6	8.6	8.1

주 : 57(민간소비), 58(비영리단체 소비), 59(정부소비), 60(고정자본형성), 61(재고변화). '총수입'은 총수요 중 수입 비중. 산업코드별 산업명은 〈부표 2-2〉 참조.
자료 : WIOD 이용 계산

1.5   영국 수입시장

영국 수입시장에서도 프랑스 수입시장에서와 마찬가지로 유사한 수입대상국가별 구조 변화를 보였다. 즉 영국 수입시장에는 독일의 점유율이 압도적으로 높았는데, 2000년 12.0%에서 2014년 13.6%로 상승하였다(〈표 10-10〉 마지막 열 참조). 다음으로 높은 점유율을 보인 국가는 프랑스로 2014년 기준으로 7.8%를 차지했고, 그다음이 중국으로 6.8%를 기록했다. 영국 수입시장에서 중국의 비중은 2.1%에서 6.8%로 확대되었으나, 미국이나 일본 수입시장에서의 중국의 점유율에 비하면 낮은 수준이다. 독일, 영국, 프랑스의 전체 수입시장에서 중국의 점유율은 5~7% 정도를 기록하고 있으나 최종재 특히 민간소비 수입시장에 있어서는 점유율이 전체 점유율보다 높았다. 이는 이들 국가의 중간재 수입시장에서 중국의 점유율이 상대적으로 낮다는 것을 의미한다. 영국 수입시장에서는 독일과 중국 이외에 벨기에(2014년 기준 영국 수입시장의 3.7% 차지), 네덜란드(5.6%), 노르웨이(3.4%)의 점유율도 소폭 증가하였으며, 이에 반해 프랑스(7.8%), 미국(9.7%), 일본(1.3%)의 점유율은 상당 폭 하락하여 대조를 보였다. 영국 수입시장에서 독일의 점유율이 높은 분야는 최종재에서는 고정자본형성 부문(2014년 기준 해당 분야 수입의 17.5% 차지), 중간재 수입시장에 있어서는 제조업의 경우 의료용 물질 및 의약품(12), 자동차 및 트레일러(20), 고무 및 플라스틱제품(13), 코크스, 연탄 및 석유정제품(10), 목재제품(7), 종이 및 종이제품(8), 그리고 서비스업의 경우 자동차 판매 및 수리업(28), 수도업(25), 하수, 폐수 및 분뇨 처리업(26), 보건업 및 사회복지 서비스업(53) 등이었다.

표 10-9 ─○ 영국 산업 생산의 중간재 수입시장에서 수출국가별 점유율(2000, 2014)

수출국 \ 산업	1	2	3	4	5	6	7	8	9	10	11	12	13	14	15	16	17	18	19	20	21	22	23	24	25	26	27	28	29	30	31
M(2000)	16.1	16.4	12.4	19.5	11.8	23.9	22.9	22.2	18.1	31.2	29.0	23.1	24.3	16.9	26.0	20.5	47.2	30.0	24.3	28.7	21.4	25.6	16.9	17.0	14.1	16.0	10.3	19.3	9.1	10.9	10.7
브라질	0.7	0.4	0.5	0.3	1.5	0.3	3.0	1.4	1.1	0.1	0.3	0.2	0.4	0.5	0.3	0.4	0.2	0.3	0.4	0.3	0.4	0.7	1.2	0.2	0.7	0.3	0.8	0.3	0.8	1.0	0.4
중국	1.1	1.1	2.0	0.9	1.3	1.5	1.3	0.9	1.1	0.2	1.4	0.5	1.9	1.1	1.0	1.6	1.9	2.1	1.6	1.2	1.3	1.8	1.7	0.5	1.0	0.6	1.7	0.9	1.2	1.7	1.2
독일	12.9	12.1	10.5	5.9	12.4	12.5	8.0	13.9	13.7	1.6	15.6	11.3	16.7	12.1	12.3	14.8	10.8	14.8	16.7	18.6	12.7	12.0	13.9	4.3	16.1	11.2	12.2	17.1	9.0	8.5	11.3
프랑스	12.0	13.0	8.9	3.3	10.3	10.4	6.1	10.5	10.1	1.3	15.0	12.6	14.2	9.5	7.8	8.7	5.6	9.2	8.8	14.2	7.3	7.7	7.7	1.9	8.3	7.7	7.8	13.8	6.6	4.6	9.3
인도	0.8	0.4	0.7	0.3	0.9	3.2	0.2	0.4	0.5	0.1	0.9	0.2	0.9	0.6	0.3	0.8	0.2	0.6	0.7	0.6	0.6	0.6	0.4	0.1	0.5	0.2	0.6	0.6	0.6	0.5	0.4
일본	3.1	3.7	2.7	2.3	2.5	2.0	1.3	2.0	2.4	0.2	3.1	1.3	3.3	2.9	2.3	3.5	6.2	7.3	6.0	6.8	3.5	4.2	6.1	1.7	4.7	2.1	3.9	6.7	3.9	2.5	4.4
한국	0.7	2.4	1.0	0.3	0.5	2.4	3.4	0.5	0.6	0.2	1.2	0.3	1.1	0.6	0.9	1.2	7.2	3.0	1.4	1.2	3.1	3.1	3.0	0.4	1.0	0.7	0.9	0.7	0.7	0.5	0.7
러시아	1.0	1.0	2.0	2.9	0.4	0.2	1.0	0.7	0.6	4.5	0.9	0.1	0.6	1.3	2.9	2.2	0.1	0.7	0.9	0.5	0.3	0.9	0.3	3.7	0.6	0.1	0.6	0.2	0.6	0.4	1.2
미국	9.6	14.5	9.3	6.9	9.8	6.7	7.0	9.1	12.0	1.5	11.6	24.0	9.9	10.1	9.6	9.4	17.5	13.2	14.8	9.3	30.5	11.7	16.4	3.1	17.4	21.4	9.6	10.4	13.6	8.4	10.4
벨기에	4.8	4.7	3.8	1.3	3.9	7.1	4.5	4.0	4.0	0.6	6.9	2.1	6.9	4.5	3.9	4.6	1.3	3.5	3.7	4.7	2.5	3.7	2.6	0.8	3.3	1.1	4.1	4.2	2.8	2.5	3.5
네덜란드	6.8	4.0	5.4	4.3	6.8	4.1	3.0	6.0	5.7	4.4	8.6	5.2	7.8	5.5	3.4	3.8	1.6	4.1	3.8	3.5	3.2	3.2	3.3	4.1	4.5	5.9	4.5	3.2	4.3	3.3	4.3
M(2014)	19.8	22.7	24.0	27.1	13.7	24.8	25.1	22.9	19.9	48.9	35.3	32.2	31.1	21.4	44.3	29.9	47.0	40.1	32.4	37.4	41.0	30.3	21.7	22.1	14.1	17.3	10.9	18.2	11.0	10.8	15.1
브라질	0.5	0.2	0.3	0.5	0.9	0.4	1.5	1.2	1.0	0.4	0.6	0.6	0.6	0.6	1.1	1.1	0.2	0.5	0.7	0.4	0.6	0.6	1.8	0.5	0.9	0.4	0.7	0.2	0.9	1.3	0.4
중국	3.4	5.7	2.2	2.0	4.2	8.8	9.4	4.4	6.1	0.2	4.1	2.8	5.3	4.3	3.0	5.0	18.2	12.2	8.8	6.1	3.3	11.2	11.2	2.2	6.2	2.1	7.8	4.1	3.0	2.8	3.3
독일	13.5	12.2	6.7	4.7	15.1	12.7	11.1	19.2	18.8	1.2	20.0	23.3	21.3	13.4	12.8	15.9	14.6	17.7	19.7	22.9	7.9	14.6	16.2	3.0	17.3	17.7	14.4	19.9	10.6	9.9	10.8
프랑스	7.5	6.4	5.1	2.7	8.7	7.1	5.1	8.5	8.6	0.9	11.2	10.0	11.0	6.9	4.5	5.2	5.6	7.3	7.0	9.1	5.9	6.3	8.6	1.5	6.9	10.5	8.3	10.7	10.3	7.4	8.0
인도	1.5	1.8	2.1	0.7	1.4	4.2	0.7	1.2	1.1	0.5	1.5	1.7	1.7	1.1	0.8	1.4	1.4	1.5	1.5	1.4	4.7	1.3	1.4	0.4	1.4	0.4	1.6	1.5	1.0	1.0	1.5
일본	1.2	1.5	0.7	0.5	0.9	0.9	0.6	0.9	1.0	0.1	1.7	0.6	1.7	1.1	1.4	2.1	2.6	2.6	2.5	3.1	2.5	1.7	2.3	0.4	1.7	0.7	1.5	2.8	0.9	0.7	1.4
한국	1.3	1.5	1.2	0.3	0.6	2.9	0.4	0.8	0.7	0.3	1.5	1.4	1.4	0.7	0.6	0.7	2.4	1.4	0.9	0.9	0.7	1.3	1.3	0.2	1.0	0.6	0.8	1.0	1.0	0.8	1.3
러시아	2.6	2.5	2.9	5.0	1.0	0.5	1.9	1.2	0.9	6.6	1.5	2.0	2.0	2.8	6.9	5.8	0.5	2.0	2.4	1.5	0.7	2.1	0.9	5.9	1.4	0.5	1.2	0.6	1.9	1.2	2.8
미국	6.8	10.3	10.5	5.5	6.3	4.9	5.2	6.2	7.3	2.4	7.7	8.8	6.7	6.4	7.1	6.8	6.1	6.1	6.9	4.9	43.3	6.2	7.8	2.1	8.6	20.4	5.8	6.6	10.4	7.7	8.2
벨기에	6.3	5.1	4.8	1.5	4.8	6.0	3.8	4.6	4.5	1.4	8.3	5.9	7.4	4.5	2.9	3.2	1.5	3.2	2.8	3.6	1.9	3.1	2.3	0.8	4.0	4.5	3.9	3.8	4.6	4.1	5.2
네덜란드	6.8	5.3	4.5	15.9	7.6	4.8	3.0	5.9	5.7	19.3	9.5	6.6	7.9	9.7	5.4	3.1	6.2	4.8	4.8	3.7	2.0	5.2	4.4	19.0	5.9	9.2	5.5	3.8	5.4	4.1	4.4

주 : M(2000)은 1~56의 경우, 2000년 영국의 각 산업 생산 과정에서 투입된 중간재 중 수입품 비중. 최종재 수요에서 수입 비중을 나타냄. 그리고 57~61의 경우, 산업규모대비 수입 비중을 나타냄 〈부표 2-2〉 참조

표 10-10 영국 산업 생산의 중간재 및 최종재 수입시장에서 수출국가별 점유율(2000, 2014)

산업 수출국	32	33	34	35	36	37	38	39	40	41	42	43	44	45	46	47	48	49	50	51	52	53	54	55	56	57	58	59	60	61	총수입
M(2000)	17.4	18.2	8.9	14.4	9.3	11.0	14.0	23.7	12.2	10.3	9.3	10.1	5.8	9.8	7.6	14.9	10.0	16.8	11.9	23.7	13.9	21.7	11.3	·	·	14.0	1.3	0.5	14.3	33.8	13.6
브라질	0.4	0.4	0.7	0.5	2.0	1.2	0.4	0.1	0.9	0.7	0.6	0.5	0.3	1.0	0.9	1.0	0.7	0.3	1.1	0.3	0.6	0.4	0.8	·	·	0.5	0.1	0.0	0.8	1.8	0.6
중국	1.6	1.5	1.3	1.8	1.3	0.8	2.4	1.9	1.0	1.8	1.2	1.0	0.5	1.4	1.3	0.6	2.2	0.7	1.2	1.6	1.5	1.2	2.3	·	·	3.6	1.9	0.9	1.9	0.6	2.1
독일	8.9	6.5	7.4	7.6	7.7	11.0	6.4	10.8	7.6	7.3	7.8	6.8	16.2	6.5	8.5	9.5	9.4	5.6	8.5	9.9	7.8	8.4	9.0	·	·	10.7	4.2	0.9	21.6	20.4	12.0
프랑스	4.9	6.8	5.7	7.5	7.6	6.4	6.4	6.0	4.6	4.2	2.6	3.9	2.7	4.1	4.9	6.4	6.1	3.8	6.5	5.6	5.3	6.9	6.4	·	·	9.7	6.3	4.1	9.6	9.2	8.4
인도	0.4	0.4	0.6	0.6	1.3	0.3	0.3	0.1	0.3	0.3	0.2	0.2	0.2	0.3	1.1	0.2	0.5	0.3	0.4	0.2	0.3	0.2	0.4	·	·	1.9	8.8	5.9	0.3	0.1	0.9
일본	9.0	3.4	5.2	5.3	1.8	2.0	2.4	5.6	5.0	3.4	2.9	2.3	2.9	3.9	3.5	4.0	3.0	8.4	4.1	3.9	3.8	2.5	4.1	·	·	3.9	2.4	0.5	6.4	3.3	4.1
한국	0.3	0.3	0.7	0.6	0.6	0.5	1.0	6.4	2.1	0.6	0.5	0.4	0.4	0.6	0.9	1.0	0.6	1.5	0.7	3.6	2.1	2.5	1.6	·	·	1.2	0.4	0.0	2.2	2.1	1.6
러시아	0.2	1.2	0.3	0.4	0.4	0.3	0.2	0.2	0.1	0.6	0.1	0.3	0.1	0.2	0.2	0.4	0.3	0.1	0.2	0.1	0.2	0.1	0.2	·	·	0.1	0.1	0.0	0.1	1.1	0.5
미국	14.1	21.6	16.5	19.0	8.0	27.0	28.4	15.9	12.8	15.9	14.3	22.1	8.4	11.5	16.5	11.8	14.7	10.8	11.2	23.3	12.7	16.1	13.1	·	·	7.8	8.4	16.2	14.3	13.2	11.5
벨기에	1.2	2.0	2.1	1.8	3.4	2.5	1.6	1.8	1.6	1.8	1.3	2.2	1.6	1.8	2.2	2.4	2.7	1.3	2.1	1.6	2.1	1.5	2.5	·	·	4.0	1.1	0.2	3.6	4.9	3.3
네덜란드	4.0	4.6	4.6	4.9	7.7	4.2	2.7	2.1	2.5	3.5	1.7	2.9	3.4	3.1	3.1	3.5	4.1	2.6	3.0	2.3	2.7	3.7	3.7	·	·	3.6	1.8	0.6	2.8	3.1	3.7
M(2014)	16.3	25.4	9.0	15.6	10.8	11.9	12.6	23.0	14.4	10.4	9.2	10.3	5.0	11.1	8.1	12.6	10.5	18.8	15.3	21.0	13.8	24.2	11.5	·	·	13.9	1.9	0.5	17.8	21.8	14.4
브라질	0.3	0.3	0.7	0.5	0.9	1.2	0.5	0.2	1.2	0.9	0.9	0.4	0.4	1.1	1.2	1.3	0.7	0.4	1.2	0.5	0.6	0.4	1.0	·	·	0.4	0.0	0.0	0.8	1.4	0.6
중국	1.3	1.1	2.3	2.6	2.3	2.1	5.3	14.3	4.4	2.2	1.6	2.2	1.6	1.9	2.4	1.4	3.4	2.4	2.5	10.1	6.4	5.8	4.5	·	·	9.8	1.0	1.8	8.5	8.9	6.8
독일	11.1	4.5	8.8	9.0	9.1	9.3	8.9	13.5	10.2	8.2	7.2	7.7	12.8	8.7	9.3	13.4	10.5	9.7	11.9	11.5	10.6	17.5	10.8	·	·	14.0	5.4	2.2	17.5	19.4	13.6
프랑스	9.1	6.0	11.0	10.4	10.5	5.7	12.7	8.2	15.8	12.7	7.6	8.8	6.1	19.1	12.1	13.2	10.2	16.8	19.4	6.9	10.3	7.8	14.5	·	·	6.8	10.7	2.5	8.7	5.6	7.8
인도	0.4	2.3	0.8	0.8	1.3	0.6	0.7	0.7	1.0	0.6	0.5	0.4	0.6	0.7	3.3	0.4	1.2	0.7	0.9	1.5	0.7	0.5	0.9	·	·	2.7	17.5	9.8	0.6	0.4	1.6
일본	0.9	0.9	0.8	0.8	0.6	0.5	0.7	2.0	1.9	0.6	0.8	0.6	0.5	1.3	1.5	2.3	1.0	3.5	1.6	1.9	1.7	0.9	1.3	·	·	1.0	1.8	0.2	1.5	1.7	1.3
한국	0.3	1.0	0.7	0.8	0.8	0.5	1.0	1.9	1.8	0.8	0.7	0.7	0.3	1.3	1.5	2.8	0.9	3.1	1.3	1.9	1.8	0.8	1.4	·	·	0.7	1.4	0.0	2.2	1.1	1.0
러시아	1.0	2.6	1.4	1.5	1.3	0.6	0.6	0.8	0.5	0.7	0.4	0.9	0.2	0.5	0.7	0.6	1.0	0.3	0.5	0.5	0.7	0.2	0.6	·	·	0.4	0.0	0.1	0.2	1.6	1.2
미국	12.2	24.1	13.4	14.1	6.4	16.2	20.5	6.5	7.8	14.7	12.4	19.6	12.7	8.2	13.5	10.9	12.1	6.8	6.9	15.4	7.6	7.6	8.7	·	·	5.6	14.1	31.6	23.9	3.7	9.7
벨기에	3.2	4.2	4.2	3.9	5.4	3.6	4.2	3.5	3.6	4.3	3.1	5.1	3.2	4.6	3.8	4.4	5.1	3.3	4.2	2.6	3.4	4.0	4.1	·	·	4.2	2.1	0.8	2.3	6.1	3.7
네덜란드	7.0	4.2	6.1	6.5	8.2	3.5	4.3	6.7	3.5	5.2	3.3	5.6	2.5	4.0	3.5	3.3	5.8	3.1	3.6	5.1	4.3	5.7	4.3	·	·	3.9	1.2	0.4	4.0	5.7	5.6

주 : 57(민간소비), 58(비영리단체 소비), 59(정부소비), 60(고정자본형성), 61(재고변화). 총수입은 총수요 중 수입 비중. 산업코드별 산업명은 〈부표 2-2〉 참조.
자료 : WIOD 이용 계산

2 주요 신흥국 수입시장에서 국가 간 경쟁구도

2.1 중국 수입시장

중국 내 총수요(생산 과정에서의 중간재 수요 및 최종재 수요)에서 수입의 비중은 미국, 일본, 독일, 프랑스, 영국과 달리 2000년 7.3%에서 2014년 6.0%로 오히려 축소되었다(〈표 10-12〉 마지막 열 참조). 이는 그동안 중국의 내수시장 규모가 빠른 경제성장과 함께 크게 확대되었는데, 내수시장에서 수입의 비중은 오히려 축소되었다(특히 최종재 중 고정자본형성 부문에서의 수입 비중의 축소 폭이 컸다)는 것을 의미하는 것으로, 이전에 해외에서 수입되었던 것들이 중국 내 자체 생산으로 더 많이 충당되고 있다는 것을 가리킨다. 앞에서 살펴보았듯이 주요 선진국 수입시장에서 중국의 시장점유율은 크게 높아졌는 데 반해 중국 내수시장에서 수입의 비중은 축소되고 대신 현지생산 판매 비중이 확대되어 왔다는 것을 알 수 있다. 내수시장에서 현지생산 판매 비중 확대라는 이러한 결과는 그동안 수많은 다국적 기업들이 중국에 진출하여 생산품의 일부를 수출하고 일부를 현지에서 판매해왔으며, 점차 현지 판매 비율을 확대한 것과 밀접한 관계가 있다 할 수 있다.

중국 수입시장에서 수입대상국별 구조에 변화가 발생했다. 중국 수입시장에서 가장 많은 비중을 차지했던 일본의 점유율은 2000년 13.5%에서 2014년 7.3%로 급격하게 축소되었으며, 2000년 기준으로 일본 다음으로 높은 비중을 차지했던 대만 역시 점유율이 10.0%에서 6.8%로 축소되었다. 반면 한국, 독일, 미국, 호주의 비중이 확대되었다. 특히 한국의 중국 수입시장 점유율은 2000년 8.9%에서 2014년 9.6%로 상승하여 수입대상국 중 가장 높았다. 독일의 점유율도 4.0%에서 7.0%로 크게 증가하였는데 증가 폭에 있어서 가장 컸다.

중국 수입시장에서의 특징은 영국, 프랑스 등 유럽국가들의 점유율이 매우 낮았다는 것인데, 이는 일본 수입시장에서 이들 국가들의 점유율이 매우 낮았던 것과 동일하다. 다만 유럽국가 중에서는 독일의 점유율(7.0%)이 미국의 점유율(5.7%)보다도 높고 일본의 점유율과 비슷한 수준이었다는 점이 역시 두드러진다. 중국 수입시장에서의 또 다른 특징은 여타 주요국 수입시장에서와 달리 한국, 일본, 대만 등 동북아시아 국가의 점유율이 높게 유지되고 있다는 점이다. 또한 중국 수입시장 중 농업 수입시장에 있어 미국(2014년 8.8%)보다 한국(13.9%)과 대만(10.0%)으로부터의 수입 비중이 더 높다는 점 역시 특징이라 할 수 있다.

표 10-11 ─○ 중국 산업 생산의 중간재 수입시장에서 수출국가별 점유율(2000, 2014)

산업 / 수출국	1	2	3	4	5	6	7	8	9	10	11	12	13	14	15	16	17	18	19	20	21	22	23	24	25	26	27	28	29	30	31
M(2000)	6.3	7.2	3.4	6.2	3.4	11.5	6.2	8.8	9.2	12.0	10.6	5.2	9.7	6.3	7.4	6.9	22.8	9.2	7.9	5.8	8.9	7.8	·	9.2	3.9	5.3	6.1	·	6.2	6.2	5.1
브라질	0.5	0.5	0.7	0.7	2.2	0.3	1.6	1.0	1.0	1.0	0.5	1.7	0.4	0.8	0.6	0.5	0.1	0.5	0.4	0.8	0.4	0.8	·	0.7	0.5	0.9	0.7	·	1.5	1.5	0.5
독일	2.6	3.4	4.2	3.7	3.6	1.1	7.7	2.7	2.5	0.5	2.2	3.7	2.6	2.8	2.2	3.4	2.4	3.9	5.1	7.6	5.3	3.5	·	2.0	4.4	4.8	4.4	·	4.5	4.5	3.5
프랑스	2.2	3.4	3.9	3.1	3.1	1.0	2.1	1.5	1.5	0.6	1.3	2.9	1.2	1.9	1.5	2.4	1.5	2.1	2.5	3.4	4.1	1.7	·	2.3	7.0	5.7	2.1	·	6.5	6.5	2.6
영국	1.0	1.4	3.1	1.4	1.6	0.6	0.7	0.8	0.8	1.1	0.9	1.6	0.9	1.2	0.9	1.0	0.8	1.0	1.3	2.0	3.5	0.8	·	1.3	1.9	2.1	1.2	·	2.4	2.4	2.9
인도	0.8	0.6	0.4	0.6	0.7	0.4	0.4	0.3	0.2	1.7	0.9	0.6	0.7	0.8	0.8	0.5	0.1	0.3	0.3	0.3	0.2	0.4	·	1.0	0.4	0.3	0.5	·	0.3	0.3	0.3
일본	11.5	13.3	10.5	14.0	8.8	11.1	8.1	8.9	8.7	2.1	11.2	10.9	13.6	11.7	14.0	20.3	12.9	20.3	19.2	21.3	15.7	12.5	·	8.1	15.7	13.9	18.9	·	12.4	12.4	9.9
한국	13.5	12.9	8.6	8.9	7.2	16.2	8.2	10.3	9.7	13.9	11.4	11.4	14.7	8.4	8.2	9.9	9.6	8.9	8.3	7.8	6.1	11.6	·	4.9	9.6	9.7	9.1	·	7.7	7.7	13.6
러시아	1.8	1.8	1.3	1.9	1.9	0.5	1.6	5.3	5.9	3.5	2.3	1.0	1.9	2.8	4.6	4.3	0.2	2.4	2.5	2.1	1.9	1.9	·	2.3	1.1	1.0	2.3	·	0.4	0.4	1.2
미국	6.1	5.5	12.3	4.0	8.2	2.0	4.8	7.9	8.5	1.0	4.7	6.8	5.0	4.2	2.0	2.7	3.6	3.6	4.4	4.5	12.1	4.0	·	2.1	4.7	5.1	3.8	·	5.2	5.2	7.9
호주	3.6	1.7	3.3	2.5	8.3	2.2	1.9	1.3	1.1	5.6	1.7	2.8	0.9	2.8	4.1	3.2	0.3	1.7	1.9	1.9	1.2	1.9	·	3.8	1.6	2.3	2.3	·	2.6	2.6	1.8
대만	13.1	12.5	7.7	8.7	7.8	15.5	9.1	10.0	10.3	1.2	13.1	11.2	17.5	7.9	9.7	13.5	12.3	12.5	11.3	11.3	11.0	12.7	·	3.8	10.5	7.6	10.2	·	7.8	7.8	6.1
M(2014)	3.8	4.9	1.8	8.3	1.9	2.9	2.9	7.1	4.9	17.0	7.1	3.4	6.0	6.3	10.2	5.2	16.1	6.5	6.4	4.3	6.3	5.6	·	7.5	3.0	4.7	3.6	·	3.4	3.4	2.5
브라질	1.8	0.5	4.3	2.5	5.5	3.2	1.1	4.8	7.4	3.1	1.1	0.6	0.6	2.4	2.1	1.1	0.1	0.7	0.6	0.6	0.5	1.4	·	2.6	0.4	0.6	0.9	·	3.4	3.4	0.5
독일	4.4	5.8	5.5	3.1	4.5	3.1	4.1	3.4	4.4	0.3	3.3	8.0	5.2	3.2	1.6	5.1	1.8	7.1	9.7	20.5	11.4	3.8	·	1.6	16.9	8.8	5.9	·	12.5	12.5	11.9
프랑스	1.4	1.8	3.8	0.7	2.0	1.3	1.1	0.9	1.2	0.1	1.0	3.4	1.4	0.7	0.4	1.1	0.5	1.2	1.9	2.3	8.8	1.0	·	0.3	2.5	2.4	1.3	·	3.9	3.9	2.9
영국	0.7	0.7	1.4	0.7	0.9	0.7	0.5	0.4	0.6	0.3	0.6	1.0	0.7	0.6	1.5	2.6	0.3	1.8	1.8	1.6	3.3	1.1	·	0.4	1.4	1.1	2.1	·	1.6	1.6	1.1
인도	1.2	1.0	1.1	0.6	1.0	4.6	0.5	0.6	0.4	0.4	1.0	0.8	1.2	0.7	1.3	1.3	0.1	0.8	0.8	0.7	0.6	1.2	·	0.4	0.4	0.5	1.1	·	0.4	0.4	0.7
일본	8.1	8.6	3.3	3.2	3.6	8.7	5.2	5.3	7.7	6.7	7.4	5.4	11.5	4.6	3.2	9.5	7.4	12.0	11.0	16.8	9.4	6.0	·	2.3	6.0	6.2	10.9	·	3.5	3.5	9.6
한국	13.9	13.9	4.8	3.8	3.2	14.7	6.8	7.4	6.5	0.9	13.3	7.9	16.1	4.8	3.2	6.6	17.4	12.2	11.1	11.4	9.9	8.7	·	3.5	8.0	9.1	7.7	·	5.7	5.7	11.7
러시아	0.7	0.8	0.5	4.8	1.0	0.5	4.1	3.5	4.7	6.7	2.2	0.8	0.8	4.4	4.1	1.4	0.1	0.6	0.6	0.4	0.7	1.6	·	5.5	0.4	0.7	1.2	·	0.2	0.2	1.0
미국	8.8	7.7	12.1	2.8	12.4	5.0	9.8	7.8	11.1	0.9	5.7	11.6	6.6	3.4	1.5	3.8	2.0	3.5	5.2	4.5	5.6	4.9	·	1.4	12.1	8.7	4.6	·	12.4	3.5	6.0
호주	2.2	1.7	3.8	10.5	6.6	1.6	2.9	1.9	1.0	14.4	3.8	2.7	0.9	9.3	10.0	5.1	0.2	2.5	2.0	1.6	1.4	2.4	·	11.9	0.8	1.7	3.9	·	3.0	3.0	1.0
대만	10.0	8.8	2.1	2.4	2.1	14.0	4.9	4.4	5.4	0.5	9.5	5.2	12.3	3.2	1.6	4.6	18.7	9.5	8.7	4.8	8.1	5.2	·	2.6	6.2	6.6	5.3	·	3.3	3.3	3.0

주: M(2000)은 1~56의 경우, 2000년 중국의 각 산업 생산 과정에서 투입된 중간재 중 수입품 비중. 그리고 57~61의 경우, 최종재 수요에서 수입 비중을 나타냄. 산업코드명은 〈부표 2-2〉 참조

표 10-12 ─○ 중국 산업 생산의 중간재 및 최종재 수입시장에서 수출국가별 점유율(2000, 2014)

수출국\산업	32	33	34	35	36	37	38	39	40	41	42	43	44	45	46	47	48	49	50	51	52	53	54	55	56	57	58	59	60	61	총수입
M(2000)	5.5	6.8	5.5	5.0	2.4	·	·	13.7	17.4	5.8	3.7	·	4.1	13.6	14.6	14.6	·	7.7	10.9	4.1	5.6	2.8	8.7	·	·	4.3	·	·	9.8	15.7	7.3
브라질	0.2	1.7	0.4	0.5	2.5	·	·	0.2	0.2	1.3	3.3	·	4.8	0.6	0.3	0.3	·	0.8	0.4	1.0	1.0	0.6	0.5	·	·	1.4	·	4.9	0.2	0.2	0.6
독일	2.7	4.4	3.6	3.6	3.4	·	·	3.5	2.6	3.3	4.7	·	7.1	3.0	2.9	2.9	·	3.2	2.7	2.5	3.2	4.5	2.2	·	·	4.1	·	4.1	7.8	5.9	4.0
프랑스	2.8	4.5	2.8	2.8	3.4	·	·	2.9	1.7	1.9	3.0	·	2.8	2.2	2.1	2.1	·	3.2	2.4	1.8	3.6	3.1	4.8	·	·	1.8	·	0.9	2.9	3.1	2.3
영국	3.3	4.9	1.4	1.9	1.8	·	·	1.1	0.9	1.6	3.2	·	3.3	1.2	1.0	1.0	·	2.1	1.4	1.3	1.3	1.3	1.4	·	·	2.4	·	5.0	2.1	2.4	1.5
인도	0.1	0.2	0.2	0.3	0.9	·	·	0.1	0.1	0.2	0.5	·	0.5	0.1	0.1	0.1	·	0.2	0.1	0.4	0.4	0.4	0.4	·	·	1.3	·	14.6	0.1	0.1	0.6
일본	9.1	8.5	15.0	12.5	7.2	·	·	17.3	13.1	10.2	7.7	·	11.8	12.9	14.2	14.2	·	11.1	11.6	11.3	9.9	10.7	10.5	·	·	9.4	·	3.9	17.6	12.7	13.5
한국	18.1	9.8	11.5	8.0	5.3	·	·	7.9	8.9	8.2	5.9	·	5.3	8.7	9.0	9.0	·	7.4	9.0	11.7	7.2	9.1	11.1	·	·	8.4	·	1.9	5.2	4.9	8.9
러시아	1.2	0.9	0.9	0.8	0.6	·	·	0.1	0.5	0.6	1.1	·	0.6	0.6	0.3	0.3	·	0.7	0.8	0.7	1.8	0.8	1.2	·	·	0.3	·	0.1	0.3	0.3	1.8
미국	11.8	17.2	4.4	7.7	8.8	·	·	3.3	3.9	5.6	8.0	·	6.9	4.7	4.0	4.0	·	5.1	4.9	4.6	5.4	6.1	4.1	·	·	6.2	·	5.7	10.4	13.1	5.6
호주	1.6	2.4	2.6	1.1	7.7	·	·	0.5	0.3	1.5	3.6	·	5.0	0.8	0.7	0.7	·	1.3	0.8	2.0	1.9	1.3	1.9	·	·	2.0	·	4.8	0.3	0.3	1.8
대만	5.9	6.2	9.8	8.1	4.3	·	·	10.3	11.3	8.6	4.3	·	3.9	10.5	11.0	11.0	·	8.3	10.7	10.5	7.6	8.3	11.1	·	·	3.1	·	0.8	10.8	8.7	10.0
M(2014)	2.9	8.8	4.4	5.1	1.6	·	·	5.3	8.3	4.8	4.0	·	2.7	5.9	6.3	6.3	·	7.2	4.6	5.0	5.7	2.0	5.6	·	·	5.2	·	1.3	5.5	13.9	6.0
브라질	0.9	0.4	0.7	0.8	5.6	·	·	0.9	0.7	2.3	1.0	·	2.8	1.4	0.8	0.8	·	0.3	0.6	1.0	1.0	0.9	0.9	·	·	1.4	·	4.6	0.2	0.4	1.4
독일	9.7	5.5	5.2	8.9	3.3	·	·	6.5	3.4	7.3	2.9	·	8.8	6.9	5.4	5.4	·	3.3	6.3	4.3	3.0	9.7	5.3	·	·	9.9	·	11.8	17.8	11.3	7.0
프랑스	8.3	7.0	3.0	8.8	1.7	·	·	1.4	1.0	2.7	1.1	·	3.2	2.2	1.6	1.6	·	1.1	2.3	3.0	2.4	4.5	2.7	·	·	3.1	·	4.0	3.0	1.9	1.7
영국	2.6	1.8	1.0	2.5	1.0	·	·	0.8	0.4	1.7	1.2	·	1.4	1.2	0.7	0.7	·	0.5	1.8	1.4	0.8	1.1	1.1	·	·	3.7	·	4.2	2.6	1.4	1.5
인도	0.8	0.4	0.7	0.4	1.3	·	·	0.4	0.2	0.5	0.3	·	0.5	0.4	0.5	0.5	·	0.3	0.6	0.6	0.4	0.9	0.5	·	·	2.4	·	11.2	0.2	0.1	0.9
일본	5.4	3.8	5.3	4.2	2.1	·	·	9.0	6.0	1.4	1.1	·	1.9	7.2	8.2	8.2	·	7.3	6.9	4.0	4.1	6.4	6.4	·	·	5.9	·	1.1	13.1	10.7	7.3
한국	9.5	6.5	8.6	5.2	3.2	·	·	13.4	14.1	3.8	2.3	·	4.3	10.5	12.8	12.8	·	14.7	10.8	6.0	8.0	5.7	11.0	·	·	7.1	·	2.4	14.8	16.6	9.6
러시아	1.0	0.8	0.7	0.7	0.3	·	·	0.1	0.1	0.2	0.1	·	0.2	0.6	0.4	0.4	·	0.2	0.4	0.5	0.7	0.4	0.5	·	·	0.4	·	0.1	0.2	0.8	1.7
미국	7.8	25.0	14.6	17.7	12.9	·	·	4.5	4.3	8.6	4.3	·	11.5	8.1	7.1	7.1	·	4.8	6.1	14.2	13.7	10.2	6.8	·	·	8.0	·	9.8	11.2	8.6	5.7
호주	0.9	0.2	1.0	1.1	4.7	·	·	1.1	0.5	3.3	2.9	·	2.7	0.9	1.0	1.0	·	0.5	1.0	1.5	1.4	1.4	1.1	·	·	2.5	·	2.9	0.2	2.0	4.1
대만	3.1	1.3	3.3	2.2	2.0	·	·	11.6	14.5	1.2	0.4	·	1.6	7.0	10.5	10.5	·	13.6	7.1	2.7	5.3	3.4	8.8	·	·	2.2	·	1.3	8.1	7.7	6.8

주: 57(민간소비), 58(비영리단체 소비), 59(정부소비), 60(고정자본형성), 61(재고변화). 총수입은 총수요 중 수입 비중. 산업코드별 산업명은 〈부표 2-2〉 참조
자료: WIOD 이용 계산

중국 수입시장에서 한국의 점유율 확대는 중국의 산업 생산 과정상 중간재 수입과 최종재 중 고정자본형성(투자) 확대 과정과 밀접한 관계가 있다. 중국 최종재 중 소비 수입시장에서 한국의 비중은 소폭 감소(8.4% → 7.1%)하였으나, 고정자본형성 부문 수입에서 한국의 점유율은 2000년 5.2%에서 2014년 14.8%로 크게 증가하였다. 중국 중간재 수입에 있어서 한국의 점유율은 제조업의 경우 컴퓨터, 전자·광학제품(17)(2014년 기준 해당 산업 수입의 17.4% 차지), 고무 및 플라스틱제품(13)(16.1%), 섬유제품, 의복, 가죽·가방·신발(6)(14.7%), 화학물질 및 화학제품(11)(13.3%), 전기장비(18)(12.2%), 자동차 및 트레일러(20)(11.4%), 19(11.1%), 그리고 서비스업의 경우 컴퓨터 프로그래밍, 시스템 통합 및 관리업, 정보 서비스(40)(14.1%), 통신업(39)(13.4%), 과학 연구개발(47)(12.8%), 육상 운송 및 파이프라인 운송업(31)(11.7%), 기타 서비스업(54)(11.0%), 하수, 폐수 및 분뇨 처리업(26)(9.1%), 수상 운송업(32)(9.5%)에서 높았다. 일본의 경우 최종재 중 고정자본형성 부문, 중간재 수입 중 일부 제조업[자동차 및 트레일러(20), 전기장비(18), 고무 및 플라스틱제품(13), 기타 기계 및 장비(19)]에서 높은 점유율을 보였다. 독일 역시 고정자본형성 부문과 중간재 수입 중 일부 산업[제조업 중 자동차 및 트레일러(20), 21, 의료용 물질 및 의약품(12), 서비스업 중 수도업(25), 도매업(자동차 제외)(29), 소매업(30), 육상 운송 및 파이프라인 운송업(31), 보건업 및 사회복지 서비스업(53), 수상 운송업(32)]에 있어서 높은 비중을 보였다. 대만 역시 중국의 고정자본형성 부문 수입시장에서 상대적으로 높은 점유율(2014년 기준 8.1%)을 보였으며, 중간재 수입에 있어서는 제조업 경우 컴퓨터, 전자·광학제품(17)(2014년 기준 18.7%), 섬유제품, 의복, 가죽·가방·신발(6)(14.0%), 고무 및 플라스틱제품(13)(12.3%), 화학물질 및 화학제품(11)(9.5%), 전기장비(18)(9.5%), 그리고 서비스업 경우 컴퓨터 프로그래밍, 시스템 통합 및 관리업, 정보 서비스(40)(14.5%), 기타 전문, 과학 및 기술 서비스(49)(13.6%), 통신업(39)(11.6%), 과학 연구개발(47)(10.5%)에서 높은 시장 점유율을 기록했다.

2.2 인도 수입시장

인도 내 총수요에서 수입 비중은 2000년 8.6%에서 2014년 10.2%로 확대되었는데, 최종재보다는 생산 과정의 중간재 수입시장 확대에 주로 기인한 것으로 보인다(〈표 10-14〉 마지막 열 참조). 인도의 총수입시장(중간재 및 최종재)에서 주요 수출국가들의 2000년 및 2014

표 10-13 ──○ 인도 산업 생산의 중간재 수입시장에서 수출국가별 점유율(2000, 2014)

산업 수출국	1	2	3	4	5	6	7	8	9	10	11	12	13	14	15	16	17	18	19	20	21	22	23	24	25	26	27	28	29	30	31
M(2000)	6.8	6.7	7.1	12.0	7.9	8.0	7.4	13.3	14.0	42.7	15.1	12.5	11.3	9.8	21.1	20.6	19.6	15.2	19.9	12.4	15.1	14.5	·	8.3	8.0	·	8.4	7.8	7.8	7.8	9.1
브라질	1.1	4.9	1.5	3.0	4.5	3.2	1.5	0.4	0.5	0.1	0.8	2.0	0.7	0.8	0.6	1.0	2.1	1.6	2.7	2.3	1.6	2.4	·	0.3	12.1	·	4.1	9.7	9.7	9.7	8.3
중국	3.7	2.7	4.7	1.7	0.8	5.8	1.9	2.1	4.3	0.6	3.7	4.0	4.1	1.4	1.2	1.6	3.9	2.5	1.4	1.5	1.4	1.4	·	1.4	0.8	·	1.5	2.7	2.7	2.7	1.6
독일	5.7	6.5	5.4	7.0	4.3	5.3	7.9	8.0	9.2	0.2	4.8	5.7	5.9	3.4	2.3	4.1	5.9	6.4	8.2	8.0	6.6	3.9	·	3.2	7.3	·	5.7	8.1	8.1	8.1	7.6
프랑스	2.6	4.2	1.7	4.1	2.8	3.4	5.2	3.6	3.7	0.2	2.2	3.3	2.5	2.1	1.4	2.3	4.4	3.7	4.6	4.1	2.8	3.2	·	1.5	7.9	·	4.0	7.3	7.3	7.3	6.4
영국	2.4	4.5	26.0	3.9	1.4	4.1	3.5	4.4	3.9	5.9	2.8	2.6	3.3	5.1	11.5	14.3	3.9	10.2	10.9	9.3	27.6	3.3	·	5.6	1.9	·	8.5	1.9	1.9	1.9	5.0
일본	5.1	6.5	3.4	6.7	1.9	3.1	5.8	2.6	3.0	0.2	4.5	4.9	6.4	3.1	4.2	7.1	6.8	9.3	8.8	18.3	6.0	3.6	·	4.0	1.3	·	7.1	3.5	3.5	3.5	5.5
한국	3.5	4.1	4.9	2.4	1.5	7.0	3.6	3.5	4.0	0.1	3.3	3.7	4.9	1.9	2.0	3.0	4.1	3.4	2.8	4.5	2.2	2.5	·	1.1	3.4	·	2.9	3.3	3.3	3.3	4.4
러시아	1.1	1.6	0.4	1.1	1.1	0.8	2.5	7.5	7.5	0.5	1.3	1.1	1.3	0.8	1.1	1.6	0.6	1.5	1.7	1.4	1.1	0.5	·	0.8	0.3	·	1.0	0.9	0.9	0.9	0.5
미국	7.2	12.7	4.7	12.1	7.1	10.1	10.2	6.2	6.8	0.6	6.9	9.9	7.0	4.4	2.2	3.8	10.9	6.8	12.0	8.5	6.9	12.8	·	2.6	27.8	·	10.4	23.2	23.2	23.2	20.4
M(2014)	7.5	5.6	15.0	12.4	6.2	7.1	7.3	15.0	12.4	70.0	20.7	14.9	14.6	20.9	32.5	20.7	17.0	15.2	17.2	14.9	30.7	14.1	·	22.2	4.3	·	9.0	4.1	4.1	4.1	9.2
브라질	1.2	2.9	0.6	2.0	7.7	2.5	1.4	0.7	0.4	1.0	0.9	1.5	0.7	1.1	1.3	1.7	1.6	1.7	2.6	1.4	0.6	1.7	·	0.9	16.9	·	3.1	11.5	11.5	11.5	5.3
중국	17.5	14.9	22.9	13.0	4.3	24.9	11.0	10.3	18.3	0.2	14.9	20.0	20.6	3.7	3.5	11.0	28.8	19.2	17.2	17.4	20.8	9.8	·	3.0	9.7	·	11.8	13.7	13.7	13.7	12.4
독일	3.9	6.1	1.3	5.4	2.1	3.4	4.3	4.3	5.9	0.0	3.2	4.2	4.8	1.0	0.9	3.0	4.9	5.4	6.8	10.2	2.4	2.1	·	1.0	5.7	·	3.3	5.8	5.8	5.8	4.9
프랑스	1.2	1.9	3.1	1.4	0.9	1.3	1.7	1.4	1.9	0.0	0.9	1.4	1.4	0.4	0.4	1.2	2.0	1.9	2.0	2.1	3.3	0.8	·	0.3	3.1	·	1.2	2.6	2.6	2.6	2.2
영국	0.8	3.6	21.2	2.1	0.3	1.1	0.8	0.7	0.8	0.0	0.6	0.8	1.1	0.3	2.3	6.3	1.9	4.7	5.2	3.8	21.4	0.9	·	0.2	0.9	·	3.3	0.7	0.7	0.7	5.3
일본	2.3	3.7	1.3	2.9	0.7	1.6	2.0	1.9	1.9	0.1	2.0	2.4	3.1	0.7	2.0	5.5	4.3	5.9	5.8	8.5	2.7	1.3	·	0.7	1.5	·	4.2	2.8	2.8	2.8	3.1
한국	6.7	5.9	1.8	4.6	1.7	5.1	4.1	4.8	6.2	0.7	5.9	6.7	7.3	1.1	2.2	6.2	10.4	7.2	6.4	10.3	3.0	2.1	·	0.9	5.0	·	4.6	4.0	4.0	4.0	5.2
러시아	1.0	0.9	0.5	1.0	0.6	0.8	1.4	2.7	3.3	0.7	1.0	0.9	1.0	0.7	1.2	2.2	0.7	1.8	2.1	1.3	0.9	0.7	·	0.7	0.6	·	1.3	1.0	1.0	1.0	0.5
미국	5.3	7.1	6.2	9.5	4.1	5.5	8.6	7.8	10.4	0.5	4.7	6.1	5.4	2.0	2.2	4.9	4.3	5.4	7.3	5.3	7.0	5.4	·	0.7	16.6	·	5.0	14.4	14.4	14.4	8.3

주 : M(2000)은 1~56의 경우, 2000년 인도의 각 산업 생산 과정에서 투입된 중간재 투입물 중 수입품 비중, 그리고 57~61의 경우, 최종제 수요에서 수입 비중을 나타냄. 산업코드명은 〈부표 2-2〉 참조

표 10-14 ──○ 인도 산업 생산의 중간재 및 최종재 수입시장에서 수출국가별 점유율(2000, 2014)

수출국\산업	32	33	34	35	36	37	38	39	40	41	42	43	44	45	46	47	48	49	50	51	52	53	54	55	56	57	58	59	60	61	총수입
M(2000)	12.2	10.9	7.7	·	8.8	·	·	24.9	27.3	6.9	6.3	·	2.3	10.8	37.8	·	·	·	10.9	·	9.4	14.0	17.0	·	·	3.0	·	2.8	6.5	19.3	8.6
브라질	3.6	2.0	7.7	·	3.6	·	·	0.6	6.9	5.9	3.2	·	12.1	8.6	13.0	·	·	·	10.8	·	3.9	0.6	9.1	·	·	3.2	·	6.9	1.2	0.3	2.5
중국	1.8	1.6	3.9	·	1.1	·	·	4.3	0.5	2.6	4.8	·	13.4	7.6	0.9	·	·	·	1.9	·	1.7	4.3	1.4	·	·	1.6	·	1.0	2.0	1.7	1.9
독일	6.2	3.5	7.6	·	3.6	·	·	3.9	3.8	6.0	7.0	·	4.9	7.8	7.1	·	·	·	6.6	·	3.5	4.6	5.8	·	·	4.6	·	4.3	11.9	13.4	5.3
프랑스	3.3	2.2	5.7	·	1.9	·	·	3.2	4.5	6.0	3.9	·	2.3	8.7	8.5	·	·	·	7.3	·	3.0	2.1	6.4	·	·	4.5	·	4.8	6.3	4.4	3.5
영국	19.3	3.9	2.6	·	1.3	·	·	2.3	1.5	2.5	4.2	·	1.5	5.8	2.0	·	·	·	1.8	·	1.0	2.3	3.0	·	·	2.2	·	1.9	4.8	4.9	5.6
일본	3.2	2.9	3.2	·	1.9	·	·	4.3	0.5	3.8	8.2	·	0.3	3.7	0.8	·	·	·	3.0	·	1.4	4.7	1.4	·	·	3.7	·	2.1	10.1	8.4	5.0
한국	2.5	2.6	3.7	·	1.2	·	·	4.2	2.0	3.4	3.9	·	2.1	4.1	3.6	·	·	·	4.0	·	1.8	3.6	3.3	·	·	2.8	·	2.3	3.0	3.2	2.7
러시아	0.7	0.4	1.6	·	0.6	·	·	0.5	0.0	0.9	1.9	·	0.1	0.6	0.1	·	·	·	0.1	·	0.3	1.1	0.2	·	·	0.2	·	0.1	2.7	2.3	1.1
미국	11.3	8.1	18.3	·	4.5	·	·	8.8	15.8	17.7	10.4	·	8.7	21.7	29.6	·	·	·	24.8	·	10.3	7.1	23.6	·	·	11.0	·	14.6	16.6	14.0	9.4
M(2014)	21.6	9.4	4.6	·	7.2	·	·	19.6	11.0	4.3	5.9	·	0.7	8.8	16.0	·	·	·	5.7	·	4.9	15.7	10.5	·	·	2.0	·	1.5	7.1	8.8	10.2
브라질	1.2	1.3	7.6	·	7.4	·	·	0.5	10.4	5.6	1.8	·	2.0	3.8	20.4	·	·	·	13.4	·	4.4	0.4	9.2	·	·	0.7	·	1.2	0.9	0.5	1.9
중국	20.6	14.2	18.0	·	5.2	·	·	28.2	5.5	15.1	18.9	·	32.7	20.3	9.3	·	·	·	16.2	·	10.4	19.9	15.3	·	·	27.9	·	27.7	30.3	31.2	12.2
독일	2.3	2.8	6.1	·	1.6	·	·	2.8	2.7	5.1	6.8	·	1.8	3.7	5.1	·	·	·	6.2	·	2.9	3.8	3.2	·	·	2.7	·	3.3	12.2	13.0	3.6
프랑스	3.1	1.4	2.3	·	0.7	·	·	1.4	2.0	2.8	2.1	·	1.8	4.6	3.7	·	·	·	2.8	·	1.3	1.1	2.4	·	·	1.2	·	1.2	8.4	4.9	1.7
영국	19.1	6.0	1.4	·	0.3	·	·	1.8	5.9	1.2	3.5	·	4.1	9.8	2.7	·	·	·	0.8	·	5.2	1.0	4.6	·	·	1.6	·	1.4	1.8	2.1	2.0
일본	1.7	1.9	2.6	·	0.6	·	·	3.1	0.7	2.6	4.5	·	0.6	1.6	1.1	·	·	·	3.3	·	1.2	2.4	1.3	·	·	0.9	·	1.2	3.7	3.8	2.2
한국	3.0	3.4	5.9	·	1.2	·	·	11.7	2.9	6.4	7.1	·	1.9	3.5	5.0	·	·	·	9.4	·	2.8	7.6	4.6	·	·	2.2	·	3.6	4.1	3.5	3.3
러시아	0.6	0.5	1.2	·	0.3	·	·	0.4	0.2	0.8	1.0	·	0.2	0.8	0.2	·	·	·	0.2	·	0.6	1.0	0.3	·	·	0.5	·	1.1	0.9	0.9	0.9
미국	7.8	10.3	11.4	·	2.6	·	·	5.7	24.1	15.5	8.9	·	4.9	22.5	19.3	·	·	·	12.4	·	24.7	6.2	11.5	·	·	7.3	·	6.6	5.4	7.4	4.3

주 : 57(민간소비), 58(비영리단체 소비), 59(정부소비), 60(고정자본형성), 61(재고변화). '총수입'은 총수여 중 수입 비중. 산업코드별 산업명은 〈부표 2-2〉 참조
자료 : WIOD 이용 계산

년 비중 변화를 살펴보면, 중국의 비중이 매우 큰 폭으로 증가한 반면, 여타 대부분 국가들의 비중은 크게 위축되었다. 인도 수입시장에서 중국의 점유율은 2000년 1.9%에 불과했으나, 2014년에는 12.2%로 6배 이상 확대되었다. 즉 인도 수입시장에서 중국이 여타 국가들의 시장을 잠식하였다 할 수 있다. 보다 자세히 살펴보면 생산 과정에서의 중간재 수입의 대부분 산업, 그리고 최종재에서 민간소비와 고정자본형성(투자) 부문에서 중국의 점유율이 크게 신장되었다. 인도 민간소비 수입시장에 있어서 중국의 점유율은 2000년 1.6%에서 2014년 27.9%로 대폭 확대되었으며, 고정자본형성 수입시장 부문에서도 중국 점유율은 2.0%에서 30.3%로 크게 확대되었다. 대부분의 중간재 수입시장에서도 중국 점유율이 확대되었는데, 특히 제조업 생산의 중간재 수입시장에 있어서 컴퓨터, 전자·광학제품(17)과 섬유제품, 의복, 가죽·가방·신발(6)의 경우 중국의 점유율이 2014년 기준으로 각각 28.8%와 24.9%에 달했으며, 기타 운송장비(21), 고무 및 플라스틱제품(13), 의료용 물질 및 의약품(12)의 경우에도 그 비율이 각각 20.8%, 20.6%, 20.0%로 높았다. 또한 서비스업 생산의 중간재 수입시장에 있어서도 통신업(39), 수상 운송업(32), 법률·회계·경영자문(45), 보건업 및 사회복지 서비스업(53)의 경우 중국의 시장점유율이 각각 28.2%, 20.6%, 20.3%, 19.9%로 높았다. 한편 인도 수입시장에서 한국의 점유율 역시 2000년 2.7%에서 2014년 3.3%로 확대되었다. 인도 수입시장에서 한국의 점유율은 소비시장에서는 축소되었으나 고정자본형성과 생산 과정의 중간재 수입시장 중 일부 산업[컴퓨터, 전자·광학제품(17), 자동차 및 트레일러(20), 고무 및 플라스틱제품(13), 전기장비(18), 통신업(39)]에 있어서 높았다. 그외 미국, 독일, 프랑스, 영국, 일본 등 대부분 국가들의 인도 수입시장 점유율은 축소되었는데, 특히 미국의 점유율이 9.4%에서 4.3%로 크게 하락했다. 인도 수입시장의 특징 중 하나는 중국의 점유율 확대 과정에서 주요 선진국 수입시장에서와 달리 독일의 점유율 역시 크게 축소되었다(5.3%에서 3.6%)는 점이다. 또한 중국과 일본 수입시장에서와 마찬가지로 인도 수입시장에서도 영국, 프랑스의 점유율이 매우 낮았다는 점이다. 또한 인도 수입시장은 앞에서 살펴본 국가들의 수입시장에서와 달리 기타 국가들의 점유율이 상대적으로 훨씬 더 높은데, 이 점 역시 특징이라 할 수 있다. 이는 인도 수입시장이 중국에 크게 치우쳐져 있는 것은 사실이지만 중국을 제외하고는 여타 여러 국가들로 수입 선이 다양화되어 있다는 것을 보여준다.

2.3   브라질 수입시장

브라질 내 총수요에서 수입 비중은 2000년 6.3%에서 2014년 7.8%로 확대되었는데, 최종재보다는 생산 과정의 중간재 수입시장(특히 제조업 부문) 확대에 주로 기인한 것으로 보인다(〈표 10-15〉, 〈표 10-16〉 참조). 브라질의 총수입시장(중간재 및 최종재)에서 주요국가들의 2000년과 2014년 점유율 변화를 살펴보면, 인도 수입시장에서와 마찬가지로 중국의 점유율이 매우 큰 폭으로 증가한 반면 여타 대부분 국가들의 점유율은 크게 위축되었음을 알 수 있다. 브라질 수입시장에서 중국의 점유율은 2000년 1.5%에 불과했으나, 2014년에는 12.4%로 8배 확대되었다. 즉 브라질 수입시장에서 중국이 여타 국가들의 시장을 크게 잠식하였다. 보다 자세히 살펴보면 생산 과정에서의 중간재 수입의 대부분 산업, 그리고 최종재에서 민간소비와 고정자본형성(투자) 부문에서 중국의 점유율이 크게 신장되었다. 브라질 민간소비 수입시장에 있어서 중국의 점유율은 2000년 2.0%에서 2014년 16.0%로 대폭 확대되었으며, 고정자본형성 수입시장 부문에서도 중국 점유율은 2000년 2.3%에서 2014년 22.2%로 크게 확대되었다. 대부분의 중간재 수입시장에서도 중국 점유율이 확대되었는데, 특히 제조업 생산의 중간재 수입시장에 있어서 섬유제품, 의복, 가죽·가방·신발(6)과 컴퓨터, 전자·광학제품(17)의 경우 중국의 점유율이 2014년 기준으로 각각 34.6%와 25.4%에 달했으며, 전기장비(18), 기타 기계 및 장비(19), 가구, 기타 제품(22)의 경우에도 그 비율이 각각 21.2%, 18.7%, 15.6%로 높았다. 또한 서비스업 생산의 중간재 수입시장에 있어서 중국 점유율은 건설업(27)(15.4%), 보건업 및 사회복지 서비스업(53)(14.3%), 건축기술, 엔지니어링 및 기타 기술과학 서비스(46)(12.0%), 컴퓨터 프로그래밍, 시스템 통합 및 관리업, 정보 서비스(40)(11.9%)에서 높았다. 한편 브라질 수입시장에서 한국의 점유율 역시 2000년 3.2%에서 2014년 3.9%로 확대되었다. 브라질 수입시장에서 한국의 점유율은 최종재 중 민간소비와 고정자본형성 부문, 그리고 생산 과정의 중간재 수입시장 중 일부 산업[컴퓨터, 전자·광학제품(17), 컴퓨터 프로그래밍, 시스템 통합 및 관리업, 정보 서비스(40), 건축기술, 엔지니어링 및 기타 기술과학 서비스(46)]에 있어서 높았는데, 특히 컴퓨터, 전자·광학제품(17)의 경우 2014년 기준 수입시장 점유율이 27.2%에 달했다. 중국과 한국 외에 인도의 점유율도 소폭(0.7%에서 2.3%로 증가) 증가하였다. 그 외 미국, 독일, 프랑스, 영국, 일본의 브라질 수입시장 점유율은 축소되었는데, 특히 미국의 점유율이 18.7%에서 12.8%로 크게 하락했다. 인도 수입시장에서와 마찬가지로 브라질 수입시장에서도 중

표 10-15 ─○ 브라질 산업 생산의 중간재 수입시장에서 수출국가별 점유율(2000, 2014)

수출국 \ 산업	1	2	3	4	5	6	7	8	9	10	11	12	13	14	15	16	17	18	19	20	21	22	23	24	25	26	27	28	29	30	31
M(2000)	13.6	7.5	7.5	12.9	4.9	9.6	5.8	9.1	10.4	13.4	14.7	9.0	13.5	8.6	9.5	8.8	35.8	12.0	13.7	12.5	13.2	12.7	·	6.0	8.1	·	7.3	9.8	4.6	4.6	8.6
중국	1.6	1.1	1.1	0.7	1.0	1.7	1.2	0.9	2.6	1.0	1.6	1.6	1.7	1.0	0.7	1.3	2.2	2.2	1.1	0.6	0.5	1.3	·	1.0	0.8	·	1.3	0.5	1.2	1.2	1.1
독일	9.8	6.6	6.6	6.8	8.1	6.0	9.2	8.7	7.8	1.5	9.1	10.7	10.4	7.6	6.7	15.4	4.9	15.1	16.3	13.5	5.3	12.9	·	15.6	7.7	11.8	11.8	12.1	7.9	7.9	4.9
프랑스	4.5	5.1	5.1	2.3	4.1	3.0	5.5	3.4	2.9	1.0	3.9	6.0	4.4	3.0	1.7	4.2	1.8	4.9	4.7	6.0	2.2	4.2	·	2.7	2.4	4.4	4.4	5.6	1.9	1.9	2.8
영국	2.3	1.6	1.6	1.3	1.7	1.9	1.8	1.8	1.8	1.1	2.2	2.9	2.5	1.5	0.8	1.7	1.6	2.3	2.5	2.4	1.3	2.3	·	1.2	1.2	1.9	1.9	2.4	1.7	1.7	2.0
인도	1.1	0.5	0.5	0.9	1.2	1.7	0.8	0.9	0.7	1.1	1.3	2.3	1.6	1.0	0.4	0.8	0.2	0.7	0.7	0.8	0.4	0.6	·	1.6	1.3	1.2	1.2	0.3	0.7	0.7	0.3
일본	2.3	2.0	2.0	2.4	2.3	1.4	2.4	1.8	3.5	0.8	2.3	1.8	2.7	2.1	1.6	4.2	7.0	8.1	6.5	6.6	2.2	5.5	·	3.9	2.0	5.4	5.4	6.1	2.3	2.3	3.3
한국	2.0	1.4	1.4	1.0	1.6	11.4	1.4	1.4	5.1	0.8	2.0	1.9	3.1	1.6	0.5	1.2	12.0	3.6	1.6	1.6	0.9	2.6	·	1.7	1.4	2.4	2.4	1.1	2.2	2.2	1.4
러시아	1.5	0.7	0.7	0.5	0.3	0.6	0.9	0.8	0.7	0.3	1.6	0.7	1.4	0.6	0.7	1.7	0.0	0.8	0.8	0.3	0.3	0.7	·	0.0	0.5	0.5	0.5	0.2	0.3	0.3	0.1
미국	24.6	15.6	15.6	15.4	12.3	13.5	19.7	20.7	24.2	8.1	24.2	21.4	22.9	14.0	6.7	11.6	36.3	16.7	27.0	10.8	40.7	27.9	·	12.9	11.9	13.7	13.7	11.1	13.8	13.8	11.0
M(2014)	19.5	8.5	8.5	16.6	5.6	14.5	7.3	11.6	13.4	19.7	20.3	13.2	18.3	12.4	15.3	13.3	36.8	16.4	19.0	15.6	34.2	19.9	·	8.3	11.0	·	10.1	11.8	6.1	6.1	11.1
중국	10.2	5.8	5.8	6.1	7.6	34.6	9.2	7.7	11.8	1.4	8.8	13.4	11.1	7.4	5.1	13.3	25.4	21.2	18.7	9.5	5.5	15.6	·	7.2	6.1	·	15.4	6.9	4.8	4.8	3.9
독일	7.3	4.2	4.2	4.4	5.7	3.4	7.0	7.9	6.4	1.0	6.8	9.5	7.5	4.5	3.5	7.8	2.3	9.4	11.0	9.2	2.6	7.8	·	5.5	4.4	6.8	6.8	8.7	4.5	4.5	3.5
프랑스	4.1	6.1	6.1	2.7	3.2	2.1	6.9	4.5	4.8	0.6	3.8	5.9	4.1	3.2	2.5	3.0	1.2	3.5	3.4	4.7	3.7	3.5	·	2.6	3.7	3.2	3.2	4.8	2.5	2.5	2.2
영국	1.3	0.7	0.7	1.6	1.7	0.6	1.1	0.9	0.8	0.1	1.1	2.8	1.2	0.7	0.7	2.2	0.4	2.0	3.0	1.1	6.3	3.5	·	0.7	0.7	1.6	1.6	1.0	1.2	1.2	0.8
인도	4.0	4.2	4.2	1.6	2.3	3.3	2.5	2.4	1.6	4.2	4.1	2.3	3.6	2.7	2.1	2.2	0.3	2.0	1.5	2.2	0.9	1.5	·	1.9	2.1	2.3	2.3	2.1	2.3	2.3	7.4
일본	1.3	0.8	0.8	1.1	1.5	0.6	1.6	1.0	1.5	0.2	1.3	1.0	1.9	0.9	1.2	3.8	2.1	3.9	3.7	5.9	3.3	3.3	·	1.3	1.1	3.1	3.1	5.4	0.8	0.8	2.0
한국	1.9	1.1	1.1	1.7	1.7	3.1	1.8	1.6	7.5	1.3	1.9	1.7	2.5	1.2	1.6	3.2	27.2	5.3	4.6	7.1	1.4	4.1	·	1.9	1.5	3.1	3.1	6.3	1.6	1.6	2.5
러시아	2.3	0.9	0.9	0.6	0.5	0.7	1.3	1.5	1.0	0.7	2.2	2.1	2.0	1.0	1.6	3.1	0.1	1.8	0.7	0.7	0.3	0.7	·	0.2	0.7	1.0	1.0	0.2	0.4	0.4	0.3
미국	20.7	17.8	17.8	11.0	12.6	8.1	16.1	16.1	10.9	13.4	20.4	14.8	17.7	12.1	6.1	8.8	6.8	9.9	14.1	7.3	47.4	22.9	·	10.5	9.8	·	9.8	8.6	14.1	14.1	23.8

주: M(2000)은 1~56의 경우, 2000년 브라질의 각 산업 생산 과정에서 투입된 중간재 중 수입품 비중. 그리고 57~61의 경우, 최종재 수요에서 투입된 중간재 중 수입품 비중. 산업코드명은 〈부표 2-2〉 참조

표 10-16 브라질 산업 생산의 중간재 및 최종재 수입시장에서 수출국가별 점유율(2000, 2014)

산업 수출국	32	33	34	35	36	37	38	39	40	41	42	43	44	45	46	47	48	49	50	51	52	53	54	55	56	57	58	59	60	61	총수입
M(2000)	10.9	14.5	7.0	·	4.9	5.9	5.8	4.4	11.1	3.5	·	·	4.0	4.5	13.5	2.3	·	·	8.2	5.9	7.5	7.4	10.4	·	·	3.1	1.7	0.1	10.6	8.5	6.3
중국	0.4	0.7	0.4	·	0.7	2.9	1.3	0.6	1.6	0.9	·	·	1.2	1.6	1.3	2.8	·	·	1.4	0.6	0.8	1.4	1.0	·	·	2.0	0.1	0.7	2.3	1.0	1.5
독일	2.8	1.3	8.1	·	7.1	4.7	3.9	4.1	3.8	4.9	·	·	9.2	7.2	7.1	5.2	·	·	7.0	5.4	5.4	7.3	4.1	·	·	4.8	7.6	6.8	11.6	8.1	8.0
프랑스	1.3	1.0	1.8	·	4.1	1.4	1.2	1.0	1.1	0.8	·	·	2.9	1.6	1.9	1.3	·	·	2.1	1.4	1.7	4.3	1.4	·	·	3.5	0.0	5.8	6.0	10.4	3.7
영국	0.8	1.2	1.4	·	1.2	1.0	2.8	1.4	1.3	2.4	·	·	2.3	2.0	1.5	10.3	·	·	1.6	2.5	1.6	2.8	3.2	·	·	3.3	5.1	4.3	1.8	1.2	2.1
인도	0.1	0.1	5.3	·	0.2	0.2	0.1	0.3	0.4	0.6	·	·	0.4	0.2	4.3	0.2	·	·	0.4	1.9	0.8	0.8	0.2	·	·	0.7	7.6	0.3	0.1	0.3	0.7
일본	2.3	1.8	1.7	·	1.0	1.0	3.2	1.6	4.1	2.6	·	·	3.8	3.9	3.5	1.8	·	·	3.5	3.2	2.9	2.8	6.1	·	·	2.7	0.0	0.6	6.3	7.6	3.9
한국	0.6	1.0	2.1	·	1.0	0.8	4.6	1.7	7.0	2.3	·	·	2.0	3.7	6.1	2.5	·	·	4.0	1.6	3.7	2.2	2.8	·	·	2.4	4.3	0.7	4.4	4.1	3.2
러시아	0.1	0.0	0.1	·	0.0	0.2	0.1	0.0	0.0	0.0	·	·	0.4	0.1	0.1	0.1	·	·	0.4	0.1	0.1	0.2	0.1	·	·	0.0	0.0	0.0	0.1	0.0	0.4
미국	12.4	7.4	13.4	·	6.8	10.5	16.3	7.1	22.8	15.2	·	·	17.0	16.1	21.3	19.1	·	·	19.4	11.5	17.5	15.8	19.6	·	·	17.7	1.2	23.9	26.3	16.6	18.7
M(2014)	11.7	15.7	9.0	·	5.2	8.0	7.4	5.7	13.3	4.7	·	·	5.3	5.8	14.1	3.6	·	·	10.5	7.2	9.0	10.2	14.2	·	·	4.1	2.2	0.2	9.5	14.3	7.8
중국	2.2	1.7	3.0	·	7.1	3.1	8.6	3.7	11.9	3.5	·	·	9.3	9.3	12.0	4.2	·	·	10.5	3.1	7.2	14.3	6.4	·	·	16.0	9.7	7.9	22.2	19.1	12.4
독일	3.1	1.2	4.8	·	4.1	4.7	2.2	2.4	1.9	2.3	·	·	4.8	4.1	4.1	3.6	·	·	4.8	2.8	3.2	7.1	2.6	·	·	4.2	4.3	11.7	10.1	11.5	5.7
프랑스	2.9	1.2	4.5	·	2.1	3.5	1.6	1.9	1.5	1.1	·	·	2.3	2.3	2.8	1.5	·	·	2.7	1.8	2.0	4.5	1.6	·	·	2.3	0.2	7.7	3.5	2.1	2.8
영국	0.5	0.3	1.0	·	0.7	0.6	1.6	1.1	0.6	1.8	·	·	1.6	2.5	0.8	6.2	·	·	1.4	1.6	1.2	2.8	1.5	·	·	2.7	8.6	10.2	1.8	1.8	1.6
인도	2.2	5.7	2.8	·	1.4	0.5	0.4	0.3	0.3	0.5	·	·	0.8	0.8	2.5	0.5	·	·	1.4	1.2	0.9	0.9	0.6	·	·	2.6	6.6	0.5	0.5	0.6	2.3
일본	0.5	0.3	0.4	·	0.9	0.5	0.7	0.7	1.0	0.2	·	·	1.2	0.9	1.0	0.4	·	·	1.3	0.6	0.7	0.7	0.5	·	·	0.8	0.2	0.5	3.0	2.5	1.8
한국	0.6	0.6	3.0	·	0.8	0.7	6.9	2.2	13.0	2.1	·	·	1.4	4.5	12.1	3.1	·	·	5.9	1.8	4.8	2.0	3.0	·	·	3.5	4.0	1.2	4.7	3.4	3.9
러시아	0.1	0.2	0.1	·	0.1	0.3	0.1	0.0	0.0	0.0	·	·	0.7	0.2	0.1	0.2	·	·	0.6	0.1	0.2	0.2	0.2	·	·	0.1	0.0	0.0	0.0	0.0	0.6
미국	15.3	17.3	11.6	·	7.3	6.3	6.4	4.3	5.8	13.2	·	·	16.6	16.0	9.0	12.5	·	·	10.7	10.1	9.5	8.5	13.0	·	·	11.2	0.7	16.7	11.6	11.6	12.8

주 : 57(민간소비), 58(비영리단체 소비), 59(정부단체 소비), 60(고정자본형성), 61(재고변화). '총수입'은 총수요 중 수입 비중. 산업코드별 산업명은 〈부표 2-2〉 참조
자료 : WIOD 이용 계산

국의 점유율 확대 과정에서 독일의 점유율 역시 크게 축소된(8.0% → 5.7%) 점이 눈에 띈다. 또한 브라질 수입시장은 인도 수입시장에서 마찬가지로 주요국 이외 기타 국가들의 점유율이 크게 높은데, 이 점 역시 특징이라 할 수 있다.

2.4 러시아 수입시장

러시아 내 총수요에서 수입 비중은 2000년 13.3%에서 2014년 11.8%로 축소되었는데, 최종재보다는 생산 과정의 중간재 수입시장 축소에 주로 기인한 것으로 보인다(〈표 10-18〉 마지막 열 참조). 러시아의 최종재 중 소비에서 수입 비중은 2000년 18.1%에서 2014년 20.4%로 증가했으나, 고정자본형성에서 수입 비중은 15.8%에서 12.9%로 축소되었다. 러시아 총수요(최종재 및 중간재)에 있어서 수입 비중(11.8%)이 최종재 시장에 있어서 수입 비중보다 낮다는 것은 생산 과정의 중간재 수입 비중이 최종재 수입 비중보다 더 낮다는 것을 의미한다.

러시아의 총수입시장(중간재 및 최종재)에서 주요국가들의 2000년과 2014년 점유율 변화를 살펴보면, 인도 수입시장에서와 마찬가지로 중국의 비중이 매우 큰 폭으로 증가한 반면, 여타 대부분 국가들(프랑스, 인도, 미국, 이탈리아, 터키)의 비중은 크게 위축되었다. 특히 미국의 점유율은 2000년 5.8%에서 2014년 1.9%로 대폭 하락했다. 반면 러시아 수입시장에서 중국의 점유율은 2000년 4.7%에서 2014년 17.5%로 4배 이상 확대되었다. 보다 자세히 살펴보면 생산 과정에서의 중간재 수입의 대부분 산업, 그리고 최종재에서 민간소비와 고정자본형성(투자) 부문에서 중국의 점유율이 크게 신장되었다. 러시아 민간소비 수입시장에 있어서 중국의 점유율은 2000년 11.1%에서 2014년 24.8%로 대폭 확대되었으며, 고정자본형성 수입시장 부문에서도 중국 점유율은 2000년 0.5%에서 2014년 10.8%로 크게 확대되었다. 대부분의 중간재 수입시장에서도 중국 점유율이 확대되었는데, 특히 제조업 생산의 중간재 수입시장에 있어서 섬유제품, 의복, 가죽·가방·신발(6)과 가구, 기타 제품(22)의 경우 중국 점유율이 2014년 기준으로 각각 28.6%와 18.6%에 달했으며, 고무 및 플라스틱제품(13), 컴퓨터, 전자·광학제품(17)의 경우에도 그 비율이 각각 16.9%, 12.2%로 높았다. 또한 서비스업 생산의 중간재 수입시장에 있어서도 공공 행정, 국방 및 사회보장 행정(51)(12.6%), 교육 서비스(52)(12.2%), 건설업(27)(12.0%)에 있어서 중국의 시장점유율이 높았다.

표 10-17   러시아 산업 생산의 중간재 수입시장에서 수출국가별 점유율(2000, 2014)

산업 수출국	1	2	3	4	5	6	7	8	9	10	11	12	13	14	15	16	17	18	19	20	21	22	23	24	25	26	27	28	29	30	31
M(2000)	14.9	·	·	12.2	14.3	38.7	11.5	16.3	·	14.0	22.0	·	26.4	11.7	13.3	·	15.9	·	18.8	14.7	·	14.5	·	12.1	·	·	12.0	8.8	8.8	8.8	9.9
브라질	5.1	·	·	0.1	13.0	0.1	0.1	0.1	·	0.1	0.4	·	0.1	0.1	0.0	·	0.0	·	0.0	0.1	·	0.1	·	0.1	·	·	0.1	0.4	0.4	0.4	0.2
중국	1.5	·	·	1.1	0.8	2.6	1.2	1.2	·	2.0	1.6	·	1.9	1.8	0.9	·	1.1	·	0.7	0.6	·	1.6	·	2.0	·	·	1.8	1.4	1.4	1.4	2.2
독일	14.7	·	·	13.9	10.0	14.1	16.3	18.4	·	5.1	18.2	·	17.9	12.1	8.4	·	16.1	·	18.0	17.2	·	15.2	·	9.1	·	·	15.4	10.5	10.5	10.5	14.0
프랑스	4.2	·	·	3.3	3.6	2.1	4.2	4.4	·	1.6	6.6	·	5.7	3.1	1.5	·	3.8	·	3.4	3.1	·	3.4	·	2.2	·	·	3.5	2.2	2.2	2.2	3.6
영국	2.9	·	·	3.3	1.5	3.3	3.2	2.7	·	2.7	4.9	·	4.6	2.5	2.1	·	3.3	·	3.4	3.0	·	3.1	·	2.8	·	·	2.4	2.4	2.4	2.4	4.7
인도	0.9	·	·	0.6	1.2	2.7	0.7	0.9	·	0.3	1.0	·	1.4	0.7	0.9	·	0.8	·	0.6	0.5	·	1.3	·	0.5	·	·	0.5	0.8	0.8	0.8	0.7
일본	0.9	·	·	1.1	0.2	1.0	1.0	0.6	·	0.5	0.9	·	1.1	1.0	1.2	·	1.4	·	1.4	2.2	·	1.0	·	0.8	·	·	1.3	1.1	1.1	1.1	1.3
한국	2.4	·	·	2.0	0.7	15.1	2.8	2.5	·	1.2	5.1	·	7.8	1.9	1.0	·	2.2	·	1.2	1.8	·	5.7	·	1.4	·	·	1.3	2.4	2.4	2.4	2.8
미국	6.0	·	·	6.2	4.8	1.8	5.4	3.6	·	2.4	4.2	·	3.4	3.8	3.5	·	4.8	·	6.5	3.9	·	3.6	·	4.4	·	·	4.4	8.4	8.4	8.4	5.7
이탈리아	3.8	·	·	4.8	1.5	9.4	5.5	3.7	·	1.4	3.3	·	4.8	4.9	3.3	·	4.9	·	6.8	4.6	·	6.2	·	3.3	·	·	6.7	3.7	3.7	3.7	4.8
터키	2.6	·	·	2.3	2.6	7.8	2.1	2.8	·	1.4	2.0	·	3.5	2.9	1.7	·	1.6	·	1.4	2.2	·	3.7	·	3.7	·	·	3.2	6.2	6.2	6.2	4.0
M(2014)	16.9	·	·	8.2	7.4	45.2	11.3	12.3	·	3.6	16.5	·	23.6	7.5	6.4	·	13.2	·	17.9	33.1	·	16.3	·	5.6	·	·	11.6	6.7	6.7	6.7	10.0
브라질	0.8	·	·	0.1	6.0	0.1	0.2	0.1	·	0.1	0.3	·	0.2	0.1	0.2	·	0.1	·	0.1	0.2	·	0.1	·	0.1	·	·	0.1	0.2	0.2	0.2	0.2
중국	7.9	·	·	10.2	7.4	28.6	12.1	13.0	·	7.6	11.1	·	16.9	11.5	9.5	·	12.2	·	10.7	8.5	·	18.6	·	10.3	·	·	12.0	11.6	11.6	11.6	10.8
독일	12.6	·	·	20.1	10.8	5.5	18.2	21.6	·	14.7	20.0	·	15.4	16.0	14.3	·	18.8	·	22.6	21.8	·	13.7	·	18.2	·	·	18.3	16.5	16.5	16.5	19.3
프랑스	2.9	·	·	4.0	2.8	1.0	4.2	2.7	·	3.2	6.1	·	4.5	3.6	3.0	·	4.1	·	4.2	5.7	·	2.8	·	3.2	·	·	3.9	3.2	3.2	3.2	4.5
영국	1.7	·	·	2.8	2.1	3.0	2.8	2.4	·	2.4	3.5	·	3.4	2.7	2.5	·	3.4	·	2.7	1.8	·	3.3	·	2.7	·	·	2.6	2.4	2.4	2.4	2.8
인도	1.6	·	·	0.5	0.7	0.7	0.5	0.3	·	0.5	0.8	·	0.8	0.5	0.7	·	0.5	·	0.6	0.7	·	0.5	·	0.6	·	·	0.4	0.4	0.4	0.4	1.7
일본	1.7	·	·	1.8	0.6	0.4	2.0	1.0	·	0.8	1.0	·	1.0	1.8	1.5	·	1.4	·	2.5	7.3	·	0.9	·	1.2	·	·	2.8	2.9	2.9	2.9	4.0
한국	3.9	·	·	4.4	1.6	5.0	4.6	2.8	·	2.5	4.2	·	4.5	4.0	3.5	·	4.1	·	5.6	12.4	·	3.6	·	3.2	·	·	5.4	5.7	5.7	5.7	7.7
미국	1.7	·	·	2.6	1.4	1.2	2.0	1.7	·	1.9	2.3	·	1.9	1.8	1.7	·	2.1	·	2.7	2.2	·	1.6	·	2.3	·	·	1.9	2.3	2.3	2.3	2.2
이탈리아	2.8	·	·	5.0	2.4	3.6	4.5	2.9	·	3.4	3.4	·	3.4	3.9	3.6	·	4.4	·	6.0	2.3	·	4.2	·	4.9	·	·	4.4	2.8	2.8	2.8	3.5
터키	2.3	·	·	3.3	2.6	20.9	3.1	4.3	·	2.4	2.8	·	8.7	4.2	3.7	·	2.6	·	3.0	3.0	·	8.6	·	4.0	·	·	3.4	5.9	5.9	5.9	4.2

주: M(2000)은 1~56의 경우, 2000년 러시아의 각 산업 생산 과정에서 투입된 중간재 중 수입품 비중, 그리고 57~61의 경우, 최종재 수요에서 수입 비중을 나타냄. 산업코드명은 〈부표 2-2〉 참조

표 10-18 ─○ 러시아 산업 생산의 중간재 및 최종재 수입시장에서 수출국가별 점유율(2000, 2014)

산업 / 수출국	32	33	34	35	36	37	38	39	40	41	42	43	44	45	46	47	48	49	50	51	52	53	54	55	56	57	58	59	60	61	총수입
M(2000)	9.9	9.9	9.9	·	12.6	·	·	7.9	·	12.0	·	·	10.4	·	·	·	·	·	7.6	12.0	10.0	14.6	10.5	·	·	18.1	0.3	0.7	15.8	21.7	13.3
브라질	0.2	0.2	0.2	·	7.8	·	·	0.1	·	1.9	·	·	0.2	·	·	·	·	·	0.2	1.9	4.2	3.5	0.2	·	·	0.4	0.0	0.0	0.0	0.1	1.0
중국	2.2	2.2	2.2	·	1.1	·	·	1.2	·	1.1	·	·	1.4	·	·	·	·	·	1.2	1.1	1.0	1.3	1.3	·	·	11.1	0.5	0.3	0.5	2.5	4.7
독일	14.0	14.0	14.0	·	8.9	·	·	6.4	·	13.2	·	·	8.2	·	·	·	·	·	15.0	13.2	8.1	12.2	8.3	·	·	12.6	1.4	3.2	31.4	29.5	15.4
프랑스	3.6	3.6	3.6	·	2.9	·	·	1.3	·	2.6	·	·	2.2	·	·	·	·	·	3.6	2.6	2.0	3.9	2.2	·	·	4.5	0.0	0.6	5.1	4.2	3.9
영국	4.7	4.7	4.7	·	2.1	·	·	3.5	·	2.8	·	·	2.9	·	·	·	·	·	4.4	2.8	1.7	3.0	2.9	·	·	1.9	2.2	3.9	2.8	2.6	2.6
인도	0.7	0.7	0.7	·	1.0	·	·	1.1	·	0.8	·	·	0.5	·	·	·	·	·	0.6	0.8	0.9	1.0	0.5	·	·	4.8	0.0	0.1	0.1	1.0	2.1
일본	1.3	1.3	1.3	·	0.4	·	·	0.6	·	0.8	·	·	0.7	·	·	·	·	·	0.9	0.8	0.4	0.6	0.7	·	·	1.1	0.3	0.4	4.3	3.4	1.5
한국	2.8	2.8	2.8	·	1.3	·	·	0.7	·	2.5	·	·	1.8	·	·	·	·	·	2.6	2.5	1.8	3.8	1.8	·	·	2.2	0.2	0.4	1.2	2.0	2.3
미국	5.7	5.7	5.7	·	4.3	·	·	34.8	·	8.6	·	·	3.7	·	·	·	·	·	11.3	8.6	6.1	4.3	3.8	·	·	5.1	3.0	9.6	8.7	6.0	5.8
이탈리아	4.8	4.8	4.8	·	2.3	·	·	2.2	·	5.1	·	·	3.1	·	·	·	·	·	4.5	5.1	2.1	2.7	3.2	·	·	9.9	0.2	1.9	5.6	8.5	6.5
터키	4.0	4.0	4.0	·	6.9	·	·	8.2	·	5.1	·	·	13.0	·	·	·	·	·	4.1	5.1	6.9	8.4	12.8	·	·	7.0	0.0	0.4	1.7	2.8	4.6
M(2014)	10.0	10.0	10.0	·	8.5	·	·	4.4	·	9.3	·	·	6.3	·	·	·	·	·	4.3	9.3	6.0	9.7	6.4	·	·	20.4	0.1	0.2	12.9	20.2	11.8
브라질	0.2	0.2	0.2	·	2.2	·	·	0.1	·	0.4	·	·	0.1	·	·	·	·	·	0.1	0.4	1.1	0.9	0.1	·	·	1.5	0.0	0.0	0.1	0.1	0.9
중국	10.8	10.8	10.8	·	9.4	·	·	9.2	·	12.6	·	·	11.5	·	·	·	·	·	10.4	12.6	12.2	11.9	11.6	·	·	24.8	0.1	2.4	10.8	15.0	17.5
독일	19.3	19.3	19.3	·	10.1	·	·	12.8	·	17.4	·	·	14.1	·	·	·	·	·	19.9	17.4	12.4	12.7	14.2	·	·	7.9	1.6	9.9	19.6	17.9	13.2
프랑스	4.5	4.5	4.5	·	2.3	·	·	4.2	·	2.6	·	·	3.1	·	·	·	·	·	4.4	2.6	1.7	3.4	3.1	·	·	2.1	0.1	2.2	4.5	3.0	3.1
영국	2.8	2.8	2.8	·	2.2	·	·	7.3	·	2.8	·	·	3.1	·	·	·	·	·	3.4	2.8	3.6	2.7	3.1	·	·	4.7	14.1	12.8	4.2	4.6	3.8
인도	1.7	1.7	1.7	·	1.4	·	·	0.5	·	0.7	·	·	1.2	·	·	·	·	·	0.5	0.7	0.9	1.0	1.2	·	·	0.4	0.0	0.1	0.2	0.2	0.5
일본	4.0	4.0	4.0	·	1.2	·	·	1.9	·	1.2	·	·	1.8	·	·	·	·	·	1.8	1.2	0.6	0.8	1.8	·	·	4.8	0.3	3.9	5.2	3.3	3.9
한국	7.7	7.7	7.7	·	2.8	·	·	3.9	·	3.5	·	·	4.1	·	·	·	·	·	4.9	3.5	2.3	3.3	4.0	·	·	2.3	0.0	2.5	5.7	3.9	4.1
미국	2.2	2.2	2.2	·	1.4	·	·	7.1	·	2.5	·	·	1.8	·	·	·	·	·	2.7	2.5	1.6	1.7	1.8	·	·	1.5	1.0	2.4	2.5	2.0	1.9
이탈리아	3.5	3.5	3.5	·	2.5	·	·	3.7	·	4.7	·	·	3.7	·	·	·	·	·	4.3	4.7	2.2	2.4	3.7	·	·	5.2	0.5	2.1	5.0	6.0	4.5
터키	4.2	4.2	4.2	·	5.2	·	·	5.0	·	6.0	·	·	8.0	·	·	·	·	·	3.6	6.0	6.5	6.9	7.9	·	·	3.5	0.0	0.5	2.3	3.7	3.8

주 : 57(민간소비), 58(비영리단체 소비), 59(정부소비), 60(고정자본형성), 61(재고변화). '총수요'는 총수요 중 수입 비중. '총수입'은 총수입 중 수입 비중. 산업코드별 산업명은 〈부표 2-2〉 참조.
자료 : WIOD 이용 계산

한편 러시아 수입시장에서 두드러진 특징은 영국과 프랑스 수입시장에서와 마찬가지로 독일의 점유율이 매우 높다는 점이다. 비록 2014년 기준으로 러시아 수입시장에서 독일의 점유율(13.2%)이 중국의 점유율(17.5%)에 비해서는 낮았으나, 여타 국가들에 비해서는 여전히 매우 높았다. 러시아 수입시장에서 독일의 점유율은 2000년 15.4%로 가장 높았는데, 이후 중국의 부상으로 점유율이 하락하였다. 러시아 수입시장에서 독일의 점유율 하락폭은 민간소비 수입시장에서 컸는데(2000년 12.6%에서 2014년 7.9%로 하락), 이는 민간소비 수입시장에서 중국 점유율의 대폭적인 증가와 대조를 보였다. 하지만 러시아 고정자본형성 수입시장에서 독일의 비중은 2014년 기준으로 19.6%로, 중국의 10.8%보다 크게 높았다. 즉 러시아의 고정자본형성 과정에서 필요한 수입은 주로 독일에서 조달되고 있는 것이다. 러시아 생산 과정의 수입에서 독일의 비중이 높은 산업은 제조업에서는 기타 기계 및 장비(19)(2014년 해당 산업 수입의 22.6%), 자동차 및 트레일러(20)(21.8%), 종이 및 종이제품(8)(21.6%), 화학물질 및 화학제품(11)(20.0%), 컴퓨터, 전자·광학제품(17)(18.8%), 그리고 서비스업에서는 사업시설 관리, 사업 지원 및 임대 서비스(50)(19.9%), 31~34(19.3%), 건설업(27)(18.3%), 전기, 가스, 증기 및 공기 조절 공급업(24)(18.2%)을 들 수 있다. 러시아 수입시장에서의 또 다른 특징은 이탈리아(2014년 러시아 총수입의 4.5%)와 터키(3.8%)의 점유율이 높고, 또한 영국(3.8%), 한국(4.1%), 일본(3.9%)의 점유율이 상당 폭 확대되었다는 점이다. 러시아 수입시장에서 한국의 점유율 확대는 고정자본형성 수입시장과 중간재 수입시장에서의 점유율 확대에 주로 기인했다. 러시아 고정자본형성에 수입시장에서 한국의 점유율은 2000년 1.2%에 불과했으나 2014년 5.7%로 확대되었다. 그러나 러시아 민간소비 수입시장에서의 한국 점유율은 2.2%에서 2.3%로 거의 변화가 없었다. 한편 러시아 생산 과정에 있어 수요되는 중간재 수입시장의 경우 자동차 및 트레일러(20)에 있어서 한국의 점유율이 1.8%에서 12.4%로 크게 확대되었는데, 이 점유율은 독일(21.8%) 다음으로 높은 수준이다. 또한 터키의 경우 러시아 생산 과정의 수입 중 섬유제품, 의복, 가죽·가방·신발(6)에 있어서 점유율이 2014년 20.9%로 중국(28.6%) 다음으로 매우 높았다.

2.5 한국 수입시장

한국 내 총수요에서 수입 비중은 2000년 14.3%에서 2014년 17.2%로 확대되었는데, 이 수준은 주요 국가 중 독일에 이어 두 번째로 높은 수준이다. 한국 수입은 최종재보다는 생산 과정의 중간재 수입(특히 제조업 부문) 확대에 주로 기인한 것이다(〈표 10-19〉, 〈표 10-20〉 참조). 최종재 중에서는 소비보다는 고정자본형성에 필요한 수입이 높은 비중을 차지했다. 한국은 2000년 고정자본형성에 필요한 것의 13.7%를 수입에 의존했으나 2014년에는 그 비중이 14.2%로 높아졌다. 민간소비 중 수입 비중은 2014년 9.8%로 독일, 프랑스, 영국, 러시아에 비해서는 낮았으나, 미국, 일본, 중국, 인도, 브라질에 비해서는 높은 수준이다.

한국의 총수입시장(중간재 및 최종재)에서 주요 국가들의 2000년과 2014년 점유율 변화를 살펴보면, 미국, 일본, 인도, 브라질, 러시아 수입시장에서와 마찬가지로 중국의 점유율이 매우 큰 폭으로 증가한 반면, 여타 대부분 국가들의 점유율은 크게 위축되었다. 한국 수입시장에서 중국의 점유율은 2000년 6.0%로 일본(19.9%)과 미국(17.5%)에 비해 크게 낮았으나, 2014년에는 18.3%로 3배 이상 확대되었다. 즉 한국 수입시장에서 중국이 여타 국가들의 시장을 크게 잠식하였는데, 특히 미국과 일본의 점유율을 크게 잠식했다. 한국 수입시장에서 일본의 점유율은 2000년 19.9%에서 2014년 10.2%로, 미국의 점유율은 17.5%에서 7.5%로 크게 축소되었다. 그러나 여전히 한국 수입시장에서 일본과 미국의 점유율은 상당한 수준임에는 틀림없다. 세계 주요 수입시장에서 일본의 점유율이 크게 하락하고 있으나 한국, 중국 등 동북아지역 시장, 특히 한국 시장에서 일본의 점유율은 여전히 높게 유지되고 있다. 한편 중국의 시장점유율 잠식에도 불구하고 한국 수입시장에서 독일의 점유율은 2000년 3.1%에서 2014년 4.6%로 상승해 한국 시장에서 독일상품의 높은 경쟁력을 보여주었다.

한국 수입시장에서의 국가별 점유율을 보다 자세히 살펴보면 생산 과정에서의 중간재 수입의 대부분 산업, 그리고 최종재에서 민간소비와 고정자본형성(투자) 부문에서 중국의 점유율이 크게 신장되었는데, 중국의 경우 생산 과정의 중간재보다는 최종재에 있어서 그 비중이 더 높았다. 한국 민간소비 수입시장에 있어서 중국의 점유율은 2000년 13.3%에서 2014년 23.7%로 대폭 확대되었으며, 고정자본형성 수입시장 부문에서도 중국 점유율은 2000년 5.2%에서 2014년 23.2%로 크게 확대되었다. 대부분의 중간재 수입시장에서도 중국 점유율이 확대되었는데, 특히 제조업 생산의 중간재 수입시장에 있어서 컴퓨터, 전자·광학제품(17)과 섬유제품, 의복, 가죽·가방·신발(6)의 경우 중국의 점유율이 2014

표 10-19 ○── 한국 산업 생산의 중간재 수입시장에서 수출국가별 점유율(2000, 2014)

산업 수출국	1	2	3	4	5	6	7	8	9	10	11	12	13	14	15	16	17	18	19	20	21	22	23	24	25	26	27	28	29	30	31
M(2000)	11.9	7.4	12.1	8.2	8.9	17.9	17.0	16.4	11.6	77.6	18.9	12.5	17.7	26.0	27.9	19.6	29.1	17.5	18.0	14.8	17.5	20.5	·	43.5	47.1	7.1	17.6	7.1	7.1	7.0	12.0
브라질	1.5	0.3	0.7	0.3	2.0	0.6	2.4	2.4	2.0	0.5	0.4	0.7	0.5	0.4	1.1	1.0	0.1	0.5	0.5	0.4	0.5	1.0	·	0.4	0.4	0.2	0.6	0.7	0.7	0.7	0.2
중국	6.0	5.6	6.6	4.3	5.7	15.9	10.5	3.0	6.7	2.4	5.2	5.5	6.2	3.9	8.3	8.6	4.4	6.5	6.0	5.9	5.8	10.7	·	2.6	2.6	5.1	7.4	4.5	4.5	4.5	3.2
독일	3.4	2.8	1.8	3.0	2.7	3.2	2.4	3.3	3.3	0.1	4.2	4.2	5.5	1.7	1.9	3.9	2.1	3.7	6.1	5.6	5.4	3.6	·	0.3	0.3	3.3	4.5	1.9	1.6	1.6	1.4
프랑스	2.1	1.3	1.0	1.1	1.5	2.2	0.9	2.0	2.0	0.0	2.5	2.4	3.0	0.8	0.6	1.3	2.7	2.0	1.9	1.8	2.6	2.1	·	0.1	0.1	1.3	1.7	0.8	0.8	0.8	0.5
영국	1.5	1.7	1.2	1.7	1.2	2.2	0.6	1.3	1.4	0.1	1.5	1.8	2.0	0.6	2.1	2.5	1.0	1.8	2.4	2.0	2.8	1.8	·	0.2	0.2	2.2	1.9	2.0	2.0	2.0	1.1
인도	1.9	0.6	0.8	0.4	1.9	3.5	0.3	0.4	0.4	0.3	1.1	0.9	1.3	0.4	0.5	0.6	0.1	0.5	0.4	0.8	0.4	1.2	·	0.3	0.3	0.6	0.4	0.6	0.4	0.4	0.3
일본	15.4	22.0	12.0	19.3	10.7	15.9	8.8	12.1	14.8	0.7	23.3	20.6	29.0	11.2	22.7	31.6	28.3	36.0	30.5	31.6	26.3	19.6	·	2.3	2.3	20.5	30.5	18.0	18.1	18.0	13.6
러시아	0.6	0.4	0.3	0.4	0.5	0.4	0.5	2.7	2.3	0.5	0.9	0.8	0.9	0.6	2.2	2.0	0.2	1.0	1.0	0.7	0.9	0.7	·	0.6	0.6	0.3	0.8	1.1	0.5	0.5	0.3
미국	22.1	10.1	14.0	17.1	26.2	11.8	11.6	27.9	27.4	1.2	17.2	30.0	20.0	7.6	3.4	8.3	25.3	14.8	17.4	15.5	23.8	12.5	·	3.0	3.0	16.1	14.8	29.6	30.6	29.2	11.8
M(2014)	12.3	15.1	16.0	10.9	9.5	13.7	18.3	14.0	11.7	76.3	21.2	13.9	19.0	24.6	32.9	19.9	27.6	18.3	18.4	14.5	19.9	16.3	·	47.1	9.7	14.0	19.4	9.8	9.8	9.8	16.2
브라질	4.0	0.7	0.9	0.3	4.2	1.5	1.1	2.5	2.0	0.8	0.6	0.7	0.7	0.5	0.8	0.6	0.1	0.3	0.3	0.2	0.3	0.8	·	0.7	0.4	0.5	0.4	0.7	0.7	0.7	0.2
중국	16.4	14.4	11.6	13.5	19.0	31.2	24.7	14.5	16.1	0.8	13.2	20.5	19.5	19.4	12.8	25.5	35.3	29.4	26.5	29.6	24.5	29.9	·	1.8	21.6	17.7	27.3	13.2	13.3	13.2	7.7
독일	3.6	5.1	1.9	3.8	3.3	3.8	4.0	3.6	4.2	0.2	4.2	7.1	6.3	2.5	1.7	4.7	3.3	5.7	7.7	8.5	5.9	4.6	·	0.4	6.6	4.5	5.0	3.0	2.9	2.9	1.9
프랑스	1.6	1.4	1.2	1.4	1.8	1.2	0.6	1.8	1.7	0.4	1.1	2.6	1.7	0.9	0.7	1.3	0.8	1.5	2.0	2.0	2.2	1.3	·	0.4	1.6	1.1	1.4	1.0	1.0	1.0	0.6
영국	0.8	1.3	3.0	2.9	1.0	1.0	0.5	0.8	0.9	1.3	0.7	2.6	1.0	1.1	1.5	1.7	0.8	1.4	2.0	1.3	4.9	1.1	·	1.4	1.9	3.2	1.6	2.8	2.8	2.8	1.3
인도	2.5	1.8	2.3	1.6	1.9	3.1	0.6	0.8	0.8	0.2	2.3	1.0	1.6	0.9	1.2	2.1	0.3	1.1	1.1	1.1	1.2	1.5	·	0.3	1.2	1.3	1.6	1.0	0.8	0.8	2.6
일본	11.9	19.6	6.4	10.3	8.2	11.5	7.4	14.3	16.4	0.8	18.2	15.6	25.6	11.8	11.3	23.6	15.0	22.0	18.7	19.4	16.3	15.2	·	1.5	16.6	15.0	19.6	7.3	7.3	7.3	8.3
러시아	0.9	1.1	2.1	1.5	0.6	0.3	1.8	3.2	3.2	2.8	1.9	0.6	0.6	1.7	2.6	1.9	0.1	0.8	0.8	0.5	0.9	1.0	·	2.7	0.7	1.0	1.0	0.9	0.9	0.9	2.9
미국	10.7	10.6	9.7	11.0	11.6	6.9	5.2	12.3	12.5	1.1	9.0	12.7	10.7	5.1	2.4	5.5	6.8	6.6	8.7	8.9	13.2	6.4	·	1.5	9.9	9.8	9.4	15.5	15.5	15.5	5.8

주: M(2000)은 1~56의 경우, 2000년 한국의 각 산업 생산 과정에서 투입된 중간재 중 수입품 비중, 최종재 수요에서 수입 비중을 나타냄. 그리고 57~61의 경우, 최종재 수요에서 수입 중간재 중 수입품 비중을 나타냄. 산업코드명은 〈부표 2-2〉 참조

표 10-20 한국 산업 생산의 중간재 및 최종재 수입시장에서 수출국가별 점유율(2000, 2014)

산업 / 수출국	32	33	34	35	36	37	38	39	40	41	42	43	44	45	46	47	48	49	50	51	52	53	54	55	56	57	58	59	60	61	총수입
M(2000)	19.5	14.6	8.4	10.9	7.6	10.1	4.3	11.0	8.9	4.9	5.1	5.0	2.7	10.3	9.9	12.8	22.2	13.5	7.6	11.2	9.5	5.8	7.3	·	·	5.2	·	1.6	13.7	25.3	14.3
브라질	0.4	0.3	0.6	0.2	2.5	1.5	0.2	0.2	0.2	0.4	0.3	0.3	0.4	0.2	0.2	0.2	0.1	0.2	0.6	0.1	0.2	0.2	0.4	·	·	0.5	·	0.3	0.0	0.0	0.4
중국	3.3	3.3	3.9	3.8	6.5	5.3	5.7	4.8	3.3	4.6	4.5	4.6	3.5	8.5	3.2	4.7	1.2	3.4	5.9	3.5	6.2	5.7	6.1	·	·	13.3	·	0.0	5.2	5.7	6.0
독일	2.3	1.3	1.7	1.3	1.9	2.5	3.1	1.3	1.8	1.6	0.9	0.7	2.2	1.8	1.8	3.0	1.1	1.6	2.7	5.8	2.0	4.2	3.4	·	·	2.2	·	2.5	6.7	5.4	3.1
프랑스	0.8	0.9	0.7	1.2	1.4	1.4	1.8	1.1	2.0	0.5	0.4	0.4	0.7	1.9	2.0	2.1	0.8	0.9	1.6	3.1	1.6	3.4	1.5	·	·	2.4	·	1.0	3.4	1.9	1.9
영국	0.9	0.9	2.0	1.6	1.0	1.6	2.4	1.8	1.5	13.2	3.1	20.0	17.9	1.4	1.5	1.8	1.0	1.9	2.1	3.7	2.1	2.8	2.0	·	·	4.9	·	1.9	1.8	2.0	1.8
인도	0.2	0.3	0.4	0.1	2.8	0.3	0.3	0.4	0.1	0.2	0.3	0.2	0.3	0.1	0.2	0.4	0.0	0.4	0.7	0.3	0.3	0.5	0.8	·	·	0.2	·	0.0	0.1	0.0	0.5
일본	24.2	17.4	20.4	22.0	4.8	15.8	16.7	21.4	24.7	15.4	15.5	14.8	13.1	22.6	23.6	21.9	14.4	34.8	17.7	15.0	18.6	18.3	22.8	·	·	14.2	·	2.8	26.7	25.1	19.9
러시아	0.3	0.3	0.3	0.1	0.1	1.6	0.1	0.1	0.1	0.1	0.0	0.1	0.1	0.1	0.1	0.3	0.0	0.2	0.3	0.1	0.1	0.2	0.1	·	·	0.3	·	0.3	0.1	0.1	0.6
미국	19.7	29.1	26.3	34.3	27.0	30.4	29.3	35.2	26.1	28.2	27.2	28.2	17.6	29.8	32.7	32.4	38.3	18.3	29.9	39.5	21.6	24.1	20.3	·	·	18.4	·	70.9	27.0	23.9	17.5
M(2014)	21.3	22.2	11.0	10.9	8.4	10.9	4.8	12.6	21.5	10.1	9.6	9.7	2.7	7.1	11.7	13.7	1.8	10.1	9.6	8.9	9.6	11.1	10.4	·	·	9.8	·	0.2	14.2	313.1	17.2
브라질	0.1	0.1	0.6	0.5	5.4	1.6	0.4	0.4	0.2	0.3	0.5	0.4	0.5	0.6	0.7	0.5	0.2	0.8	1.0	0.3	1.0	0.5	0.8	·	·	0.7	·	0.1	0.2	0.0	0.6
중국	4.8	5.2	17.3	12.5	17.5	17.4	20.4	16.1	22.8	13.5	11.5	16.4	8.0	21.4	19.9	24.8	7.4	19.5	18.0	14.3	18.5	21.1	21.9	·	·	23.7	·	2.7	23.2	47.4	18.3
독일	0.9	1.1	3.7	2.2	2.4	3.5	4.0	3.2	2.8	2.8	2.9	2.9	2.3	2.4	3.2	4.5	5.4	4.1	4.1	3.3	2.8	7.3	5.6	·	·	5.8	·	0.2	15.2	7.4	4.6
프랑스	0.7	1.3	1.0	1.0	1.3	1.5	1.9	0.7	0.5	0.9	1.1	0.8	0.9	0.6	0.8	1.4	4.2	1.2	1.2	1.3	1.0	3.1	1.5	·	·	2.2	·	0.6	8.1	3.4	1.8
영국	1.6	5.0	3.5	3.0	0.8	1.4	2.5	3.3	2.8	5.2	6.8	6.5	8.3	1.9	2.1	2.2	1.3	2.6	1.7	4.4	1.7	3.9	1.8	·	·	1.9	·	0.4	2.8	2.5	1.8
인도	2.1	2.0	1.0	0.9	2.6	0.7	0.8	0.4	0.2	0.2	0.2	0.2	0.8	1.0	1.5	1.0	0.6	1.0	1.5	0.8	1.4	0.7	1.3	·	·	0.9	·	0.4	0.2	0.2	0.9
일본	4.0	4.1	9.1	5.9	4.3	9.9	7.0	8.1	9.6	5.1	4.1	5.1	3.8	5.4	9.0	13.4	1.6	11.5	13.7	6.9	7.4	8.4	14.4	·	·	4.2	·	2.3	10.4	12.7	10.2
러시아	2.5	2.3	0.8	1.2	0.8	2.2	0.3	0.1	0.2	0.3	0.2	0.2	0.8	1.3	0.8	0.4	0.1	0.6	0.7	0.7	1.3	0.3	0.8	·	·	1.0	·	0.0	0.1	0.0	1.4
미국	8.8	13.8	10.4	13.5	11.0	17.8	13.4	16.9	9.9	18.2	23.6	16.3	6.7	11.4	13.5	12.0	10.7	12.8	10.9	14.6	10.6	12.4	9.4	·	·	8.6	·	0.3	14.5	4.4	7.5

주: 57(민간소비), 58(비영리단체 소비), 59(정부소비), 60(고정자본형성), 61(재고변화). '총수요'는 총수요 중 수입 비중. '총수입'은 총수입 중 수입 비중. 산업코드별 산업명은 〈부표 2-2〉 참조.
자료: WIOD 이용 계산

년 기준으로 각각 35.3%와 31.2%에 달했으며, 가구, 기타 제품(22)(29.9%), 자동차 및 트레일러(20)(29.6%), 전기장비(18)(29.4%), 기타 기계 및 장비(19)(26.5%), 금속가공제품(16)(25.5%), 목재제품(7)(24.7%), 기타 운송장비(21)(24.5%)에 있어서도 그 비율이 25% 이상으로 높았다. 또한 서비스업 생산의 중간재 수입시장에 있어서도 과학 연구개발(47)(24.8%), 컴퓨터 프로그래밍, 시스템 통합 및 관리업, 정보 서비스(40)(22.8%), 기타 서비스업(54)(21.9%), 법률·회계·경영자문(45)(21.4%), 보건업 및 사회복지 서비스업(53)(21.1%), 영상·오디오 기록물 제작 및 배급업(38)(20.4%) 등에 있어서 중국의 시장점유율이 높았다. 한국 수입시장에서 중국 점유율이 높은 것은 한국의 중국에 대한 직접투자 확대와 관계가 있다. 즉 2001년 중국의 WTO 가입 이후 한국의 중국에 대한 직접투자가 크게 확대되었는데, 중국 진출 한국기업에서 생산된 최종재 중 일부는 미국 등 제3국으로 수출되었지만, 나머지의 상당 부분은 한국으로 역수입되었으며, 부품 및 부분품 등 중간재역시 같은 패턴으로 한국으로 수입되었는데, 이러한 측면들도 한국 시장에서 중국의 점유율을 상승시킨 한 요인이라 할 수 있다.

한국 수입시장에서 일본의 높은 점유율은 주로 생산 과정의 중간재 수입과 고정자본형성 과정에서의 수입에 주로 기인하고 있다. 한국의 최종재 수입 중 민간소비에 있어서 일본의 점유율은 2000년 14.2%에 달했으나 2014년 4.2%로 급감했고, 고정자본형성 과정의 수입에서도 일본 점유율은 26.7%에서 10.4%로 축소되었다. 한국 수입시장에서 일본의 높은 점유율은 주로 생산 과정의 수입에 기인하고 있는데, 특히 제조업 분야에서 일본의 점유율이 높았다. 고무 및 플라스틱제품(13)(2014년 25.6%), 금속가공제품(16)(23.6%), 전기장비(18)(22.0%), 자동차 및 트레일러(20)(19.4%) 등 한국의 주요 제조업에서 점유율이 높았으며, 서비스업에서도 건설업(27)(19.6%), 수도업(25)(16.6%), 하수, 폐수 및 분뇨 처리업(26)(15.0%), 기타 서비스업(54)(14.4%) 등 일부 산업에 있어서 일본의 점유율이 높았다. 한편 한국의 수입시장에서 독일의 점유율은 주로 고정자본형성 과정의 수입에 기인했는데, 2014년 총수입시장에서 독일 점유율은 4.6%였으나 고정자본형성 과정에서의 수입 점유율은 15.2%로 중국보다는 낮았으나 일본이나 미국보다 더 높았다.

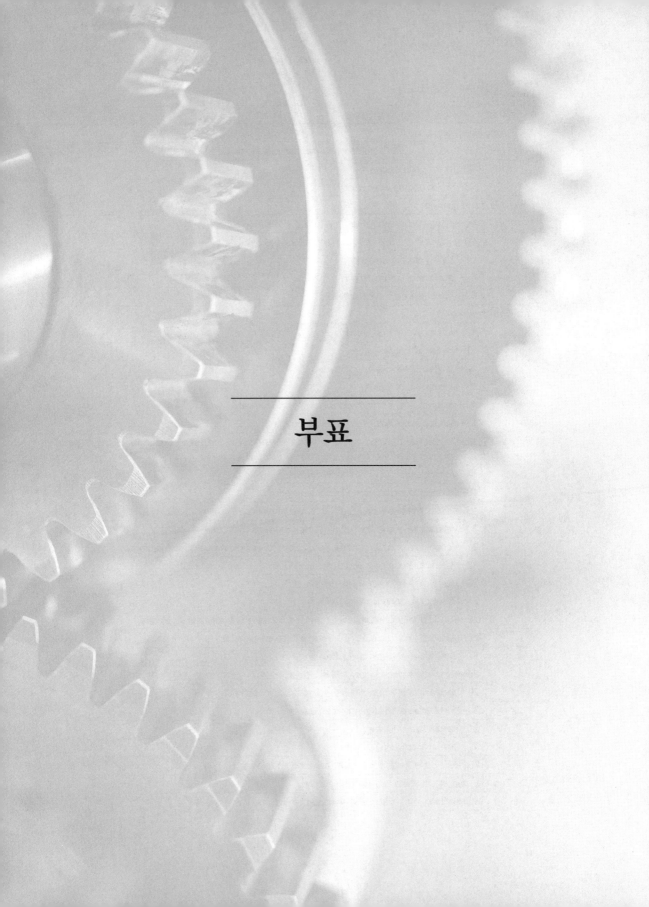

부표

부표 1 ─○ ISIC 코드명

Section	Division
A─Agriculture, forestry and fishing	
	01─Crop and animal production, hunting and related service activities
	02─Forestry and logging
	03─Fishing and aquaculture
B─Mining and quarrying	
	05─Mining of coal and lignite
	06─Extraction of crude petroleum and natural gas
	07─ Mining of metal ores
	08─Other mining and quarrying
	09─Mining support service activities
C─Manufacturing	
	10─Manufacture of food products
	11─Manufacture of beverages
	12─Manufacture of tobacco products
	13─Manufacture of textiles
	14─Manufacture of wearing apparel
	15─Manufacture of leather and related products
	16─Manufacture of wood and of products of wood and cork, except furniture; manufacture of articles of straw and plaiting materials
	17─Manufacture of paper and paper products
	18─Printing and reproduction of recorded media
	19─Manufacture of coke and refined petroleum products
	20─Manufacture of chemicals and chemical products
	21─Manufacture of basic pharmaceutical products and pharmaceutical preparations
	22─Manufacture of rubber and plastics products
	23─Manufacture of other─non─metallic mineral products
	24─Manufacture of basic metals
	25─Manufacture of fabricated metal products, except machinery and equipment
	26─Manufacture of computer, electronic and optical products
	27─Manufacture of electrical equipment
	28─Manufacture of machinery and equipment n.e.c.
	29─Manufacture of motor vehicles, trailers and semi-trailers
	30─Manufacture of other transport equipment
	31─Manufacture of furniture
	32─Other manufacturing
	33─Repair and installation of machinery and equipment
D─Electricity, gas, steam and air conditioning supply	
	35─Electricity, gas, steam and air conditioning supply

(계속)

Section	Division
E—Water supply; sewerage, waste management and remediation activities	
	36—Water collection, treatment and supply
	37—Sewerage
	38—Waste collection, treatment and disposal activities; materials recovery
	39—Remediation activities and other waste management services
F—Construction	
	41—Construction of buildings
	42—Civil engineering
	43—Specialized construction activities
G—Wholesale and retail trade; repair of motor vehicles and motorcycles	
	45—Wholesale and retail trade and repair of motor vehicles and motorcycles
	46—Wholesale trade, except of motor vehicles and motorcycles
	47—Retail trade, except of motor vehicles and motorcycles
H—Transportation and storage	
	49—Land transport and transport via pipelines
	50—Water transport
	51—Air transport
	52—Warehousing and support activities for transportation
	53—Postal and courier activities
I—Accommodation and food service activities	
	55—Accommodation
	56—Food and beverage service activities
J—Information and communication	
	58—Publishing activities
	59—Motion picture, video and television programme production, sound recording and music publishing activities
	60—Programming and broadcasting activities
	61—Telecommunications
	62—Computer programming, consultancy and related activities
	63—Information service activities
K—Financial and insurance activities	
	64—Financial service activities, except insurance and pension funding
	65—Insurance, reinsurance and pension funding, except compulsory social security
	66—Activities auxiliary to financial service and insurance activities
L—Real estate activities	
	68—Real estate activities
M—Professional, scientific and technical activities	
	69—Legal and accounting activities
	70—Activities of head offices; management consultancy activities

(계속)

Section	Division
	71-Architectural and engineering activities; technical testing and analysis
	72-Scientific research and development
	73-Advertising and market research
	74-Other professional, scientific and technical activities
	75-Veterinary activities
N-Administrative and support service activities	
	77-Rental and leasing activities
	78-Employment activities
	79-Travel agency, tour operator, reservation service and related activities
	80-Security and investigation activities
	81-Services to buildings and landscape activities
	82-Office administrative, office support and other business support activities
O-Public administration and defence; compulsory social security	
	84-Public administration and defence; compulsory social security
P-Education	
	85-Education
Q-Human health and social work activities	
	86-Human health activities
	87-Residential care activities
	88-Social work activities without accommodation
R-Arts, entertainment and recreation	
	90-Creative, arts and entertainment activities
	91-Libraries, archives, museums and other cultural activities
	92-Gambling and betting activities
	93-Sports activities and amusement and recreation activities
S-Other service activities	
	94-Activities of membership organizations
	95-Repair of computers and personal and household goods
	96-Other personal service activities
T-Activities of households as employers; undifferentiated goods-and services-producing activities of households for own use	
	97-Activities of households as employers of domestic personnel
	98-Undifferentiated goods-and services-producing activities of private households for own use
U-Activities of extraterritorial organizations and bodies	
	99-Activities of extraterritorial organizations and bodies

부표 2-1 ─○ 세계투입산출표와 ISIC(Revision 4, 2-digit)

WIOD	ISIC	
1	A01	Crop and animal production, hunting and related service activities
2	A02	Forestry and logging
3	A03	Fishing and aquaculture
4	B	Mining and quarrying
5	C10-C12	Manufacture of food products, beverages and tobacco products
6	C13-C15	Manufacture of textiles, wearing apparel and leather products
7	C16	Manufacture of wood and of products of wood and cork, except furniture; manufacture of articles of straw and plaiting materials
8	C17	Manufacture of paper and paper products
9	C18	Printing and reproduction of recorded media
10	C19	Manufacture of coke and refined petroleum products
11	C20	Manufacture of chemicals and chemical products
12	C21	Manufacture of basic pharmaceutical products and pharmaceutical preparations
13	C22	Manufacture of rubber and plastic products
14	C23	Manufacture of other non-metallic mineral products
15	C24	Manufacture of basic metals
16	C25	Manufacture of fabricated metal products, except machinery and equipment
17	C26	Manufacture of computer, electronic and optical products
18	C27	Manufacture of electrical equipment
19	C28	Manufacture of machinery and equipment n.e.c.
20	C29	Manufacture of motor vehicles, trailers and semi-trailers
21	C30	Manufacture of other transport equipment
22	C31-C32	Manufacture of furniture; other manufacturing
23	C33	Repair and installation of machinery and equipment
24	D35	Electricity, gas, steam and air conditioning supply
25	E36	Water collection, treatment and supply
26	E37-E39	Sewerage; wastecollection, treatmentanddisposalactivities; materialsrecovery; remediationactivities and other wastemanagementservices
27	F	Construction
28	G45	Wholesale and retail trade and repair of motor vehicles and motorcycles
29	G46	Wholesale trade, except of motor vehicles and motorcycles
30	G47	Retail trade, except of motor vehicles and motorcycles
31	H49	Land transport and transport via pipelines
32	H50	Water transport
33	H51	Air transport
34	H52	Warehousing and support activities for transportation
35	H53	Postal and courier activities
36	I	Accommodation and food service activities

(계속)

WIOD	ISIC	
37	J58	Publishing activities
38	J59-J60	Motion picture, video and television programme production, sound recording and music publishing activities; programming and broadcasting activities
39	J61	Telecommunications
40	J62-J63	Computer programming, consultancy and related activities; information service activities
41	K64	Financial service activities, except insurance and pension funding
42	K65	Insurance, reinsurance and pension funding, except compulsory social security
43	K66	Activities auxiliary to financial services and insurance activities
44	L68	Real estate activities
45	M69-M70	Legal and accounting activities; activities of head offices; management consultancy activities
46	M71	Architectural and engineering activities; technical testing and analysis
47	M72	Scientific research and development
48	M73	Advertising and market research
49	M74-M75	Other professional, scientific and technical activities; veterinary activities
50	N	Administrative and support service activities
51	O84	Public administration and defence; compulsory social security
52	P85	Education
53	Q	Human health and social work activities
54	R-S	Other service activities
55	T	Activities of households as employers; undifferentiated goods—and services—producing activities of households for own use
56	U	Activities of extraterritorial organizations and bodies

부표 2-2 ──○ WIOD 산업코드와 산업명

산업코드	산업명
	1차산업
1	농업
2	임업
3	어업
4	광업
	제조업
5	식료품, 음료, 담배
6	섬유제품, 의복, 가죽 · 가방 · 신발
7	목재제품
8	종이 및 종이제품
9	인쇄 및 기록매체 복제업
10	코크스, 연탄 및 석유정제품
11	화학물질 및 화학제품
12	의료용 물질 및 의약품
13	고무 및 플라스틱제품
14	비금속광물제품
15	1차금속제품
16	금속가공제품
17	컴퓨터, 전자 · 광학제품
18	전기장비
19	기타 기계 및 장비
20	자동차 및 트레일러
21	기타 운송장비
22	가구, 기타제품
23	산업용 기계 및 장비 수리업
	서비스업
24	전기, 가스, 증기 및 공기 조절 공급업
25	수도업
26	하수, 폐수 및 분뇨 처리업
27	건설업
28	자동차 판매 및 수리업
29	도매업(자동차 제외)
30	소매업(자동차 제외)
31	육상 운송 및 파이프라인 운송업
32	수상 운송업
33	항공 운송업
34	창고 및 운송관련 서비스
35	우편, 배달업

(계속)

산업코드	산업명
36	숙박, 음식점 및 주점업
37	출판업
38	영상 · 오디오 기록물 제작 및 배급업
39	통신업
40	컴퓨터 프로그래밍, 시스템 통합 및 관리업, 정보 서비스
41	금융업(보험 및 연금 제외)
42	보험 및 연금업
43	금융 및 보험관련 서비스
44	부동산업
45	법률 · 회계 · 경영자문
46	건축기술, 엔지니어링 및 기타 기술과학 서비스
47	과학 연구개발
48	광고 및 시장 조사업
49	기타 전문, 과학 및 기술 서비스
50	사업시설 관리, 사업 지원 및 임대 서비스
51	공공 행정, 국방 및 사회보장 행정
52	교육 서비스
53	보건업 및 사회복지 서비스업
54	기타 서비스업
55	가구 내 고용활동 및 달리 분류되지 않은 자가 소비 생산활동
56	국제 및 외국기관

부표 3 ──○ 한국표준산업분류(10차 개정)

코드	대분류(21)	코드	중분류(77)
	항목명		항목명
A.	농업, 임업 및 어업	01	농업
		02	임업
		03	어업
B.	광업	05	석탄, 원유 및 천연가스 광업
		06	금속 광업
		07	비금속광물 광업; 연료용 제외
		08	광업 지원 서비스업
C.	제조업	10	식료품 제조업
		11	음료 제조업
		12	담배 제조업
		13	섬유제품 제조업; 의복 제외
		14	의복, 의복 액세서리 및 모피제품 제조업
		15	가죽, 가방 및 신발 제조업
		16	목재 및 나무제품 제조업; 가구 제외
		17	펄프, 종이 및 종이제품 제조업
		18	인쇄 및 기록매체 복제업
		19	코크스, 연탄 및 석유정제품 제조업
		20	화학물질 및 화학제품 제조업; 의약품 제외
		21	의료용 물질 및 의약품 제조업
		22	고무 및 플라스틱제품 제조업
		23	비금속광물제품 제조업
		24	1차금속 제조업
		25	금속가공제품 제조업; 기계 및 가구 제외
		26	전자부품, 컴퓨터, 영상, 음향 및 통신장비 제조업
		27	의료, 정밀, 광학기기 및 시계 제조업
		28	전기장비 제조업
		29	기타 기계 및 장비 제조업
		30	자동차 및 트레일러 제조업
		31	기타 운송장비 제조업
		32	가구 제조업
		33	기타 제품 제조업
		34	산업용 기계 및 장비 수리업
D.	전기, 가스, 증기 및 공기 조절 공급업	35	전기, 가스, 증기 및 공기 조절 공급업
E.	수도, 하수 및 폐기물 처리, 원료 재생업	36	수도업
		37	하수, 폐수 및 분뇨 처리업
		38	폐기물 수집, 운반, 처리 및 원료 재생업
		39	환경 정화 및 복원업

(계속)

코드	대분류(21)	코드	중분류(77)
	항목명		항목명
F.	건설업	41	종합 건설업
		42	전문직별 공사업
G.	도매 및 소매업	45	자동차 및 부품 판매업
		46	도매 및 상품 중개업
		47	소매업; 자동차 제외
H.	운수 및 창고업	49	육상 운송 및 파이프라인 운송업
		50	수상 운송업
		51	항공 운송업
		52	창고 및 운송관련 서비스업
I.	숙박 및 음식점업	55	숙박업
		56	음식점 및 주점업
J.	정보통신업	58	출판업
		59	영상 · 오디오 기록물 제작 및 배급업
		60	방송업
		61	우편 및 통신업
		62	컴퓨터 프로그래밍, 시스템 통합 및 관리업
		63	정보 서비스업
K.	금융 및 보험업	64	금융업
		65	보험 및 연금업
		66	금융 및 보험관련 서비스업
L.	부동산업	68	부동산업
M.	전문, 과학 및 기술 서비스업	70	연구개발업
		71	전문 서비스업
		72	건축기술, 엔지니어링 및 기타 과학기술 서비스업
		73	기타 전문, 과학 및 기술 서비스업
N.	사업시설 관리, 사업 지원 및 임대 서비스업	74	사업시설 관리 및 조경 서비스업
		75	사업 지원 서비스업
		76	임대업; 부동산 제외
O.	공공 행정, 국방 및 사회보장 행정	84	공공 행정, 국방 및 사회보장 행정
P.	교육 서비스업	85	교육 서비스업
Q.	보건업 및 사회복지 서비스업	86	보건업
		87	사회복지 서비스업
R.	예술, 스포츠 및 여가관련 서비스업	90	창작, 예술 및 여가관련 서비스업
		91	스포츠 및 오락관련 서비스업
S.	협회 및 단체, 수리 및 기타 개인 서비스업	94	협회 및 단체
		95	개인 및 소비용품 수리업
		96	기타 개인 서비스업

(계속)

코드	대분류(21)	코드	중분류(77)
	항목명		항목명
T.	가구 내 고용활동 및 달리 분류되지 않은 자가 소비 생산활동	97	가구 내 고용활동
		98	달리 분류되지 않은 자가 소비를 위한 가구의 재화 및 서비스 생산활동
U.	국제 및 외국기관	99	국제 및 외국기관

부표 4 ──○ 세계투입산출표의 국가코드와 국가명

국가코드	국가기호	국가명
1	AUS	Australia
2	AUT	Austria
3	BEL	Belgium
4	BGR	Bulgaria
5	BRA	Brazil
6	CAN	Canada
7	CHE	Switzerland
8	CHN	China
9	CYP	Cyprus
10	CZE	Czech Republic
11	DEU	Germany
12	DNK	Denmark
13	ESP	Spain
14	EST	Estonia
15	FIN	Finland
16	FRA	France
17	GBR	United Kingdom
18	GRC	Greece
19	HRV	Croatia
20	HUN	Hungary
21	IDN	Indonesia
22	IND	India
23	IRL	Ireland
24	ITA	Italy
25	JPN	Japan
26	KOR	Korea

(계속)

국가코드	국가기호	국가명
27	LTU	Lithuania
28	LUX	Luxembourg
29	LVA	Latvia
30	MEX	Mexico
31	MLT	Malta
32	NLD	Netherlands
33	NOR	Norway
34	POL	Poland
35	PRT	Portugal
36	ROU	Romania
37	RUS	Russia
38	SVK	Slovak Republic
39	SVN	Slovenia
40	SWE	Sweden
41	TUR	Turkey
42	TWN	Taiwan
43	USA	United States
44	ROW	Rest of World

부표 5 ○ 제조업 형태별 분류

〈기초소재형〉
• 섬유제품 제조업; 의복 제외
• 목재 및 나무제품 제조업; 가구 제외
• 펄프, 종이 및 종이제품 제조업
• 코크스, 연탄 및 석유정제품 제조업
• 화학물질 및 화학제품 제조업; 의약품 제외
• 의료용 물질 및 의약품 제조업
• 고무 및 플라스틱제품 제조업
• 비금속광물제품 제조업
• 1차금속 제조업
〈가공조립형〉
• 금속가공제품 제조업
• 전자부품, 컴퓨터, 영상, 음향 및 통신장비 제조업
• 의료, 정밀, 광학기기 및 시계 제조업
• 전기장비 제조업
• 기타 기계 및 장비 제조업
• 자동차 및 트레일러 제조업
• 기타 운송장비 제조업
〈생활관련형〉
• 식료품 제조업
• 음료품 제조업
• 담배 제조업
• 의복, 의복액세서리 및 모피제품 제조업
• 가죽, 가방 및 신발 제조업
• 인쇄 및 기록매체 복제업
• 가구 제조업
• 기타 제품 제조업

자료 : 통계청, 지역소득(통계표 : 경제활동별 지역 내 총생산)

부표 6 ──○ 브라질 산업구조 유사성 지수 분석 : 유사성이 높은 상위 10개국

		부가가치					생산				
	제조업		서비스업		전산업		제조업		서비스업		전산업	
2000	BRA	0.000	BRA	0.000	BRA	0.000	BRA	0.000	BRA	0.000	BRA	0.000
2000	ROW	0.052	CAN	0.028	CAN	0.047	BEL	0.041	CAN	0.038	CAN	0.066
2000	ESP	0.081	HUN	0.043	HRV	0.054	IND	0.056	FRA	0.058	FRA	0.073
2000	IND	0.113	FRA	0.047	HUN	0.057	ESP	0.059	HRV	0.059	NLD	0.093
2000	PRT	0.124	HRV	0.048	ITA	0.060	POL	0.067	GBR	0.064	BEL	0.095
2000	BEL	0.129	ITA	0.048	FRA	0.064	ROW	0.071	DEU	0.065	ITA	0.097
2000	ITA	0.129	DEU	0.049	GRC	0.074	BGR	0.102	AUT	0.068	HRV	0.097
2000	POL	0.132	BGR	0.051	PRT	0.075	FRA	0.103	HUN	0.070	GBR	0.098
2000	GBR	0.142	BEL	0.055	BEL	0.078	SVK	0.105	KOR	0.075	AUT	0.100
2000	NLD	0.145	KOR	0.060	EST	0.079	NLD	0.108	ITA	0.077	AUS	0.103
2000	FRA	0.170	PRT	0.065	SVN	0.084	ROU	0.112	AUS	0.086	POL	0.105
2014	BRA	0.000	BRA	0.000	BRA	0.000	BRA	0.000	BRA	0.000	BRA	0.000
2014	ESP	0.080	CAN	0.042	BGR	0.061	ESP	0.027	CAN	0.047	CAN	0.079
2014	ROW	0.096	HUN	0.057	HRV	0.069	POL	0.049	HRV	0.058	PRT	0.081
2014	BGR	0.114	PRT	0.061	CAN	0.073	ROU	0.049	PRT	0.069	HRV	0.081
2014	PRT	0.134	BGR	0.062	AUS	0.079	PRT	0.060	SVN	0.072	POL	0.083
2014	GBR	0.135	HRV	0.064	PRT	0.082	BEL	0.064	ITA	0.072	BGR	0.086
2014	NLD	0.144	LVA	0.064	ITA	0.086	MEX	0.087	HUN	0.077	NLD	0.092
2014	IND	0.158	AUS	0.065	EST	0.089	IDN	0.096	AUT	0.078	ESP	0.094
2014	ITA	0.174	KOR	0.066	HUN	0.091	IND	0.098	FRA	0.078	ITA	0.100
2014	FRA	0.178	ITA	0.067	LVA	0.091	BGR	0.098	GBR	0.084	FRA	0.103
2014	BEL	0.180	EST	0.068	ESP	0.093	NLD	0.105	NLD	0.085	BEL	0.110

주 : 국가기호별 국가명은 〈부표 4〉 참조
자료 : WIOD 이용 계산

| 부표 7 | 중국 산업구조 유사성 지수 분석 : 유사성이 높은 상위 10개국 |

	부가가치						생산					
	제조업		서비스업		전산업		제조업		서비스업		전산업	
2000	CHN	0.000	CHN	0.000	CHN	0.000	CHN	0.000	CHN	0.000	CHN	0.000
2000	TUR	0.118	ROW	0.100	ROU	0.090	IND	0.111	ROW	0.073	ROW	0.089
2000	SVK	0.136	ROU	0.101	ROW	0.112	ROW	0.112	CZE	0.088	IND	0.129
2000	CZE	0.150	CZE	0.111	IDN	0.120	ITA	0.141	IDN	0.101	IDN	0.147
2000	SVN	0.168	IDN	0.113	TUR	0.139	KOR	0.158	SVN	0.112	ROU	0.148
2000	ROU	0.177	SVK	0.141	IND	0.155	TUR	0.162	SVK	0.115	TUR	0.158
2000	MLT	0.183	AUT	0.154	BGR	0.172	SVN	0.176	HUN	0.117	SVK	0.162
2000	MEX	0.190	SVN	0.155	HRV	0.207	BEL	0.189	ROU	0.120	CZE	0.166
2000	ITA	0.191	KOR	0.167	HUN	0.222	JPN	0.196	KOR	0.125	SVN	0.169
2000	ROW	0.195	POL	0.170	SVK	0.223	BRA	0.197	ITA	0.127	BGR	0.169
2000	KOR	0.196	IRL	0.170	RUS	0.227	SVK	0.199	IND	0.140	HUN	0.171
2014	CHN	0.000	CHN	0.000	CHN	0.000	CHN	0.000	CHN	0.000	CHN	0.000
2014	ROU	0.141	ROW	0.034	ROW	0.100	KOR	0.111	ROW	0.073	ROW	0.132
2014	JPN	0.155	IDN	0.100	IDN	0.114	JPN	0.141	IDN	0.103	BGR	0.149
2014	MEX	0.183	CZE	0.101	BGR	0.129	IND	0.144	POL	0.109	KOR	0.149
2014	HUN	0.194	BGR	0.105	ROU	0.144	ROW	0.149	BGR	0.111	POL	0.158
2014	CZE	0.208	ROU	0.123	HRV	0.169	MEX	0.181	CZE	0.114	ROU	0.162
2014	TUR	0.214	SVK	0.124	POL	0.180	DEU	0.216	ROU	0.118	IDN	0.162
2014	KOR	0.216	SVN	0.127	IND	0.186	BGR	0.221	SVN	0.122	IND	0.169
2014	POL	0.218	HRV	0.130	CZE	0.187	HUN	0.225	SVK	0.123	CZE	0.187
2014	IDN	0.219	POL	0.133	BRA	0.188	POL	0.225	KOR	0.143	BRA	0.202
2014	DEU	0.221	TWN	0.133	TUR	0.188	BRA	0.233	IND	0.164	SVN	0.206

주 : 국가기호별 국가명은 〈부표 4〉 참조
자료 : WIOD 이용 계산

부표 8 ○ 미국 산업구조 유사성 지수 분석 : 유사성이 높은 상위 10개국

	부가가치						생산					
	제조업		서비스업		전산업		제조업		서비스업		전산업	
2000	USA	0.000	USA	0.000	USA	0.000	USA	0.000	USA	0.000	USA	0.000
2000	GBR	0.067	CAN	0.066	FRA	0.072	GBR	0.040	CAN	0.054	CAN	0.064
2000	NLD	0.097	FRA	0.068	CAN	0.078	CAN	0.070	FRA	0.071	FRA	0.074
2000	CAN	0.101	HRV	0.073	DEU	0.088	FRA	0.073	HRV	0.086	GBR	0.094
2000	JPN	0.117	BRA	0.074	NLD	0.090	AUT	0.087	DEU	0.091	NLD	0.099
2000	AUT	0.117	DEU	0.080	BRA	0.094	JPN	0.091	NLD	0.093	DEU	0.106
2000	FRA	0.126	HUN	0.083	ITA	0.100	NLD	0.123	GBR	0.100	AUT	0.115
2000	SWE	0.147	NLD	0.086	BEL	0.100	ROW	0.128	BRA	0.105	SWE	0.125
2000	ESP	0.157	ITA	0.090	HUN	0.112	SWE	0.137	AUS	0.106	JPN	0.125
2000	BEL	0.160	BEL	0.095	HRV	0.112	ESP	0.148	AUT	0.119	BRA	0.127
2000	ROW	0.161	PRT	0.101	PRT	0.115	BEL	0.165	SWE	0.122	AUS	0.135
2014	USA	0.000	USA	0.000	USA	0.000	USA	0.000	USA	0.000	USA	0.000
2014	SWE	0.129	FRA	0.063	FRA	0.071	CAN	0.062	FRA	0.081	FRA	0.085
2014	GBR	0.135	CAN	0.069	ITA	0.087	FRA	0.083	CAN	0.095	NLD	0.098
2014	NLD	0.143	ITA	0.076	PRT	0.090	GBR	0.090	NLD	0.096	CAN	0.107
2014	ROW	0.152	PRT	0.078	CAN	0.097	NLD	0.116	GBR	0.110	GBR	0.109
2014	BEL	0.175	DEU	0.089	JPN	0.101	BRA	0.123	DEU	0.112	PRT	0.129
2014	CAN	0.187	JPN	0.093	BEL	0.108	SWE	0.133	FIN	0.114	JPN	0.132
2014	JPN	0.196	HUN	0.095	BRA	0.111	BEL	0.133	JPN	0.119	FIN	0.133
2014	ESP	0.196	BRA	0.096	DEU	0.113	NOR	0.139	PRT	0.120	SWE	0.133
2014	FRA	0.199	BEL	0.101	ESP	0.114	ROW	0.155	GRC	0.125	ITA	0.135
2014	FIN	0.224	ESP	0.106	FIN	0.117	ESP	0.164	ITA	0.125	DEU	0.145

주 : 국가기호별 국가명은 〈부표 4〉 참조
자료 : WIOD 이용 계산

부표 9 ─○ 일본 산업구조 유사성 지수 분석 : 유사성이 높은 상위 10개국

	부가가치						생산					
	제조업		서비스업		전산업		제조업		서비스업		전산업	
2000	JPN	0.000	JPN	0.000	JPN	0.000	JPN	0.000	JPN	0.000	JPN	0.000
2000	HUN	0.065	AUT	0.050	AUT	0.053	SWE	0.064	AUT	0.029	AUT	0.041
2000	AUT	0.082	ITA	0.053	ITA	0.066	DEU	0.078	ITA	0.046	CZE	0.069
2000	SWE	0.112	CZE	0.056	CZE	0.066	AUT	0.090	HRV	0.047	ITA	0.077
2000	USA	0.117	HRV	0.057	SVK	0.079	USA	0.091	FIN	0.052	DEU	0.078
2000	DEU	0.118	EST	0.061	SVN	0.080	CZE	0.093	CZE	0.057	FRA	0.081
2000	MEX	0.120	CAN	0.063	PRT	0.084	HUN	0.093	PRT	0.060	GBR	0.082
2000	CZE	0.126	PRT	0.065	CAN	0.085	ROW	0.103	POL	0.061	SVN	0.084
2000	SVK	0.134	GRC	0.066	DEU	0.086	ESP	0.105	GBR	0.064	BEL	0.092
2000	GBR	0.135	KOR	0.067	EST	0.087	MEX	0.106	GRC	0.066	PRT	0.096
2000	CAN	0.136	SVK	0.067	HUN	0.090	FRA	0.109	DNK	0.071	NLD	0.096
2014	JPN	0.000	JPN	0.000	JPN	0.000	JPN	0.000	JPN	0.000	JPN	0.000
2014	POL	0.128	CAN	0.045	ITA	0.063	ROW	0.067	ITA	0.055	AUT	0.076
2014	SWE	0.130	ITA	0.054	PRT	0.068	DEU	0.102	CAN	0.058	ITA	0.080
2014	HUN	0.133	PRT	0.056	ESP	0.074	AUT	0.106	FIN	0.059	FIN	0.090
2014	AUT	0.138	ESP	0.069	FIN	0.087	SWE	0.114	PRT	0.062	SWE	0.090
2014	MEX	0.139	BGR	0.070	FRA	0.088	MEX	0.132	AUT	0.068	ESP	0.090
2014	ROW	0.145	LVA	0.076	AUT	0.089	BRA	0.135	HRV	0.069	DEU	0.093
2014	CHN	0.155	FIN	0.078	LVA	0.093	POL	0.137	ESP	0.071	PRT	0.098
2014	ESP	0.171	HRV	0.079	BGR	0.097	CHN	0.141	FRA	0.083	FRA	0.110
2014	ROU	0.175	FRA	0.081	DEU	0.099	ESP	0.151	SWE	0.084	GBR	0.115
2014	DEU	0.188	AUT	0.086	HRV	0.099	ROU	0.153	GBR	0.085	CAN	0.119

주 : 국가기호별 국가명은 〈부표 4〉 참조
자료 : WIOD 이용 계산

부표 10 ─○ 독일 산업구조 유사성 지수 분석 : 유사성이 높은 상위 10개국

	부가가치						생산					
	제조업		서비스업		전산업		제조업		서비스업		전산업	
2000	DEU	0.000	DEU	0.000	DEU	0.000	DEU	0.000	DEU	0.000	DEU	0.000
2000	CZE	0.087	FRA	0.020	FRA	0.036	CZE	0.057	FRA	0.017	FRA	0.051
2000	SWE	0.100	GBR	0.026	ITA	0.043	JPN	0.078	GBR	0.032	SWE	0.053
2000	AUT	0.100	ITA	0.028	BEL	0.044	SWE	0.104	SWE	0.033	AUT	0.064
2000	JPN	0.118	BEL	0.033	GBR	0.046	ESP	0.115	ITA	0.038	GBR	0.071
2000	HUN	0.127	CAN	0.034	SWE	0.047	AUT	0.120	FIN	0.040	ITA	0.072
2000	BEL	0.158	FIN	0.035	AUT	0.062	SVN	0.125	NLD	0.046	BEL	0.072
2000	ITA	0.160	SWE	0.039	SVN	0.062	SVK	0.137	BEL	0.047	CZE	0.076
2000	SVK	0.170	SVN	0.041	CAN	0.066	HUN	0.140	AUT	0.047	JPN	0.078
2000	ESP	0.176	HUN	0.044	NLD	0.069	BEL	0.141	AUS	0.054	SVN	0.095
2000	SVN	0.192	BRA	0.049	DNK	0.075	FRA	0.153	CAN	0.056	NLD	0.095
2014	DEU	0.000	DEU	0.000	DEU	0.000	DEU	0.000	DEU	0.000	DEU	0.000
2014	HUN	0.038	FRA	0.021	AUT	0.046	CZE	0.073	ITA	0.026	SWE	0.056
2014	CZE	0.051	FIN	0.022	FIN	0.047	JPN	0.102	FRA	0.029	AUT	0.056
2014	SVK	0.099	GBR	0.031	FRA	0.048	HUN	0.107	SWE	0.031	ITA	0.067
2014	AUT	0.137	AUT	0.037	SWE	0.054	AUT	0.112	FIN	0.033	CZE	0.070
2014	SWE	0.175	ITA	0.038	ITA	0.056	SWE	0.143	AUT	0.038	FRA	0.088
2014	SVN	0.181	SWE	0.042	GBR	0.058	SVN	0.149	GBR	0.044	HUN	0.092
2014	JPN	0.188	CAN	0.042	HUN	0.063	MEX	0.157	NLD	0.046	JPN	0.093
2014	CHN	0.221	DNK	0.046	CZE	0.065	SVK	0.166	PRT	0.052	FIN	0.098
2014	POL	0.248	HUN	0.049	SVN	0.077	POL	0.176	HUN	0.056	GBR	0.100
2014	ITA	0.254	ESP	0.057	DNK	0.077	ITA	0.187	BEL	0.057	SVN	0.101

주 : 국가기호별 국가명은 〈부표 4〉 참조
자료 : WIOD 이용 계산

부표 11 ──○   프랑스 산업구조 유사성 지수 분석 : 유사성이 높은 상위 10개국

	부가가치						생산					
	제조업		서비스업		전산업		제조업		서비스업		전산업	
2000	FRA	0.000	FRA	0.000	FRA	0.000	FRA	0.000	FRA	0.000	FRA	0.000
2000	GBR	0.024	DEU	0.020	DEU	0.036	GBR	0.042	DEU	0.017	GBR	0.031
2000	NLD	0.061	CAN	0.025	BEL	0.040	POL	0.061	GBR	0.020	NLD	0.031
2000	POL	0.077	BEL	0.033	ITA	0.047	ESP	0.063	NLD	0.022	AUT	0.045
2000	ESP	0.095	SWE	0.038	GBR	0.048	NLD	0.071	ITA	0.033	BEL	0.048
2000	USA	0.126	GBR	0.039	NLD	0.050	USA	0.073	AUT	0.033	DEU	0.051
2000	DNK	0.130	ITA	0.040	CAN	0.050	BEL	0.096	BEL	0.033	ITA	0.055
2000	AUT	0.135	NLD	0.045	SWE	0.056	CAN	0.097	AUS	0.041	CAN	0.067
2000	ROW	0.137	FIN	0.047	DNK	0.062	AUT	0.100	SWE	0.042	BRA	0.073
2000	JPN	0.148	BRA	0.047	AUT	0.063	BRA	0.103	CAN	0.042	USA	0.074
2000	BEL	0.151	DNK	0.050	BRA	0.064	ROW	0.104	FIN	0.050	DNK	0.075
2014	FRA	0.000	FRA	0.000	FRA	0.000	FRA	0.000	FRA	0.000	FRA	0.000
2014	ESP	0.061	FIN	0.019	FIN	0.032	GBR	0.069	NLD	0.023	GBR	0.031
2014	GBR	0.064	DEU	0.021	ITA	0.037	NOR	0.079	GBR	0.024	NLD	0.040
2014	NLD	0.086	ITA	0.031	GBR	0.041	USA	0.083	AUT	0.027	ITA	0.048
2014	NOR	0.146	CAN	0.032	ESP	0.047	ESP	0.126	ITA	0.028	AUT	0.048
2014	BEL	0.152	GBR	0.037	PRT	0.048	NLD	0.131	DEU	0.029	BEL	0.055
2014	GRC	0.162	AUT	0.043	DEU	0.048	HRV	0.149	BEL	0.031	SWE	0.057
2014	AUS	0.171	PRT	0.043	AUT	0.051	BRA	0.156	SWE	0.034	PRT	0.060
2014	HRV	0.175	SWE	0.046	BEL	0.052	CAN	0.156	FIN	0.035	ESP	0.069
2014	BRA	0.178	DNK	0.046	SWE	0.057	AUS	0.163	PRT	0.043	FIN	0.075
2014	POL	0.184	ESP	0.047	DNK	0.060	PRT	0.171	HRV	0.056	USA	0.085

주 : 국가기호별 국가명은 〈부표 4〉 참조
자료 : WIOD 이용 계산

부표 12 ○ 영국 산업구조 유사성 지수 분석 : 유사성이 높은 상위 10개국

	부가가치						생산					
	제조업		서비스업		전산업		제조업		서비스업		전산업	
2000	GBR	0.000	GBR	0.000	GBR	0.000	GBR	0.000	GBR	0.000	GBR	0.000
2000	FRA	0.024	SVN	0.024	AUT	0.042	USA	0.040	FRA	0.020	FRA	0.031
2000	NLD	0.047	DEU	0.026	NLD	0.042	FRA	0.042	AUT	0.022	AUT	0.036
2000	USA	0.067	AUT	0.031	DEU	0.046	CAN	0.090	NLD	0.029	NLD	0.042
2000	ESP	0.080	ITA	0.031	ITA	0.047	NLD	0.098	ITA	0.030	ITA	0.062
2000	POL	0.099	AUS	0.039	FRA	0.048	AUT	0.099	DEU	0.032	BEL	0.066
2000	AUT	0.101	FRA	0.039	SVN	0.049	NOR	0.124	BEL	0.036	AUS	0.070
2000	CAN	0.103	BEL	0.039	BEL	0.053	DNK	0.129	AUS	0.039	DEU	0.071
2000	DNK	0.108	NLD	0.040	AUS	0.059	POL	0.143	SVN	0.061	DNK	0.074
2000	ROW	0.114	IRL	0.043	DNK	0.060	ROW	0.146	PRT	0.062	CAN	0.074
2000	ITA	0.134	FIN	0.045	PRT	0.069	ESP	0.150	DNK	0.062	JPN	0.082
2014	GBR	0.000	GBR	0.000	GBR	0.000	GBR	0.000	GBR	0.000	GBR	0.000
2014	FRA	0.064	DEU	0.031	FRA	0.041	FRA	0.069	FRA	0.024	FRA	0.031
2014	ESP	0.095	AUT	0.033	AUT	0.043	USA	0.090	AUT	0.038	AUT	0.059
2014	NLD	0.101	FRA	0.037	ITA	0.049	AUS	0.114	FIN	0.041	SWE	0.060
2014	AUS	0.123	AUS	0.038	ESP	0.052	NOR	0.121	DEU	0.044	ITA	0.070
2014	BRA	0.135	ITA	0.041	FIN	0.058	CAN	0.130	ITA	0.045	NLD	0.078
2014	USA	0.135	FIN	0.044	DEU	0.058	MLT	0.194	SWE	0.046	FIN	0.081
2014	CAN	0.147	ESP	0.046	BEL	0.063	SWE	0.200	PRT	0.056	PRT	0.082
2014	NOR	0.147	CAN	0.048	HRV	0.065	DNK	0.220	NLD	0.056	ESP	0.092
2014	ROW	0.153	HRV	0.048	PRT	0.068	AUT	0.226	NOR	0.061	BEL	0.094
2014	BEL	0.163	BEL	0.057	SWE	0.069	CYP	0.235	BEL	0.062	CAN	0.094

주 : 국가기호별 국가명은 〈부표 4〉 참조
자료 : WIOD 이용 계산

부표 13 ─○ 인도 산업구조 유사성 지수 분석 : 유사성이 높은 상위 10개국

	부가가치						생산					
	제조업		서비스업		전산업		제조업		서비스업		전산업	
2000	IND	0.000	IND	0.000	IND	0.000	IND	0.000	IND	0.000	IND	0.000
2000	ROW	0.063	LTU	0.058	BGR	0.109	BRA	0.056	TUR	0.075	BGR	0.082
2000	BRA	0.113	LVA	0.079	ROU	0.119	ROW	0.066	ROW	0.088	ROU	0.090
2000	PRT	0.118	CZE	0.083	TUR	0.138	BEL	0.077	ROU	0.093	TUR	0.112
2000	BGR	0.134	POL	0.083	CHN	0.155	ITA	0.106	SVN	0.094	CHN	0.129
2000	ESP	0.143	HUN	0.084	ROW	0.200	SVK	0.108	CZE	0.095	ROW	0.147
2000	ITA	0.153	ROU	0.084	LTU	0.210	PRT	0.109	KOR	0.096	LTU	0.152
2000	SVK	0.160	KOR	0.085	IDN	0.225	CHN	0.111	LTU	0.100	IDN	0.176
2000	POL	0.182	TWN	0.090	GRC	0.233	ESP	0.111	BGR	0.104	SVK	0.191
2000	GRC	0.190	SVK	0.091	HRV	0.241	BGR	0.129	SVK	0.106	BRA	0.191
2000	TUR	0.191	ROW	0.096	HUN	0.245	TUR	0.134	HUN	0.118	POL	0.202
2014	IND	0.000	IND	0.000	IND	0.000	IND	0.000	IND	0.000	IND	0.000
2014	ROW	0.097	SVK	0.074	TUR	0.154	BGR	0.082	ROU	0.073	BGR	0.099
2014	PRT	0.154	LTU	0.082	BRA	0.166	BRA	0.098	POL	0.076	ROU	0.104
2014	BRA	0.158	POL	0.088	BGR	0.174	ROW	0.122	BGR	0.085	TUR	0.129
2014	ITA	0.190	BRA	0.109	CHN	0.186	PRT	0.136	SVN	0.092	POL	0.133
2014	BGR	0.206	BGR	0.113	SVK	0.189	ROU	0.139	LTU	0.092	BRA	0.142
2014	ESP	0.211	ROW	0.116	LTU	0.192	ESP	0.141	TUR	0.115	LTU	0.161
2014	CAN	0.216	TWN	0.118	IDN	0.202	BEL	0.142	SVK	0.122	IDN	0.165
2014	TUR	0.231	LVA	0.119	POL	0.205	POL	0.143	IDN	0.132	CHN	0.169
2014	NLD	0.239	SVN	0.123	ROW	0.213	CHN	0.144	BRA	0.132	SVN	0.207
2014	BEL	0.239	CZE	0.129	ROU	0.213	ITA	0.144	CZE	0.136	HRV	0.217

주 : 국가기호별 국가명은 〈부표 4〉 참조
자료 : WIOD 이용 계산

부표 14 ─○　러시아 산업구조 유사성 지수 분석 : 유사성이 높은 상위 10개국

	부가가치						생산					
	제조업		서비스업		전산업		제조업		서비스업		전산업	
2000	RUS	0.000	RUS	0.000	RUS	0.000	RUS	0.000	RUS	0.000	RUS	0.000
2000	SVK	0.166	POL	0.146	ROW	0.154	SVK	0.100	SVK	0.069	ROW	0.113
2000	MEX	0.247	SVK	0.156	POL	0.179	BGR	0.132	POL	0.091	SVK	0.130
2000	IDN	0.252	LTU	0.176	IDN	0.181	ROU	0.132	LTU	0.105	POL	0.137
2000	CZE	0.256	ROW	0.183	SVK	0.188	BRA	0.135	ROW	0.124	IDN	0.144
2000	CHN	0.260	TWN	0.185	LTU	0.210	BEL	0.146	BGR	0.136	BGR	0.153
2000	JPN	0.262	LVA	0.187	ROU	0.223	AUS	0.157	HRV	0.145	HRV	0.160
2000	CAN	0.272	IDN	0.199	CHN	0.227	IND	0.162	BEL	0.149	ROU	0.168
2000	BEL	0.282	NLD	0.219	MEX	0.231	POL	0.171	TWN	0.153	LTU	0.190
2000	ROW	0.285	CZE	0.219	LVA	0.246	CZE	0.173	CZE	0.153	MEX	0.193
2000	ROU	0.290	PRT	0.227	NLD	0.250	ESP	0.176	ITA	0.154	AUS	0.195
2014	RUS	0.000	RUS	0.000	RUS	0.000	RUS	0.000	RUS	0.000	RUS	0.000
2014	JPN	0.282	LTU	0.096	ROW	0.109	BGR	0.111	BGR	0.090	MEX	0.127
2014	IDN	0.307	POL	0.099	MEX	0.129	BEL	0.113	LTU	0.102	BGR	0.129
2014	ROW	0.317	ROW	0.111	CAN	0.154	GRC	0.132	MEX	0.104	CAN	0.139
2014	CAN	0.325	TWN	0.123	POL	0.179	BRA	0.139	POL	0.106	ROW	0.139
2014	GRC	0.341	NLD	0.123	NLD	0.179	IND	0.164	PRT	0.110	BRA	0.143
2014	CHN	0.343	MEX	0.123	BRA	0.180	JPN	0.186	CHE	0.116	POL	0.163
2014	IND	0.345	SVK	0.126	AUS	0.191	ESP	0.192	HRV	0.121	NLD	0.177
2014	USA	0.368	BGR	0.131	BGR	0.196	ROW	0.195	LVA	0.123	HRV	0.177
2014	ROU	0.370	EST	0.135	IDN	0.199	CAN	0.201	SVK	0.123	LTU	0.184
2014	MEX	0.377	LVA	0.138	LTU	0.205	POL	0.209	SVN	0.124	ROU	0.185

주 : 국가기호별 국가명은 〈부표 4〉 참조
자료 : WIOD 이용 계산

부표 15 ──○ 한국 산업구조 유사성 지수 분석 : 유사성이 높은 상위 10개국

	부가가치						생산					
	제조업		서비스업		전산업		제조업		서비스업		전산업	
2000	KOR	0.000	KOR	0.000	KOR	0.000	KOR	0.000	KOR	0.000	KOR	0.000
2000	TWN	0.075	SVN	0.030	SVN	0.081	TWN	0.065	HUN	0.051	TWN	0.069
2000	SWE	0.176	CZE	0.043	HUN	0.083	CHN	0.158	ITA	0.059	HUN	0.121
2000	FIN	0.194	HUN	0.046	TWN	0.091	HUN	0.168	SVN	0.060	FIN	0.128
2000	CHN	0.196	ITA	0.046	JPN	0.092	MEX	0.179	FIN	0.064	JPN	0.135
2000	JPN	0.200	HRV	0.049	ITA	0.093	FIN	0.193	CZE	0.066	SWE	0.176
2000	DEU	0.252	AUT	0.053	CZE	0.095	JPN	0.199	TWN	0.074	DEU	0.177
2000	HUN	0.280	GBR	0.055	AUT	0.096	SWE	0.239	BRA	0.075	BRA	0.178
2000	CHE	0.298	BGR	0.056	DEU	0.101	ROW	0.256	DEU	0.076	CHN	0.178
2000	BEL	0.299	BRA	0.060	FIN	0.104	IRL	0.269	AUT	0.076	SVN	0.180
2000	USA	0.302	ROU	0.061	BRA	0.109	BEL	0.289	HRV	0.084	BEL	0.184
2014	KOR	0.000	KOR	0.000	KOR	0.000	KOR	0.000	KOR	0.000	KOR	0.000
2014	CHN	0.216	HUN	0.037	HUN	0.095	CHN	0.111	HUN	0.058	TWN	0.117
2014	TWN	0.234	SVN	0.039	CZE	0.100	TWN	0.129	CZE	0.075	CHN	0.149
2014	SWE	0.298	CZE	0.041	SVN	0.113	JPN	0.223	SVN	0.081	HUN	0.170
2014	DEU	0.301	HRV	0.056	DEU	0.120	HUN	0.238	TWN	0.092	JPN	0.178
2014	CZE	0.308	CAN	0.061	AUT	0.125	MEX	0.280	SVK	0.094	CZE	0.192
2014	HUN	0.308	BGR	0.066	SVK	0.139	ROW	0.283	HRV	0.097	DEU	0.200
2014	CHE	0.320	BRA	0.066	SWE	0.140	CZE	0.293	DEU	0.105	AUT	0.226
2014	JPN	0.325	AUT	0.071	JPN	0.141	DEU	0.307	BRA	0.109	SVK	0.227
2014	FIN	0.363	EST	0.076	FIN	0.144	IND	0.320	ITA	0.110	FIN	0.228
2014	SVK	0.398	DEU	0.078	ITA	0.146	SVK	0.332	AUT	0.112	SVN	0.234

주 : 국가기호별 국가명은 〈부표 4〉 참조
자료 : WIOD 이용 계산

부표 16 ─○ 주요국 제조업 RCA 구조의 유사성 지수 : 유사성 지수 기준 상위 10위 국가(2014)

브라질		캐나다		중국		독일		프랑스		영국		인도		이탈리아		일본		한국		러시아		미국	
13	0.027	43	0.062	26	0.111	10	0.073	17	0.069	16	0.069	4	0.082	2	0.071	44	0.067	8	0.111	4	0.111	6	0.062
34	0.049	17	0.130	25	0.141	25	0.102	33	0.079	43	0.090	5	0.098	44	0.102	11	0.102	42	0.129	3	0.113	16	0.083
36	0.049	40	0.142	22	0.144	20	0.107	43	0.083	1	0.114	44	0.122	35	0.115	2	0.106	25	0.223	18	0.132	17	0.090
35	0.060	16	0.156	44	0.149	2	0.112	13	0.126	33	0.121	35	0.136	4	0.124	40	0.114	20	0.238	5	0.139	32	0.116
3	0.064	5	0.168	30	0.181	40	0.143	32	0.131	6	0.130	36	0.139	5	0.133	30	0.132	30	0.280	22	0.164	5	0.123
30	0.087	1	0.172	11	0.216	39	0.149	19	0.149	31	0.194	13	0.141	36	0.138	5	0.135	44	0.283	25	0.186	40	0.133
21	0.096	33	0.182	4	0.221	30	0.157	5	0.156	40	0.200	3	0.142	13	0.141	34	0.137	10	0.293	13	0.192	3	0.133
22	0.098	44	0.191	20	0.225	38	0.166	6	0.156	12	0.220	34	0.143	34	0.143	8	0.141	11	0.307	44	0.195	33	0.139
4	0.098	2	0.198	34	0.225	34	0.176	1	0.163	2	0.226	8	0.144	22	0.144	13	0.151	22	0.320	6	0.201	44	0.155
32	0.105	3	0.200	5	0.233	24	0.187	35	0.171	9	0.235	24	0.144	12	0.152	36	0.153	38	0.332	34	0.209	13	0.164
44	0.108	37	0.201	10	0.236	36	0.188	24	0.174	24	0.236	37	0.164	32	0.174	22	0.166	15	0.355	36	0.222	35	0.169
43	0.123	4	0.202	36	0.238	44	0.191	36	0.176	32	0.241	25	0.166	25	0.174	39	0.169	32	0.378	43	0.223	2	0.178
24	0.133	35	0.207	2	0.242	5	0.201	34	0.177	44	0.249	41	0.171	40	0.174	3	0.172	5	0.382	30	0.226	24	0.179
25	0.135	13	0.208	13	0.243	8	0.216	2	0.180	13	0.253	30	0.180	16	0.174	4	0.173	34	0.386	27	0.227	34	0.184
37	0.139	25	0.209	24	0.247	13	0.228	12	0.188	5	0.255	21	0.196	43	0.179	24	0.174	40	0.391	35	0.233	25	0.188
16	0.156	36	0.209	21	0.255	22	0.252	3	0.189	19	0.257	2	0.213	15	0.185	10	0.178	3	0.392	32	0.248	36	0.197
18	0.163	24	0.219	3	0.267	3	0.269	44	0.199	35	0.261	32	0.245	11	0.187	37	0.186	2	0.393	21	0.261	1	0.209
6	0.168	34	0.220	37	0.283	43	0.273	40	0.227	36	0.273	27	0.249	19	0.191	43	0.188	37	0.394	15	0.264	12	0.219
2	0.178	32	0.249	39	0.284	15	0.297	4	0.228	34	0.291	11	0.252	39	0.193	20	0.194	7	0.403	8	0.284	4	0.221
19	0.195	22	0.263	39	0.285	35	0.304	9	0.235	25	0.304	6	0.263	3	0.198	15	0.207	24	0.416	40	0.293	37	0.223

주 : 국가코드는 〈부표 4〉 참조, 국가별 앞 열이 비교 대상국가, 뒤 열이 유사성 지수
자료 : WIOD 이용 계산

참고문헌

강종구, 2017. '인구고령화에 따른 우리나라 산업구조 변화', BOK 경제연구 제2017-28호, 한국은행.

강지연, 2015. 「중국제조 2025」 전략', KIET 산업경제분석.

김계환 · 박상철, 2017. '독일의 인더스트리 4.0과 제조업의 변화', KIET 정책자료.

김동석, 2006. '인구구조 고령화와 소비구조', 『인구구조 고령화와 산업구조』, 한국개발연구원.

김보민 · 한민수 · 김종혁 · 고희채 · 이성희, 2014. 『미국의 제조업 경쟁력 강화정책과 정책 시사점』, KIEP 정책연구 브리핑.

김부영, 2016. '브라질의 농업현황과 시사점', 농촌경제연구원. 세계농업 제187호.

김완중 · 남석모, 2015, '부산의 탈공업화 및 산업특화 전략', 한국은행 부산본부.

김은, 2017. '독일 인더스트리 4.0 최근 동향 및 시사점', 산업연구원.

변현섭, 2015, '러시아의 산업정책과 한-러 협력방안', 2015 GPAS International Conference 자료집.

신관호 · 한치록, 2006. '고령화 및 소득변화가 소비구조에 미치는 영향', 『사회과학연구』, 제23권 제1호.

양효은, 2016. '영국의 핀테크 산업 지원정책 및 시사점', KIEP 오늘의 세계경제.

이건우, 2011. 『한국산업의 연관 구조변화 분석-서비스화가 산업간 연관관계에 미친향을 중심으로』

이갑수, 1992. 『신산업정책론』, 무역경영사.

이순철 · 김완중, 2016. '수출확대를 위한 국가별 경제협력 방안 수립 : 인도', KOTRA.

오병준, 2004. '한국경제의 산업구조 변화 요인 분석-탈공업화 논의를 중심으로-', 산업경제분석, KIET 산업경제, 산업연구원.

오정일, 2005. 「선진국의 제조업공동화 대응사례 연구」, 산업연구원.

최용재, 2009. '국제무역이 산업구조에 미치는 효과 분석', 『국제통상연구』, 14권 1호, pp.1-24.

최혜옥, 2017. 「일본 미래전략 2017」 대응정책과 시사점', 과학기술정책연구원.

한국은행, 1971. '우리나라 공업화와 산업구조의 추이', 조사월보 제25권 제6호.

한국은행, '우리 경제의 서비스화 현황과 특징' 한국은행 보도자료(1999.10).

한국콘텐츠진흥원, 2010. 'UN표준산업분류(ISIC) 개정에 따른 국내 미디어문화산업의 지형변화와 대응방향'

현대경제연구원, 2016. 'G7국가와 한국의 산업구조 변화와 시사점', 경제주평 16-21.

한수범(2017), '국가경쟁력과 국제경쟁력 간 연관분석', 『e-비즈니스연구』 18(6), pp. 229-245.

KOTRA, '러시아 제조업 육성정책에 따른 시장 현황', 2017-01-02 러시아 모스크바무역관, KOTRA 해외시장뉴스.

Alcorta, L., Nobuya Haraguchi, and Gorazd Rezonja, 2013. "Industrial Structural Change, Growth Patterns, and Industrial Policy," *The Industrial Policy Revolution II* edited by J. E. Stiglitz.

Boulhol H. and Fontagne, L., 2006. Deindustrialization and the fear of relocation in the industry, CEPII,

Working paper No. 2006~07.

Chenery, H.B. and T. Lance, 1968. Development patterns: Among countries and over time. *Review of Economics and Statistics*, 50(4): 391-416.

Chenery, H.B. and M. Syrquin, 1975. *Patterns of development: 1950-1970*. New York: Oxford University Press for the World Bank.

Chenery, H.B., 1960. Patterns of industrial growth. *American Economic Review*, 50(3): 624-654.

Clark, C., 1940. Revised and reprinted in 1951, *the conditions of economic progress*. London: Macmillan.

Clark, C., 1957. *The Conditions of Economic Progress*. 3rd ed., Macmillan, London.

Fisher, A.G.B., 1939. Production: Primary, secondary and tertiary. *The Economic Journal*, 15(1): 24-38.

Haraguchi, Nobuya, 2015. "Patterns of structural change and manufacturing development," *Routledge Handbook of Industry and Development*(John Weiss, Michael Tribe).

Kaldor, N., 1966. *Causes of slow rate of growth in the United Kingdom*. Cambridge: Cambridge University Press.

Kuznets, S., 1966. *Modern economic growth: Rate, structure, and spread*. New Haven: Yale University Press.

Kuznets, S., 1971. *Economic growth of nations: Total output and production structure*. Cambridge, MA: Belknap Press of Harvard University Press.

Lawrence, R.Z., 1983. Is trade deindustrializing America? A medium-term perspective. *Brookings Papers on Economic Activity*, 1:1983.

Porter, Micheal E., 1990. *The Competitive Advantage of Nations*, London; Macmillan Press.

Rostow, W.W., 1971. *The stages of economic growth*. Cambridge University Press, Cambridge.

Rowthorn, R. and Coutts, K., 2004. De-industrialization and the balance of payment in advanced economies. *Cambridge Journal of Economics* 28, 767-790.

Rowthorn, R. and Ramaswamy. R., 1997. Deindustrialization: causes and implications. IMF working paper WP/94/42, Washington, IMF.

Rowthorn, R. and Ramaswamy, R. 1998. Growth, trade, and deindustrialization. IMF Staff Papers, 46, Washington IMF.

Sachs J. and Shartz, H., 1994. Trade and jobs in U.S. manufacturing. *Brookings Papers on Economic Activity* 1994(1), 1~84.

Saeger, S., 1997. Globalization and deindustrialization: Myth and Reality in the OECD, *Review of World Economics*, 133(4), 579~608.

Singariya,, M.R. 2014. "Links between Structural Changes and Economic Growth in India", *Growth* Vol.1, No.1.

Syrquin, M., 2007. Kuznets and pasinetti on the study of structural transformation: Never the twain shall meet?, International Centre for Economic Research Working Paper, No. 46.

Victor, R.F., 1968. The service economy. National Bureau of Economic Research, New York.

Zhang, Xiaojing, 2009. "Producer Service and the Added Value of Manufacturing Industries, An Empirical Research Based on Various Industries of Different Countries", *International Journal of Economics and Finance*, 1(2).

찾아보기